राष्ट्रीय शिक्षा नीति 2020

राष्ट्रीय शिक्षा नीति 2020

रचनात्मक सुधारों की ओर

संपादक

पंकज अरोड़ा

उषा शर्मा

Rs 495
ISBN: 978-93-91978-09-9

2025 PoD Impression
(2023 & 2022 PoD, 2021)

राष्ट्रीय शिक्षा नीति 2020: रचनात्मक सुधारों की ओर

Published by:
SHIPRA PUBLICATIONS
LG 18-19, Pankaj Central Market
I.P. Ext., Patparganj, Delhi 110092, India
+91 11 47322068 96500 28065, 9810522367
info@shiprapublication.com
www.shiprapublication.com

हमारे आत्मीयजनों को, जो इस पुस्तक की लेखन-यात्रा के दौरान
बैकुंठ धाम को चले गए, श्रीमती बिमला अरोड़ा, श्रीमती भगवान देवी शर्मा,
डॉ. वीरेंदर कुमार अरोड़ा एवं डॉ. निशा सिंह

............को सादर समर्पित!

विषय सूची

प्रोफ़ेसर एम. जगदीश कुमार
कुलपति

जवाहरलाल नेहरू विश्वविद्यालय
Jawaharlal Nehru University

आमुख

विगत अनेक वर्षों से भारत की शिक्षा-व्यवस्था से परिचित हूँ और उसके प्रति सरोकार रखता हूँ, अत: जब भारत सरकार ने राष्ट्रीय शिक्षा नीति, 2020 के माध्यम से भारत की शिक्षा-व्यवस्था को सुधारने के लिए अपनी 'दृष्टि' को साझा किया तो मुझे बेहद खुशी हुई। हम जानते हैं कि राष्ट्रीय शिक्षा नीति, 2020 हमारे देश को समृद्ध और आत्म-निर्भर बनाने के लिए अनेक प्रकार के सुझाव देती है। यह नीति युवाओं को विचारशील, ज्ञानवान, तार्किक प्राणी के रूप में देखती है। वस्तुत: नीति देश की पूरी शिक्षा-व्यवस्था में एक बृहद स्तर पर परिवर्तन के अनेक प्रस्ताव प्रस्तुत करती है।

किसी भी नीति के गूढ़ अर्थ का बोध सरल कार्य नहीं है। नीति, वर्तमान परिप्रेक्ष्य में उसके संबंधों और उसके सुचारू क्रियान्वयन के लिए प्रस्तुत सुझावों को समझना आसान नहीं है। प्राय: हमें नीति की भावना, मंशाओं को सरल, बोधगम्य और क्रियात्मक रूप में समझने के लिए अपने विद्वान साथियों की आवश्यकता अनुभूत होती है। प्रोफ़ेसर पंकज अरोड़ा, प्रोफ़ेसर उषा शर्मा और प्रोफ़ेसर हनीत गाँधी ने राष्ट्रीय शिक्षा नीति 2020 पर दो पुस्तकों के प्रकाशन की पहल के माध्यम से इस कठिन काम को सरल बनाया है।

संपादकों ने शिक्षा-जगत के कुछ दिग्गजों तक पहुँचने और राष्ट्रीय शिक्षा नीति 2020 के क्रियान्वयन पर उनके विचार और सुझावों को संकलित करने का एक महान काम किया है।

राष्ट्रीय शिक्षा नीति 2020 का बहुत महत्वपूर्ण पक्ष नीति की अनुशंसाओं को क्रियान्वित करने के व्यावहारिक पहलू से संबद्ध है। पुस्तक का प्रत्येक अध्याय राष्ट्रीय शिक्षा नीति 2020 से उपजे मुद्दों पर बेहतर शोध, गहन अंतर्दृष्टि प्रदान करता है। लेखकों ने समय-आबद्ध और प्रभावी तरीके से नीति की अनुशंसाओं के क्रियान्वयन के लिए चर्चा और विमर्श की समस्त संभावनाओं के साथ निष्पक्ष रूप से तथ्यात्मक सूचनाओं को प्रस्तुत किया है। उन्होंने पूरे देश में प्रभावी पहुँच के लिए कुछ करणीय योजनाएँ भी सुझाई हैं। कुछ लेखक नीति के लक्ष्यों को पूरा करने में चुनौतियों का भी अनुभव करते हैं।

पुस्तकें पढ़ना मेरे लिए उत्साहवर्धक और अंतर्दृष्टि प्रदान करने वाला कार्य रहा है। मैं यह देख सकता हूँ कि राष्ट्रीय और राज्य स्तर पर पाठ्यचर्या – निर्माताओं, शिक्षाविदों और शिक्षा के क्षेत्र से जुड़े सभी कर्मियों के लिए ये खंड बहुत समृद्ध हैं। चूँकि खंड हिंदी और अंग्रेज़ी – दोनों में संकल्पित किए गए थे, इसलिए उनकी

पहुँच अधिकतम लोगों तक होगी। राष्ट्रीय शिक्षा नीति 2020 के लक्ष्यों को पूरा करने के लिए सैद्धान्तिक और व्यावहारिक विचारों को निकालने में ये खंड बहुत लाभकारी सिद्ध होंगे।

इस खंड को प्रकाशित करने के लिए प्रोफ़ेसर पंकज अरोड़ा, प्रोफ़ेसर उषा शर्मा और प्रोफ़ेसर हनीत गाँधी को बधाई!

असीम शुभकामनाएँ !

प्रोफ़ेसर एम. जगदीश कुमार
कुलपति
जवाहर लाल विश्वविद्यालय
नई दिल्ली-110067

जून 21, 2021 (अंतर्राष्ट्रीय योग दिवस)

प्रो. धीरेन्द्र पाल सिंह
अध्यक्ष
Prof. D. P. Singh
Chairman

विश्वविद्यालय अनुदान आयोग
शिक्षा मंत्रालय, भारत सरकार
University Grants Commission
Ministry of Education, Govt. of India

संदेश

राष्ट्रीय शिक्षा नीति 2020 पर संपादित पुस्तक के लिए संदेश लिखते हुए मुझे अत्यंत प्रसन्नता हो रही है। इस समय, जब हम उदार ह्रदय से राष्ट्रीय शिक्षा नीति को स्वीकार कर रहे हैं, यह पुस्तक नीति द्वारा निर्धारित लक्ष्यों को प्राप्त करने के लिए मार्ग प्रशस्त करेगी, विशेष रूप से बेहतर भारत के लिए शिक्षा-व्यवस्था में आमूल-चूल परिवर्तन के लिए पुस्तक के संपादक, प्रोफ़ेसर पंकज अरोड़ा, प्रोफ़ेसर उषा शर्मा एवं डॉ हनीत गाँधी ने एक बड़ी संख्या में सुधीजनों को लाभान्वित करने के लिए दो खंड, एव हिंदी और दूसरा अंग्रेजी में, प्रकाशित करने में विवेकपूर्ण निर्णय लिया है।

प्रस्तुत पुस्तक के अध्यायों को एक दृष्टि में देखने पर उस यात्रा का अनुभव होता है जो संपादकों ने इस पुस्तक को संदर्भित करने के लिए पूर्ण की है। राष्ट्रीय शिक्षा नीति 2020 के विषयों के साथ तारतम्यता बनाते हुए प्रत्येक अध्याय का चयन बहुत सोच-समझकर किया गया है। यह पुस्तक गहन और स्पष्ट विचारों, सुझावों और चुनौतियों के एक गुच्छे से कम नहीं हैं। यह स्वाभाविक भी है, क्योंकि इन अध्यायों को उन मूर्धन्य शिक्षाविदों ने रचा है जो हमारे देश की शिक्षा व्यवस्था से भली-भाँति परिचित हैं।

मैं संपादकों और लेखकों को इस मूल्यवान सामग्री को उस समय प्रकाशित करने के लिए बधाई देता हूँ, जब इसकी सबसे अधिक आवश्यकता है।

पुस्तक के सफल प्रकाशन हेतु असीम शुभकामनाएँ।

(धीरेन्द्र पाल सिंह)

21 जून, 2021
(अंतर्राष्ट्रीय योग दिवस)

बहादुरशाह ज़फ़र मार्ग, नई दिल्ली-110002, Bahadur Shah Zafar Marg, New Delhi-110002
दूरभाष Phone: कार्यालय Off. : 011-23234019, 23236350, फैक्स Fax: 011-23239659, e-mail : cu.ugc@nic.in | web: www.ugc.ac.in

प्रोफ़ेसर वी.के. मलहोत्रा
सदस्य सचिव

संदेश

राष्ट्रीय शिक्षा नीति 2020 पर संपादित इस महत्वपूर्ण पुस्तक के लिए संदेश लिखते हुए मुझे अत्यंत प्रसन्नता हो रही है। इस समय, जब हम उदार हृदय से राष्ट्रीय शिक्षा नीति को अंगीकार कर रहे हैं, यह पुस्तक नीति द्वारा निर्धारित लक्ष्यों को प्राप्त करने के लिए मार्ग प्रशस्त करेगी, विशेष रूप से उन्नत भारत के लिए शिक्षा व्यवस्था में आमूल-चूल परिवर्तन के लिए! पुस्तक के संपादकों, प्रोफ़ेसर पंकज अरोड़ा, प्रोफ़ेसर उषा शर्मा एवं प्रोफ़ेसर हनीत गाँधी ने एक बड़ी संख्या में सुधिजनो को लाभान्वित करने के लिए दो खंड, एक हिंदी और दूसरा अंग्रेजी में, प्रकाशित करने का विवेकपूर्ण निर्णय लिया है। इस पुस्तक के अध्यायों को एक दृष्टि देखने पर उस यात्रा का अनुभव होता है जो संपादकों ने इस पुस्तक को संदर्भित करने के लिए पूर्ण की है। राष्ट्रीय शिक्षा नीति 2020 के विषयों के साथ तारतम्यता बनाते हुए प्रत्येक अध्याय का चयन बहुत सोच समझकर किया गया है। यह पुस्तक गहन और स्पष्ट विचारों को लागू करने योग्य सुझावों और संभावित चुनौतियों के एक गुच्छ से कम नहीं है, यह स्वाभाविक भी है, क्योंकि इन अध्यायों को उन मूर्धन्य शिक्षाविदों ने रचा है जो हमारे देश की शिक्षा व्यवस्था से भली भांति परिचित हैं।

यह पुस्तक भारतीय शिक्षा प्रणाली के कायाकल्प का एक सार्थक प्रयास है जिसके अध्याय जीवन की गति के समान प्रतीत होते हैं। उदाहरण के लिए, पुस्तक के प्राथमिक भाग में बच्चे, बचपन और शिक्षा की विषयवस्तु है, मध्यम भाग आत्मनिर्भर भारत, उच्च शिक्षा में गुणवत्ता, शिक्षा में समतामूलक समावेशन और पेशेवर शिक्षा के विभिन्न पहलुओं से संबंधित है और अंतिम भाग जीवनपर्यन्त शिक्षा पर प्रकाश डालता है।

यह पुस्तक शिक्षा के भारतीयकरण जैसे अति महत्वपूर्ण विषय पर खुले मन से एक नई चर्चा को आमंत्रित करती है, क्योंकि भारतीय शिक्षा जगत में औपनिवेशिक प्रभाव और इससे उत्पन्न विद्रूपों पर प्रबुद्ध समाज प्रारंभ से ही चिंतित रहा है और इस विषय में काफ़ी कुछ लिखा भी गया है। यह पुस्तक राष्ट्रीय शिक्षा नीति 2020 के माध्यम से सामाजिक समस्याओं और जनसंख्या के अनुसार रोज़गार की समस्या के निदान के मार्ग को इंगित करने का प्रयास करती है।

संपादक मंडल इस बात के लिए भी शुभकामनाओं का पात्र है कि उन्होंने राष्ट्रीय शिक्षा नीति 2020 के मूल में समाहित दार्शनिक एवं विचारधारात्मक बदलावों को सतह पर लाने का सकारात्मक प्रयास किया है। मैं संपादकों और लेखकों को इस मूल्यवान सामग्री को उचित पर समय प्रकाशित करने के लिए बधाई देता हूँ।

प्रोफ़ेसर वी.के. मलहोत्रा
सदस्य सचिव
भारतीय सामाजिक अनुसन्धान परिषद्
नई दिल्ली-110067

जून 21, 2021 (अंतर्राष्ट्रीय योग दिवस)

पुस्तक-परिचय

राष्ट्रीय शिक्षा नीति 2020, जिसकी काफ़ी समय से प्रतीक्षा थी तथा जो भारतीय शिक्षा को एक नया विज़न एवं मिशन देने का काम कर सकती है, को भारत सरकार द्वारा 29 जुलाई, 2020 को जारी किया गया। लगभग 34 वर्षों के बाद एक ऐसा दस्तावेज़ सामने आया है जो शिक्षा-व्यवस्था में बने हुए खालीपन को भरने के साथ-साथ भारत में शैक्षिक सुधारों के नए आयाम एवं शिक्षा-ढाँचे को प्रस्तुत करता है। यह शिक्षा-नीति भारतीय शिक्षा-व्यवस्था को पूरी तरह दुरुस्त कर देना चाहती है जिससे कि आने वाली पीढ़ियों को वैश्विक संसार की चुनौतियों के लिए तैयार किया जा सके। यह शिक्षा-नीति भारतीय शिक्षा व्यवस्था में समावेशन, नवाचार एवं संस्थानीकरण के नए आयाम स्थापित करना चाहती है। यह कहा गया है कि इस नीति का उद्देश्य *क्या सोचा जाए* की अपेक्षा *कैसे सोचा जाए* पर ध्यान देना है।

जब से शिक्षा-नीति घोषित हुई है, हम इसके विषय में निरंतर चर्चाओं-परिचर्चाओं के माध्यम से समझ बनाने की कोशिशों को देख रहे हैं। बहुत से लेख लिखे जा रहे हैं। ऐसे में पाठकों का एक बड़ा वर्ग बड़ी उत्सुकता से एक बृहद पुस्तक की प्रतीक्षा कर रहा है, जो इस नीति के विभिन्न आयामों पर विशेषज्ञों की राय को प्रस्तुत करे और एक विस्तृत समझ बनाने में सहायता करे।

हमें प्रसन्नता है कि '*राष्ट्रीय शिक्षा नीति 2020 : रचनात्मक सुधारों की ओर*' पुस्तक आपके हाथों में है। चिर प्रतीक्षित राष्ट्रीय शिक्षा नीति 2020 का आगमन अपने साथ अनेक संभावनाओं, चुनौतियों और समाधानों का 'पिटारा' भी लेकर आता है, जिन्हें संज्ञान में रखा जाना अनिवार्य है। इस नीतिगत दस्तावेज़ की सबसे महत्वपूर्ण बात यह है कि इसने समस्त महत्वपूर्ण बिंदुओं को एक धरोहर की तरह सँजोने का प्रयास किया है। प्रयास इस बात का भी कि राष्ट्रीय शिक्षा नीति 2020 में स्कूली शिक्षा और उच्च शिक्षा के बारे में जो गहन चिंतन हुआ है, उसे 'ज़मीनी हक़ीक़त' में परिवर्तित किया जाए। नीतिगत बिंदुओं का क्रियान्वयन स्वयं में जटिल तो है ही, लेकिन साथ ही वह इस बात की भी अपेक्षा करता है कि विषयगत अवधारणाओं को स्पष्ट रूप से समझ लिया जाए। प्रस्तुत पुस्तक के समस्त अध्याय एक ओर शिक्षा से जुड़ी विषयगत अवधारणाओं को स्पष्ट करते हैं, उसकी ऐतिहासिक यात्रा का विस्तृत वर्णन करते हैं तो साथ ही दूसरी ओर राष्ट्रीय शिक्षा नीति 2020 की अनुशंसाओं का विश्लेषण भी करते हैं। विश्लेषण के उपरांत नीतिगत अनुशंसाओं के क्रियान्वयन का मार्ग भी प्रशस्त करते हैं।

'*राष्ट्रीय शिक्षा नीति-2020 : रचनात्मक सुधारों की ओर*' पुस्तक के विभिन्न अध्यायों के रचयिता अपने-अपने ज्ञान-क्षेत्र के अनुभवी विषय-विशेषज्ञ, शिक्षाविद् हैं और उनकी विद्वता से शिक्षा जगत सदैव ही लाभान्वित हुआ है। सभी विषय-विशेषज्ञों ने विषय की बारीकियों को जिस तरह से विश्लेषित किया गया है, वह पुनः चिंतन के आयामों को उद्घाटित करता है। पुस्तक के संपादक इस बात से पूरी तरह आश्वस्त थे कि जब 1968 और 1986 की शिक्षा नीति घोषित की गई तब शिक्षा जगत के विद्यार्थी, शोधार्थी एवं शिक्षक काफ़ी लंबे समय तक संघर्ष करते रहे कि वे शिक्षा नीति की व्याख्या (decode) कर सकें, लिखे गए दस्तावेज़ में *अलिखित सामग्री को पंक्तियों के बीच (बिटवीन द लाइंस) पढ़ एवं समझ सकें* और उसकी आलोचनात्मक समीक्षा कर सकें। शिक्षा नीति इतनी सरल भाषा एवं शैली में नहीं लिखी जाती कि उसे सीधे-सीधे (फेस वैल्यू) पढ़ा जा सके, अतः विशेषज्ञों की सहायता एवं मार्गदर्शन में उसे *डी-कोड* करना

बिटवीन द लाइंस पढ़ना, आलोचनात्मक समीक्षा करना आदि बहुत महत्वपूर्ण रहता है। इस ज़िम्मेदारी को समझते हुए, इस पुस्तक को एक संपादकीय पुस्तक के रूप में प्रस्तुत करने का विचार बनाया गया तथा देश के विभिन्न हिस्सों में अलग-अलग विश्वविद्यालयों में शिक्षा विशेषज्ञों, जो शिक्षा-नीति विश्लेषण एवं आलोचनात्मक समीक्षा के विशेषज्ञ हैं, उनसे संपर्क किया गया। संपादक इस संदर्भ में सौभाग्यशाली रहे कि बहुत जल्दी ही एक उपयुक्त लेखक समूह की पहचान हो सकी एवं उनसे उनकी विशेषज्ञता के क्षेत्र में अध्याय लिखने की स्वीकृति प्राप्त की जा सकी। प्रस्तुत पुस्तक का एक विशिष्ट उद्देश्य- शिक्षा क्षेत्र में विद्यार्थियों, शोधार्थियों एवं शिक्षकों को शिक्षा-नीति के विभिन्न संदर्भों एवं प्रस्तावों की विस्तृत समझ बनाने में मदद करना एवं शिक्षा नीति के संदर्भ में अपना विचार स्पष्ट करना है।

यह सत्य है कि 'शिक्षा' स्वयं में एक अनुशासन है, अन्य अनुशासनों की तरह और 'शिक्षा' अनुशासन का अपनी तत्व मीमांसा, ज्ञान मीमांसा और मूल्य मीमांसा है! 'शिक्षा' स्वयं में एक विशिष्ट अनुशासन भी है, क्योंकि इसका एक विस्तृत आयाम है जो जीवन के हर पक्ष को स्पर्श करता है। शिक्षायी दुनिया के जीवन के विस्तार को समेटे हुए यह पुस्तक चिंतन और मनन की एक लंबी यात्रा की साक्षी है! विषय पर चर्चा और संवाद के माध्यम से विकसित समस्त अध्याय पाठकों को शिक्षा के संबंध में नए सिरे से सोचने के लिए मार्ग प्रशस्त करते हैं। इस पुस्तक के माध्यम से आप न केवल स्कूली शिक्षा अपितु उच्च शिक्षा की चिंतन-यात्रा में सम्मिलित हो सकेंगे। ***राष्ट्रीय शिक्षा नीति- 2020 : एक विहंगावलोकन*** के माध्यम से नीति की मुख्य अनुशंसाओं और वर्तमान समय में उनकी प्रासंगिकता की चर्चा की गई है। इस शिक्षा-नीति के क्रियान्वयन के लिए एक ठोस कार्य-योजना की आवश्यकता है जिसके चिंतन-मनन के लिए यह पुस्तक एक मंच प्रदान करती है। भारत की शिक्षा और उस शिक्षा नीति में भारतीयता के 'तत्व' को सम्मिलित करने की ज़रूरत को स्थापित और दिशा प्रदान करता ***भारत और शिक्षा का भारतीयकरण*** अध्याय शिक्षा-चिंतन का द्वार उद्घाटित करता है। किसी भी समाज की उन्नति का मार्ग उसकी संस्कृति से प्रशस्त होता है और भाषा किसी भी संस्कृति का अभिन्न हिस्सा है। शिक्षा की भाषा भी उसे निरंतर प्रभावित करती है। **भाषा, शिक्षण एवं शिक्षा की भाषा-नीति** के इसी विमर्श को गहराई से समझने की आवश्यकता है! राष्ट्र-निर्माता के रूप में एक शिक्षक की भूमिका स्वयमेव सिद्ध है। शिक्षक के स्तर से राष्ट्र और समाज का स्तर भी निर्धारित होता है, इसके लिए शिक्षकों को स्वयं ज्ञानवान, संवेदनशील और प्रबुद्ध होना होगा। शिक्षकों से जुड़ी समस्त संवेदनाओं को ***प्रबुद्ध धरोहर : भारतीय शिक्षक*** अध्याय में अनुभूत किया जा सकता है। जीवन के सभी चरणों में बाल्यावस्था एक महत्वपूर्ण चरण है जो बच्चे के व्यक्तित्व को रचने में मदद करता है। बच्चों का बचपन और उनकी शिक्षा की समेकित समझ का निर्माण करने में ***बच्चे, बचपन और शिक्षा*** को एक बालक की दृष्टि से पढ़ा-समझा जाए तो बेहतर होगा। शुरुआती वर्षों में बच्चों के पढ़ना-लिखना सीखने और गणितीय बोध की शिक्षाशास्त्रीय समझ को पोषित करते अध्याय **पढ़ना-लिखना: शिक्षा की ठोस बुनियाद** और ***गणितीय जीवन की बुनियाद*** इस ओर संकेत करते हैं कि पढ़ने-लिखने की संपूर्ण शैक्षिक प्रक्रियाओं में अवबोधन केंद्र बिंदु है। यह पढ़ना-लिखना समस्त जीवन और शैक्षिक जीवन कि ठोस बुनियाद है। इसी तरह से गणित केवल गिनती या गणितीय संक्रियाओं तक सीमित नहीं है, बल्कि जीवन में गणित के उपयोग को बल प्रदान करता है। भारत सरकार द्वारा प्रारंभ किए गए ***'निपुण भारत'*** मिशन का उद्देश्य भी यही है कि बच्चे 2025 तक कक्षा तीन तक की पढ़ने-लिखने और गणित की बुनियादी कुशलताओं को अर्जित कर सकें, उन्हें प्राप्त कर सकें। ***पढ़ना-लिखना: शिक्षा की मज़बूत नींव*** और ***गणितीय जीवन की बुनियाद*** दोनों ***'निपुण भारत'*** के साथ तर्कसंगत रूप से संयोजित होते हुए उसमें

उल्लिखित उद्देश्यों को प्राप्त करने में मदद करते हैं। समावेशन शिक्षा का स्वभाव है और समता शिक्षा की गुणवत्ता का मानदंड! इस संबंध में अवधारणात्मक संप्रत्य का निर्माण करने और इस अवधारणा को यथार्थ में रूपांतरित करने में ***संगच्छध्वं .... शिक्षा में समावेशन और समतामूलक समावेशन और शिक्षा*** एक महत्ती भूमिका का निर्वाह करते हैं। एक विद्यालय जिस तरह से शिक्षापरक परिवेश का निर्माण करता है, उसे बनाए रखने और उसका अधिकतम उपयोग करने के लिए यह ज़रूरी है कि शाला को एक *प्रयोगशाला* की तरह देखा जाए और प्रभावी गवर्नेंस को और अधिक व्यावहारिक बनाया जाए - ***शाला : पाठ्यचर्या और शिक्षा-शास्त्र की प्रयोगशाला*** और ***स्कूल कॉम्प्लेक्स/कलस्टर के माध्यम से कुशल प्रभावी गवर्नेंस*** विद्यालय और गवर्नेंस के 'आदर्श' को 'यथार्थ' की ठोस भूमि पर अवस्थित करते हैं। ***समग्र और बहु-विषयक शिक्षा*** उपलब्ध कराना राष्ट्रीय शिक्षा नीति-2020 के 22 आधारभूत सिद्धांतों में से पाँचवाँ महत्वपूर्ण सिद्धांत है। विभिन्न विषयों की संकीर्ण चौहद्दियां को 'तोड़ता' यह अध्याय नवीन ज्ञान के विकास का मार्ग प्रशस्त करता है। शिक्षा और व्यावसायिक जीवन के परस्पर संबंधों को उद्घाटित करते दो अध्याय ***व्यावसायिक शिक्षा का नवीन आकल्पन*** और ***आत्मनिर्भर भारत और पेशेवर शिक्षा*** इस ओर संकेत करते हैं कि पेशेवर शिक्षा 21 वीं सदी के भारत की ज़रूरत के अनुसार अर्थव्यवस्था के लिए कुशल श्रम की ज़रूरत को पूरा करती है। व्यावसायिक शिक्षा लोगों को एक तकनीशियन के रूप में काम करने या एक कुशल शिल्प या ट्रेड में ट्रेडमैन या कारीगर के रूप में रोज़गार प्राप्त करने के लिए तैयार करती है। भारतीय उच्च शिक्षा तंत्र विश्व के विशालतम शिक्षा तंत्रों में से एक है। ऐतिहासिक रूप से भी भारतीय उच्च शिक्षा व्यवस्था सम्पूर्ण विश्व में अग्रणी रही है। ***उच्च शिक्षा और उसका नियामक तंत्र*** और ***उच्च शिक्षा : प्रशासन और नेतृत्व*** उच्च शिक्षा के उन्हीं समस्त पहलुओं को उजागर करते हुए उसके प्रशासन और नेतृत्व की चर्चा करते हैं। प्राय: शोध को गुणवत्ता का आधार माना जाता है और शिक्षा की गुणवत्ता के लिए भी निरंतर शोधरत होना अत्यंत आवश्यक है। ***गुणवत्ता का आधार: अकादमिक शोध*** भी इसी आवश्यकता को प्रतिपादित करता है। ***संचार की दुनिया और शिक्षा*** भविष्योन्मुखी शिक्षा की विस्तृत भूमिका रचता है और और डिजिटल दुनिया की शिक्षा और शिक्षा की डिजिटल दुनिया को उजागर करता है। शिक्षा की मूल अवधारणा जीवनपर्यंत सीखने की अवधारणा है और स्कूल की दीवारों के भीतर तक सीमित नहीं है। प्रौढ़ शिक्षा की अवधारणा भी जीवनपर्यंत सीखने के लिए प्रेरणा देती है। **जीवन के लिए जीवनपर्यंत शिक्षा** वस्तुत: इसी मूल अवधारणा को ही पोषित करती है।

इस रूप में बात भारत की शिक्षा की भारतीयता की हो या भाषा, कला और संस्कृति की, प्रबुद्ध शिक्षक की हो या शिक्षक-शिक्षा की, बच्चों के बचपन की हो या उनके जीवन से जुड़े बुनियादी गणित की, समावेशन की हो या समग्र शिक्षा की, व्यावसायिक शिक्षा की हो या जीवनपर्यंत शिक्षा की, उच्च शिक्षा की हो या अकादमिक शोध की या फिर शिक्षा में दाखिल होती डिजिटल दुनिया की – सभी ने शिक्षा की मूल अवधारणा को पोषित करने में अपनी महत्वपूर्ण भूमिका निभाई है।

अध्याय लेखन के सुझाव के रूप में विशेषज्ञों को निवेदन किया गया कि वे शिक्षा-नीति पर अपने विचार, सुझाव एवं चिंताएं एक रोडमैप के तौर पर लिखें और राष्ट्रीय शिक्षा-नीति पर इस प्रस्तावित पुस्तक में सहयोग करें। यह पुस्तक पाठकों को भारतीय शिक्षा व्यवस्था के बारे में *इनफॉर्म्ड ओपिनियन* बनाने में मदद करेगी एवं साथ ही साथ भावी पीढ़ियों के लिए संभावनाओं को भी समझने का प्रयास करेगी। इस पुस्तक के अध्याय इस तरह लिखे गए हैं कि वे चुने गए विषय को पाठकों के सम्मुख आलोचनात्मक एवं

विश्लेषणात्मक समझ के साथ प्रस्तुत करें। पुस्तक के विभिन्न अध्यायों के ढाँचे में समरूपता लाने के लिए निम्नलिखित सुझाव प्रस्तुत किए गए -

- विषय का परिचय
- पिछली शिक्षा नीतियों में प्रस्तुत विषय संबंधी परिप्रेक्ष्य
- वर्तमान स्थिति
- शिक्षा नीति में दिए गए सुझाव
- शिक्षा नीति लागू करने के लिए रोड मैप
- समालोचना/ विश्लेषण/ सुझाव

इस पुस्तक में सम्मिलित प्रत्येक अध्याय के लेखकों ने पूर्ण निष्ठा और विश्लेषणात्मक दृष्टि से शिक्षा के संबद्ध पहलुओं को विस्तार और गहनता देने का प्रयास किया है जो नि:संदेह शिक्षकों, शिक्षक-प्रशिक्षकों, नीति निर्माताओं, समुदाय के सदस्यों के साथ-साथ सभी साझेदारों के लिए उपयोगी सिद्ध होगी।

'*राष्ट्रीय शिक्षा नीति-2020: रचनात्मक सुधारों की ओर*' पुस्तक एक ऐसे समय पर सभी सुधि पाठकों के पास पहुँच रही है जब पूरे देश में राष्ट्रीय शिक्षा नीति 2020 पर संवाद और विमर्श जारी है। यह विमर्श उसकी अनुशंसाओं को समझने का है और उन अनुशंसाओं के क्रियान्वयन का है! यह पुस्तक सभी साझेदारों को एक अवसर प्रदान करती है जिससे सभी अपने-अपने हिस्से के दायित्व का निर्वहन करते हुए 'शिक्षा' के तत्व को बनाए रख सकें। इस पुस्तक का मूल उद्देश्य भी यही है – बच्चों की शिक्षा को बच्चों तक पहुंचाने और सुलभ बनाने के लिए हर संभव प्रयास करना।

आप सबसे यह साझा करते हुए हमें हर्ष का अनुभव हो रहा है कि पुस्तक के विभिन्न लेखक एवं संपादक मंडल के दोनों सदस्य न सिर्फ़ शिक्षा जगत में लगातार 20 वर्षों से अधिक समय से जुड़े हुए हैं, बल्कि सक्रिय रूप से अपने शोध और लेखन के माध्यम से इस संदर्भ में अपनी ज़िम्मेदारी का निर्वहन भी कर रहे हैं। एक अनुभवी एवं व्यावसायिक या पेशेवर विशेषज्ञता के साथ शिक्षा-नीति के प्रत्येक पैरा को विश्लेषित किया जाना एवं अपने पाठकों के लिए उसे समृद्ध पठन सामग्री के रूप में प्रस्तुत किया जाना - इस पुस्तक लेखन का एक प्रमुख उद्देश्य है। आशा है आप इस पुस्तक की चिंतन-सामग्री से लाभान्वित होंगे और यह पुस्तक शिक्षा जगत संबंधी आपकी यात्रा में अनेक विचारों एवं भविष्य के संदर्भों को स्पष्ट करने में सहायक होगी।

आशा है कि यह पुस्तक शिक्षा से जुड़े सभी कर्मियों की अपेक्षाओं को पूर्ण कर सकेगी! आपके सुझावों एवं प्रतिक्रियाओं का स्वागत है!

प्रोफ़ेसर पंकज अरोड़ा • प्रोफ़ेसर उषा शर्मा

15.08.2021 (स्वतंत्रता दिवस)
नई दिल्ली

1

राष्ट्रीय शिक्षा नीति 2020 : एक विहंगावलोकन

पंकज अरोड़ा

जैसे ही हम 'नीति' शब्द सुनते हैं, अनायास ही हमारा ध्यान इस ओर चला जाता है कि नीति की बात किस संदर्भ में हो रही है? विपक्ष, जागरूक नागरिक तथा *एक्टिविस्ट* - सभी सरकार का पक्ष जानना चाहते हैं कि किस नीति के बारे में कहा जा रहा है। यह सही भी है, क्योंकि जब भी 'नीति' में परिवर्तन आता है तो यह परिवर्तन उस विषय के किसी एक पक्ष में न होकर उस विषय-विशेष में 360° तक परिवर्तन का व्यापक क्षेत्र खोल देता है। इसे हम '*पैराडाइम शिफ्ट*' भी कहते हैं। औद्योगिक-नीति (1956), शिक्षा-नीति (1968 व 1986) और इन सबसे ऊपर आर्थिक-सुधार की उदारवादी-नीति (1990) के संदर्भ में हम 'नीति' के व्यापक क्षेत्र को समझ सकते हैं। अब, जब नई शिक्षा-नीति (2020) भारत सरकार द्वारा पारित की जा चुकी है, तब इस पर चर्चा होना, इसका विश्लेषण होना एवं '*रीडिंग बिटवीन-द-लाइंस*' एक स्वाभाविक प्रतिक्रिया है, जो प्रगतिशील, बौद्धिक एवं जागरूक समाज में आवश्यक भी है। पिछले 50 वर्षों में जितनी तेज़ी से सामाजिक-आर्थिक एवं राजनीतिक परिवर्तन हुए हैं, उनसे भी अधिक तेज़ी से परिवर्तन तकनीकी क्षेत्र में हुए हैं। इन सभी परिवर्तनों का शिक्षा-व्यवस्था पर एक गहन प्रभाव देखा गया है। हम इन परिवर्तनों को '*इंडस्ट्रियल-रिवॉल्यूशन*' के साथ जोड़कर भी समझ सकते हैं। पहला '*इंडस्ट्रियल-रिवॉल्यूशन*' (1750) जिसमें औद्योगिक मशीने आईं, प्रिंटिंग प्रेस आई और इसी के साथ मैकॉले-योजना (1833) या यूं कहिए कि अंग्रेज़ी-शिक्षा भारत में आई। दूसरा '*इंडस्ट्रियल-रिवॉल्यूशन*' (1870) में बिजली, गैस और डीजल-इंजन प्राथमिकता में आ गए थे और इसी के साथ भारत में वुड-डिस्पैच के नाम से शैक्षिक-सुधारों का प्रयास किया गया था। तीसरी '*इंडस्ट्रियल-रिवॉल्यूशन*' (1969) में न्यूक्लियर-एनर्जी, इलेक्ट्रॉनिक्स-टेलीकम्युनिकेशन एवं कंप्यूटर की शुरुआत हुई थी। इसके साथ ही भारत में व्यापक शिक्षा-सुधार, कोठारी कमीशन (1966) एवं स्वतंत्र भारत की पहली शिक्षा-नीति (1968) के रूप में दिखाई दिए। अब जब हम चौथी '*इंडस्ट्रियल-रिवॉल्यूशन*' अर्थात 21 वीं सदी के समाज में ज्ञान, वैश्विक-संबंधों और सोचने के तरीको में इतने विशाल परिवर्तन देख रहे हैं तो इसे हम "*जनरेशन-रेवोलुशन*" भी कह सकते हैं। आज का दौर *रोबोटिक-साइंस* तथा *आर्टिफिशियल इंटेलिजेंस* का दौर है। बदलती हुई राष्ट्रीय, सामाजिक व आर्थिक आवश्यकताओं एवं परिस्थितियों को मद्दे नज़र रखते हुए राष्ट्रपति कलाम ने विज़न -2020 पर ज़ोर दिया था। 1986 की विज्ञान-आधारित शिक्षा-नीति अब 34 वर्ष पुरानी हो गई थी एवं शिक्षा में 21वीं सदी की आधुनिकता के साथ-साथ भारतीयता का संगम किए जाने की आवश्यकता महसूस की जा रही थी। राष्ट्रीय शिक्षा नीति 2020 इसी दिशा में उठाया गया एक महत्वपूर्ण और साहसिक कदम है।

प्रोफ़ेसर, शिक्षा विभाग, केन्द्रीय शिक्षा संस्थान, दिल्ली विश्वविद्यालय, दिल्ली।

जब हम शिक्षा-नीति को समझना चाहते हैं तो उसके किसी एक पक्ष को देखना और उसी के आधार पर राय बना लेना न्याय-संगत नहीं है। शिक्षा नीति को व्यापक संदर्भ में एक *विज़न-डॉक्यूमेंट* की तरह देखा, समझा एवं विश्लेषित किया जाना आवश्यक है। क्या शिक्षा नीति अगले 20 वर्ष के लिए भारतीय शिक्षा-व्यवस्था को *विज़न* देती है? क्या यह भावी पीढ़ियों को चौथी *जनरेशन-रेवलुएशन* के अनुरूप भारतीय परिस्थितियों में तैयार करती है? शिक्षा नीति के किसी एक भाग को देखकर पाठ्यक्रम में आने वाले परिवर्तन, मूल्यांकन प्रक्रिया में आने वाले परिवर्तन, कक्षा-कक्ष की प्रक्रिया के नज़रिए से इसका मूल्यांकन करना मेरी समझ के अनुसार एकांगी है। शिक्षा-नीति 2020 का इन सभी पक्षों का संपूर्णता में विश्लेषण किया जाना महत्वपूर्ण एवं उपयोगी होगा।

ज़रूरत इस बात की है कि हम शिक्षा नीति को संपूर्णता में समझने का प्रयास करें और देखें कि शिक्षा नीति के परिचय में ही किस तरह शिक्षा नीति के उद्देश्य एवं लक्ष्य को वैश्विक परिदृश्य से जोड़ने का प्रयास किया गया है। हम सब जानते हैं कि शिक्षा का उद्देश्य बहुमुखी है, अर्थात यह मानव जीवन के विभिन्न पक्षों के विकास एवं वृद्धि के साथ बहुत नज़दीकी से जुड़ा हुआ विषय है। 'शिक्षा' हमारे जीवन के शारीरिक, मानसिक, बौद्धिक, मनोवैज्ञानिक एवं भावनात्मक विकास का मार्ग प्रशस्त करती है। शिक्षा ही वह औज़ार है जो हमें अराजकता, 'जंगलराज' एवं 'पशुवत' जीवन शैली से अलग होने में सहायता देने के साथ-साथ हमें सभ्य समाज का सदस्य होने का दर्ज़ा भी देता है। विशाल मानव मूल्य- जिनमें जॉन लॉक के सुझाए हुए स्वतंत्रता, समानता एवं बंधुत्व के साथ-साथ न्याय को समझने एवं सम्मान करने की क्षमता का विकास शिक्षा के माध्यम से ही संभव है। राष्ट्रीय शिक्षा नीति 2020 इन समस्त मानव मूल्यों के विकास के साथ-साथ गुणवत्ता-पूर्ण शिक्षा के माध्यम से इन्हें सार्वभौमिक बनाने की भी वकालत करती है। शिक्षा नीति में न सिर्फ़ वैज्ञानिक उन्नति, राष्ट्रीय एकीकरण और सांस्कृतिक संरक्षण की बात की गई है बल्कि इन्हें आर्थिक विकास की कुंजी के साथ भी जोड़ा गया है। मार्च 2020 में भारत विश्व में सर्वाधिक युवा जनसंख्या वाला देश बन गया है। ऐसे में इस युवा पीढ़ी के समुचित विकास की चिंता किए बिना भारत एक सुनहरे भविष्य की कल्पना नहीं कर सकता। अतः प्रस्तुत शिक्षा नीति गुणवत्तापूर्ण शैक्षिक अवसरों के माध्यम से युवा पीढ़ी को सशक्त बनाना चाहती है।

नीति-निर्धारकों की स्पष्ट मंशा है कि शिक्षा नीति 2030 के एसडीजी-4 (सतत विकासात्मक लक्ष्य- 4) के अनुरूप भारत के आर्थिक, वैज्ञानिक, तकनीकी तथा चिकित्सीय क्षेत्रों के लिए न सिर्फ़ एजेंडा तय करे बल्कि उस एजेंडा तक पहुँचने का मार्ग भी प्रशस्त करे। शिक्षा नीति में पर्यावरण, जल एवं स्वास्थ्य जैसे महत्वपूर्ण क्षेत्रों के प्रति युवा पीढ़ी को जागरूक बनाने के साथ-साथ संवेदनशील बनाने तथा उसके सक्रिय सिपाही बनाने का लक्ष्य रखा गया है। राष्ट्रीय शिक्षा नीति 2020, 21वीं सदी के भारत का सपना लेकर आई है, जो भाषाई, जातीय, धर्म-आधारित तथा क्षेत्रीय भेदभाव को समाप्त करने के साथ-साथ शिक्षा के क्षेत्र में विषय-आधारित विषमता एवं ऊँच-नीच को समाप्त करने का भी ज़िक्र करती है। इस शिक्षा नीति में बहुविषयक शैक्षिक संस्थानों की कल्पना की गई है, जिनमें विभिन्न विषयों एवं विषयसमूह के आधार पर पाया जाने वाला कठोर ढांचा न सिर्फ़ चुनौती पाता है बल्कि एक सकारात्मक परिवर्तन की ओर चलने का रास्ता भी पाता है। यह सकारात्मक परिवर्तन, शिक्षण संस्थानों में विज्ञान, मैनेजमेंट, भाषाएँ, समाज-विज्ञान एवं व्यावसायिक-शिक्षा की पदानुक्रमता (hierarchy) को समाप्त कर बहुविषयक शैक्षिक संस्थानों का मार्ग प्रशस्त करता है। इन बहुविषयक शैक्षिक संस्थानों में प्रत्येक विषय महत्वपूर्ण होगा तथा अन्तः विषयक शिक्षण के साथ-साथ अंतर-विषयक शोध का मार्ग भी प्रशस्त होगा। शिक्षा नीति में ज्ञान-निर्माण की

परंपरा में भारतीय ज्ञान एवं भारतीय परंपराओं के साथ-साथ सांस्कृतिक मूल्यों एवं भारतीय भाषाओं को भी महत्व दिए जाने की बात कही गई है। नई शिक्षा-नीति में इस बात की संभावना है कि हम आने वाले समय में केवल विदेशी-ज्ञान के पिछलग्गू मात्र न रहकर भारतीय ज्ञान को आनंदमय रूप से *सेलिब्रेट* कर सकेंगे एवं इस पर गर्व कर सकेंगे। नेशनल रिसर्च फाउंडेशन का प्रावधान, इन विषयों एवं संस्थाओं द्वारा की जाने वाली शोध-प्रक्रिया को एक आधार प्रदान करता है। भारतीय संविधान के वैश्विक मूल्यों को प्रमुखता के साथ विद्यार्थियो तक पहुंचाने की बात इस शिक्षा नीति में उठाई गई है। इन संवैधानिक मूल्यों में समता, सामाजिक न्याय जैसे वैश्विक मूल्यों के साथ-साथ मौलिक कर्तव्यों को भी युवा पीढ़ी तक प्रभावशाली ढंग से पहुंचाने व इन्हें जीवनशैली के साथ जोड़ने की वकालत की गई है।

राष्ट्रीय शिक्षा नीति 2020 स्वतंत्र भारत में एक बार पुनः अध्यापकों एवं अध्यापक-शिक्षा के महत्व को समझते हुए इन दोनों पर काफ़ी काम करने की आवश्यकता बताती है। 1964-66 में कोठरी कमीशन और फिर 1983 में बना चट्टोपाध्याय आयोग भी अध्यापक शिक्षा में विशाल सुधारों की संस्तुति करता है, परन्तु बदली राजनितिक परिस्थितियों के कारण इस आयोग की संस्तुतिया कुछ विशेष महत्व नहीं पा सकीं। 1986 की शिक्षा नीति का आना भी इस आयोग के महत्व को कमतर कर गया। भौतिकवादी आर्थिक संसाधनों के दौड़ में शिक्षक के विलुप्त होते जा रहे सम्मान एवं गरिमा की चिंता भी इस शिक्षा नीति को अभिन्न बनाती है। धरातल पर अध्यापक ही वह कड़ी है जो प्रस्तुत शिक्षा नीति को साकार रूप देगा एवं इसे प्रभावी रूप से लागू करेगा, यह समझते हुए शिक्षानीति योग्य एवं प्रतिभाशाली युवक-युवतियों को अध्यापन के कार्य से जोड़ने के उपायों को भी प्रस्तुत करती है।

विद्यार्थियों के लिए गुणवत्तापूर्ण शिक्षा उपलब्ध करवाना एक महत्वपूर्ण एवं आवश्यक पहलू को प्रस्तुत करते हुए शिक्षा नीति हाशिए पर रह गए समुदायों, वंचित वर्गों की विशेष चिंता करते हुए समावेशन के माध्यम से उन्हें शिक्षा-व्यवस्था से न केवल जोड़ने एवं बल्कि उनके उत्कृष्ट प्रदर्शन कर सकने की परिस्थितियां तैयार करने का लक्ष्य भी रखती है।

राष्ट्रीय शिक्षा नीति 2020 के व्यापक स्वरूप को समझने के लिए उसे तीन प्रमुख भागों में प्रस्तुत किया जा रहा है -

भाग 1 : स्कूल शिक्षा

भाग 2 : उच्चतर शिक्षा

भाग 3 : शिक्षा अध्यापक शिक्षा

भाग 1: स्कूल शिक्षा

शिक्षा नीति का भाग एक 'स्कूल शिक्षा' के संदर्भ में प्रस्तावित विभिन्न महत्वपूर्ण पक्षों को आठ अध्यायों के माध्यम से प्रस्तुत करता है। स्वतंत्रता- प्राप्ति के पश्चात विभिन्न शिक्षा-आयोगों एवं कमेटियों की रिपोर्ट स्कूल शिक्षा के संदर्भ में प्रमुखता के साथ सभी को स्कूल तक पहुंचाने की बातें करती हैं। इसी क्रम में 1986 की राष्ट्रीय शिक्षा नीति भी सभी तक स्कूल शिक्षा को पहुंचाने का महत्वपूर्ण लक्ष्य प्रस्तुत करती है। स्कूल शिक्षा, सभी भारतीय बच्चों को सुनिश्चित करने के उद्देश्य से 2009 में शिक्षा के अधिकार का अधिनियम लाया गया, स्कूल शिक्षा को सभी तक पहुंचाने के इसी क्रम को जारी रखते हुए राष्ट्रीय शिक्षा नीति 2020 स्कूल शिक्षा में कुछ महत्वपूर्ण बदलावों को एक नए ढांचे के साथ का प्रस्तुत करती है। प्रस्तुत नीति का आधार सिद्धांत अच्छे इंसानों का विकास करना बताया गया है। ऐसे इंसान जो तर्कसंगत विचार और कार्य

करने में सक्षम हैं, जिनमें करुणा और सहानुभूति, साहस और लचीलापन, वैज्ञानिक चिंतन और रचनात्मक कल्पना शक्ति हो। शिक्षा नीति ऐसे सकारात्मक लोगों को तैयार करने की बात कहती है जो भारतीय संविधान द्वारा तय किए गए- समावेशी और बहुलतावादी समाज के निर्माण में अपनी महत्वपूर्ण भूमिका को पहचान एवं निभा सकें।

स्कूली शिक्षा का नया ढांचा

राष्ट्रीय शिक्षा नीति का विज़न भारतीय मूल्यों से पूर्ण शिक्षा प्रणाली भी है, जो सभी को उच्चतर गुणवत्तापूर्ण शिक्षा उपलब्ध करवाकर न्यायसंगत ज्ञान और समाज के लिए योगदान करेगी। शिक्षा नीति पाठ्यचर्या एवं शिक्षण विधियों में विद्यार्थियों के मौलिक दायित्व और संवैधानिक मूल्यों को देश के साथ जुड़ाव और बदलते विश्व में नागरिक की भूमिका तथा उत्तरदायित्व के प्रति जागृत करने का कार्य करती है। यह नीति वर्तमान की 10+2 वाली स्कूली व्यवस्था को विस्तार देकर 5+3+3+4 की एक नई स्कूली व्यवस्था को प्रस्तुत करती है।

इस नीति के आधार पर 3 से 18 वर्ष की आयु के सभी बच्चों को विद्यालय शिक्षा से जोड़ा जाएगा। शिक्षा का अधिकार 2009, 6 से 14 वर्ष की आयु के बच्चों की शिक्षा को एक अधिकार के रूप में प्रस्तुत करता है। यह शिक्षा नीति वहां छूट गए 6 वर्ष से कम आयु के बच्चों को भी औपचारिक शिक्षा से जुड़ने का अवसर प्रदान करती है। स्कूली शिक्षा का नया ढांचा पहले 5 वर्ष की बुनियादी शिक्षा की बात करता है, यह सिद्धांत गांधी जी के बुनियादी शिक्षा के सिद्धांत को व्यवहार देता हुआ प्रतीत होता है। शिक्षा मनोविज्ञान के सिद्धांत हमें यह समझने में सहायता करते हैं कि बच्चों में 85% मस्तिष्क का विकास 6 वर्ष की अवस्था तक हो जाता है, ऐसे में इन बच्चों को औपचारिक स्कूल से जोड़कर उनके लिए प्रारंभिक बाल्यावस्था देखभाल जिसमें लचीली, बहुआयामी, खेल-आधारित, गतिविधि-आधारित, खोज-आधारित शिक्षा को शामिल करने की योजना बनाई गई है। प्रारंभिक साक्षरता और संख्यात्मक ज्ञान के विकास में अधिकतम परिणामों को प्राप्त करने के लक्ष्य से 8 वर्ष तक की आयु के बच्चों को दो भागों में प्रारंभिक बाल्यावस्था शिक्षा दी जाएगी। इसे सार्वभौमिक रूप से सभी विद्यार्थियों तक पहुंचाने का लक्ष्य रखा गया है, जिसके लिए आंगनवाड़ी केंद्रों को प्रशिक्षित कार्यकर्ताओं के साथ सशक्त बनाया जाएगा। इन कार्यकर्ताओं को 6 महीने या एक साल का प्रमाणपत्र कार्यक्रम करवाया जाएगा। पिछड़े जिलों, दूरदराज़ के इलाकों और आदिवासी बहुल प्रदेशों में भी आश्रमशालाओं के माध्यम से प्रारंभिक बाल्यावस्था शिक्षा को लागू करने का प्रयास किया जाएगा। सभी विद्यार्थियों को पढ़ने और लिखने के साथ-साथ संख्याओं के संबंध में बुनियादी संक्रियाएँ करने की क्षमता, जो जीवन भर सीखते रहने की बुनियाद बनती है, को सुनिश्चित करने के लिए एनसीईआरटी के साथ संबद्ध मंत्रालय काम करेंगे। वर्ष 2025 तक मूलभूत साक्षरता और संख्याज्ञान के लक्ष्य को प्राप्त करने के लिए राज्य एवं केंद्र शासित प्रदेशों की सरकारें चरणबद्ध तरीके से लक्ष्यों की पहचान करते हुए इसके क्रियान्वयन की योजना तैयार करेंगी। द डिजिटल इंफ्रास्ट्रक्चर फॉर नॉलेज शेयरिंग (दीक्षा) पर बुनियादी साक्षरता और संख्याज्ञान के लिए उच्च गुणवत्ता वाले संसाधनों का एक राष्ट्रीय भंडारण उपलब्ध करवाया जाएगा। शिक्षकों की भर्ती एवं ट्रेनिंग को प्राथमिकता से सुनिश्चित किया जाएगा। राष्ट्रीय शिक्षा नीति वर्ष 2020 तक प्री-स्कूल से माध्यमिक स्तर तक 100% सकल नामांकन अनुपात को प्राप्त करने का लक्ष्य प्रस्तुत करती है, जिसमें विद्यार्थियों के ड्रॉपआउट रेट को कम करना भी शामिल है।

शिक्षा नीति में प्रस्तुत 5+3+3+4 का नया ढांचा क्रमशः 3 से 8, 8-11, 11-14 तथा 14-18 वर्ष की आयु के बच्चों के लिए प्री-स्कूल, प्रिपेटरी स्तर, माध्यमिक स्तर तथा सेकेंडरी स्तर की व्यवस्था प्रस्तुत करता है। बुनियादी शिक्षा के 5 वर्ष का समय प्रत्यक्ष-ज्ञान (Perception building) का समय है तथा उसी के अनुरूप गतिविधियों के माध्यम से विषयवस्तु एवं शिक्षाशास्त्र (पैडागोजी) को रोचक बनाने की बात करता है। प्रारंभिक-शिक्षा के प्रत्यायात्मक-ज्ञान (Conceptual knowledge) की अवस्था है, इस अवस्था में संवादात्मक कक्षाशैली के माध्यम से अध्ययन-अध्यापन को बढ़ावा दिया जाएगा जिसमें पढ़ने, लिखने, बोलने, कला, भाषा आदि से जुड़ी गतिविधियों को सम्मिलित किया जाएगा। माध्यमिक स्तर की शिक्षा जो कि 3 वर्ष की है, जिसमें परिप्रेक्ष्य-धारणाओं (Perspective & beliefs) पर काम किया जाएगा। यह कार्य रोचक शिक्षणशैली के साथ विज्ञान, गणित, कला, खेल, मानविकी और व्यावसायिक विषयों में होगा। इसके पश्चात सेकेंडरी स्तर पर 4 साल के बहुविषयक अध्ययन शामिल होंगे। इस स्तर पर अमूर्तज्ञान (Abstract knowledge) के साथ-साथ आलोचनात्मक सोच एवं जीवन आकांक्षाओं को ध्यान रखते हुए विद्यार्थियों द्वारा किए जाने वाले विषयों के चुनाव में लचीलापन लाया जाएगा।

घर की भाषा/ मातृभाषा और बहुभाषावाद तथा विभिन्न व्यावसायिक कौशल

स्कूल शिक्षा की व्यवस्था में बहुभाषावाद और भाषा की शक्ति को महत्व दिया गया है। छोटे बच्चे अपने घर की भाषा/ मातृभाषा या स्थानीय समुदायों द्वारा बोली जाने वाली भाषा में ही शिक्षा प्राप्त कर सकेंगे। त्रि-भाषा फार्मूले की संवेदनशीलता को समझते हुए शिक्षा नीति में इसे लागू किए जाने की बात तो कही ही है, लेकिन साथ ही साथ इसे लचीला बनाने की भी बात कही गई है। किसी भी राज्य पर कोई भी भाषा थोपी नहीं जाएगी। भाषाओं का चयन विद्यार्थी स्वयं कर सकेंगे और 3 में से 2 भाषाएँ भारतीय ही होंगी, बाद में कक्षा 6 या 7 में विद्यार्थी अपनी भाषा को बदल भी सकते हैं। शिक्षा नीति संवैधानिक प्रावधानों के अनुरूप बहुभाषावाद और राष्ट्रीय एकता को बढ़ावा देने की ज़रूरत को ध्यान में रखते हुए त्रिभाषा सूत्र को लागू करना चाहती है। भारतीय भाषाओं को गुणवत्तापूर्ण अंग्रेज़ी के साथ-साथ विदेशी भाषाओं की अध्ययन सामग्री को भी बढ़ावा दिया जाएगा। स्वतंत्र भारत में पहली बार किसी नीति ने भारतीय साइन लैंग्वेज को देशभर में मानकीकृत किए जाने और उसकी राष्ट्रीय और राज्य पाठ्यक्रम सामग्री विकसित करने का लक्ष्य रखा है।

जैसा कि इस अध्याय के आरंभ में कहा गया है, कि आज का युग आर्टिफिशियल इंटेलिजेंस और रोबोटिक साइंस का युग है, महत्वपूर्ण सामयिक विषयों, जैसे- पर्यावरण, हेल्थ, ऑर्गेनिक-लर्निंग आदि को भी विद्यार्थियों के ज्ञान विकास से जोड़ने और इस संबंध में शिक्षण शास्त्रीय प्रयासों को बढ़ावा दिया जाएगा। कक्षा 6 से किशोर किशोरियों को विभिन्न व्यावसायिक कौशलों का परिचय करवाया जाएगा। स्कूल में होने वाली छुट्टियों के दौरान उन्हें व्यावसायिक शिक्षा के अवसर उपलब्ध कराए जा सकते हैं। कुछ व्यावसायिक कार्यक्रम ऑनलाइन शिक्षा के माध्यम से भी विकसित किए जाएँगे। शिक्षा नीति ने स्कूल शिक्षा के लिए एक नया व्यापक राष्ट्रीय पाठ्यचर्या रूपरेखा (एनसीएफ) 2021 का लक्ष्य एनसीईआरटी के सम्मुख प्रस्तुत कर दिया है। पाठ्य पुस्तकें राष्ट्रीय स्तर पर स्थानीय विषय वस्तु का समावेश करने के उद्देश्य से लिखी जाएँगी।

व्यापक मूल्यांकन शैली

इस सब के साथ-साथ स्कूल शिक्षा के स्तर पर विद्यार्थियों के मूल्यांकन के लिए काफ़ी विस्तृत सुझाव दिए गए हैं। इनमें एक प्रमुख सुझाव यह है कि बुद्धिलब्धि आधारित (IQ based) संज्ञानात्मक पक्ष की जाँच करने वाली परीक्षाओं के स्थान पर भावनात्मक-लब्धि आधारित (EQ based) व्यापक मूल्यांकन शैली का उपयोग किया जाएगा, जिसका लक्ष्य विद्यार्थियों के समुचित व्यक्तित्व का मूल्यांकन करना होगा।

स्कूल-क्लस्टर का मॉडल

स्कूल शिक्षा के संदर्भ में एक अन्य महत्वपूर्ण बदलाव स्कूल-क्लस्टर का मॉडल है। इस मॉडल से संसाधनों की साझेदारी के साथ-साथ प्रशासनिक विशेषज्ञता को बढ़ावा दिया जा सकता है। स्कूल-क्लस्टर का यह सुझाव 1966 के कोठारी कमीशन की एक महत्वपूर्ण संस्तुति 'कॉमन-स्कूल' सिस्टम को साकार करता हुआ दिखाई देता है। इस सुझाव के अनुरूप स्कूल शिक्षा के विभिन्न स्तर के स्कूल आसपास, एक ही परिसर में होंगे, जिनमें प्रशासनिक रूप से उच्चतर स्कूल का प्रधानाचार्य विभिन्न संसाधनों के सर्वोत्तम उपयोग को सुनिश्चित करेगा। इसमें खेलकूद, संगीत, कला के साथ-साथ कुछ महत्वपूर्ण प्रयोगशालाओं की साझेदारी भी शामिल होगी।

इस प्रकार हम देखते हैं कि शिक्षा नीति के पहले 8 अध्याय स्कूल शिक्षा के लगभग सभी पक्षों को महत्व देते हुए विस्तार से व्याख्या करते हैं। स्कूल शिक्षा में सुझाए गए परिवर्तन इसके ढांचे, अध्यापन शैलियों, पाठ्य पुस्तकों के निर्माण से लेकर भाषाओं के स्थान एवं एनसीएफ 2021 का संपूर्ण विवरण शिक्षा नीति को व्यापक बनाने के साथ-साथ पूर्ण भी करता है। शिक्षा नीति में मूल्यांकन के आधार परिवर्तित करने, बोर्ड परीक्षाओं (वर्ष में २ बार) को महत्व देने और प्रवेश परीक्षा सहित समस्त परीक्षाओं में कोचिंग संस्कृति को समाप्त करने की बात कही गई है। समतामूलक और समावेशी शिक्षा का लक्ष्य ट्रांसजेंडर व्यक्ति को जोड़ने की बात के साथ-साथ विशेष प्रतिभा वाले विद्यार्थियों, सामाजिक और आर्थिक रूप से पिछड़े हुए विद्यार्थियों एवं विशेष आवश्यकता वाले विद्यार्थियों को ध्यान रखते हुए राज्य स्तर पर योजनाएँ बनाने का खाका प्रस्तुत करता है।

भाग 2: उच्चतर-शिक्षा

राष्ट्रीय शिक्षा नीति का भाग 2 'उच्चतर शिक्षा' के लगभग सभी महत्वपूर्ण पक्षों पर अलग-अलग अध्यायों के रूप में कुल 11 अध्याय (9-19) प्रस्तुत करता है। 21वीं सदी की आवश्यकताओं को देखते हुए गुणवत्तापूर्ण उच्चतर शिक्षा, जो सामाजिक कल्याण के साथ-साथ भारत में एक लोकतांत्रिक, न्यायपूर्ण, सामाजिक रुप से सचेत भाईचारे का ऐसा भाव विकसित कर सकती है, जिसमें सभी के लिए न्याय, स्वतंत्रता और समानता सुनिश्चित की जा सके। 21वीं सदी के लिए आवश्यक व्यावसायिक, तकनीकी और प्रोफेशनल विषयों वाली उच्चतर शिक्षा ही युवा पीढ़ी को संतोषजनक जीवन प्रदान करेगी और आर्थिक स्वतंत्रता में सक्षम बनाएगी।

शिक्षा नीति, उच्चतर शिक्षा प्रणाली में आमूलचूल बदलाव और नए जोश के संचार के लिए, आकांक्षाओं से भरी गुणवत्तापूर्ण समान अवसर देने वाली समावेशी उच्चतर शिक्षा का लक्ष्य प्रस्तुत करती है। उच्चतर शिक्षा ऐसे विश्वविद्यालयों और महाविद्यालयों में स्थापित की जाएगी जो बहुविषयक तथा समग्र होंगे। इन बहुविषयक संस्थानों में विद्यार्थियों को अपनी रुचि के अनुरूप विषयों का चयन करने की

स्वतंत्रता होगी। विद्यार्थी अपने स्नातक एवं उससे आगे की शिक्षा के लिए अपने विषयों का अपनी रुचि एवं क्षमताओं के अनुरूप चयन कर सकेंगे। इससे उच्चतर शिक्षा में स्ट्रीम-बेस्ड विषयों की पदानुक्रमता (hierarchy) भी टूटेगी। सभी विषय महत्वपूर्ण हैं और उनका चयन विद्यार्थियों की अपनी रुचि के अनुरूप ही होना चाहिए। इस नीति में उच्चतर शिक्षा संस्थानों को बड़े एवं बहुविषयक क्लस्टरों/ नॉलेज-हब के रूप में विकसित करके उच्चतर शिक्षा के विखंडन को रोका जाएगा। प्राचीन विश्वविद्यालय तक्षशिला, नालंदा, विक्रमशिला आदि जिनमें भारत और अन्य देशों के हज़ारों छात्र जीवन और बहुविषयक परिवेश में शिक्षा लेते थे, के उदाहरण दिए गए हैं। चरणबद्ध तरीके से विश्वविद्यालयों को श्रेणीबद्ध स्वायतता (graded autonmy) दी जाएगी।

स्वायत् विद्यार्थी/ स्वायत् अध्यापक/ स्वायत संस्थान

शिक्षा नीति में विद्यार्थियों को अपने विषयों के चयन संबंधी स्वतंत्रता के साथ-साथ यह स्वतंत्रता भी दी गई है कि वे अपनी उच्चतर शिक्षा को स्वयं नियमित कर सकें। विश्वविद्यालय स्तर पर व्याप्त ड्रॉपआउट की लगातार बढ़ती संख्या न सिर्फ़ विद्यार्थियों के व्यक्तिगत संसाधनों एवं समय की बर्बादी थी बल्कि साथ ही साथ राष्ट्रीय स्तर पर गंभीर चिंता का विषय बनती जा रही थी। प्रस्तुत शिक्षा नीति विद्यार्थियों को अपनी पढ़ाई जारी रखने के विभिन्न विकल्प देती है, इनमें एक महत्वपूर्ण विकल्प है- डिग्री कार्यक्रमों की अवधि और संरचना में प्रस्तावित बदलाव। अब विद्यार्थी न सिर्फ़ अपनी रुचि के अनुसार *मेजर* और *माइनर* विषयों का चयन कर सकेंगे, बल्कि समग्र एवं बहुविषयक शिक्षा के अनुभव भी ले सकेंगे। अपनी स्नातक स्तर पर पढ़ाई के दौरान यदि किन्हीं कारणों से विद्यार्थी को पढ़ाई छोड़नी पड़ती है तो उसे एक वर्ष की गई पढ़ाई के आधार पर सर्टिफिकेट, 2 वर्ष की गई पढ़ाई के आधार पर डिप्लोमा तथा 3 वर्ष की पढ़ाई के आधार पर स्नातक डिग्री दी जा सकेगी। 4 वर्षीय स्नातक डिग्री की पढ़ाई पूरी करने वाला विद्यार्थी विशेषज्ञता एवं शोध आधारित पाठ्यक्रम का लाभ उठाएगा, वह 4 वर्षीय स्नातक डिग्री प्राप्त करेगा। बीच में छोड़ी गई पढ़ाई को पूरा करने के लिए विद्यार्थी कभी भी वापस आ सकेगा और इसे मल्टी-एंट्री/ मल्टी-एग्जिट की योजना के आधार पर तैयार किया गया है। विद्यार्थी ने जितनी भी पढ़ाई की है, उसके क्रेडिट को उसके डिजी-लॉकर में सुरक्षित रखा जाएगा, जैसे-जैसे विद्यार्थी आगे की पढ़ाई करता जाएगा, उसके क्रेडिट की संख्या बढ़ती जाएगी और उसे सर्टिफिकेट, डिप्लोमा, डिग्री आदि के लिए योग्य घोषित कर देगी। उच्च शिक्षा के संस्थानों को 2030 तक बहुविषयक संस्थान बनाने का लक्ष्य रखा गया है। इसके साथ ही साथ सकल नामांकन अनुपात (GER) को 2018 के 26.3% से बढ़ाकर 2035 तक 50% किए जाने की बात रखी गई है। उच्चतर शिक्षा संस्थानों की पहुँच बढ़ाने के उद्देश्य से (एसडीजी 4) मुक्त दूरस्थ शिक्षा (ODL) एवं ऑनलाइन शिक्षा को बढ़ावा देने की बात नीति में कही गई है। यहाँ यह बताना महत्वपूर्ण है कि इसके संदर्भ में यूजीसी रेगुलेशन 2020, भारत का राजपत्र 4 सितंबर 2020 को घोषित किया जा चुका है।

स्वायतता की बात को अध्यापकों के संदर्भ में भी समझना महत्वपूर्ण है। शिक्षा नीति विश्वविद्यालयों के अध्यापकों को विभिन्न विशेषज्ञता आधारित पाठ्यक्रमों के निर्माण की स्वतंत्रता देती है। जैसा हम पश्चिम के या यूरोप के संदर्भ में देखते हैं कि आवश्यकता आधारित नए-नए अकादमिक क्षेत्रों के अध्यापक न सिर्फ़ पाठ्यक्रम बनाने के लिए स्वतंत्र होते हैं वरन उन पाठ्यक्रमों को व्यक्तिगत स्तर पर भी लागू कर देते हैं। ऐसी स्वायत्तता अब भारत में भी विश्वविद्यालयों के अध्यापकों को मिलेगी जिससे

न सिर्फ़ अध्ययन-अध्यापन के नए-नए द्वार खुलेंगे बल्कि उनको शोध के माध्यम से विस्तार भी दिया जा सकेगा।

राष्ट्रीय शिक्षा नीति 2020 स्वायत्तता का एक और महत्वपूर्ण आयाम- नई विनियामक प्रणाली (ग्रेडेड ऑटोनॉमी) के जरिए शिक्षा संस्थानों को सशक्त एवं स्वायत्त करने के साथ-साथ नवाचार को बढ़ावा देने और संस्थानों को अधिक ज़िम्मेदार बनाने का मार्ग प्रशस्त करना है। भारत के अनेक बड़े विश्वविद्यालय, संबद्ध-कॉलेज (एफिलिएटिड) व्यवस्था के बोझ से दबे हुए हैं। इन विश्वविद्यालयों की बहुत सारी ऊर्जा व संसाधन इन संबद्ध कॉलेजों के लिए परीक्षाएँ करवाना एवं उनके परिणाम घोषित करने में ही निकल जाती है। दूसरी तरफ ये संबद्ध कॉलेज अपने यहां लैब, खेलकूद तथा फैकल्टी विकास की ओर ध्यान न देकर विद्यार्थियों का एनरोलमेंट बढ़ाने में ही लगे रहते हैं। शिक्षा की गुणवत्ता की तरफ ध्यान न देकर संबद्ध विश्वविद्यालय की डिग्री दिलवाने का ज़रिया बन चुके इन कॉलेजों को अपनी विश्वसनीयता (क्रेडिबिलिटी) सिद्ध करनी होगी। यह कॉलेज स्वायत्तता प्राप्त करने के पश्चात अपने पाठ्यक्रमों का विकास एवं परीक्षाओं का संचालन तो करेंगे ही साथ ही साथ अपनी डिग्री भी दे सकेंगे। अपनी डिग्री को विद्यार्थियों में तथा रोज़गार के केंद्रों में सार्थक बनाने के लिए इन कॉलेजों को अपने अकादमिक स्टैंडर्ड न सिर्फ़ बढ़ाने होंगे बल्कि नियमित रूप से बनाए रखने होंगे। मेरी समझ में यह एफिलिएटिड कॉलेजेस आज के संदर्भ में लाइसेंस-राज की शैली में चल रहे हैं और अनेक प्रकार के भ्रष्टाचार को बढ़ावा दे रहे हैं। ऐसे में यदि इन्हें स्वायत्तता दे दी जाए तो इससे विद्यार्थियों एवं समाज के साथ-साथ शिक्षा का भी हित साधा जा सकेगा।

लिबरल आर्ट्स एवं शोध

समग्र एवं बहुविषयक शिक्षा मनुष्य की सभी क्षमताओं- बौद्धिक, सौंदर्यात्मक, सामाजिक, शारीरिक, भावात्मक तथा नैतिक को एकीकृत तरीके से विकसित करने में समर्थ है। ऐसी शिक्षा व्यक्ति के बहुपक्षीय विकास- कला, मानविकी, विज्ञान, भाषा, सामाजिक विज्ञान और व्यावसायिक, तकनीकी के साथ-साथ 21वीं सदी की क्षमताओं, जैसे - सामाजिक-जुड़ाव, व्यवहारिक कौशल (soft skills) जिनमें संप्रेषण, चर्चा, वाद-विवाद इत्यादि शामिल हैं, के संतुलित समायोजन का ज़रिया बन सकती है। लचीली पाठ्यक्रम संरचनाएँ अध्ययन के लिए विषयों के रचनात्मक संयोजन को सक्षम करेंगी और कई प्रवेश और निकास बिंदुओं के विकल्प युवा पीढ़ी को कठोर अनुशासनात्मक सीमाओं से हटकर आजीवन सीखने की संभावनाओं को बढ़ावा देंगे। शोध को बढ़ावा देने के लिए पी.एच.डी. का विस्तार किया जाएगा एवं एम.फिल. का कार्यक्रम बंद कर दिया जाएगा। विश्वविद्यालयों की प्रकृति शोध-प्रधान या शिक्षण-प्रधान विश्वविद्यालयों के रूप में पुनः परिभाषित की जाएगी। उच्चतर शिक्षा के संस्थानों में स्टार्टअप, उद्योग आधारित अनुसंधान एवं नवाचार आधारित अनुसंधान को बढ़ावा दिया जाएगा। अंतरराष्ट्रीय शिक्षा को बढ़ावा देने के लिए शोध में क्रेडिट स्थानांतरित करने के साथ-साथ बाहर जाकर शोध करने वाले विद्यार्थियों के लिए स्थानांतरण के लचीले नियम बनाए जाएँगे। उच्चतर शिक्षा एवं शोध के लिए योग्य विद्यार्थियों को अनेक योजनाओं के माध्यम से प्रेरित किया जाएगा। राष्ट्रीय अनुसंधान परिषद (NRF) की स्थापना से अनुसंधान और नवाचार के लिए व्यापक दृष्टिकोण और समाधानात्मक रवैया को क्रियान्वित करना होगा। शोध की प्रकृति सामाजिक समस्याओं के हल खोजने के लिहाज़ से मूल्यवान होने के साथ-साथ देश की पहचान, प्रगति और बौद्धिक संतुष्टि देने वाली होनी चाहिए। इस सब के बीच भारतीय ज्ञान, भारतीय संस्कृति, भारतीय भाषाओं एवं भारतीय मूल्यों को प्राथमिकता देने का भी कार्य किया जाएगा।

उच्चतर शिक्षा की नियामक प्रणाली

शिक्षा नीति उच्चतर शिक्षा की नियामक प्रणाली में आमूलचूल परिवर्तन का सुझाव देती है। उच्चतर शिक्षा नियामक के लिए भारतीय उच्चतर शिक्षा आयोग (HECI) का गठन किया जाएगा तथा इसके अंतर्गत 4 संस्थान होंगे जो नियामक संबंधी विशिष्ट कार्य करेंगे। इस तरह की संरचना विभिन्न भूमिकाओं के बीच आपसी हितों के टकराव को समाप्त करते हुए प्रत्येक की भूमिका एवं कार्यों को एक-दूसरे से अलग करने के सिद्धांत को कायम करेगी। इसका उद्देश्य कुछ बुनियादी मसलों पर ध्यान देते हुए उच्चत्तर शिक्षा संस्थानों को सशक्त बनाना भी है।

इससे जुड़ी राष्ट्रीय ज़िम्मेदारियाँ और जवाबदेही उच्चतर शिक्षा संस्थानों के अनुरूप होगी। सार्वजानिक और निजी शिक्षण संस्थानों के बीच अपेक्षानुरूप किसी तरह का भेद नहीं किया जाएगा।

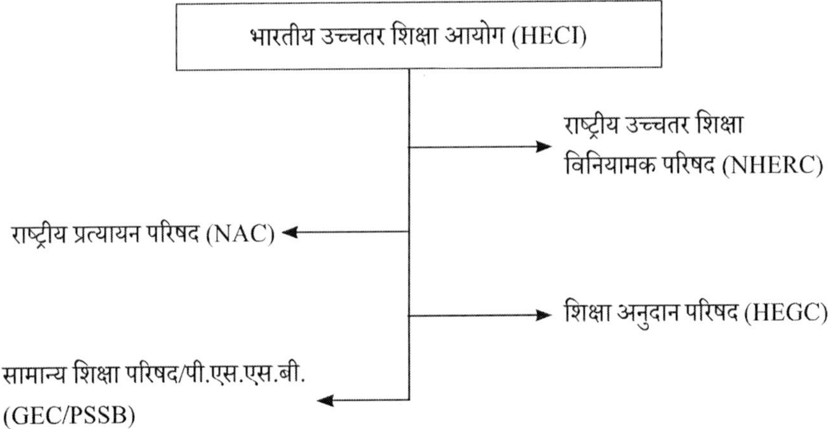

उच्चतर शिक्षा संस्थानों के लिए प्रभावी प्रशासन और नेतृत्व को भी बढ़ावा दिया जाएगा। इस प्रकार शिक्षा नीति 2020 का दूसरा भाग उच्च शिक्षा के लगभग सभी पहलुओं पर विस्तार से विचार एवं संस्तुतियां प्रस्तुत करता है।

भाग 3: शिक्षा और अध्यापक शिक्षा

क्या 'शिक्षा' एक विषय है?

'शिक्षा' शब्द सुनते या पढ़ते ही एक स्कूल की छवि तुरंत हमारे मन-मस्तिष्क में कौंध जाती है। यह 'शिक्षा' को देखने-समझने का एक 'आम' नज़रिया है जो एक 'आम व्यक्ति' के मस्तिष्क में स्वतः ही उभरता है और इसमें कुछ गलत भी नहीं है। गलत यह है कि हमारी दृष्टि इससे आगे नहीं जा पाती हम 'स्कूल' से आगे कभी बढ़ ही नहीं पाए। ऐसे अनेक अनुभव 'शिक्षा-संसार का हिस्सा हैं। कभी व्यक्तिगत तो कभी सामूहिक! अनेक द्वंद या यूँ कहिए कि द्वंदात्मक स्थितियाँ हैं, जहाँ अक्सर 'शिक्षा' की बात होती रहती है परन्तु विश्वविद्यालयों के शिक्षा-विभाग आज भी एक सीमित पहचान के साथ अपनी अस्मिता की लड़ाई लड़ रहे हैं। अनेक सवाल खड़े हो जाते हैं उसके समक्ष! विश्वविद्यालय के शिक्षा-विभाग में क्या होता है? क्या वहां वास्तव में शिक्षण-कार्य से जुड़ा हुआ कोई कार्य होता है? या यह कोई प्रशासनिक विभाग है? आज भी स्पष्टीकरण देना पड़ता है

कि 'शिक्षा' एक विषय है और इस विभाग में बी.एड/एम.एड तथा 'शिक्षा' के संदर्भ में शोधकार्य किया जाता है। यहाँ तक कि विश्वविद्यालयों में भी बहुत से लोग नहीं जानते कि जिस तरह कला-संकाय या विज्ञान-संकाय है, ठीक वैसे ही शिक्षा-संकाय भी है। प्रश्न यह उठता है कि लोग 'शिक्षा' को एक शैक्षिक विषय क्यों नहीं मान पाते? शायद शिक्षा क्षेत्र के लोगों ने ऐसे प्रयास ही नहीं किए कि 'शिक्षा' को एक अनुशासन के रूप में स्थापित कर पाएँ। निश्चय ही 'शिक्षा एक अंतःविषयक अनुशासन है, परंतु इसका यह अर्थ कभी नहीं था कि यह विषय एक अनुशासन के रूप में स्थापित न हो पाएगा। जो लोग 'शिक्षा' को एक अनुशासन के रूप में मानने या जानने में असफल रहे हैं, शायद यह उनकी कमी नहीं है! यह कमी शिक्षा-विभागों एवं शिक्षा-संकायों में अध्यापन करने वाले उन सभी लोगों की भी है जो 'शिक्षा' को आज भी एक अनुशासन के रूप में स्थापित नहीं कर पाए। लगभग 60 वर्ष पहले जब कोठारी कमीशन ने 'शिक्षा' को अध्यापक-शिक्षा से जोड़कर शिक्षण को ट्रेनिंग की बजाए एक अकादमिक विषय के रूप में स्थापित करने की बात कही थी, तभी 'शिक्षा' को एक अनुशासन का दर्ज़ा मिलने का रास्ता साफ़ हो गया था।

साथियो, यह समस्या एक महत्वपूर्ण विषय की 'पहचान की समस्या' में रूपांतरित हो गई है। यह सवाल इसलिए भी उठता है, क्योंकि 'शिक्षा' को कभी किसी ने अन्य विषयों की तरह पढ़ने-पढ़ाने का दर्ज़ा नहीं दिया! एक लंबे समय से यह समझा गया है कि नियमित रूप से समाचार-पत्र पढ़ने वाले या टेलीविज़न पर सामयिक विषयों की बहस सुनने वाले स्वयं को 'राजनीति विज्ञान' का विशेषज्ञ हैं। फिर आप उनसे संघर्ष करते रहिए कि 'राजनीति विज्ञान' समाचार-पत्र में छपे लेखों या टेलीविज़न पर आने वाले सामयिक विषयों की बहस से कहीं गहरा अनुशासन है। इस अनुशासन में अपने सिद्धांत व दर्शन शामिल हैं। कुछ इसी तरह की बहस व संघर्ष उन लोगों से भी करना पड़ता है जो कहते हैं कि 'शिक्षा' तो सभी कुछ है, परंतु इसमें पढ़ाते क्या हैं? चिंता इस बात को लेकर नहीं है कि शिक्षा के किसी एक पक्ष को आधा-अधूरा समझने वाले भी स्वयं को शिक्षाविद घोषित कर देते हैं, बल्कि चिंता इस बात को लेकर है कि शिक्षा के क्षेत्र में अलग-अलग स्तर पर काम करने वाले अनेक व्यक्ति भी यह मानने लगते हैं कि उन्हें पाठ्यक्रम, पाठ्य-पुस्तकों व मूल्यांकन पद्धतियों की समझ है और इस नाते वे बिना डिग्री या डिप्लोमा के शिक्षाविद हैं। ऐसी समझ रखने वाले बहुत छोटे से वर्ग को हम अपवाद के रूप में स्वीकार भी कर सकते हैं, क्योंकि समाज की विभिन्न चिंताओं के सरोकारों की समझ होने के लिए किसी विषय-विशेष की डिग्री होना आवश्यक नहीं है। परंतु चिंता तब बढ़ जाती है, जब कोई भौतिक शास्त्र का व्यक्ति राजनीति पर कुछ लेख लिखने पर स्वयं को राजनीति-विज्ञान का विशेषज्ञ घोषित कर देता है या मान लिया जाता है। ठीक उसी प्रकार 'शिक्षा' के किन्हीं विशेष बिंदुओं पर अपनी बात रख पाने की सामर्थ्य हमें शिक्षा-शास्त्री होने का भ्रम दे देता है। रोज़मर्रा की ज़िंदगी में काम आने वाला गणित समझना और उससे अपनी रोज़मर्रा की गणित संबंधी चिंताओं को निदान कर लेना हमें गणितज्ञ होने का भ्रम नहीं दे सकता। इसी प्रकार 'शिक्षा' की सामान्य जानकारी या परीक्षा प्रणाली पर की जाने वाली आलोचना किसी को शिक्षाविद घोषित नहीं कर सकती। दोनों बातों में स्पष्ट अंतर समझा जाना चाहिए। एक व्यावहारिक रूप से सामान्य समझ का परिणाम है जबकि दूसरी सैद्धांतिक अध्ययन एवं शोध पर आधारित विशेषज्ञता है।

'शिक्षा' के दो विशिष्ट स्वरूप हैं

'शिक्षा' न केवल एक अनुशासन है बल्कि इसके दो विशिष्ट स्वरूप हैं। एक स्वरूप इसका उदार पक्ष है जो समाज-विज्ञान के किसी भी विषय की तरह पढ़ा एवं समझा जाता है। इसका दूसरा स्वरूप प्रोफ़ेशनल-शिक्षा

का हिस्सा है, जिसका कार्य शिक्षा-संस्थानों एवं विद्यार्थियों से जुड़ी विभिन्न समस्याओं पर शोध को बढ़ावा देना है, शिक्षण-पद्धतियों को अधिक रुचिकर बनाना है, इसे समय-अनुरूप तकनीकी से जोड़ना है।'शिक्षा' का प्रोफ़ेशनल पहलू पाठ्यक्रम के निर्धारण के सिद्धांतों एवं मूल्यांकन के विभिन्न सोपानों से जुड़े सिद्धांतों की व्याख्या करता है एवं उन्हें शोध के साथ समय/ स्थिति अनुकूल बनाता है। शिक्षा के पहले स्वरूप को बी.ए. तथा एम. ए. (एजुकेशन) के साथ बढ़ावा दिया जाता है या यूँ कहें कि उदार अनुशासन के रूप में पढ़ा व पढ़ाया जाता है। वहीं इसके दूसरे प्रोफ़ेशनल स्वरूप को बी.एड., एम.एड, डी.एड. या बी.एल. एड. के माध्यम से पहचाना जाता है। इसे हम संक्षेप में 'अध्यापक-शिक्षा' कहते हैं जो अध्यापक बनने के लिए वांछित प्रोफ़ेशनल शिक्षा है। शिक्षा के उदार पक्ष का अध्ययन एवं प्रोफेशनल पक्ष का अध्ययन क्रमश एम.ए. (एजुकेशन) एवं एम.एड. से जाना जा सकता है। अब यहाँ यह सवाल उठता है कि जब दोनों ही स्नातकोत्तर डिग्री हैं तो फिर इनमें अंतर क्यों? जनाब, इनके अंतर को समझने के लिए आप 'मनोवैज्ञानिक' एवं 'मनोचिकित्सक' का उदाहरण ले सकते हैं। किसी-ना-किसी रूप में मनोवैज्ञानिक तो हम सभी हैं- एक अध्यापक के रूप में, माता-पिता के रूप में या एक अनुभवी वयस्क के रूप में। किंतु 'मनोचिकित्सक' केवल सलाह-मशवरा ही नहीं देता बल्कि आवश्यक दवा भी देता है। अतः यह भी उदार-मनोविज्ञान एवं प्रोफ़ेशनल-मनोविज्ञान के रूप में समझे जा सकते हैं।

अध्यापक शिक्षा

अपनी अब तक की बातचीत से मैं यह स्थापित करना चाह रहा था कि 'शिक्षा' एक अनुशासन है और अध्यापक-शिक्षा इसका एक प्रोफ़ेशनल चेहरा है। यह चेहरा विद्यार्थियों को एक व्यवसाय-विशेष के लिए तैयार करता है। विश्व के विभिन्न देशों की ही तरह भारत में भी प्रोफ़ेशनल-शिक्षा को बढ़ावा देने एवं समय-समय पर इसके गुणात्मक विकास के लिए विशिष्ट प्रोफ़ेशनल नियामक संस्थाओं की स्थापना की गई है। चिकित्सा-शिक्षा के लिए मेडिकल काउंसिल ऑफ इंडिया, कानूनी-शिक्षा के लिए बारकाउंसिल तथा इंजीनियरिंग की पढ़ाई के लिए ए.आई.सी.टी.ई. नाम की संस्था, जिसमें प्रशासक एवं विषय-विशेष से जुड़े व्यक्ति रहते हैं। ये प्रोफ़ेशनल नियामक संस्थाएँ, प्रोफेशन-विशेष की आवश्यकताओं के अनुसार न सिर्फ़ संबंधित शिक्षण संस्थाओं को अनुमति देती हैं बल्कि साथ-ही-साथ समय के अनुरूप उस प्रोफेशनल कोर्स की आवश्यकताओं एवं चुनौतियों को भी पुनः परिभाषित करती हैं। इसी प्रकार अध्यापक-शिक्षा की संस्थाओं के नियामन के लिए एन.सी.टी.ई. नामक संस्था वर्ष 1993 में संसद के एक्ट द्वारा स्थापित की गई थी। किन्हीं अज्ञात कारणों से संस्था का ढाँचा प्रशासनिक है या अकादमिक? इसे अब भी भ्रम की स्थिति में पाया जाता है। यदि हम इस संस्था को समझना चाहे, तो पाते हैं कि कभी इस संस्था के अध्यक्ष, अध्यापक-शिक्षा के विशेषज्ञ रहे हैं तो कभी इसकी बागडोर नौकरशाहों के हाथ में रही। अपने प्रारंभ से ही इस संस्था का अधिकांश ध्यान एवं ऊर्जा अध्यापक-शिक्षा के नए खुल रहे संस्थानों को मान्यता देने संबंधी कार्यों में ही खर्च होती रही है। यूँ तो इस संस्था की चार क्षेत्रीय शाखाएँ भी हैं परंतु उनका ध्यान भी कमोबेश नए बी.एड संस्थानों को मान्यता देने व उनके इंफ्रास्ट्रक्चर की जाँच करने में ही लगा रहा। अध्यापक-शिक्षा के स्वरूप में वांछित सुधार एवं उन्हें समय के अनुरूप बदलने जैसे महत्वपूर्ण कार्य के लिए संस्था के पास अपना एक भी अकादमिक स्थाई सदस्य या यूनिट नहीं है। अध्यापक-शिक्षा की गुणवत्ता एवं नियमितता में सुधार के लिए एन.सी.टी.ई. 'उधार के विशेषज्ञों' पर ही निर्भर रहती रही है। हालाँकि 'उधार के विशेषज्ञ' बहुत कठोर शब्द है लेकिन वास्तविकता यही है जो इससे भी कठोर है!

'अध्यापक-शिक्षा' की गुणवत्ता संपूर्ण शिक्षा-व्यवस्था की आधार कुंजी है। गुणवत्ता-पूर्ण शिक्षकों के माध्यम से ही हम विद्यालयों में विद्यार्थियों तक प्रभावी रूप से पहुँच सकते हैं एवं अपनी कक्षाओं को रोचक, नवाचारी एवं आलोचनात्मक चिंतन का केंद्र बना सकते हैं। अध्यापक-शिक्षा के संस्थानों में आ रही निरंतर गिरावट का एक प्रमुख कारण इन अध्यापक-शिक्षकों की भर्ती एवं पदोन्नति के समय अपनाया जाने वाला मापदंड भी है। इस मापदंड का निर्धारण मुख्य रूप से यू.जी.सी. द्वारा किया गया है। 'अध्यापक-शिक्षा' में इस भर्ती एवं पदोन्नति के मापदंडों को समाज-विज्ञान के किसी भी अन्य विषय के समकक्ष रखा गया है। यह भी अध्यापक-शिक्षा संस्थानों में आ रही निरंतर गुणात्मक गिरावट का एक मुख्य कारण है।

अब जब नई शिक्षा नीति आई है, तो एन.सी.टी.ई. को अपनी विशाल भूमिका को समझना होगा, जो प्रशासनिक के साथ-साथ अकादमिक भी है। इसे 'अध्यापक-शिक्षा' के पाठ्यक्रम, स्कूल-इंटर्नशिप के साथ-साथ अध्यापक-शिक्षा संस्थानों के क्रियाकलापों के विशिष्ट स्वरूप को ध्यान में रखते हुए अध्यापक-शिक्षकों की भर्ती एवं पदोन्नति के नियमों में वांछित एवं अपरिहार्य परिवर्तन करने होंगे। ये परिवर्तन न केवल अध्यापक-शिक्षकों को प्रेरित करें बल्कि उनकी प्रोफ़ेशनल-ग्रोथ में भी स्वीकार्य हों। जिससे अध्यापक-शिक्षा में जुड़े शिक्षाविदों को अपने कार्य-विशेष में समर्पण एवं व्यापक- जुड़ाव के लिए प्रेरणा मिल सके।

हम सब यह जानते हैं कि 'अध्यापक' ही वह धुरी है जो इन समस्त सुधारों एवं दूरगामी लक्ष्यों को ज़मीनी स्तर पर मूर्त रूप देगा। ऐसे में यह समझना भी महत्वपूर्ण हो जाता है की नई शिक्षा-नीति, 'अध्यापक-शिक्षा' को किस रूप में समझती है? इस नीति में अध्यापक-शिक्षा के वर्तमान 17 प्रकार के कार्यक्रमों के स्थान पर 3 मौलिक कार्यक्रमों की बात कही गई है। 4 वर्षीय इंटीग्रेटेड बी. एड. (स्नातक-डिग्री) का कार्यक्रम, जो प्राथमिक, उच्च-प्राथमिक एवं माध्यमिक-शिक्षा के लिए अध्यापक-शिक्षा का बीड़ा उठाता है। यह 4 वर्षीय इंटीग्रेटेड बी.एड. (स्नातक डिग्री) का कार्यक्रम कक्षा बारहवीं के बाद विद्यालय स्तर पर अध्यापक बनने की इच्छा रखने वाले युवा छात्र-छात्राओं को आमंत्रित करता है। अध्यापक-शिक्षा से जुड़े होने के कारण मैं यह कह सकता हूं कि यह परिवर्तन अध्यापक-शिक्षा में मील का पत्थर साबित होगा। इससे अध्यापक-शिक्षा में वर्षो से लंबित गुणात्मक परिवर्तन किये जा सकेंगे। इसके साथ-साथ 4 वर्षीय स्नातक या स्नातकोत्तर डिग्री के पश्चात विद्यालय-शिक्षा से जुड़ने की इच्छा रखने वाले युवाओं को एक वर्षीय बी.एड. कार्यक्रम के माध्यम से शिक्षण व्यवसाय में आमंत्रित किया जाएगा। नई शिक्षा-नीति वर्तमान में चल रही 2 वर्षीय बी.एड. कार्यक्रम की योजना (जो अपने प्रारंभ से ही प्रश्न-चिह्नों से घिरी थी एवं पिछले 5 वर्षों में अपने दावों के अनुरूप कुछ परिणाम नहीं दे सकी है) को भी 2029-30 तक फेस-आउट करने का रास्ता साफ़ करती है। अध्यापक-शिक्षा के संदर्भ में यह महत्वपूर्ण होगा इसकी नियामक-संस्था (एन. सी.टी.ई.) को अधिक मज़बूत किया जाए। यह संस्था केवल नए अध्यापक-शिक्षा के संस्थानों को मान्यता देने का ही काम न करें बल्कि गुणवत्ता-पूर्ण पाठ्यक्रमों का विकास भी करे।

इन सुधारों को लाने में एन.सी.टी.ई. को अपनी महत्वपूर्ण भूमिका को न सिर्फ़ समझना होगा, बल्कि उसके लिए बिना किसी विलंब के सार्थक प्रयास भी करने होंगे -

1. 'शिक्षा' को एक अनुशासन का दर्जा देना,
2. अध्यापक-शिक्षा के संस्थानों में प्रशासनिक एवं अकादमिक कार्यों की समय-समय पर समीक्षा करना तथा

3. अध्यापक-शिक्षकों की भर्ती एवं पदोन्नति के नियमों को अध्यापक-शिक्षा संस्थानों की कार्य-संस्कृति एवं आवश्यकताओं के अनुरूप परिवर्तित करना एक बृहद शैक्षिक सुधार है, जिसकी नितांत आवश्यकता है।

निष्कर्ष

और अंत में ..... कोई भी नीति अपने आप में संपूर्ण या सर्वोत्तम नहीं होती बल्कि उसमें समय के साथ-साथ अनेक ऐसे अध्याय खुलते चले जाते हैं जिन पर ध्यान देने और खुले-मस्तिष्क से स्थिति एवं समय के अनुकूल परिवर्तन करने की आवश्यकता होती है। हमें राष्ट्रीय शिक्षा-नीति 2020 का *प्लान-ऑफ-एक्शन* निर्धारित करते समय बहुत संयमित एवं संवेदनशील होकर भावी आवश्यकताओं के लिए खिड़कियां खुली रखनी होंगी जिससे कि 15-20 वर्ष के पश्चात भी यह शिक्षा-नीति उतनी ही सार्थक रहे जितनी आज के संदर्भ में देखी जा रही है।

2

भाषा, शिक्षा एवं शिक्षा की भाषा-नीति

चाँदकिरण सलूजा

"कैम्ब्रिज विश्वविद्यालय के एक प्राध्यापक अपने कक्ष में शान्ति से अध्ययन में लीन हैं। एक अंग्रेज़ सैनिक उनके अध्ययन कक्ष में प्रवेश करता है और प्राध्यापक पर आरोप लगाता है कि प्राध्यापक, जर्मनवासियों के साथ हो रहे युद्ध में, जिसमें वह और उसके साथी भाग ले रहे हैं, योगदान नहीं दे रहे हैं। प्राध्यापक शान्त भाव से युवा सैनिक से पूछता है कि वह किसके लिए युद्ध कर रहा है? तुरन्त ही उत्तर मिलता है कि वह अपने देश के लिए युद्ध कर रहा है। विद्वान् पूछता है कि जिस देश के लिए वह रक्त बहा रहा है वह क्या है? सैनिक उत्तर देता है कि देश यह भूमि और उसकी जनता है। आगे प्रश्न करने पर सैनिक कहता है कि यही नहीं वह अपनी संस्कृति की भी रक्षा करना चाहता है। प्राध्यापक कहते हैं कि वह भी राष्ट्र की संस्कृति में अपना योगदान दे रहे हैं। सैनिक शांत हो जाता है और सम्मानपूर्वक प्राध्यापक को नमन कर अपने देश की सांस्कृतिक विरासत की रक्षा अधिक शक्ति से करने की प्रतिज्ञा करता है।"

(उच्चतम न्यायालय के निर्णय (1994) से उद्धृत)

और यह सच है कि किसी भी 'राष्ट्र' की अस्मिता का प्रश्न मूल रूप से उस 'राष्ट्र की जनता' की संपूर्ण जीवन-शैली का प्रतिबिंब माना जाता है। और यह भी सत्य है कि, यह संपूर्ण जीवन-शैली उस राष्ट्र की 'गौरवशाली साहित्य-परंपरा' की गाथाओं में ही निबद्ध रहती है। यह गौरवशाली साहित्य-परंपरा अपने को अभिव्यक्त करने के लिए भाषा को ही अपना माध्यम बनाती है। यह भी उतना ही सत्य है, अपितु इससे भी अधिक कि 'भाषा और भाषा में निबद्ध, जीवन को प्रतिबिंब करने वाला, साहित्य' ही उस राष्ट्र की 'शैक्षिक परंपरा' को रचनात्मक आधार देता है। 'व्यष्टि और समष्टि' के सृजनशील समन्वित रूप को प्रतिबिंब करने लगता है। यह ध्यातव्य है कि 'भाषा' केवल किसी विषय की सामग्री को अधिसूचित करने तक ही परिसीमित नहीं रहती। यह समाज की संपूर्ण सामूहिक जीवन-शैली को अभिव्यक्त ही नहीं करती अपितु आकार भी देती चलती है। यही कारण है कि नूतन राष्ट्रीय शिक्षा-नीति (2020) में जो बिंदु पुनः-पुनः उभरकर सामने आता है, वह 'भारतीय भाषाओं' से संबद्ध बिंदु ही है। संपूर्ण शिक्षा-नीति का अवलोकन करते हुए यह स्पष्ट भासित होने लगता है कि इस शिक्षा-नीति का संपूर्ण सार 'भाषिक परिदृश्य' में ही समाया हुआ है।

शिक्षा के मूलभूत तत्त्वों के अंतर्गत *शिक्षा के माध्यम* की चर्चा करते हुए *'ज़मीनी आन्दोलन'* से जुड़े आचार्य विनोबा भावे *ज़मीनी सच्चाई को व्यक्त* करते हुए अपनी एक पुस्तक *'शिक्षण-विचार'* में लिखते

निदेशक (अकादमिक), राष्ट्रीय संस्कृत संवर्धन प्रतिष्ठान, दिल्ली।

हैं कि *"सौ साल से अधिक अंग्रेज़ों का राज यहाँ चला। लेकिन हिन्दुस्तान में विज्ञान बहुत फैला नहीं। उसका कारण यही था कि सारा विज्ञान अंग्रेज़ी किताबों में बंद था। विज्ञान तो सृष्टि के साथ संबंध रखता है। खेती में विज्ञान हो सकता है। रसोई में विज्ञान हो सकता है, सफ़ाई में विज्ञान हो सकता है। इस तरह जीवन के हर हिस्से में विज्ञान की ज़रूरत है। चूँकि अंग्रेज़ी का ज्ञान नहीं था, इसलिए करोड़ों लोगों को विज्ञान का ज्ञान नहीं हो सका। अब सौ साल बाद चिल्ला रहे हैं विज्ञान की पुस्तकें मातृभाषा में कम हैं। यह अपराध किसका है? क्या उन मातृभाषाओं का अपराध है या योजना बनाने वालों का अपराध है? .... विज्ञान का संबंध यदि मातृभाषा से नहीं होगा, विज्ञान सिखाने वालों के दिमाग में ही समाप्त हो जाएगा। बड़ी भारी गलती हम कर रहे हैं। हम सोच नहीं रहे हैं कि विज्ञान जैसी महत्त्व की चीज़ मातृभाषा में न हो, तो वह कैसे फैलेगा?"*

(शिक्षण-विचार, विनोबा, पृ. 54, सर्व सेवा संघ-प्रकाशन, वाराणसी, सातवाँ संस्करण, दिसम्बर, 2016)

वस्तुतः विनोबा जी द्वारा उपर्युक्त अनुच्छेद में उठाए गए प्रश्न जहाँ राष्ट्र-विकास हेतु योजनाकारों अथवा नीति-निर्माताओं द्वारा भाषा सम्बन्धी समुचित योजना अथवा नीति-निर्माण से गहरे रूप से जुड़े हुए हैं, वहीं ये प्रश्न भारतीय संविधान की उद्देशिका में समस्त नागरिकों हेतु व्यक्त *"सामाजिक, आर्थिक और राजनैतिक* ***न्याय,*** *विचार, अभिव्यक्ति, विश्वास, धर्म और उपासना की* ***स्वतंत्रता,*** *प्रतिष्ठा और अवसर की* ***समता,*** *प्राप्त कराने के लिए, तथा उन सबमें, व्यक्ति की गरिमा और राष्ट्र की एकता और अखंडता सुनिश्चित कराने वाली,* ***बंधुता*** बढ़ाने के दृढ़ संकल्प" को भी अभिव्यक्त करते हैं। भारतीय संविधान की उद्देशिका भारत के *सामाजिक, आर्थिक, राजनैतिक एवं सामाजिक दर्शन की आधारशिला को उद्घाटित करते हुए* इस बात को स्पष्ट रूप से उकेरने का प्रयास करती है कि भारतीय संविधान के विभिन्न प्रावधानों का लक्ष्य भारत को एक *संपूर्ण प्रभुत्वसंपन्न, समाजवादी, पंथनिरपेक्ष तथा लोकतंत्रात्मक गणराज्य* के रूप में निर्मित करना है जिसका मूल उद्देश्य एक ऐसे समतामूलक समाज का निर्माण करना है जिसमें कोई भी व्यक्ति संविधान के *अनुच्छेद 21* के अंतर्गत गौरवपूर्ण जीवन व्यतीत कर सके। यहाँ यह ध्यातव्य है कि मौलिक अधिकार के रूप में बच्चों की अनिवार्य एवं निःशुल्क शिक्षा का अधिकार का प्रावधान भी संविधान के इसी अनुच्छेद 21 (अ) के अंतर्गत निबद्ध है। इस स्पष्ट निहितार्थ को इस रूप में समझा जा सकता है कि *शिक्षा ही व्यक्ति के गौरवपूर्ण जीवन जीने का मूलभूत आधार अथवा साधन है।*

1948 में संयुक्त राष्ट्र महासभा में अपनाए गए ऐतिहासिक मानव-अधिकार की सार्वभौमिक घोषणा के अनुसार *"सभी को शिक्षा का अधिकार है"*। इसी घोषणा के अनुच्छेद 26 के अनुसार *"कम से कम प्रारंभिक और आधारभूत चरणों में, शिक्षा निःशुल्क और अनिवार्य होनी चाहिए"*, और यह भी कि शिक्षा का प्रकार्य *मानव के व्यक्तित्व के पूर्ण विकास और मानवाधिकारों की मौलिक स्वतंत्रता के सम्मान को प्रोत्साहित और सुदृढ़ करना है।* स्पष्ट ही है कि इस कथन में एक समतामूलक समाज के निर्माण व इसमें प्रत्येक व्यक्ति के गौरवपूर्ण जीवन के भाव निहित हैं।

भारत की नई शिक्षा प्रणाली के प्रारूप के परिदृश्य को स्पष्ट करते हुए समिति का मानना है कि "यह देश के प्रत्येक नागरिक के जीवन को स्पर्श करे। एक ओर देश की कई बढ़ती विकासात्मक आवश्यकताओं में योगदान करने में उनकी क्षमता के अनुरूप हो, तो दूसरी ओर एक न्याय संगत और निष्पक्ष समाज बनाने की दिशा में भी हो। हमने भारत की परंपराओं और मूल्य के अनुरूप रहते हुए २१वीं सदी की शिक्षा के

महत्त्वाकांक्षी लक्ष्यों के अनुरूप एक नई प्रणाली बनाने के लिए शिक्षा के स्वरूप, इसके विनियमन और प्रबन्धन के सभी पहलुओं में संशोधन का प्रस्ताव दिया है।"

(भारत में शिक्षा प्रणाली का विज़न, पृ. 32, नई शिक्षा नीति (2019) का प्रारूप)

भारत के विभिन्न न्यायालयों में संविधान की उद्देशिका में उल्लिखित *प्रभुत्वसम्पन्न, समाजवादी, पंथनिरपेक्ष तथा लोकतन्त्रात्मक गणराज्य के साथ-साथ न्याय, स्वतन्त्रता, समता, तथा बन्धुता* इन चारों शब्दों की विभिन्न संदर्भों में विशिष्ट व्याख्याएँ की गई हैं, अतः ये चारों शब्द अपने विभिन्न सन्दर्भों में विशिष्ट अर्थ अभिव्यक्त करते हैं। संविधान की उद्देशिका में *समाजवादी एवं धर्मनिरपेक्ष* शब्द *1976 में 42वें संविधान संशोधन अधिनियम* के द्वारा जोड़े गए थे। इनके जोड़े जाने के कारण, प्रभाव अथवा निहितार्थ यद्यपि विचारणीय हो सकते हैं, तथापि यह स्पष्ट ही है *कि वैयक्तिक एवं सामूहिक* दृष्टि से इनका विशिष्ट *स्थान एवं महत्त्व* है। न्यायालय के विभिन्न निर्णयों में इस बात को स्पष्ट रूप से उजागर करने का प्रयास किया गया है कि समाजवाद शब्द में मूलतः *'समत्व युक्त सामूहिकता'* का भाव अन्तर्निहित है, तथा भारतीय संविधान की उद्देशिका में निहित *न्याय, समता, स्वतंत्रता एवं बंधुता* - इन चार आधारभूत मूल्यों की प्राप्ति ही संविधान के विभिन्न प्रावधानों का उद्देश्य है।

भाषा-नीति के रूप में भाषा संबंधी प्रश्न भी, वैयक्तिक एवं सामूहिक रूप में, इन चारों मूल्यों की प्राप्ति के आधारभूत तत्त्व से जुड़े हैं। यह भाषा ही है जिसके द्वारा व्यक्ति सामाजिक, आर्थिक और राजनैतिक *न्याय*, विचार, अभिव्यक्ति, विश्वास, धर्म और उपासना की *स्वतंत्रता*, प्रतिष्ठा और अवसर की *समता*, प्राप्त कराने के लिए, तथा उन सबमें, व्यक्ति की गरिमा और *राष्ट्र की एकता और अखंडता* सुनिश्चित कराने वाली, *बंधुता* संबंधी उद्देश्यों को आकार दे सकता है। यह बहुत ही स्पष्ट है कि *समझने एवं अभिव्यक्त करने की स्वतंत्रता* से जुड़ा *'भाषा का प्रश्न'* बुनियादीतौर पर एक मानव के मौलिक अधिकार का प्रश्न है। भारतीय संविधान में *अभिव्यक्ति की स्वतंत्रता* से संबद्ध *अनुच्छेद 19* इस तथ्य का सबल प्रमाण है। चार अध्यायों में विभाजित संविधान का *भाग 17 के अनुच्छेद 343-351* सम्पूर्णतया *राज्य की* भाषा-नीति *(राजभाषा)* से संबद्ध हैं -

(१) *संघ की भाषा*
(२) *क्षेत्रीय भाषाएँ*
(३) *उच्चतम न्यायालय एवं उच्च न्यायालयों की भाषा एवं*
(४) *विशिष्ट निर्देश*

इसके अतिरिक्त भारतीय संविधान के *अनुच्छेद 14, 21, 29, 30, 46, 120, 210* एवं *अष्टमी अनुसूची* भी प्रत्यक्षतः अथवा अप्रत्यक्षतः भाषा-नीति से ही संबद्ध हैं। न्यायालयों द्वारा प्रदत्त विभिन्न निर्णय इस बात का स्पष्ट निर्देश-सा देते हैं कि भारत में *भाषा का प्रश्न* सैद्धान्तिक तौर पर मौलिक अधिकार के रूप में *सामाजिक न्याय* से जुड़ा है। इसका संबंध सीधे तौर पर जहाँ *व्यक्ति की वैयक्तिकता* से जुड़ा है तो वहीं *बड़े समाज* से भी। यही कारण है कि न्यायालयों में, विशेषतः *उच्चतम न्यायालय* ने विभिन्न वादों में यह स्पष्ट करने का प्रयास किया है कि भारतीय संविधान के विभिन्न प्रावधान *मौलिक अधिकार* के रूप में *व्यष्टि(व्यक्ति)* को महत्त्व देते हुए भी कल्याणकारी तत्त्वों का स्वरूप लिए हुए *राज्य के नीति निदेशक सिद्धान्तों* के रूप में *व्यापक समष्टि (सामूहिकता)* तक व्याप्त हैं। *संविधान संशोधन के 42वें अधिनियम, 1976* के अंतर्गत संविधान में *'भाग 4 (अ)'* के रूप में *'मौलिक कर्तव्यों'* का जोड़ा

जाना इसका सर्वाधिक सबल प्रमाण है। यह सुस्पष्ट ही है कि इनके अनुपालन हेतु एक *सुगठित एवं व्यवस्थित सामाजिक जीवन* का होना अनिवार्य-सा हो जाता है। यही कारण है कि *व्यष्टि एवं समष्टि* को महत्त्व देने वाले भारतीय संविधान की उद्देशिका में *'न्याय, स्वतंत्रता, समता एवं बंधुता'* जैसे आधारभूत मूल्यों का अपना एक विशिष्ट स्थान एवं महत्त्व है। हमारे संविधान में इन्हें केवल विशिष्ट व महत्त्वपूर्ण स्थान ही नहीं दिया गया अपितु यह भी स्पष्ट करने का प्रयास किया गया है कि अन्ततः भारतीय समाज का भावी स्वरूप कैसा होना चाहिए! संविधान की *उद्देशिका* के प्रारम्भिक शब्द, *'हम, भारत के लोग'* यह चिन्तन के लिए प्रेरित करते हैं कि अंततः *'हम'* एवं *'भारत के लोग'* से क्या अभिप्राय हो सकता है! इन दो शब्दों का प्रयोग एक राष्ट्र के रूप में भारतीय भू-भाग एवं इस में निवास करने वाले जन-समुदाय की किन विशिष्टताओं की ओर संकेत देता है !

1994 में उच्चतम न्यायालय द्वारा संस्कृत से संबद्ध दिए गए एक वाद के निर्णय में इस बात को बहुत ही स्पष्टता के साथ स्पष्ट करने-कराने का प्रयास किया गया था कि *'हम, भारत के लोग'* शब्दों का प्रयोग सीधे तौर पर *भारत की पहचान* अथवा *अस्मिता* के रूप में *संस्कृत* से जुड़ा हुआ है। अतः भारत की *शिक्षा-नीति* में *संस्कृत का विशिष्ट स्थान* होना अनिवार्य हो जाता है। उच्चतम न्यायालय के अनुसार *'हमारी संस्कृति का स्रोत सूख जाएगा यदि हमने संस्कृत के अध्ययन को निरुत्साहित किया (अनुच्छेद 3)........ संस्कृत के अध्ययन के बिना भारतीय दर्शन को जिस पर हमारी संस्कृति और विरासत आधारित है, स्पष्ट रूप से समझना सम्भव नहीं है।'* ***(1994 (6) एस.सी.सी. रिपोर्ट)***

भारतीय संविधान के मौलिक कर्तव्यों से संबद्ध अनुच्छेद 51(अ) के विभिन्न उपबंध, *विशेषतः (क),(ख),(ग),(घ),(ङ) एवं (च),* भारत के वैविध्य में समाए ऐक्यभाव एवं भारत की समृद्ध संस्कृति एवं मूल्यों के संरक्षण के प्रति हमारे कर्तव्य का बोध कराते हैं। *अनुच्छेद 51(च)* के अनुसार प्रत्येक भारतीय का यह कर्तव्य है कि वह *"हमारी सामासिक संस्कृति की समृद्ध धरोहर को सम्मान देते हुए हुए उसका संरक्षण करे।"*

स्पष्ट ही है कि *'शिक्षा एवं संस्कृति'* मूलतः जहाँ जीवन के अभिन्न पक्ष हैं, वहीं राष्ट्रीय जीवन की अस्मिता के अभिन्न अंग भी! *संस्कृति के द्वारा यदि जीवन के आदर्शों को निर्धारित किया जा सकता है तो शिक्षा उन आदर्शों को प्राप्त करने-कराने की साधिका की भूमिका का निर्वहण करती है। जीवन का यह रूप ही मूलतः राष्ट्रीय संचेतना का संवाहक बनता है। परन्तु विभिन्न स्थितियों-परिस्थितियों के कारण भारतीय* शिक्षा-व्यवस्था में उपजी भाषाई व इसके कारण उपजी सांस्कृतिक शून्यता इस तथ्य की संकेतिका है कि भारत में परिचालित शिक्षा व्यवस्था *'भारत में चलते'* हुए भी *'भारतीय'* नहीं हो पाई। भारत में चलने वाली यह शिक्षा अपना *'राष्ट्रीय'* रूप नहीं ले पाई, जबकि इक्कीसवीं शताब्दी हेतु शिक्षा के संदर्भ में अन्तर्राष्ट्रीय स्तर पर गठित अन्तर्राष्ट्रीय शिक्षा आयोग ने अपने शैक्षिक प्रतिवेदन *डेलार्स प्रतिवेदन* (Delors Report) में स्पष्ट करने का प्रयास किया था कि शिक्षा को जिन निम्नलिखित चार मूलभूत स्तंभों पर खड़ा होना चाहिए, वे मूलतः भारतीय शिक्षा दर्शन पर ही आधारित हैं -

- Learning To Know (ज्ञान हेतु शिक्षा ..... ज्ञानं मनुजस्य तृतीयं नेत्रम्)
- Learning To Do (कर्म हेतु शिक्षा ..... ज्ञानं भारः क्रियां विना)
- Learning To Live Together........*मिल कर चलने हेतु शिक्षा'* का भाव मूलतः ऋग्वैदिक उद्घोषणा 'सङ्गच्छध्वम् संवदध्वम्....' पर ही आश्रित है।
- Learning To Be ...... *(मनुष्य बनने हेतु शिक्षा* ...... मनुर्भव)

स्पष्ट ही है कि किसी भी राष्ट्र की *शिक्षा व्यवस्था का उत्स* मूलतः उस राष्ट्र की संस्कृति में निहित रहता है, तो उस *संस्कृति का मूल* उस राष्ट्र की भाषा / भाषाओं में ही निहित रहता है।। यही कारण है कि प्रत्येक राष्ट्र की *शिक्षा-नीति* मूलतः *भाषा-शिक्षा* के रूप में ही प्रतिबिंबित होती है। इसके अभाव में उस राष्ट्र की शिक्षा-व्यवस्था अपने राष्ट्र के जन-जन के साथ आत्मीकरण नहीं कर पाती जिसके परिणामस्वरूप वह *राष्ट्र की अस्मिता* से अलग-थलग हो *वि-देशी* प्रतीत होने लगती है। वस्तुतः किसी भी राष्ट्र में *भाषा से संबद्ध प्रश्न मौलिक तौर पर उसके नागरिकों का मानव-अधिकार से संबद्ध एक आधारभूत प्रश्न* है। अन्तर्राष्ट्रीय स्तर पर *21 फरवरी* को *मातृभाषा के रूप में मनाया जाने वाला दिवस* इसी तथ्य की ही गाथा गाता है। यहाँ यह भी ध्यातव्य है कि किसी भी *व्यक्ति की अस्मिता* के रूप में समझी जाने वाली उसकी सांस्कृतिक पृष्ठभूमि का सीधा संबंध भाषा से ही रहता है। भारतीय संविधान में *अल्पसंख्यकों की शिक्षा से संबद्ध अनुच्छेद 28 एवं 29* इसी तथ्य के परिचायक हैं। भारतीय शिक्षा-व्यवस्था अपनी बहु-भाषी विशिष्टता के कारण अत्यन्त विशिष्ट है। इस ओर विशिष्ट *ध्यान एवं प्राथमिकता* देना इसका आवश्यक *लक्ष्य एवं कार्य* समझा जाना चाहिए था। अतः स्वतंत्रता प्राप्ति के पश्चात् राष्ट्र के *विकास* का स्वप्न राष्ट्र की महती संस्कृति की गोद में लेते हुए स्पष्ट *भाषा-नीति युक्त शिक्षा-नीति की महक* से महकना चाहिए था। परन्तु स्वतंत्र भारत की भाषा-नीति के आधार के रूप में *प्रथम भारतीय शिक्षा नीति का निर्माण स्वतंत्रता प्राप्ति के लगभग 20 वर्ष पश्चात्* हुआ और इसमें भी *'त्रि-भाषा'* सूत्र नाम से व्याख्यात *'भाषा-नीति'* का पक्ष *अव्यवहारिक* ही दृष्टिगत हुआ। यह केवल गणना तक ही सिमट कर रह गया। स्पष्ट होना चाहिए कि *भाषा-नीति* को केवल *'कितनी एवं कौन-कौन-सी भाषाएँ पढ़ाई जानी चाहिए-* तक ही परिसीमित नहीं किया जा सकता। विशेषतः भारत जैसे वैविध्यपूर्ण राष्ट्र में जिसके संदर्भ में *भाषा-विज्ञान की यह उक्ति* चरितार्थ होती हुई अपना मुखर रूप दिखा रही हो कि *'चार कोस पर पानी बदले आठ कोस पर बानी'।* साथ ही, समान संस्कृति होते हुए भी राज्यों का पुनर्गठन 'भाषा' के आधार पर हुआ हो। परिणामतः, तब से लेकर आज तक इस सूत्र का क्रियान्वयन नहीं हो पाया।

जहाँ एक ओर, *इसकी संस्कृति की आधारभूत भाषा संस्कृत केवल भारत की ही नहीं अपितु वैश्विक धरोहर के रूप में देखी व समझी जा रही है,* तथा जिस पर भारतीय भाषाओं की शब्दावली को समृद्ध करने का संवैधानिक दायित्व है, उसे भाषा-नीति में स्थान देने से हिच-किचाहट होती रही है। विभिन्न तर्कों के आधार पर इसे 'भाषा-नीति से दूर रखने के प्रयास किए जाते रहे हैं। संविधान के अनुच्छेद 351 अत्यन्त स्पष्ट रूप से उद्घोषित करता है कि *'संघ का यह कर्तव्य होगा कि वह हिन्दी भाषा का प्रसार बढ़ाए, उसका विकास करे जिससे वह भारत की सामासिक संस्कृति के सभी तत्त्वों की अभिव्यक्ति का माध्यम बन सके और उसकी प्रकृति में हस्तक्षेप किए बिना हिन्दुस्तानी में और आठवीं अनुसूची में विनिर्दिष्ट भारत की अन्य भाषाओं में प्रयुक्त रूप, शैली और पदों को आत्मसात् करते हुए और जहाँ आवश्यक या वांछनीय हो वहाँ उसके अन्य भाषाओं से शब्द भंडार के लिए मुख्यतः संस्कृत से गौणतः अन्य भाषाओं से ग्रहण कर सके।'* ***(अनुच्छेद 351; भारत का संविधान)***

यह ध्यातव्य है कि भारतीय संविधान की आठवीं अनुसूची में परिगणित विभिन्न भाषाओं की सूची में संविधान-निर्माण के समय से ही संस्कृत को एक विशिष्ट स्थान प्राप्त है तथा भारत की राष्ट्र-भाषा (अथवा भाषाओं) को पल्लवित एवं पुष्पित करने का उत्तरदायित्व इसी पर है, परंतु उसे *भारतीय शिक्षा-नीति* में स्थान पाने के लिए एक लंबी संघर्ष-यात्रा से निकलना पड़ता है, उच्चतम न्यायालय को आदेश देना पड़ता है कि विद्यालयीय पाठ्यचर्या में संस्कृत पढ़ने-पढ़ाने का प्रबंधन किया जाना चाहिए। संस्कृत से संबद्ध विभिन्न वादों में दिए गए उच्चतम न्यायालय एवं अन्य न्यायालयों *अथवा* विभिन्न आयोगों / समितियों

की अनुशंसाओं *अथवा* संविधान सभा की परिचर्चाओं आदि के भाव के अनुसार भारतीय भाषाओं के उच्चतम विकास की दृष्टि से, भारतीय भाषाओं की आधारभूत भाषा होने के कारण शिक्षा-व्यवस्था में संस्कृत का महत्त्वपूर्ण स्थान होना चाहिए था।

ध्यातव्य है कि आधुनिक ज्ञान-विज्ञान का मूल संस्कृति में ही अधिष्ठित रहता है। इस दृष्टि से स्पष्ट रूप से समझा जा सकता है कि *संस्कृति एक अत्यन्त व्यापक संकल्पना है। इसके अंतर्गत संपूर्ण जीवन-शैली निहित रहती है।* यह आधुनिक ज्ञान-विज्ञान का आधार भी बनी रहती है। यह स्पष्ट ही है कि आधुनिक ज्ञान-विज्ञान को समझने के लिए ज्ञान-विज्ञान की सुदीर्घ परंपरा को समझना अनिवार्य-सा हो जाता है। भारतीय दृष्टि से संस्कृत इस ज्ञान-विज्ञान की परंपरा का आधार है जिसके द्वारा विभिन्न प्रकार के ज्ञानात्मक विषयों की शब्दावली का निर्माण करके भारतीय भाषाओं को समृद्ध किया जा सकता है, तथा इन भाषाओं को शिक्षा के माध्यम के रूप में प्रयुक्त कर शिक्षा की प्रक्रिया को सहज व सुलभ बनाया जा सकता है।

यह अत्यन्त ध्यान देने योग्य एवं विचारणीय तथ्य है कि अपने दैनिक *व्यावहारिक रूप में मातृभाषा से भली-भांति सुपरिचित होने के नाते बच्चे विद्यालय-प्रवेश से पूर्व ही साक्षर होते हैं।* राष्ट्रीय पाठ्यचर्या की रूपरेखा (2005) में *"पाठ्यचर्या के क्षेत्र, विद्यालय की अवस्थाएँ और आकलन"* की चर्चा करते हुए अत्यन्त स्पष्ट रूप से व्यक्त किया गया था कि *"बच्चा स्वाभाविक रूप से अपने घर और सामाजिक वातावरण से भाषा ग्रहण करता रहता है। बच्चों में भाषा की जन्मजात क्षमता होती है। हम दैनिक अनुभवों के आधार पर जानते हैं कि अधिकतर बच्चे शिक्षा के प्रारम्भ से पूर्व ही भाषा की जटिलताओं और नियमों को आत्मसात कर पूर्ण भाषिक क्षमता रखते हैं। ..... यहाँ तक कि भिन्न प्रतिभा वाले बच्चे, जो बोल नहीं पाते वे भी अपनी अभिव्यक्ति के लिए उतने ही जटिल वैकल्पिक संकेतों और प्रतीकों का विकास कर लेते हैं।"* स्पष्ट ही है कि इस आधार पर उनकी शिक्षा की औपचारिक प्रक्रिया को मातृभाषा के द्वारा सहजरूप में प्रारम्भ किया जा सकता है। यह भी अनुभूत सत्य है कि *विद्यालय-प्रवेश से पूर्व बच्चा 'कोरी सलेट' नहीं होता,* जिस प्रकार की *पूर्वकल्पना* कुछ अधिगमनात्मक प्रतिमानों ने की है। इस दृष्टि से किसी भी राष्ट्र की *भाषा-नीति* को उस राष्ट्र की *शिक्षा-नीति* का सर्वाधिक प्रमुख, प्राथमिक, आधारभूत एवं महत्त्वपूर्ण भाग माना जाता है जिसकी ओर सर्वप्रथम ध्यान देने की आवश्यकता रहनी चाहिए। जैसा कि संकेत दिया जा चुका है कि स्वतंत्रता-प्राप्ति के पश्चात् प्रजातांत्रिक प्रक्रिया के अनुपालन की दृष्टि से यह सर्वाधिक प्राथमिकता का विषय बनना चाहिए था।

संविधान की आठवीं अनुसूची में **22** भारतीय भाषाओं को *संवैधानिक मान्यता* प्राप्त होने पर भी (संविधान निर्माण के समय यह संख्या *15* थी), उच्च शैक्षिक स्तर पर किसी भी भारतीय भाषा को आवश्यक स्थान प्रदान नहीं किया गया।

यह स्पष्ट ही है कि उच्च शिक्षा का साक्षात् संबंध शोध से संबद्ध रहता है। शोध की अच्छी समझ एवं गुणात्मकता का भाषा की अच्छी समझ व अधिकार से गहरा संबंध रहता है। राष्ट्रीय शिक्षा-नीति (1968) के कथन को उद्धृत करते हुए एक वाद में उच्चतम न्यायालय का कथन है कि -

> *"भारत में विद्या, मानविकी और सामाजिक विज्ञान में शोधकार्य को समुचित समर्थन दिया जाएगा। ज्ञान के संश्लेषण की आवश्यकता की पूर्ति हेतु अन्तर्विषयक शोध को प्रोत्साहित किया जाएगा। भारतीय ज्ञान के प्राचीन भण्डार की खोज करके उसे समकालीन वास्तविकता से जोड़ने के प्रयास किए जाएँगे। इसका अर्थ यह होगाकि संस्कृत के गहन अध्ययन की सुविधाओं का विकास किया जाए।"*

(अनुच्छेद 5.33; राष्ट्रीय शिक्षा नीति,1986, उच्चतम न्यायालय द्वारा उद्धृत,1994)

भारत में विभिन्न भाषाओं के विकास हेतु समय-समय पर यद्यपि विभिन्न संस्थानों, निदेशालयों, भाषा-अकादमियों, आयोगों, समितियों आदि का गठन किया गया तथापि शैक्षिक दृष्टि से भारतीय भाषाओं मे प्रायः सभी स्तरों पर *स्तरीय शिक्षण अथवा पाठ्य सामग्री* का अभाव रहा है।

इस संपूर्ण परिप्रेक्ष्य में, भारतीय शिक्षा-व्यवस्था में *भाषा-नीति* अथवा *भाषा-शिक्षा* के रूप में *'भारतीय भाषाओं का स्थान क्या हो?'* एक अत्यन्त ही चुनौती भरा महत्वपूर्ण प्रश्न रहा है। ऐसा स्पष्ट भासित होता है कि भारत की नूतन राष्ट्रीय शिक्षा-नीति (2020) 'भाषा के प्रश्न की चुनौती को इन्हीं बिंदुओं के परिप्रेक्ष्य में देखती है। यह शिक्षा-नीति भाषा को 'शक्ति' के रूप में देखती हुई मानती है कि भाषा व्यक्ति के सशक्तीकरण का सशक्त साधन है। सैद्धान्तिक रूप में नीति –

> 'बहु-भाषिकता और अध्ययन-अध्यापन के कार्य में भाषा की शक्ति को प्रोत्साहन देना'।

के सिद्धान्त को स्वीकार करती है। साथ ही, 5+3+3+4 की शैक्षिक संरचना को प्रस्तावित करते हुए पूर्वविद्यालयी शिक्षा के अंतर्गत भाषा को ही इसका मुख्य आधार मानती है -

> 'आधारभूत साक्षरता और संख्याज्ञान को सर्वाधिक प्राथमिकता देना जिससे सभी बच्चे कक्षा 3 तक 'साक्षरता और संख्या' ज्ञान जैसे सीखने के मूलभूत कौशलों को प्राप्त कर सकें'।

यह राष्ट्रीय शिक्षा-नीति (2020) 'बच्चे, जो कुछ सिखाया जा रहा है, उसे तो सीखें ही और साथ ही वे सतत सीखते रहने की कला भी सीखें' के माध्यम से अवधारणात्मक समझ पर बल देने, रचनात्मकता और तार्किक सोच का विकास करने, आपसी संवाद, सहयोग, सामूहिक कार्य और लचीलापन जैसे जीवन कौशलों को महत्त्व देने के संदर्भ में मूलतः बच्चे की 'सोचने की भाषा' की आवश्यकता व महत्त्व की ओर संकेत दे रही है। इस नीति के समक्ष भाषा का एक बृहद् भूमिका वाला परिप्रेक्ष्य दृष्टिगत होता है। यह नीति भाषा की भूमिका को मुख्यतः निम्नलिखित रूपों में रेखांकित करती है –

- भारतीय संविधान के प्रसंग में उद्देशिका के अंतर्गत 'न्याय व समता' का आधार
- अवसर की समानता
- भाषा के आधार पर भेद भाव को नकारना
- व्यक्तित्व का आधार
- उच्च शिक्षा सहित आधारभूत शिक्षा का माध्यम
- अध्यापकों के साथ संवाद
- शिक्षक-शिक्षा
- द्विभाषी पाठ्यक्रम
- निरन्तर सीखते रहने का आधार
- भारतीय ज्ञान परंपरा का आधार
- सांस्कृतिक अधिकार एवं आधार
- सामाजिक समन्वय एवं सामंजस्य का आधार
- संविधान के अनु. 19 के आधार पर अभिव्यक्ति का अधिकार

यद्यपि इस नीति में भाषा संबंधी चर्चा सर्वत्र 'बिखरी' दिखाई देती है तथापि विशेष रूप से भूमिका, पाठ्यचर्या एवं शिक्षणशास्त्र से संबद्ध अध्याय चार, तकनीकी एवं शोध से संबद्ध प्रसंगों में इसका विशिष्ट उल्लेख दृष्टिगत

होता है। नीति का अध्याय 22 संपूर्णतया 'भाषा, कला एवं संस्कृति' की प्रोन्नति से संबद्ध है। इसका विशिष्ट निहितार्थ भी है कि भाषा के प्रश्न को 'संस्कृति एवं कला' आदि के प्रश्न से अलग नहीं किया जा सकता।

नीति में आए भाषा संबंधी विभिन्न मुख्य पक्षों को सार रूप में निम्नलिखित बिंदुओं में समाहित किया जा सकता है –

- प्रारम्भिक पंचवर्षीय आधारभूत शिक्षा को भाषा की शिक्षा के रूप में ही देखा गया है।
- ज्ञान की वाहिका के रूप में 'भाषा' को शक्ति के पर्याय के रूप में मान्यता देना।
- इस दृष्टि से भाषा को व्यक्ति के सशक्तीकरण की प्रक्रिया के रूप में प्रतिष्ठित करना।
- त्रिभाषासूत्र में लचीलापन ताकि बच्चे स्वयं भाषा का चयन कर सकें।
- सांस्कृतिक / शास्त्रीय भाषाओं के अध्यापन हेतु विशिष्ट प्रावधान –
  भारत इसी तरह सभी शास्त्रीय भाषाओं और साहित्य का अध्ययन करने वाले अपने संस्थानों और विश्वविद्यालयों का विस्तार करेगा, और उन सहस्रों पांडुलिपियों को इकट्ठा करने, संरक्षित करने, अनुवाद करने और उनका अध्ययन करने के सशक्त प्रयास करेगा **(22.16)**
- यद्यपि प्रारंभिक शिक्षा हेतु मातृभाषा की चर्चा की गई है तथापि इसे उच्च स्तर तक अपनाने का परामर्श भी दिया गया है।
- भारतीय भाषाओं में उच्चस्तरीय सामग्री निर्माण हेतु राष्ट्रीय स्तर पर 'अनुवाद एवं व्याख्यान हेतु विशिष्ट संस्थान' की स्थापना –
  भारत शीघ्र ही अनुवाद एवं विवेचना से संबंधित अपने प्रयासों का विस्तार करेगा, जिससे सर्वसाधारण को विभिन्न भारतीय एवं विदेशी भाषाओं में उच्चतर गुणवत्ता वाली अधिगम सामग्री और अन्य महत्त्वपूर्ण लिखित एवं मौखिक सामग्री उपलब्ध हो सके। इसके लिए एक 'अनुवाद एवं व्याख्या संस्थान (इंस्टिट्यूट ऑफ़ ट्रांसलेशन एंड इंटरप्रेटेशन) (आईआईटीआई) की स्थापना की जाएगी। **(२२.१४)**
- विश्वविद्यालयों में अनुसन्धान आदि की दृष्टि से भाषा विभागों को बहु-आयामी रूप में सुदृढ़ करना-
  उच्चतर शिक्षा एवं उससे आगे की शिक्षा के साथ कदम से कदम मिलाते हुए ....भारतीय भाषाओं, तुलनात्मक साहित्य, सृजनात्मक लेखन, कला, संगीत, दर्शनशास्त्र आदि के सशक्त विभागों एवं कार्यक्रमों को देश भर में प्रारम्भ किया जाएगा और उन्हें विकसित किया जाएगा, साथ ही इन विषयों में (दोहरी डिग्री चार वर्षीय बी. एड. सहित) डिग्री कौशल विकसित किए जाएँगे। ये विभाग एवं कार्यक्रम, विशेष रूप से उच्चतर योग्यता के भाषा शिक्षकों के एक बड़े कैडर को विकसित करने में सहायता करेगा, साथ ही साथ कला, संगीत, दर्शनशास्त्र एवं लेखन के शिक्षकों को भी तैयार करेगा जिनकी देश भर में इस नीति को क्रियान्वित करने हेतु तुरंत आवश्यकता होगी। एनआरएफ इन क्षेत्रों में गुणवत्तापूर्ण अनुसंधान हेतु वित्त उपलब्ध कराया जाएगा। **(22.9)**
- भाषा संबद्ध नूतन संस्था की स्थापना –
  यह भी प्रस्तावित है कि भाषाओं के लिए एक नया संस्थान स्थापित किया जाएगा। **(22.16)**
- सांस्कृतिक आवश्यकता के रूप में भाषा –
  बच्चों में अपने सांस्कृतिक इतिहास, कला, भाषा एवं परंपरा की भावना और ज्ञान के विकास द्वारा ही एक सकारात्मक सांस्कृतिक पहचान और आत्म-सम्मान बच्चों में निर्मित किया जा सकता है। अतः व्यक्तिगत एवं सामाजिक कल्याण के लिए सांस्कृतिक जागरूकता और अभिव्यक्ति का योगदान महत्त्वपूर्ण है। **(22.2)**

- शब्दकोशों का अद्यतनीकरण हेतु योजना।
- भाषा-शिक्षणशास्त्र को अधिकाधिक अनुभवात्मक बनाना –
सभी भाषाओं के शिक्षण को नवीन और अनुभवात्मक विधियों के माध्यम से समृद्ध किया जाएगा, जिसमें सरलीकरण और ऐप्स के माध्यम से, भाषाओं के सांस्कृतिक पहलुओं, यथा चलचित्र, रंगमंच, कथावाचन, काव्य और संगीत - को जोड़ते हुए, और विभिन्न प्रासंगिक विषयों के साथ और वास्तविक जीवन के अनुभवों के साथ संबंधों को दिखाते हुए इन्हें सिखाया जाएगा। इस प्रकार, भाषाओं का शिक्षण भी अनुभवात्मक-अधिगम शिक्षणशास्त्र पर आधारित होगा। **(4.21)**
- भाषाओं के व्यावहारिक विकास हेतु पाठ्यसहगामी-क्रियाओं के प्रोत्साहन –
भाषा शिक्षण में भी सुधार किया जाना चाहिए ताकि वह अधिक अनुभव-आधारित बने और उस भाषा में बातचीत और अन्तःक्रिया करने की क्षमता पर केन्द्रित हो न कि भाषा के साहित्य, शब्दभंडार और व्याकरण पर। भाषाओं को अधिक व्यापक रूप में बातचीत और शिक्षण-अधिगम के लिए प्रयोग में किया जाना चाहिए। **(22.7)**
- वैश्विक सांस्कृतिक परिचय की दृष्टि से विदेशी भाषाओं को भी प्रश्रय देना
भारतीय भाषाओं और अंग्रेजी में उच्चतर गुणवत्ता वाले कौशल के अतिरिक्त, विदेशी भाषाएँ, जैसे कोरियाई, जापानी, थाई, फ्रेंच, जर्मन, स्पेशनिश, पुर्तगाली और रूसी भी माध्यमिक स्तर पर व्यापक रूप से अध्ययन हेतु उपलब्ध करवाई जाएँगी, ताकि विद्यार्थी वैश्विक संस्कृतियों के बारे में जानें, और अपनी रुचियों और आकांक्षाओं के अनुसार अपने वैश्विक ज्ञान को और संसार में घूमने-फिरने को सहजता से बढ़ा सकें। **(4.20)**
- लक्ष्य भाषा में संप्रेषणीयता को प्रमुखता देना।
- तुलनात्मक-साहित्य के अध्ययन को प्रमुखता देना।
- रचनात्मक लेखन का अभ्यास एवं प्रशिक्षण।
- भारतीय सांस्कृतिक एवं भाषिक विकास की दृष्टि से संस्कृत के संदर्भ में विशेष चर्चा करते हुए इसे प्रथम भाषा के रूप में पढ़ाने, मुख्यधारा में लाने तथा संस्कृत विश्वविद्यालयों को उच्चशिक्षा से संबद्ध बहुविषयात्मक संस्था के रूप में परिवर्तन की बात की गई है -
संस्कृत भाषा के बृहद् एवं महत्त्वपूर्ण योगदान तथा विभिन्न विधाओं एवं विषयों के साहित्य, सांस्कृतिक महत्त्व, वैज्ञानिक प्रकृति के चलते संस्कृत को केवल संस्कृत पाठशालाओं एवं विश्वविद्यालयों तक सीमित न रखते हुए इसे मुख्य धारा में लाया जाएगा - विद्यालयों में त्रि-भाषा सूत्र के अंतर्गत एक विकल्प के रूप में, साथ ही साथ उच्चतर शिक्षा में भी। इसे...... रुचिपूर्ण एवं नवाचारी पद्धतियों से एवं अन्य समकालीन एवं प्रासंगिक विषयों जैसे गणित, खगोलशास्त्र, दर्शनशास्त्र, नाटक विधा, योग आदि से युक्त जाएगा। .... संस्कृत विश्वविद्यालय भी उच्चतर शिक्षा के बड़े बहुविषयी संस्थान बनने की दिशा में अग्रसर होंगे; वे संस्कृत विभाग जो संस्कृत एवं संस्कृत ज्ञान व्यवस्था के शिक्षण एवं उत्कृष्ट अन्तःविषयी अनुसंधान का संचालन करते हैं उन्हें संपूर्ण नवीन बहु-विषयी उच्चतर शिक्षा व्यवस्था के भीतर स्थापित / सशक्त किया जाएगा। यदि छात्र चाहें तो संस्कृत उच्चतर शिक्षा का स्वाभाविक हिस्सा बन जाएगा। शिक्षा एवं संस्कृत विषयों में चार वर्षीय बहु-विषयक बी.एड. डिग्री के द्वारा 'मिशन मोड' में पूरे देश के संस्कृत शिक्षकों को बड़ी संख्या में व्यावसायिक शिक्षा प्रदान की जाएगी। **(22.15)**

- इस दृष्टि से संस्कृत एवं भारतीय भाषाओं के संबंध में संस्कृत के सुदृढ़ीकरण को महत्त्वपूर्ण मानना।
- भाषा अकादमियों तथा नवीन शब्दों का निर्माण -
  भारत के संविधान की आठवीं अनुसूची में उल्लिखित प्रत्येक भाषा के लिए अकादमी स्थापित की जाएगी जिनमें हर भाषा से श्रेष्ठ विद्वान् एवं मूल रूप से वह भाषा बोलने वाले लोग सम्मिलित रहेंगे ताकि नवीन अवधारणाओं का सरल किन्तु सटीक शब्द भण्डार तय किया जा सके, तथा नियमित रूप से नवीनतम शब्दकोष जारी किया जा सके। **(22.18)**
- भाषाओं के अध्ययन हेतु छात्रवृत्तियाँ एवं प्रयोग हेतु प्रोत्साहन –
  स्थानीय मास्टर्स तथा / या उच्चतर शिक्षा व्यवस्था के अंतर्गत भारतीय भाषाओं, कला एवं संस्कृति के अध्ययन के लिए सभी आयु के लोगों के लिए छात्रवृत्ति की स्थापना की जाएगी। भारतीय भाषाओं का संवर्धन एवं प्रसार तभी संभव है जब उनका नियमित तौर पर प्रयोग किया जाए तथा शिक्षण-अधिगम के लिए प्रयोग किया जाए। भारतीय भाषाओं में, विभिन्न श्रेणियों में उत्कृष्ट कविताओं एवं गद्य के लिए पुरस्कार की स्थापना जैसे प्रोत्साहन के कदम लिए जाएँगे ताकि सभी भारतीय भाषाओं में जीवंत कविताएँ, उपन्यास, पाठ्य पुस्तकें, कथेतर साहित्य का निर्माण एवं पत्रकारिता जैसे अन्य कार्य सुनिश्चित किए जा सकें। भारतीय भाषाओं में प्रवीणता को व्यावसायिक अर्हता के मानदंडों के एक अंश के रूप में सम्मिलित किया जाएगा। **(22.20)**
- भाषा-शिक्षण हेतु तकनीकी का उच्चस्तरीय प्रयोग।
- भारतीय भाषाओं के संरक्षण, विकास एवं संवर्धन हेतु योजनाएँ।
- विद्यार्थियों को स्वयं अपने अधिगम हेतु मार्ग के चयन का अवसर।
- दिव्याङ्ग विद्यार्थियों की भाषा सम्बन्धी बाधाओं को दूर करने व 'सांकेतिक भाषा' के विकास हेतु प्रौद्योगिकी का व्यापक उपयोग किया जाना –
  भारतीय 'सांकेतिक भाषा' (आईएसएल) को देश भर में मानकीकृत किया जाएगा, और राष्ट्रीय और राज्य पाठ्यक्रम सामग्री विकसित की जाएगी, जो बधिर विद्यार्थियों द्वारा उपयोग में लाई जाएगी। **(4.22)**
- संविधान की समवर्ती सूची के परिप्रेक्ष्य में स्थानीयता के प्रति सम्मान।
- भाषा द्वारा समावेशन की स्थापना।
- शिक्षा के गुणात्मक स्तर के वर्धन की दृष्टि से भारतीय भाषाओं का उपयोग।
- भारतीय भाषाओं में अनुसन्धान हेतु 'राष्ट्रीय शोध प्रतिष्ठान' के द्वारा धन का प्रबंधन –
  विश्वविद्यालय एवं उनका शोध दल एक दूसरे के साथ तथा देश भर के समुदायों के साथ काम करेगा ताकि इन प्लेटफार्म को और समृद्ध किया जा सके। संरक्षण के इन प्रयासों तथा इनसे जुड़ी अनुसंधान परियोजनाओं, उदाहरण के लिए इतिहास, पुरातत्त्व, भाषा विज्ञान आदि को एनआरएफ द्वारा वित्तीय सहायता दी जाएगी। **(22.19)**
- *शास्त्रीय, आदिवासी और लुप्तप्राय भाषाओं सहित सभी भारतीय भाषाओं को संरक्षित और बढ़ावा देने के प्रयास नए उत्साह के साथ करना। प्रौद्योगिकी एवं 'क्राउड-सोर्सिंग' लोगों की व्यापक भागीदारी के साथ, इन प्रयासों में महत्त्वपूर्ण भूमिका निभाएँगे।* **(22.17)**

  एतदतिरिक्त नीति में विभिन्न प्रसंगों में निहित अनेक बिंदुओं को निम्नलिखित रूप में देखा जा सकता है -
- अतिरिक्त भारतीय भाषा पढ़ने हेतु प्रावधान।

- बहु-विषयात्मक संस्थानों के साथ-साथ बहुभाषी संस्थाओं के निर्माण।
- भारतीय भाषाओं के विकास हेतु विशिष्ट योजनाओं की योजना।
- ज्ञान के एकीकरण एवं अखण्डता में भाषाओं की भूमिका।
- बहु-आयामी शिक्षा के अंतर्गत बौद्धिक, सामाजिक, सौन्दर्यात्मक, शारीरिक, भावात्मक एवं नैतिकता के विकास में भाषाओं की भूमिका।
- स्नातक स्तर तक भारतीय भाषाओं के परिप्रेक्ष्य में द्विभाषी पाठ्यक्रमों का विकास।
- मातृभाषाओं से पढ़ाने वाले शिक्षकों को वरीयता।
- मातृभाषाओं से पढ़ाने वाले शिक्षकों हेतु विशिष्ट प्रशिक्षण प्रदान करना।

नई शिक्षा नीति के प्रारूप (2019) में भाषा के संदर्भ को अत्यन्त व्यापकता से देखने का प्रयास किया गया है। भारतीय भाषाओं के महत्त्व की चर्चा करते हुए माना गया कि "भारतीय भाषाएँ दुनिया में सबसे ज़्यादा वैज्ञानिक और भावबोधक रही हैं, जिसमें इस विश्व का महत्त्वपूर्ण ज्ञान और साहित्य रचा गया है। ये सभी भाषाएँ सच्चे अर्थों में क्रियाशील हैं, करोड़ों लोग न सही पर इन भाषाओं का लाखों लोग प्रतिदिन अपने जीवन में प्रयोग करते हैं, और विभिन्न आँचलिक क्षेत्रों और पीढ़ियों की सदियों पुरानी संस्कृति और विरासत का प्रतिनिधित्व करते हैं। लेकिन इन सभी क्षेत्रों की संस्कृति और परंपराओं का ठीक रूप से समावेश और संरक्षण, साथ ही छात्रों को इनकी ठीक समझ तभी हो सकती है जब इन सभी भारतीय भाषाओं (आदिवासी भाषाओं सहित) को उपयुक्त सम्मान मिलेगा। इसीलिए इन समृद्ध भाषाओं और साहित्य का संरक्षण करना बहुत आवश्यक है, ठीक उसी तरह जैसे तकनीकी रूप से विकसित देशों (जैसे साउथ कोरिया, जापान, फ्रांस, जर्मनी, हालैंड) ने वैश्वीकरण की प्रक्रिया से जूझते हुए किया है। ***(नई शिक्षा नीति का प्रारूप, 2019)***

भाषा-नीति का प्रश्न बुनियादी तौर पर *'शिक्षा के प्रति मानवतावादी दृष्टिकोण'* से गहरे रूप से जुड़ा है। अतः इसके आयाम को सदैव अत्यन्त व्यापक रूप में देखने की आवश्यकता रहती है। इसकी शिक्षा का प्रारम्भ प्रायः *औपचारिक एवं अनौपचारिक* दोनों रूपों में ही, परिवार में ही, बच्चे के जन्म के साथ हो जाता है और शनैः शनैः वैश्विक स्तर तक क्षण प्रतिक्षण फैलता चला जाता है। जहाँ इसका संबंध व्यक्ति की निरन्तर *परिवर्तनशील आवश्यकताओं तथा दैनिक गतिविधियों* से अभिन्न रूप से जुड़ा रहता है, वहीं संस्कृति की *स्थिरता, प्रहवणशीलता तथा परिवर्तनशीलता* सदैव इसकी बुनियाद को सींचती रहती हैं। जहाँ इसके स्वर अभिवक्ताओं की मुक्त अथवा आबद्ध वाणी को मुखर करने के प्रयासों के गीत गाने को प्रेरित करते रहते हैं तो वहीं श्रोताओं की अवबोधनात्मक परिसीमाएँ अथवा पूर्वमान्यताएँ इसे समेटे रहती हैं। जहाँ इसका मौखिक रूप इसकी स्वतन्त्र प्रकृति की गाथा गाने को मचलता रहता है तो वहीं इसका लिखित रूप सदैव इसे बाँधने के प्रयासों में लीन रहता है। यह सच है शिक्षा के व्यापक आयामों में सिमटी *'भाषा'* ही इसे *सशक्त मुखर* बनाने के उत्तरदायित्व का निर्वहण करती है। और, यह भी सच है, राजनीति को संजीवनी देने वाली भाषा राजनैतिक कुचक्रों के हथियारों से ही सदैव आहत होती रहती है। व्यक्ति की *'रोज़ी-रोटी'* को आधार देने वाली यह भाषा उसकी 'रोज़ी-रोटी' के कारण ही स्वयं अपने आधार को खोने लगती है। इस प्रकार के न जाने कितने प्रश्न हैं, जिनके उत्तर भाषा-नीति को देने पड़ते हैं अथवा देने चाहिए ! यही कारण है कि *व्यक्ति को अभिव्यक्त करने की क्षमता* देने वाली *भाषा की नीति* को कुछ भाषाओं की गणना तक नहीं समेटा जा सकता। भाषा-नीति के लिए गम्भीर व्यापक दृष्टिकोण की *'चेतना'* की आवश्यकता है। भाषा

केवल वर्णों, शब्दों, वाक्यों आदि का संरचनात्मक गठन मात्र नहीं है, अपितु 'व्यक्ति' की रचनात्मक शक्ति के सशक्तीकरण का सशक्त आधार है।

ये कुछ प्रमुख संदर्भ हैं। ये संपूर्ण परिप्रेक्ष्य भारतीय शिक्षा व्यवस्था को सुदृढ़ आधार देने के लिए भारतीय भाषाओं के पठन-पाठन हेतु एक जीवंत *परिवेश* की अपेक्षा करते हैं। यह स्पष्ट है कि किसी भी भाषा की संप्रेषणात्मकता एवं व्यावहारिकता उसके संभाषणात्मक स्वरूप पर ही निर्भर करती है। यह जीवंतता भाषा के संभाषणात्मकता पर ही निर्भर करती है। विभिन्न शिक्षा से संबद्ध आयोगों, समितियों एवं नीतियों ने भाषाओं के पठन-पाठन हेतु अपनाई जाने वाली विधियों को अधिक से अधिक जीवंत बनाने की ओर निरन्तर संकेत तो दिया है, पर इस संदर्भ में कोई ठोस कार्यान्वयन-नीति नहीं बन पाई थी। *इसके लिए एक मानसिक धरातल तैयार करने एवं प्रतिबद्धता की अवश्यकता है। योजनाबद्ध रूप से इन कार्यों को सिद्ध किया जा सकता है।* इसी योजनत्व में इस नीति की संयोजना मुखरित हो रही है।

यहाँ यह स्पष्ट होना चाहिए कि उच्चतम न्यायालय के निर्णय के अनुसार भारतीय संविधान में अनुच्छेद 21 के अंतर्गत प्रदत्त जीवन से संबद्ध मौलिक अधिकार से अभिप्राय है *'गरिमापूर्ण जीवन जीने का अधिकार'* एवं अनुच्छेद 21 (अ) के अंतर्गत *निःशुल्क व अनिवार्य शिक्षा* से संबद्ध अधिकार से अभिप्राय है, समता के सिद्धान्त पर आधारित सबके लिए *'अच्छी शिक्षा'।* बालाधिकारों की दृष्टि से समानता के आधार पर अभिव्यक्ति के विभिन्न अवसर पाने, स्नेह पाने, खेल-खेलने, शुद्ध भोजन व पानी, सुरक्षा, शुद्ध परिवेश आदि अनेकों अधिकार भी इन मौलिक अधिकारों में समाहित रहते हैं। यहाँ यह भी ध्यान देने योग्य तथ्य है कि बच्चों की *निःशुल्क एवं अनिवार्य शिक्षा का अधिनियम (2009)* का अध्याय छः इन बालाधिकारों के संरक्षण हेतु किए जाने वाले उपायों की चर्चा करता है। स्पष्ट ही है कि इन बालाधिकारों अथवा मानवाधिकारों का *राष्ट्र की भाषा-नीति* से सीधा व सुदृढ़ संबंध है। अतः राष्ट्र की भाषा-नीति इनकी उपेक्षा नहीं कर सकती। इसी में इस नीति का सारत्व समाहित है।

यह सच है, जैसा कि स्पष्ट भी किया जा चुका है, कि भाषा का प्रमुख कार्य बुनियादी तौर पर राष्ट्र में, राष्ट्र के जनसमुदाय में, राष्ट्र के निवासियों में *परस्पर स्नेहसूत्र में पगे संवादात्मक* संबंध स्थापित करना है। अतः राष्ट्र की भाषा-नीति को भी इसी परस्पर स्नेहसूत्र में *बन्धे व पगे* होना चाहिए, न कि *'विभाजन के सिद्धान्त'* से। भारतीय वैविध्यपूर्ण भाषाई परिदृश्य में यह और भी अधिक महत्त्वपूर्ण हो उठता है। यह *वैविध्यपूर्ण भाषाई परिदृश्य* परस्पर सीखने-सिखाने का पर्याय बनना चाहिए न कि द्वेषपूर्ण संघर्ष का। प्रत्येक भाषा का प्रत्येक शब्द सहस्रों वर्षों के सहस्रों लोगों की अनुभूत अनुभूतियों की जीती-जागती गाथाओं के गीत ही नहीं गाता अपितु विश्व को एक सामासिक संस्कृति के सूत्र में पिरोता है। भारत के संदर्भ में यह उक्ति और भी चरितार्थ सिद्ध होती है। राष्ट्र की भाषा-नीति ही राष्ट्र की इस *सामासिक संस्कृति* की ज्योति बन स्नेहिल मार्ग का दिग्दर्शन कर सकती है ! शिक्षा के मार्ग को कर आलोकित उसे सार्थक बना सकती है! इसी में इस नीति का 'कार्यत्व' समाया हुआ है।

इन्हीं प्रश्नों को हमारी 2020 की यह राष्ट्रीय शिक्षा नीति मुख्य रूप से मुखरित करने का प्रयास कर रही है। इसका सार्थक्य हम सबके द्वारा क्रियान्वयन को स्वरूप देने में निहित है। यह बार-बार स्मरण कराती चलती है कि -

ध्यान रखना होगा *'भाषा-नीति'* बच्चों के लिए बनती है, न कि बच्चे भाषा-नीति के लिए।

3

प्रबुद्ध धरोहर : भारतीय शिक्षक

पवन सिन्हा

शिक्षा, शिक्षार्थी, शिक्षालय और शिक्षक! किसी भी शिक्षा व्यवस्था से संबद्ध ये सभी शब्द, केवल शब्द मात्र नहीं बल्कि स्वयं के भीतर एक पूरी परंपरा और समूचे दर्शन को समेटे हुए हैं। परंपरा इसलिए, क्योंकि जब से मानव जीवन रहा है, तब से 'शिक्षा' भी रही है! इसका अर्थ यह है कि 'शिक्षा' जानने, सीखने और उसे अपने जीवन में उतारने की प्रक्रिया है। मानव जीवन की पूरी प्रक्रिया में वह नित नया जानता रहा, सीखता रहा और जो जाना, सीखा उसे जीवन में उतारता रहा! 'दर्शन' इसलिए क्योंकि, वह जीवन और जगत को समझने की दृष्टि देता है! यह वही जीवन और जगत है जिसमें 'शिक्षा' का उपयोग होता है या फिर शिक्षा जीवन और जगत को 'सँवारने' में मदद करती है।

शिक्षा के संदर्भ में यह समझना आवश्यक है कि सीखना कभी भी संचयवादी अवधारणा नहीं रही है और न ही संचयात्मक प्रवृत्ति की रही है, सीखने का स्वभाव या उसकी प्रकृति कभी भी संचयात्मक स्वरूपी नहीं है! सीखने की यह सीमा न तो शिक्षार्थी के लिए है और ही शिक्षक के लिए! दोनों को ही सीखना जारी रखना होगा और यह निरंतरता इसलिए भी आवश्यक है, क्योंकि जीवन में भी निरंतरता है! यही कारण है कि यह बात बार-बार कही जाती है कि शिक्षा का इतिहास, परंपरा उतनी ही पुरानी है, जितना मानव-जीवन का इतिहास! रवीन्द्रनाथ टैगोर का भी यही मानना है कि "*एक अध्यापक सच्चे अर्थों में तब तक अध्यापन नहीं कर सकता जब तक वह स्वयं अध्ययन नहीं करता हो, एक दीपक दूसरे दीपक को तब तक प्रज्वलित नहीं कर सकता जब तक की वह स्वयं जलना जारी न रखे।*" एक शिक्षक के ऊपर यह एक बहुत बड़ी ज़िम्मेदारी है- स्वयं शिक्षा के बारे में अपनी अवधारणाओं को 'दुरुस्त' करना और समाज, राष्ट्र को भी शिक्षा के सही मायने 'समझाना'। एक शिक्षक की यह ज़िम्मेदारी कहीं-न-कहीं शिक्षक-शिक्षा की भी ज़िम्मेदारी बनती ही है!

सवाल स्कूली शिक्षा की गुणवत्ता का भी है और इस सवाल के उठते ही गाहे-बगाहे शिक्षक की तस्वीर आँखों के सामने घूम ही जाती है! एक अन्य महत्वपूर्ण बिंदु पर मनन आवश्यक है कि जिस तरह से 'शिक्षा' और 'स्कूलिंग' में अंतर होता है और शिक्षा न तो स्कूल की चाहरदीवारी तक सीमित नहीं है और न ही स्कूल की चाहरदीवारी के भीतर 'कैद' है, ठीक वैसे ही एक प्रभावी शिक्षक होने के लिए जिस तरह की संवेदनाएँ, समझ, दृष्टिकोण और 'जीवटपना' चाहिए, वह केवल शिक्षक-शिक्षा के दायरे तक न तो सीमित है और न ही उसमें 'कैद'! एक व्यक्ति के रूप में शिक्षक भी अपने आस-पास के परिवेश,

---

एसोसिएट प्रोफ़ेसर, राजनीति विज्ञान विभाग, मोतीलाल नेहरू कॉलेज, दिल्ली विश्वविद्यालय, नई दिल्ली, संस्थापक, ऋषिकुलशाला।

समुदाय और घटनाओं से निरंतर सीखता है और संवेदनाएँ विकसित करता है! जीवन और जीवन से जुड़ी समस्त अवधारणाएँ सकारात्मक हैं और जीवन की जटिलताओं का सामना करने और उनका समाधान करने के प्रति 'जीवट' रवैया है तो ऐसा व्यक्ति, ऐसा शिक्षक बच्चों की शिक्षा के प्रति भी 'जीवट' रवैया ही अपनाएगा, 'पलायन' नहीं करेगा! शिक्षक, शिक्षा और शिक्षार्थी के प्रति यह दृष्टि इस बिंदु को समझने में सहायक है कि बच्चों की शिक्षा में एक शिक्षक की अत्यंत महत्ती भूमिका है और बच्चों की शिक्षा शिक्षक के व्यक्तित्व, शिक्षक की शिक्षा और उसके मनोबल से निरंतर प्रभावित होती है! इस अर्थ में शिक्षकों के प्रति एक गहरा दायित्व-बोध हम सबका सरोकार होना चाहिए!

जैसा कि हम जानते हैं कि स्कूली शिक्षा की गुणवत्ता का सबसे बड़ा दायित्व पर जिन पर है, वे हैं – शिक्षक! 'शिक्षक' के संदर्भ में कुछ महत्वपूर्ण चिंतन बिंदु या चिंतनीय प्रश्न उठते हैं! क्या कोई भी शिक्षक बन सकता है या शिक्षक हो सकता है? क्या किसी को भी शिक्षक बनाया जा सकता है? क्या शिक्षकों में 'शिक्षकत्व' जन्मजात होता है या फिर 'शिक्षकत्व' को विकसित किया जा सकता है? क्या 'शिक्षक' होने का 'संस्कार' संभव है? ये प्रश्न शिक्षक की शिक्षा, उनके स्थान, उनके सम्मान और उनकी महत्ता से भी जुड़े हुए हैं! जिस समाज में शिक्षक का स्थान जितना अधिक ऊपर होता है या सर्वोपरि होता है, वह समाज और राष्ट्र उतना ही उन्नत माना जाता है। कोई व्यक्ति 'कुछ भी बन जाए', उसके 'बनने में' शिक्षक की भूमिका से इंकार नहीं किया जा सकता। तो 'बनने वाले' से ज़्यादा महत्वपूर्ण 'बनाने वाला' है। हालाँकि यह माना जाता है और बात भी सही है कि कोई किसी को कुछ नहीं सिखा सकता, सीखने की ज़िम्मेदारी 'सीखने वाले पर' है। लेकिन यह भी उतना ही सत्य है कि जब सीखने वाले के लिए उचित और अनुकूल परिवेश या वातावरण का निर्माण उपलब्ध होता है तो सीखना अपेक्षाकृत सरल और रोचक हो जाता है। एक शिक्षक की भूमिका इसी सुगमकर्ता या साधनसेवी के रूप में है – सीखने वाले को अभिप्रेरणा प्रदान करना और सीखने का अनुकूल माहौल का निर्माण करना! इस दृष्टि से समाज में शिक्षक का स्थान सम्मान का अधिकारी है।

राष्ट्रीय शिक्षा नीति 1986 भी स्पष्टत: कहती है - *"किसी समाज में अध्यापकों के दर्जे से उसकी सांस्कृतिक-सामाजिक दृष्टि का पता लगता है। कहा गया है कि कोई भी राष्ट्र अपने अध्यापकों के स्तर से ऊपर नहीं उठ सकता।"* (राष्ट्रीय शिक्षा नीति १९८६: 9|1) बात तो एकदम खरी है कि शिक्षकों का दर्ज़ा ऊँचा उठाना ही चाहिए! आखिर एक बच्चे के जीवन का सवाल है .... आखिर कई बच्चों के जीवन का सवाल है ... आखिर कई पीढ़ियों के जीवन का सवाल है ... अंततः पूरे राष्ट्र का और राष्ट्र के 'जीवन' का सवाल है! दरअसल, बच्चे जिस तरह के व्यक्तित्व और इंसान बनते हैं, उससे उस तरह के समाज की रचना होती है और जिस तरह के समाज होते हैं, उनसे उस तरह के राष्ट्र का निर्माण होता है! एक मज़बूत व्यक्तित्व ही समाज और राष्ट्र को मज़बूती दे सकता है!

शिक्षक-शिक्षा और विभिन्न नीतियाँ व आयोग

स्वतंत्रता-प्राप्ति के बाद शिक्षा का जो परिदृश्य नज़र आता है उसमें शिक्षा की महत्ता स्थापित करने के साथ-साथ शिक्षक की महत्ती भूमिका पर विशेष बल दिया गया है। हाँ, यह अलग बात है कि अलग-अलग आयोग और नीतियाँ शिक्षक के दायित्वों, कर्तव्यों, कार्यों, शिक्षा, भर्ती, वेतन आदि के बारे में अलग-अलग तरह से बल देते रहे। लेकिन इतना तो तय है कि बच्चों की शिक्षा के साथ-साथ शिक्षक और उनकी शिक्षा सभी शिक्षा-नीतियों और आयोगों का सरोकार रही हैं। विश्वविद्यालय शिक्षा आयोग (1948-49) और

माध्यमिक शिक्षा आयोग (1952-53)–दोनों ने ही शिक्षा की गुणात्मकता में संवृद्धि करने पर बल दिया है। जिससे शिक्षा को राष्ट्र, समाज और व्यक्ति के लिए उपयोगी बनाया जा सके और इसके लिए शिक्षक की भूमिका को सराहा है। अपने दस्तावेज़ में **विश्वविद्यालय शिक्षा आयोग (1948-49)** शिक्षक की शिक्षा और उसके सीखे हुए ज्ञान के प्रति अपनी चिंता व्यक्त करता है - *"यह असाधारण बात है कि विद्यालय का अध्यापक जो शिक्षा 25 वर्ष की आयु तक सीखता है, उसी के आधार पर अध्यापन करता रहता है और अपने अनुभवों के अतिरिक्त किसी नवीन ज्ञान को प्राप्त नहीं कर पाता है। इसके लिए यह आवश्यक है कि शिक्षक को नवीन ज्ञान से समय-समय पर अवगत कराता रहना चाहिए तभी वह अपने व्यवसाय के प्रति पूर्ण कर्तव्य-निर्वाह कर सकता है।"* **विश्वविद्यालय शिक्षा आयोग (1948-49)** की यह चिंता इस ओर संकेत करती है कि शिक्षकों का अद्यतन रहना अत्यंत आवश्यक है। एक शिक्षक अपने 'समय' में जो भी ज्ञान प्राप्त करता है, वह 'आज के समय' के लिए अधूरा और बेमानी-सा प्रतीत होता है। अत: ज़रूरत इस बात की है कि शिक्षकों को निरंतर सीखना होगा और स्वयं को अद्यतन करते रहना होगा तभी वह 'समय की गति और चाल' के साथ अपनी 'कदमताल' मिला सकता है! **विश्वविद्यालय शिक्षा आयोग (1948-49)** ने पूरी गंभीरता के साथ मौजूदा शिक्षक प्रशिक्षण कार्यक्रमों की समीक्षा की और यह सुझाव दिया कि शिक्षक प्रशिक्षण कार्यक्रमों को लचीला और स्थानीय परिस्थितियों के अनुरूप होना चाहिए। पाठ्यक्रमों को फिर से तैयार करना, व्यावहारिक प्रशिक्षण के लिए उपयुक्त विद्यालयों का चयन और स्कूल अभ्यास के लिए अधिक समय की अनुशंसा इस आयोग के मुख्य सरोकार हैं। इस आयोग की सबसे बड़ी उपलब्धि रही – 'शिक्षक प्रशिक्षण' को नया नाम देना और वह नाम था - **'शिक्षक-शिक्षा'!**

शिक्षकों के प्रशिक्षण और उनकी सेवा शर्तों के बारे में विभिन्न प्रकार की अनुशंसाएँ करने वाले **माध्यमिक शिक्षा आयोग (1952-53)** ने समान कार्य और योग्यता के लिए समान वेतन की अनुशंसा की और कहा कि शिक्षकों को इतना सम्मानजनक वेतनमान मिलना चाहिए कि समाज में उनका आदर बना रहे। शिक्षण वृत्ति धन कमाने का एक माध्यम न बन जाए, इस बिंदु को ध्यान में रखते हुए शिक्षकों को ट्यूशन पढ़ाने की अनुमति नहीं दी जानी चाहिए। शिक्षण की जटिल प्रकृति और गहरी समझ पर अत्यधिक बल देते हुए आयोग ने कहा कि बच्चों की शिक्षा के लिए योग्य और प्रशिक्षित शिक्षक की ही नियुक्ति की जानी चाहिए।

क्या यह संभव है कि अगर हम शिक्षक-शिक्षा में अधिक और सावधानी से निवेश करें तो इसके सकारात्मक परिणाम हम स्कूली शिक्षार्थियों में देख सकेंगे। **कोठारी आयोग (1964-66)** ने शिक्षकों की शिक्षा को स्कूली शिक्षा के साथ जोड़ते हुए कहा है कि *"शिक्षा में गुणात्मक सुधार के लिए यह अनिवार्य है कि अध्यापकों में वृत्तिक शिक्षण का एक समुचित कार्यक्रम हो। अध्यापकों के प्रशिक्षण पर किए गए व्यय का प्रतिफल सचमुच काफ़ी मूल्यवान होगा, क्योंकि उसके परिणामस्वरूप लाखों छात्रों की शिक्षा में जितना सुधार होगा, उसकी तुलना में आर्थिक व्यय की मात्रा बहुत कम होगी। ... . अंत: सेवा शिक्षा के कार्यक्रमों के बड़े पैमाने पर संगठन की आवश्यकता है ताकि प्रत्येक अध्यापक पाँच वर्ष की प्रत्येक सेवावधि के बाद दो-तीन महीने की अंत: सेवा शिक्षा प्राप्त कर सके।"* शिक्षण-वृत्ति के संबंध में कोठारी आयोग के सरोकार स्वागत योग्य हैं, क्योंकि हम जितना अधिक और सुनियोजित रूप से शिक्षक-शिक्षा में निवेश करते हैं तो उसके सुखद परिणाम हमें बच्चों के विकास में दृष्टिगत होते हैं। इसका अर्थ यह है कि शिक्षक जितने अधिक योग्य, क्षमतावान और सामर्थ्यवान बनते हैं, स्कूली बच्चों को वे उतनी अधिक गंभीरता और सुचिंतित रूप से अपने दायित्व-बोध में सम्मिलित कर सकेंगे। इसके साथ ही शिक्षा के क्षेत्र

में शोध की संभावनाओं को ध्यान में रखते हुए शिक्षकों के निरंतर प्रशिक्षण पर भी बल दिया गया है और प्रत्येक पाँच वर्ष की अवधि में अंत: सेवा प्रशिक्षण में शामिल होने की अनुशंसा की गई है। कोठारी आयोग ने जिस तरह से शिक्षक-शिक्षा में गुणात्मक सुधार और प्रशिक्षण बल दिया है, वह शिक्षकों की क्षमता के संवर्धन के प्रति आयोग की चिंता को ही व्यक्त करता है।

शिक्षक और शिक्षक-शिक्षा पर आधारित **राष्ट्रीय शिक्षक आयोग (1983-85)** अपने दस्तावेज़ के आमुख में स्पष्ट रूप से कहता है कि "*राष्ट्र को शिक्षक के कल्याण के लिए पूरी तरह प्रतिबद्ध हो जाना चाहिए और समाज में उसकी प्रतिष्ठा बढ़ानी चाहिए। इसके बदले शिक्षक को स्वयं को अपने कर्तव्यों के प्रति समर्पित कर देना चाहिए।*" यह आयोग जहाँ एक ओर शिक्षकों को स्वायतत्ता प्रदान करता है वहीं दूसरी ओर 'कर्तव्यों के प्रति समर्पण' के माध्यम से प्रतिबद्धता को भी प्रश्रय देता है। यह आयोग शिक्षा, शिक्षक और प्रतिष्ठा को एक सुनियोजित तंत्र में व्यवस्थित करता है और राष्ट्र के विकास की महत्वपूर्ण कड़ी के रूप में देखता है। समूची शिक्षा-व्यवस्था में शिक्षक का स्थान सुनिश्चित है और सम्मानीय है। जो कड़ी इतनी महत्वपूर्ण हो उसके लिए विशेष प्रावधान करने वाला आयोग भी उतना ही महत्वपूर्ण है। यह आयोग पूर्ण रूप से शिक्षक को समर्पित है और उसके प्रत्येक पक्ष को सबके समक्ष रखता है – अनुशंसाओं के साथ!

राष्ट्रीय शिक्षक आयोग (1983-85) ने भी सभी नीतियों और आयोगों की तरह शिक्षक की प्रतिष्ठा और उसकी आर्थिक आवश्यकताओं पर बल दिया है। साथ ही आयोग शिक्षक की कुशलताओं को केवल विषय पढ़ाने तक सीमित नहीं रखता बल्कि बच्चों के चरित्र-निर्माण और उनमें मूल्यों का विकास करने को भी महत्व देता है। यह बिंदु शिक्षक के कार्य-क्षेत्र का विस्तार है और अनिवार्य भी! एक बिंदु के प्रति अपनी आकांक्षा व्यक्त करते हुए कहा गया है कि शिक्षा के क्षेत्र में प्रतिभावान लोगों को आना चाहिए ताकि बच्चों की प्रतिभा को उभारा, निखारा जा सके और उन्हें एक सुदृढ़ चरित्र बनने में मदद की जा सके। **राष्ट्रीय शिक्षक आयोग (1983-85)** ने शिक्षक-शिक्षा के संबंध में जो महत्वपूर्ण अनुशंसाएँ कीं, वे इस प्रकार से हैं –

- वरिष्ठ माध्यमिक स्तर के बाद 4 वर्षीय एकीकृत प्रशिक्षण पाठ्यक्रम जिसमें स्नातक और प्रशिक्षण शामिल होगा।
- दो ग्रीष्मकालीन महीनों के द्वारा एक वर्षीय बी. एड. पाठ्यक्रम की अवधि को बढ़ाना और यह सुनिश्चित करना कि शैक्षणिक सत्र 220 दिन का हो जिसमें कार्य करने के घंटे भी अधिक हों।
- शिक्षकों का चयन कुछ कारकों के आधार पर किया जाना चाहिए, जैसे – बेहतर कद-काठी, भाषिक क्षमता, संप्रेषण की योग्यता, दुनिया के बारे में सामान्य जागरूकता, जीवन के प्रति सकारात्मक दृष्टिकोण और अच्छे मानवीय संबंधों की क्षमता!

राष्ट्रीय शिक्षक आयोग (1983-85) की अनुशंसाएँ शिक्षकों के सावधानीपूर्वक किए गए चयन और शिक्षण अभ्यास को जितना महत्व देती हैं, वह उसकी शिक्षा संबंधी दृष्टि और सरोकार की परिचायक है!

शिक्षकों के सम्मान को सर्वाधिक महत्व देने वाली राष्ट्रीय शिक्षा नीति (1986) जब यह घोषणा करती है कि "*कोई भी राष्ट्र अपने अध्यापकों के स्तर से ऊपर नहीं उठ सकता।*" तो यह स्वयं ही स्पष्ट हो जाता है कि राष्ट्र-निर्माण में शिक्षकों की मुख्य भूमिका है, यह भूमिका शिक्षार्थियों के भविष्य-निर्माण से आगे जाकर समाज और राष्ट्र तक विस्तार लेती है। यह कथन स्वयं में अत्यंत महत्वपूर्ण और प्रेरणादायी है। यह कथन 'शिक्षक होने को' गरिमा प्रदान करती है। साथ ही शिक्षकों को भरपूर स्वायत्तता, स्वतंत्रता प्रदान

करने का भी उल्लेख करते हुए कहती है कि *"अध्यापकों को इस बात की आज़ादी होनी चाहिए कि वे नए प्रयोग कर सकें और सम्प्रेषण की उपयुक्त विधियाँ और अपने समुदाय की समस्याओं और क्षमताओं के अनुरूप नए उपाय निकल सकें।"* (राष्ट्रीय शिक्षा नीति 1986: 9.1) यह बात शिक्षकों की उस योग्यता की ओर संकेत करती है जिसके सहारे वे अपनी कक्षायी प्रक्रियाओं को बेहतर बना सकें और शिक्षार्थियों के अनुरूप पढ़ने-पढ़ाने की पद्धतियों के बारे में उचित निर्णय ले सकें। शिक्षकों के मूल्यांकन में पारदर्शिता और उनकी तरक्की के लिए उचित अवसर जुटाने की अनुशंसाएँ शिक्षकों के महत्व को द्विगुणित ही करती हैं। *"अध्यापकों की शिक्षा एक सतत प्रक्रिया है और इसके सेवापूर्व और सेवाकालीन अंशों को अलग नहीं किया जा सकता।"* ये सभी बिंदु नीति की चिंताओं और व्यावहारिक समाधानों का उल्लेख करते हैं। एक सबसे अहम बात- घटिया संस्थानों को बंद करना इसलिए ज़रूरी है ताकि शिक्षक-शिक्षा में गुणवत्ता को स्थापित किया जा सके जिसका सीधा प्रभाव स्कूली शिक्षा पर पड़ता है। शिक्षकों की सतत शिक्षा इस नीति का एक और अहम बिंदु है जिसे अन्य नीतियों और आयोगों ने दूसरे शब्दों में दोहराया है।

आचार्य राममूर्ति समिति (1990) को भारत सरकार ने 1990 में शिक्षा (1986) की राष्ट्रीय नीति की समीक्षा करने के लिए नियुक्त किया था और इस समिति ने शिक्षक शिक्षा के संबंध में प्रमुख सुझाव थे - *i) शिक्षक शिक्षा पर पहला डिग्री पाठ्यक्रम पत्राचार मोड पर नहीं दिया जाना चाहिए। ii) अधिक संस्थानों को चार साल की शिक्षा के क्षेत्रीय कॉलेजों के पैटर्न में एकीकृत पाठ्यक्रम शुरू करने के लिए प्रोत्साहित किया जाना चाहिए iii) अवांछित कर्मचारियों के लिए डंपिंग ग्राउंड के रूप में शिक्षक प्रशिक्षण संस्थानों का उपयोग करने की प्रथा को रोकना चाहिए।* यह एक बहुत महत्वपूर्ण बिंदु है कि शिक्षक प्रशिक्षण संस्थानों को अत्यंत गरिमामय केंद्र के रूप में देखे जाने की ज़रूरत है। इससे दोहरा लाभ होगा। एक, वे ही व्यक्ति इस क्षेत्र में आएंगे जो इस क्षेत्र में बेहतरीन प्रदर्शन कर सकते हैं और दूसरा, इससे शिक्षक-शिक्षा और साथ ही स्कूली शिक्षा की गुणवत्ता को सुनिश्चित किया जा सकेगा।

शिक्षा बिना बोझ के (1992) की रिपोर्ट में भी शिक्षक-प्रशिक्षण और शिक्षण प्रशिक्षण संस्थानों के रवैये के बारे में चिंता व्यक्त की गई है और यह कहा गया है कि शिक्षा प्रशिक्षण में सुधार और शैक्षिक वातावरण का सृजन करने के उपाय करने चाहिए। शैक्षिक वातावरण में सुधार की बात पर भी काफ़ी बल दिया गया है। समिति का यह मानना है कि "शिक्षक प्रशिक्षण कार्यक्रमों तथा संस्थाओं को सुधारने के लिए किए गए पिछले प्रयास सीमित मात्रा में ही सफल सिद्ध हुए हैं। कुल मिलाकर शिक्षक प्रशिक्षण अब भी शिक्षा की मुख्य धारा से अलग ही बना हुआ है। अधिकांश स्थानों पर सेवाकालीन प्रशिक्षण भी एक ऐसी रस्म बनकर रह गई है जिसमें शैक्षिक विषय-वस्तु के अभाव के साथ-साथ किसी को प्रेरित करने की क्षमता भी नहीं होती।" इस रिपोर्ट की यह चिंता एकदम वाजिब है कि सेवाकालीन प्रशिक्षण केवल 'रस्म' बनकर न रह जाए। इसके लिए विशेष प्रयास करने की ज़रूरत है और ये प्रयास ईमानदारी भरे होने चाहिए।

राष्ट्रीय शिक्षा नीति 2020 और शिक्षक शिक्षा

राष्ट्रीय शिक्षा नीति 2020 शिक्षक और शिक्षक शिक्षा के बारे में जिस तरह की चिंताएँ व्यक्त करती है और जिस तरह के सरोकार प्रदर्शित करती है, वह नि:संदेह प्रशंसनीय है और समय की ज़रूरत भी! ऐसा नहीं है कि राष्ट्रीय शिक्षा नीति 2020 में उल्लिखित चिंतन-बिंदु किसी भी पिछली नीति का हिस्सा नहीं रहे, बल्कि उन समस्त 'वैध' और 'आवश्यक' बिंदुओं पर एक बार पुनः बल दिया गया है और 'चेताया' गया है कि अगर शिक्षक को उसका सम्मानजनक स्थान नहीं मिलता है तो यह शिक्षक के लिए तो 'नुकसानदेह'

है ही, साथ ही समाज और राष्ट्र के लिए भी 'घातक' है। इसका उत्तर स्वयं राष्ट्रीय शिक्षा नीति 2020 में प्राप्त होता है –*"शिक्षक वास्तव में बच्चों के भविष्य को आकार देते हैं, अतः हमारे राष्ट्र के भविष्य का भी निर्माण करते हैं। इस नेक योगदान के कारण ही भारत में शिक्षक समाज के सबसे ज़्यादा सम्मानित सदस्य थे और सिर्फ़ सबसे अच्छे और विद्वान ही शिक्षक बनते थे। .... शिक्षकों के लिए उच्चतर दर्ज़ा और उनके प्रति आदर और सम्मान के भाव को पुनर्जीवित करना होगा।"* (5.1 पृष्ठ 31) इन उल्लिखित बिंदुओं पर बहुत गौर करने पर यह बात समझ में आती है कि शिक्षक का सम्मान इसलिए भी ज़रूरी है ताकि अच्छे और विद्वान व्यक्ति ही शिक्षक बनें। इसका एक अन्य अर्थ यह भी है कि 'शिक्षक बनना 'हर किसी के लिए' 'खुला निमंत्रण' नहीं है और न ही हर व्यक्ति 'शिक्षक हो सकता है'! इन्हीं पंक्तियों में दो शब्द पर ध्यान देने की ज़रूरत है और वे शब्द हैं - *सम्मानित सदस्य 'थे'* और *'पुनर्जीवित' करना होगा।* पहला शब्द 'थे' शिक्षक के स्वर्णिम अतीत की ओर संकेत करता है तो दूसरा शब्द 'पुनर्जीवित' उसी स्वर्णिम अतीत को पुनः स्थापित करने की माँग रखता है। 'यह सच में अत्यंत आवश्यक है!'

भर्ती और पदस्थापन

राष्ट्रीय शिक्षा नीति 2020 शिक्षकों की भर्ती और पदस्थापन के संदर्भ में विशेष प्रावधान करती है और इन प्रावधानों में ग्रामीण शिक्षकों का विशेष ध्यान रखा गया है। इसका एक तर्कसंगत कारण भी दिया गया है कि ग्रामीण क्षेत्र के उत्कृष्ट विद्यार्थी ही 4 वर्षीय एकीकृत बी.एड. की डिग्री सफलतापूर्वक करने के बाद स्थानीय रोज़गार को बढ़ावा मिलेगा। स्थानीय शिक्षक स्थानीय भाषा में शिक्षण का कार्य कर सकेंगे। इससे उन क्षेत्रों में भी उत्कृष्ट शिक्षकों की पूर्ति हो सकेगी जहाँ उनकी सबसे ज़्यादा ज़रूरत है। ग्रामीण क्षेत्रों में कार्य करने को प्रोत्साहन देने के लिए आवास भत्ते में वृद्धि कि अनुशंसा सराहनीय है और इसका स्वागत किया जाना चाहिए।

शिक्षकों के अत्यधिक स्थानांतरण की हानिकारक *'प्रैक्सटिस'* पर रोक लगाने की अनुशंसा करते हुए उसके प्रति चिंता व्यक्त करती है। अत्यधिक स्थानांतरण के कारण शिक्षक और समुदाय के बीच संबंधों पर नकारात्मक प्रभाव पड़ता है। नीति स्थानांतरण में पारदर्शिता को महत्व देते हुए ऑनलाइन सॉफ्टवेयर आधारित व्यवस्था की अनुशंसा करती है। स्थानांतरण के संबंध में यह अनुशंसा एक बेहतर कदम है लेकिन इसकी क्रियान्विति सहज नहीं होगी, क्योंकि विशेष प्रावधानों के बाद भी ग्रामीण क्षेत्रों में शिक्षकों की कमी ही रहती है जिसकी ओर यह नीति संकेत भी करती है।

शिक्षकों की भर्ती की प्रक्रिया में स्कूली शिक्षा के सभी स्तरों पर **शिक्षक पात्रता परीक्षा**(टीईटी) या एनटीए परीक्षा, साक्षात्कार, कक्षा में पढ़ाने का प्रदर्शन की अनुशंसा से उत्कृष्ट शिक्षकों की उपस्थिति को सुनिश्चित करने का प्रयास किया जा रहा है, अच्छा प्रयास है लेकिन इसकी वस्तुनिष्ठता को बनाए रखना एक जटिल चुनौती है! लेकिन इसमें एक सराहनीय प्रयास है- स्थानीय भाषा को महत्व देना। इससे बच्चों और शिक्षकों के बीच गुणवत्तापूर्ण और सार्थक संवाद को कायम किया जा सकेगा।

विषयों में शिक्षकों की पर्याप्त संख्या को सुनिश्चित करने के लिए एक स्कूल या स्कूल कॉम्प्लेक्स में उन्हें भर्ती करने की अनुशंसा की गई है। यह पढ़ने, सुनने में जितनी सरल लगती है, उतनी है नहीं, क्योंकि एक ही स्कूल में विषय के शिक्षकों का पदस्थापन करने से 'व्यवस्था' को बनाए रखने में संभवतः कठिनाई हो! नीति कि यह 'चिंता' वाजिब है कि शिक्षकों के रिक्त स्थानों को तुरंत भरा जाए। इससे शिक्षा की गुणवत्ता को बनाए रखा जा सकेगा।

सेवाकाल के दौरान कार्य-संस्कृति और वातावरण

समावेशी समुदाय की संकल्पना को मूर्त रूप देने का इस नीति का प्रयास शिक्षा को एक सही अर्थ दे सकेगा। यह नीति विद्यालय में कार्य के वातावरण और संस्कृति में आमूल-चूल परिवर्तन की बात करती है। विद्यालयों में पर्याप्त भौतिक संसाधनों की उपलब्धता, इंटरनेट, शौचालय, स्वच्छ और आकर्षक स्थान के रूप में विद्यालय की संकल्पना एक अनिवार्यता है, जिसे नई शिक्षा नीति भली प्रकार से संबोधित करती है। दिव्याङ्ग बच्चों सहित सभी बच्चों और शिक्षकों को एक सुरक्षित और प्रभावी शिक्षण का वातावरण पर बल देने वाली यह नीति सभी बच्चों के सीखने का सरोकार भी व्यक्त करती है। नीति में सेवाकालीन प्रशिक्षण स्कूलों में भी सुरक्षा, स्वास्थ्य का विशेष ध्यान रखने की चर्चा की गई है। विद्यालयों और प्रशिक्षण स्कूलों में 'सुरक्षा' पर इतना बल देना – समय की माँग और एक प्राथमिक चिंता है, अच्छा है कि राष्ट्रीय शिक्षा नीति 2020 शिक्षा को समाज से जोड़कर देखती है और समाज की प्रकृति के अनुरूप शिक्षा को परिवर्तित करने की पहल करती है!

प्राय: शिक्षकों की यह 'वाजिब' शिकायत रहती है कि वे अनेक प्रकार के ऐसे 'दायित्वों' से 'घिरे' रहते हैं जो गैर शैक्षणिक हैं और जिन्हें पूर्ण करने में शिक्षकों का बहुत समय 'व्यर्थ' होता है! नई शिक्षा नीति शिक्षकों को गैर शैक्षणिक कार्यों से 'मुक्त' करती है और कहती है कि "ऐसे कार्य जो शिक्षण से सीधे संबंधित नहीं हैं, उनको करने की अनुमति नहीं होगी।... जिससे वे पूरी तरह से शिक्षण अधिगम कार्य में ध्यान दे सकें।" एक लंबे समय से प्रतीक्षित यह अनुशंसा नि:संदेह रूप से शिक्षकों के लिए 'बहुत बड़ी राहत' तो है ही, साथ ही स्कूली शिक्षा को भी सकारात्मक रूप से प्रभावित करेगी।

शिक्षक अपने शिक्षण को प्रभावी बना सकें और उन्हें पाठ्यक्रम तथा शिक्षण-पद्धति को निर्धारित करने की स्वायत्तता मिले – इसकी अनुशंसा करने वाली यह नीति शिक्षण के बेहद संवेदनशील मुद्दे को संबोधित करती है। यह शिक्षक ही है जो अपनी कक्षा तथा विद्यालय के बच्चों को सबसे बेहतर जानते हैं और उनकी तमाम तरह की खूबियों और खामियों से परिचित होते हैं। बच्चों के साथ इस तरह का परिचयात्मक रिश्ता दोनों के बीच समरसता पैदा करता है। शिक्षक और शिक्षार्थी के बीच का यह सामंजस्यपूर्ण रिश्ता किसी भी शिक्षा-व्यवस्था का उद्देश्य भी है और ज़रूरत भी! शिक्षकों से यह अपेक्षा की गई है कि वे शिक्षण के साथ-साथ बच्चों के सामाजिक–भावनात्मक पक्षों पर ध्यान देते हुए सर्वांगीण विकास पर भी बल देंगे। शिक्षक ऐसा कर सकें – इसके लिए शिक्षक-शिक्षा का स्वरूप भी वैसा ही निर्धारित करना होगा।

सतत व्यावसायिक विकास (सीडीपी)

जैसा कि पूर्व में ही स्पष्ट किया गया था कि शिक्षक को स्वयं भी निरंतर सीखना होगा। जिससे वह स्वयं को अद्यतन रख सके और नवोन्मेष से परिचित हो सके। राष्ट्रीय शिक्षा नीति शिक्षकों के सतत व्यावसायिक विकास के लिए भी विविध प्रावधान करती है और स्थानीय स्तर से लेकर अंतर्राष्ट्रीय स्तर तक की कार्यशालाओं में शामिल होने की बात करती है। साथ ही ऑनलाइन शिक्षक विकास मॉड्यूल का भी प्रावधान करती है। नीति में यह स्पष्ट कहा गया है कि शिक्षक स्वयं के व्यावसायिक विकास के लिए प्रत्येक वर्ष लगभग 50 घंटों के सतत व्यावसायिक विकास कार्यक्रम में हिस्सा लें। इस कार्यक्रम में शिक्षकों के पेशेवर संवर्धन के लिए जो भी नवोन्मेष हैं, जो भी नई अवधारणाएँ हैं, उनकी समझ और अनुप्रयोग पर बल दिया जाएगा। शिक्षकों के इस विकास के लिए विषयों का चयन और माध्यम का विचारपूर्वक चयन

किया जाना चाहिए। किसी भी विद्यालय का प्रशासन और उस प्रशासनकर्ता या नेतृत्वकर्ता में नेतृत्व करने कि क्षमता होना अपेक्षित है, क्योंकि इससे पूरी शिक्षा-व्यवस्था प्रभावित होती है। यही कारण है कि राष्ट्रीय नीति 2020 प्राचार्यों और स्कूल कॉम्प्लेक्स के प्रमुखों के निरंतर सीखने पर बल देती है जिससे उनमें नेतृत्व करने की क्षमताओं का संवर्धन हो सके। वे भी प्रत्येक वर्ष लगभग 50 घंटों के सतत व्यावसायिक विकास कार्यक्रम में हिसा लेंगे। इससे समूची शिक्षा व्यवस्था को बल मिलेगा और शिक्षकों को भी कुशल नेतृत्व में कार्य करने और अपने समस्याओं को सुलझाने के लिए अपेक्षित सहयोग मिल सकेगा।

कैरियर मैनेजमेंट और प्रगति

उत्कृष्ट शिक्षकों की पहचान और प्रोत्साहन पर बल देने वाली यह नीति एक सशक्त मेरिट आधारित कार्यकाल, पदोन्नति और वेतन व्यवस्था का निर्माण करने कि अनुशंसा करती है। कैरियर की वृद्धि और योग्यता के आधार पर शिक्षकों की '*वर्टीकल मोबिलिटी*' पर बल दिया गया है। इससे वे आगे जाकर स्कूली प्रशासन व्यवस्था में भी सहयोग कर सकेंगे। नीति का यह एक सराहनीय कदम है जो शिक्षकों को बेहतर कार्य करने को प्रोत्साहित करेगा।

शिक्षकों के लिए व्यावसायिक मानक

एक शिक्षक में जिन गुणों की जिस स्तर की अपेक्षा की जाती है, वही उसके मानक स्तर बन जाते हैं। यह नीति राष्ट्रीय शिक्षक शिक्षा परिषद द्वारा एनसीईआरटी, एससीईआरटी, सभी स्तर के शिक्षकों और क्षेत्रों के शिक्षकों की तैयारी और विकास के लिए 2022 तक राष्ट्रीय व्यावसायिक मानकों (एनपीएसटी) का एक सामान्य मार्गदर्शक सेट तैयार किया जाएगा और 2030 में राष्ट्रीय स्तर पर व्यावसायिक मानकों के आधार पर पदोन्नति तथा वेतन में वृद्धि होगी। यह एनपीएसटी सेवा पूर्व तथा शिक्षक कार्यक्रमों के डिज़ाइन को भी सूचित करेगा। साथ ही इसी एनपीएसटी के आधार पर शिक्षकों की पदोन्नति और वेतन वृद्धि होगी। शिक्षकों के लिए मानक तय करने से शिक्षण में गुणवत्ता आ सकेगी। यह नीति का एक महत्वपूर्ण प्रयास है।

विशिष्ट शिक्षक

शिक्षा हर बच्चे का मौलिक अधिकार है। इस लिहाज से दिव्याङ्ग या ऐसे बच्चे जिन्हें सीखने में कठिनाई होती है – ऐसे बच्चों के सीखने में मदद के लिए प्रयास किए जाना अपेक्षित है। अत: स्कूल शिक्षा के कुछ क्षेत्रों में अतिरिक्त विशिष्ट शिक्षकों की ज़रूरत पर भी बल दिया गया है जिन्हें विद्यार्थी की विशेष आवश्यकताओं का पूर्ण ज्ञान व कौशल हों और वे बच्चों का विशेष ध्यान रख सकें। ऐसे शिक्षकों की माँग की पूर्ति की जा सके, इसके लिए नीति यह सुझाती है कि सामान्य सेवा पूर्व शिक्षक की तैयारी होने के बाद द्वितीयक विशेषज्ञता विकसित की जा सकती है। हालाँकि समवेशी कक्षा या शिक्षा व्यवस्था में प्रत्येक शिक्षक में इतनी योग्यता हो कि वह अपने विद्यार्थियों की ज़रूरतों को पूर्ण कर सकें।

शिक्षक शिक्षा का दृष्टिकोण

जैसा कि पूर्व में स्पष्ट किया गया था कि शिक्षक किसी भी शिक्षा-व्यवस्था की धुरी होते हैं। उनकी क्षमताएँ, उनकी संवेदनाएँ और कुशलताएँ शिक्षार्थी और शिक्षा व्यवस्था को 'गढ़ने' और उन्हें 'पूर्णता' प्रदान करने

में महत्वपूर्ण भूमिका निभाती हैं। यही कारण है कि शिक्षा-नीति में शिक्षक और शिक्षक-शिक्षा के संदर्भ में विशिष्ट अनुशंसाएँ की हैं। उत्कृष्ट कोटि के शिक्षकों की माँग केंद्र में रखते हुए राष्ट्रीय शिक्षा नीति 2020 विभिन्न प्रकार की अनुशंसाएँ करती है। जिनका विवरण इस प्रकार है –

- वर्ष 2030 तक बहु–विषयक कॉलेजों और विश्वविद्यालयों में शिक्षक-शिक्षा को शामिल किया जाएगा और उनमें शिक्षा-विभाग की स्थापना की जाएगी जो बी.एड., एम.एड और पीएच.डी की डिग्री प्रदान करेंगे। इस नीति की यह अनुशंसा भविष्य में शिक्षकों को गुणवत्तापूर्ण सामग्री और प्रशिक्षण को सुनिश्चित करती है। ऐसा करने से उत्कृष्ट कोटि के शिक्षकों की आपूर्ति को भी सुनिश्चित किया जा सकेगा।
- अलग-अलग चरणों में अलग-अलग तरह के शिक्षा-स्नातक पाठ्यक्रमों की अनुशंसा करने वाली यह नीति हर प्रकार से यह सुनिश्चित कर लेना चाहती है कि 2030 तक बहु-विषयक संस्थानों में बी.एड. पाठ्यक्रम सुचारू रूप से चल सकें। एक शिक्षा- स्नातक का एक पाठ्यक्रम 4 वर्षीय एकीकृत बी.एड. डिग्री पाठ्यक्रम होगा जिसमें छात्र-शिक्षण के रूप में व्यावहारिक अभ्यास प्रशिक्षण भी शामिल होगा। जो शिक्षार्थी किसी अन्य विषय में स्नातक की डिग्री प्राप्त कर चुके हैं उनके लिए 2 वर्षीय बी.एड. कार्यक्रम होगा। उन शिक्षार्थियों के लिए एक वर्षीय बी.एड. कार्यक्रम होगा जिन्होंने चार वर्षीय बहु-स्नातक डिग्री या किसी विशिष्ट विषय में परा-स्नातक डिग्री प्राप्त की है और वे उस विशिष्ट विषय का शिक्षक बनना चाहते हैं। मुक्त दूरस्थ शिक्षण (ओडीएल) की मान्यता प्राप्त बहु-विषयक संस्थान दूर- दुर्गम भौगोलिक स्थानों के विद्यार्थियों और अपनी अर्हता को बढ़ाने की इच्छा रखने वाले सेवारत शिक्षकों के लिए मिश्रित या मुक्त दूरस्थ अधिगम (ओडीएल मोड) के माध्यम से भी बेहतर गुणवत्तापूर्ण बी.एड. कार्यक्रम प्रदान किए जा सकते हैं। बी.एड. कार्यक्रम में 'दाखिल होने' और 'उत्कृष्ट शिक्षक' बनने के विभिन्न 'द्वारों से आमंत्रण' करने वाली यह अनुशंसा व्यावहारिक प्रशिक्षण और विद्यालय में किए जाने वाले शिक्षण अभ्यास पर बल देती है।
- बदलते समय और तकनीकी विकास के साथ स्वयं को समायोजित करने के लिए यह आवश्यक है कि शिक्षक प्रशिक्षण में इस तकनीक का प्रशिक्षण दिया जाए जिससे शिक्षा की बुनियादी ज़रूरतों और बुनियादी मुद्दों को संबोधित किया जा सके, जैसे - बुनियादी साक्षरता और संख्या ज्ञान के संबंध में शिक्षण-शास्त्र, बहु-स्तरीय शिक्षण और मूल्यांकन, दिव्यांग बच्चों को पढ़ाना, विशेष रुचि या प्रतिभा वाले बच्चों को पढ़ाना, शैक्षिक प्रौद्योगिक का प्रयोग और शिक्षार्थी केन्द्रित शिक्षण आदि। साथ ही यह नीति स्थानीय स्कूलों में कक्षा –शिक्षण में व्यावहारिक प्रशिक्षण पर बल देती है। उसमें भी विशेष रूप से यह दिशा–निर्देश देती है कि विषयों को पढ़ाते समय भारतीय संविधान के मौलिक कर्तव्यों (अनुच्छेद 51 A) और अन्य संवैधानिक प्रावधानों का पालन करने पर बल दिया जाए। इसके अतिरिक्त पर्यावरण शिक्षा स्कूल-पाठ्यचर्या का एक अभिन्न अंग बनाने की संस्तुति करती है। शिक्षक- प्रशिक्षण में यह विचार कि शिक्षार्थियों को मौलिक कर्तव्य पढ़ाए जाएँ- समाज और राष्ट्र के निर्माण की प्रक्रिया को मज़बूती प्रदान करता है। 'विषयों की पढ़ाई' को शिक्षार्थियों के नागरिक जीवन से जोड़ने वाली यह अनुशंसा अनुकरणीय है। यह वास्तव में शिक्षा को उसकी सार्थकता प्रदान करती है।

- अल्प-अवधि के स्थानीय शिक्षक-शिक्षा कार्यक्रमों के माध्यम से स्थानीय कला, कृषि, खेल, बढ़ईगीरी आदि को बढ़ावा देना और इनसे जुड़े हुए व्यक्तियों को स्कूल परिसर में 'मास्टर प्रशिक्षक' के रूप में पढ़ाने के लिए नियुक्त करने की अनुशंसा स्कूली शिक्षा और शिक्षक-शिक्षा के बीच सेतु का कार्य करेगी। साथ ही भारतीय ज्ञान, परंपरा और संस्कृति को बढ़ावा मिलेगा तथा भारतीय व्यवसायों को पुनर्जीवित होने का अवसर मिलेगा।
- शिक्षक होने के बुनियादी प्रशिक्षण के बाद यदि कोई इसी क्षेत्र में कोई विशिष्ट कार्य-क्षेत्र की पढ़ाई करना चाहता है तो अल्प-अवधि के सर्टिफिकेट कोर्स भी व्यापक रूप से उपलब्ध होंगे, जैसे विशेष ज़रूरत वाले विद्यार्थियों का शिक्षण, बुनियादी से माध्यमिक स्तर पर ले जाने वाले कोर्स आदि। शिक्षक शिक्षा में यह प्रावधान शिक्षकों को अपनी व्यावसायिक क्षमताओं के संवर्धन का अवसर तो देगा ही, साथ ही यह उस कुंठा, अवसाद से भी 'बचाव' करेगा जो एक ही तरह के या एक स्तर पर वर्षों शिक्षण का कार्य करने से पैदा हो सकती है। समाज भी जिस तरह से बदलेगा, जिस तरह से तकनीक लगातार विकसित होती जाएगी- यह अनुशंसा या प्रावधान शिक्षकों को अद्यतन रहने और समय की ज़रूरतों को पूर्ण करने में मदद करेगा।
- अंतर्राष्ट्रीय स्तर पर भी जो बेहतर है और 'भारतीय भूमि' पर उपयोगी हो सकता है, उस तरह की शिक्षण विधियों का अध्ययन, शोध, प्रलेखन और सुझाव देने आदि का कार्य एनसीईआरटी द्वारा किया जाएगा। नीति की यह कथन उल्लेखनीय है कि "…. सिफ़ारिश करेगा कि इनमें से क्या सीखकर भारत में व्यवहार में लाई जा रही विधियों में शामिल किया जा सकता है।" यह कथन इस ओर संकेत करता है कि शिक्षक-शिक्षा के भारतीयकरण की आवश्यकता सदा ही है!
- एनसीईआरटी द्वारा और उससे परामर्श करते हुए राष्ट्रीय शिक्षा नीति 2020 के सिद्धांतों के आधार पर 2021 तक अध्यापक–शिक्षा के लिए राष्ट्रीय पाठ्यचर्या की रूपरेखा तैयार की जाएगी। जिसे विभिन्न साझेदारों से साझा किया जाएगा और आपसी विमर्श से उसे अंतिम रूप प्रदान किया जाएगा। प्रत्येक 5-10 वर्षों में अध्यापक-शिक्षा की नई उभरती जटिलताओं को संबोधित करने के लिए उसमें अपेक्षित संशोधन किया जाएगा।
- 'अवमानक स्टैंड अलोन' वाले अध्यापक शिक्षा संस्थानों के विरुद्ध कठोर कार्यवाही की जाएगी और यही ज़रूरी हुआ तो उन्हें बंद कर दिया जाएगा। यह सबसे 'सुखद' कदम होगा जब धनार्जन की प्रवृत्ति वाले 'स्टैंड अलोन' अध्यापक शिक्षा संस्थानों पर नियंत्रण रखा जाएगा। इससे शिक्षक शिक्षा में अपेक्षित गुणवत्ता लाई जा सकेगी!

इस पूरी चर्चा से यह तो स्पष्ट होता है कि राष्ट्रीय शिक्षा नीति 2020 शिक्षक और शिक्षक शिक्षा के बारे में जितना गंभीर चिंतन रखती है, उतना ही गंभीर दृष्टिकोण सभी अनुशंसाओं के क्रियान्वयन के लिए भी है। शिक्षकों के सम्मान और पद, प्रतिष्ठा, का ध्यान रखते हुए उन्हें समस्त गैर शैक्षणिक कार्यों से मुक्त करती है। साथ ही यह सुनिश्चित करती है कि वही शिक्षक-शिक्षा के क्षेत्र में आएँ जो संवेदनशील हों, अच्छे और विद्वान हों और जो शिक्षार्थियों के भविष्य को आकार दे सकें। यह नीति इस बात से पूर्णतया सहमति प्रदर्शित करती है कि स्कूली शिक्षा की गुणवत्ता शिक्षकों की गुणवत्ता पर निर्भर करती है अत: शिक्षक-शिक्षा के साथ किसी भी प्रकार का समझौता नहीं किया जा सकता। शिक्षकों की शिक्षक बनने की तैयारी से लेकर उनके कक्षा-शिक्षण तक की यात्रा के प्रत्येक पड़ाव का जिस तरह से बारीकी से अवलोकन और

अनुशंसाएँ की गई हैं, वे यह समझने में मदद करती हैं कि शिक्षक और उनकी शिक्षा न केवल मानव गढ़ने की प्रक्रिया है बल्कि वह प्रत्यक्ष-अप्रत्यक्ष रूप से समाज और राष्ट्र के निर्माण की प्रक्रिया है। शिक्षक शिक्षा में स्थानीय शिक्षकों को जिस तरह से स्थान दिया गया है उससे भाषा से बनी 'दूरियाँ' तो कम होंगी ही साथ ही स्थानीय क्षेत्रों में रोज़गार में भी वृद्धि होगी। गैर शैक्षणिक गतिविधियों से शिक्षकों का मुक्ति का प्रशस्त करने वाली यह नीति शिक्षार्थी के साथ-साथ शिक्षक के सीखने पर भी बल देती है। विभिन्न नीतियों में शिक्षकों को मिलने वाला यह 'सम्मान' 'कागज़ पर' ही अच्छा-सा लग रहा है लेकिन हमने शिक्षकों में न तो वह साहस पैदा किया कि वे अपने बच्चों, बच्चों की ज़रूरतों को ध्यान में रखते हुए अपने तरीके से पढ़ा सकें, पाठ्य पुस्तक का हू-ब-हू अनुकरण न करते हुए अपना कार्य स्वयं तय कर सकें, अपने हिसाब से आकलन की तारीख तय कर सकें और न ही वह हुनर, कुशलता कि किसी भी आपातकालीन स्थिति को 'संभाल' सके। हालाँकि इस बात का सामान्यीकरण नहीं किया जा सकता लेकिन स्थिति लगभग वही है। राष्ट्रीय शिक्षा नीतित 2020 एक बार फिर से शिक्षकों के 'सम्मान को बनाए और बचाए' रखने के लिए कटिबद्ध है। लेकिन इस सम्मान की ज़िम्मेदारी स्वयं शिक्षक की भी है। जहां एक ओर बहु-विषयक कॉलेजों और विश्वविद्यालयों में शिक्षा विभागों की स्थापना का कार्य तीव्र गति से किए जाने की आवश्यकता है, वहीं शिक्षक-शिक्षा की नई रूपरेखा का निर्माण करते समय उसके समाज-सांस्कृतिक परिप्रेक्ष्य को केंद्र में रखने की ज़रूरत है।

नीति अच्छी है, अनुशंसाएँ भी बेहतर हैं ... बस, शिक्षा-नीति को इनके क्रियान्वयन के लिए ईमानदारी भरे प्रयास किए जाने की ज़रूरत है!

4

बच्चे, बचपन और शिक्षा

उषा शर्मा

'तुम किसी बालक को शिक्षा देने में उसी प्रकार असमर्थ हो, जैसे कि किसी पौधे को बढ़ाने में! पौधा अपनी प्रकृति का विकास आप ही कर लेता है। बालक भी अपने आपको शिक्षित करता है। पर हाँ, तुम उसे अपने ही ढंग से आगे बढ़ने में सहायता दे सकते हो। तुम जो कुछ भी कर सकते हो, वह निषेध-आत्मक ही होगा, विधि-आत्मक नहीं। तुम केवल बाधाओं को हटा दे सकते हो, और बस, ज्ञान अपने स्वाभाविक रूप से प्रकट हो जाएगा। ज़मीन को कुछ पोली बना दो, ताकि उसमें से उगना आसान हो जाए। उसके चारों ओर घेरा बना दो और देखते रहो कि कोई उसे नष्ट न कर दे। उस बीज से उगते हुए पौधे की शारीरिक बनावट के लिए तुम मिट्टी, पानी और समुचित वायु का प्रबंध कर सकते हो, और बस यहीं तुम्हारा कार्य समाप्त हो जाता है। वह अपनी प्रकृति के अनुसार जो भी आवश्यक हो, ले लेगा। वह अपनी प्रकृति से ही सबको पचाकर बढ़ेगा। बस ऐसा ही बालक की शिक्षा के बारे में है!'

(शिक्षा, स्वामी विवेकानंद)

बच्चों की शिक्षा के बारे में स्वामी विवेकानंद जी द्वारा कही गई यह पंक्ति '*तुम किसी बालक को शिक्षा देने में उसी प्रकार असमर्थ हो, जैसे कि किसी पौधे को बढ़ाने में!*' - बच्चों की शिक्षा और उसके शिक्षाशास्त्र का सार तत्व है। बच्चों की शिक्षा के संबंध में यह भी महत्वपूर्ण है कि यदि जीवन के शुरुआती वर्षों में बच्चों को बेहतर परवरिश मिले तो वे अपने जीवन में एक बेहतर इंसान और बेहतर नागरिक बनते हैं। यह तभी संभव हो सकता है जब बच्चों को बेहतर परिवेश भी मिले। इस रूप में बच्चों की शिक्षा 'परवरिश और परिवेश' से जुड़ी हुई है। 'परवरिश और परिवेश' उपलब्ध कराना या करना सभी का दायित्व है। जब हम यह कहते हैं –'*सभी*' तो इसमें बच्चे से जुड़े सभी व्यक्ति शामिल है- माता-पिता, परिवार, पड़ोस, दोस्त, विद्यालय, शिक्षक, शिक्षा-प्रशासन, शिक्षा-अधिकारी, नीति-निर्माता, समाज और देश! इसका कारण यह है कि *शिक्षा एक साझी ज़िम्मेदारी है* और इसे मिलजुलकर ही निभाया जा सकता है और निभाया जाना चाहिए। बच्चों की शिक्षा के संबंध में एक और महत्वपूर्ण बिंदु है- बच्चों की और उनके बचपन की अवधारणा! यदि हम बच्चों को 'एक वयस्क का छोटा प्रतिरूप' समझते हैं तो हमारी समस्त प्रकार की शैक्षिक क्रियाएँ उसी रूप में संपादित होंगी!

बच्चे और उनका बचपन : बच्चे आँकड़े नहीं हैं ... !

भारत के बच्चों की शिक्षा के लिए ज़रूरी है कि यह समझ लिया जाए कि भारतीय बच्चों का स्वभाव या मूल प्रकृति क्या है और वे किस तरह की स्थितियों में रहते हैं। भारतीय बच्चे जिन भौगोलिक, सामाजिक,

प्रोफ़ेसर (शिक्षा), प्रारंभिक शिक्षा विभाग एवं प्रभारी, राष्ट्रीय साक्षरता केंद्र प्रकोष्ठ, एनसीईआरटी, नई दिल्ली।

सांस्कृतिक विविधताओं वाले परिवेश में रहते हैं, उनसे ही उनकी मूल प्रकृति और प्रवृत्ति का निर्माण होता है। लेकिन हाँ, दुनिया के हर बच्चे की तरह भारतीय बच्चे भी स्नेह, सुरक्षा, शिक्षा, संरक्षण चाहते हैं और उनमें भी सीखने की अपार संभावनाएँ हैं। ज़रूरत उन संभावनाओं को समझने और उन्हें विकसित होने का परिवेश देने की है। '*बालक भी अपने आपको शिक्षित करता है। पर हाँ, तुम उसे अपने ही ढंग से आगे बढ़ने में सहायता दे सकते हैं।*' यह पंक्ति सार रूप में हम सभी 'बड़ों' के दायित्व की ओर संकेत करती है। देश के अनेक बच्चे ऐसे हैं जिन्हें जीवन की बुनियादी सुविधाएँ भी प्राप्त नहीं हैं और उन्हें अक्सर हम अपने आस-पास देख सकते हैं। कभी किसी दुकान पर काम करते हुए या फिर किसी चौराहे पर या फिर फुटपाथ पर! एक और बिंदु ... बच्चे आँकड़े नहीं हैं!

बच्चे आँकड़े नहीं हैं.....! फिर भी बच्चों से जुड़े आँकड़े बताते हैं कि '*आज भी लाखों बच्चों के हाथ में कलम नहीं, बल्कि जूठे बर्तन और कबाड़ की बोरियाँ हैं।*' विश्व बाल मज़दूरी निषेध दिवस (World Day Against Child Labour 2020) 12 जून 2020 को छपी एक ख़बर के अनुसार गरीबी के कारण बच्चों को दो वक्त का भोजन भी नहीं मिल पाता। बच्चों का भूख से संघर्ष करना प्रारंभ हो जाता है और उनके माता-पिता भी बच्चों को इस संघर्ष में 'झोंक' देते हैं और मज़दूरी या श्रम में लगा देते हैं। जिन जगहों पर ये बच्चे काम करते हैं, वहाँ भी यातना और पीड़ा झेलते हैं और अनेक बार शोषण, यौन शोषण का 'शिकार' भी बन जाते हैं। बच्चों का बचपन भूख से संघर्ष करते-करते 'जीवन के कठोर यथार्थ' के बोझ तले दब जाता है। आँकड़े यह भी बताते हैं कि '*5 से 17 आयु वर्ग के कई बच्चे ऐसे कामों में लगे हुए हैं जो उन्हें सामान्य, खुशहाल बचपन से वंचित करते हैं, जैसे – समुचित शिक्षा, स्वास्थ्य, देखभाल, अवकाश का समय या जीवन की बुनियादी स्वतंत्रता। संयुक्त राष्ट्र की रिपोर्ट के अनुसार पूरे विश्व में कुल 152 मिलियन बच्चे बाल मज़दूरी करते हैं। अंतर्राष्ट्रीय श्रम संगठन के अनुसार दुनिया भर में बाल श्रम में शामिल 152 मिलियन बच्चों में से 73 मिलियन बच्चे खतरनाक काम करते हैं। इन ख़तरनाक कामों में हाथ से साफ़-सफ़ाई का कार्य, निर्माण, कृषि, खदानों, कारखानों और फेरी वाला व घरेलू सहायक जैसे काम शामिल हैं। पिछले कई वर्षों में ख़तरनाक कामों में शामिल 5 से 11 वर्ष की उम्र के बच्चों की संख्या बढ़कर 19 मिलियन हो गई है। जनगणना 2011 के आँकड़े बताते हैं कि भारत में लगभग 43 लाख से अधिक बच्चे बाल मज़दूरी करते हैं। यूनिसेफ़ के अनुसार दुनिया भर के कुल बाल मज़दूरों में 12 प्रतिशत की हिस्सेदारी अकेले भारत की है। ग़ैरसरकारी आँकड़ों के अनुसार के मुताबिक़ भारत में लगभग 5 करोड़ बाल मज़दूर हैं।*'

बच्चे आँकड़े नहीं हैं ... फिर भी बच्चों से जुड़े आँकड़े यह बताते हैं कि भारत में काम करने वाले हर 10 में से 7 बच्चे खेतों में मज़दूरी करते हैं। बाल मज़दूरी निषेध दिवस (12 जून) पर 'क्राई-चाइल्ड राईट्स एंड यू' द्वारा जारी एक रिपोर्ट (डिजिटल ब्यूरो अमर उजाला, नई दिल्ली 12 जून, 2019) में 2011 की जनगणना का हवाला देते हुए बच्चों के जीवन, उनके बचपन और उनकी सुरक्षा के बारे में यह चिंता व्यक्त की गई कि 18 वर्ष से कम उम्र के 62.5 फीसदी बच्चे खेती या इससे जुड़े अन्य व्यवसायों में काम करते हैं। चार करोड़ तीन लाख चालीस हज़ार कामगार बच्चों और किशोरों में से 2 करोड़ 52 लाख 30 हजार बच्चे कृषि क्षेत्र में काम कर रहे हैं। हाल ही में अंतरराष्ट्रीय श्रम संगठन द्वारा जारी आँकड़ों के अनुसार, भारत में लगभग 15 करोड़ 20 लाख बच्चे बाल मज़दूरी करते हैं। मज़दूरी करने वाले इन 10 बच्चों में से 7 बच्चे खेती का काम करते हैं। भारत के मौजूदा रूझानों से भी कुछ ऐसी ही तस्वीर सामने आई है कि यहाँ 60 फीसदी से अधिक बच्चे खेती या इससे संबंधित अन्य गतिविधियों में काम कर रहे हैं। अंतरराष्ट्रीय श्रम

संगठन का कहना है कि खेती दुनिया भर में दूसरा सबसे खतरनाक व्यवसाय है। इसका मुख्य कारण यह है कि खेती के काम की अपनी कई चुनौतियां हैं, जैसे कीटनाशकों का स्प्रे और खेती कार्यों में उपकरणों का इस्तेमाल आदि से बच्चों के विकास में बाधा आ सकती है। उनके शरीर पर नकारात्मक प्रभाव पड़ सकता है। इतना ही नहीं, 2011 की जनगणना के आँकड़ों के विश्लेषण से पता चला कि खेतों में मज़दूरी करने वाले ज़्यादातर बच्चे पढ़ाई नहीं कर पाते। आयु वर्ग 5-19 वर्ष के चार करोड़ तीन लाख 40 हज़ार काम करने वाले बच्चों और किशोरों में से मात्र 99 लाख बच्चे ही स्कूल जा पाते हैं, यानी काम करने वाले 24.5 फीसदी बच्चे ही स्कूल जाते हैं। दूसरे शब्दों में कहें तो काम करने वाले हर चार में तीन बच्चों से उनकी शिक्षा का अधिकार छिन जाता है। शिक्षा के अधिकार के प्रावधान के बावजूद खेतों में मज़दूरी करने वाले बहुत कम बच्चे ही अपनी पढ़ाई जारी रख पाते

बच्चे आँकड़े नहीं हैं ... फिर भी बच्चों से जुड़े आँकड़े यह बताते हैं कि '2005 के बाद से कम से कम 95,000 बच्चों की मौत हुई है या फिर वे घायल हुए हैं। हज़ारों बच्चों का अपहरण हुआ है और अस्पतालों पर हमला कर लाखों बच्चों को स्वास्थ्य सेवाओं से वंचित किया गया है।' सेव द चिल्ड्रन की रिपोर्ट के अनुसार '2018 में दुनियाभर के छह में से एक बच्चा संघर्ष क्षेत्र में रह रहा है। कुल मिलाकर यह संख्या 41 करोड़ 50 लाख है। यह आँकड़ा 1995 के मुकाबले दोगुना है। अध्ययन के अनुसार 'लड़कियों के सामने यौन और लिंग आधारित हिंसा का जोखिम बहुत अधिक है, जिसमें जबरन विवाह भी शामिल है।' लड़के हत्या, अपंग करने, अपहरण और सशस्त्र संगठनों में भर्ती होने का जोखिम झेलते हैं।'

बच्चे आँकड़े नहीं हैं ... फिर भी बच्चों से जुड़े आँकड़े यह बताते हैं कि भारत में बाल-पोषण की कमी के मामले चिंताजनक रूप से बढ़े हैं जिससे बच्चों की वृद्धि पर प्रभाव पड़ा है। राष्ट्रीय परिवार स्वास्थ्य सर्वेक्षण (**NFHS**) के अनुसार (2019) अविकसित बच्चों की सबसे अधिक संख्या (उम्र के सापेक्ष कद में गिरावट वाले) सबसे अधिक बच्चे भारत में हैं। भारत में 22 में से 18 राज्यों में पाँच साल के कम उम्र के एक चौथाई से अधिक बच्चे अविकसित (उम्र के सापेक्ष कद में गिरावट वाले) हैं। कद के सापेक्ष कम वजन (वैस्टिंग) से जुड़े आँकड़े यह बताते हैं कि पाँच वर्ष तक के बच्चों में इसकी सबसे अधिक 25% की दर असम में पाई गई। उम्र के सापेक्ष कम वजन (अंडरवेट) वाले पाँच वर्ष से कम उम्र के बच्चों में बिहार की स्थिति सर्वाधिक दयनीय है। बिहार में 41% प्रतिशत बच्चे उम्र के सापेक्ष कम वज़न के हैं। बच्चों के जीवन में जितना महत्व शिक्षा का है, उतना ही महत्व उनके स्वास्थ्य का भी है! पोषण की कमी उनके स्वास्थ्य को प्रभावित करती है और स्वास्थ्य उनके संज्ञानात्मक विकास को! अत: बच्चों का पोषण उनके जीवन के 'पोषण' के लिए अत्यंत महत्वपूर्ण है।

बच्चे आँकड़े नहीं हैं ... फिर भी बच्चों से जुड़े आँकड़े यह बताते हैं कि कोविद -19 की महामारी में बच्चे भी बहुत प्रभावित हुए हैं। भले ही ऑनलाइन शिक्षा की व्यवस्था की पुरज़ोर कोशिश की गई हो लेकिन बच्चे जिस तरह के समाज-सांस्कृतिक परिवेश में रहते हैं- उसके कारण बच्चे अपनी-अपने कक्षाओं की पढ़ाई-लिखाई से वंचित रहे हैं। संयुक्त राष्ट्र की रिपोर्ट के अनुसार *दुनिया भर में स्कूल जाने वाले 3 से 17 वर्ष के बच्चों की लगभग दो तिहाई संख्या यानी लगभग 1 अरब 30 करोड़ बच्चों के पास इंटरनेट की सुविधा नहीं है।* जिसके कारण उनकी शिक्षा बाधित हुई है। ग्रामीण इलाकों में यह स्थिति और भी खराब हो जाती है। कोरोना वायरस महामारी ने बच्चों के पोषण, स्वास्थ्य और शिक्षा को बुरी तरह से प्रभावित किया है। इतना ही नहीं, यूनिसेफ़ का यह भी मानना है कि स्वास्थ्य सेवाओं के बाधित होने और

महामारी के कारण गरीबी बढ़ने के साथ *'एक पूरी पीढ़ी का भविष्य खतरे में है।'* प्रमुख सेवाओं में रुकावट और गरीबी दर का बढ़ जाना बच्चों के लिए सबसे बड़ा खतरा है। यह संकट जितना लंबा चलेगा, बच्चों की शिक्षा, स्वास्थ्य, पोषण और कल्याण पर उतना ही गहरा प्रभाव पड़ेगा। लगभग एक तिहाई देशों ने स्वास्थ्य सेवाओं की पहुँच में कम से कम 10% की गिरावट आई है। जिसमें टीकाकरण और मातृस्वास्थ्य सेवाएँ शामिल हैं। अक्तूबर तक 26.5 करोड़ बच्चे स्कूल में मिलने वाले भोजन से वंचित रहे। स्कूल बंद होने के करण स्कूल जाने वाले 33% बच्चे प्रभावित हुए हैं। यूनिसेफ़ के अनुसार वैश्विक स्तर पर शिक्षा, स्वास्थ्य, आवास, पोषण, स्वच्छता या पानी की पहुँच के बिना गरीबी में रहने वाले बच्चों की संख्या में 15% वृद्धि होने की आशंका है।

बच्चे आँकड़े नहीं हैं ... फिर भी बच्चों से जुड़े आँकड़े यह बताते हैं कि बाल यौन अपराधों की संख्या बढ़ी है। *नवभारत टाइम्स* 18 मार्च 2018 के अनुसार राष्ट्रीय अपराध रिकॉर्ड ब्यूरो (एनसीआरबी) द्वारा जो आँकड़े साझा किए गए हैं, उनके अनुसार 2015 और 2016 के बीच भारत में बच्चों के खिलाफ़ होने वाले अपराधों में 11% बढ़ोतरी हुए है। देशभर में बच्चों के खिलाफ़ अपराध में 12,786 मामलों की बढ़ोतरी दर्ज की गई है। बच्चों के खिलाफ़ अपराध का आँकड़ा 2015 में जहाँ 94,172 था, वहीं 2016 में यह आँकड़ा 1,06,958 तक पहुँच गया है। बच्चों के साथ होने वाले दुर्व्यवहार और शोषण उनके बचपन को तो नकारात्मक रूप से प्रभावित करते ही हैं, साथ ही उनके मन-मस्तिष्क पर भी बुरा प्रबाव डालते हैं। जिस उम्र में जिन हाथों में कागज़-कलम होनी चाहिए, जिस उम्र में उन्हें सबसे अधिक स्नेह, प्यार, सुरक्षा, संरक्षण और समृद्ध परिवेश की अवश्यकता होती है- वे उसी उम्र में जीवन की कठोरताओं को झेलते हैं और अनेक बार तो वे इस पीड़ा के बारे में कुछ कहते भी नहीं हैं। यह सच में बहुत भयावह स्थिति है!

बच्चों से जुड़े इन सब आँकड़ों के मध्य एक और आँकड़ा है जो हृदय को थोड़ी प्रसन्नता देता है और वह यह कि भारत में बाल मृत्यु दर और शिशु मृत्यु दर में गिरावट आई है। यूनिसेफ, विश्व स्वास्थ्य संगठन (डब्ल्यूएचओ), संयुक्त राष्ट्र के आर्थिक और सामाजिक मामलों के विभाग के जनसंख्या प्रभाग और विश्व बैंक समूह द्वारा जारी नए अनुमान के अनुसार भारत में पाँच साल से कम आयु के बच्चों की (शिशु मृत्यु दर) मृत्युदर (प्रति 1,000 जीवित बच्चों की मौत) 1990 में 126 थी जो 2019 में कम होकर 34 रह गई है। 2019 में भारत में पाँच वर्ष से कम आयु के बच्चों की मौत की संख्या 2019 में 8,24,000 रही, जबकि 1990 में यह 34 लाख थी। इस तरह, 1990 से 2019 के दौरान मृत्यु में 4.5 प्रतिशत की वार्षिक कमी दर्ज की गई है। रिपोर्ट के अनुसार भारत में बाल मृत्युदर (प्रति 1,000 जीवित शिशुओं की मौत) 1990 में 89 थी जो 2019 में घटकर 28 रह गई है। पिछले वर्ष, 2019 में 6,79,000 शिशुओं की मृत्यु हुई थी जबकि 1990 में यह संख्या 24 लाख थी।

बच्चों से जुड़ी यह पूरी चर्चा इस ओर संकेत करती है कि बच्चे, जिन्हें हम किसी भी देश का भविष्य, धरोहर मानते हैं, उनका जीवन और बचपन दोनों ही सुरक्षा चाहते हैं। जीवन की सुरक्षा होगी तो ही उनकी शिक्षा के लिए किए गए प्रयास सार्थक होंगे।

बच्चे, देखभाल और शिक्षा : संवैधानिक प्रावधान एवं अन्य

शिक्षा स्वयं में एक बृहद संकल्पना है और उसमें जीवन का हर आयाम शामिल है! इस रूप में जीवन भी एक बृहद संकल्पना है जिसमें शिक्षा का हर आयाम शामिल है। शिक्षा की प्रकृति और स्वभाव इस प्रकार का है कि वह निरंतरता के साथ गुणवत्ता की भी अपेक्षा करता है! जीवन के शुरुआती वर्षों कि

शिक्षा भी अनेक तरह की अपक्षाओं और प्रावधानों की माँग करती है। पूर्व बाल्यावस्था देखभाल और शिक्षा (ईसीसीई) जीवन और शैक्षिक जीवन में एक महत्वपूर्ण पड़ाव है, चरण है। वस्तुत: पूर्व बाल्यावस्था देखभाल और शिक्षा के अंतर्गत जन्म के बाद से 8 वर्ष तक की अवधि शामिल है। यह वह अवधि है जिसमें मस्तिष्क के तेज़ी से विकास की अवधि और उन वर्षों में जिसमें बच्चे का आजीवन विकास निहित है। ईसीसीई की अवधारणा उन निवेशों और प्रक्रियाओं के समुच्चय को शामिल करती है जो छोटे बच्चों के बाद के सामाजिक, संवेगात्मक और संज्ञानात्मक विकास को सुनिश्चित करने की आवश्यकता को पुष्ट करते हैं। इसमें स्वास्थ्य, पोषण, देखभाल और शुरुआती वर्षों में सीखने के अवसर शामिल हैं। पूर्व बाल्यावस्था देखभाल और शिक्षा के महत्व को स्वीकार करते हुए भारतीय संविधान ने भी बच्चों के जीवन से जुड़े हर आयाम को समेटने का प्रावधान किया है, जिन्हें निम्न प्रकार से देखा जा सकता है -

- **अनुच्छेद 21 (क)** - 6 से 14 साल की आयु वाले सभी बच्चों की अनिवार्य और नि:शुल्क प्रारंभिक शिक्षा।
- **अनुच्छेद 23** - मानव का दुर्व्यापार और बेगार तथा इसी प्रकार का अन्य बलात् श्रम प्रतिषिद्ध किया जाता है और इस उपबंध का कोई भी उल्लंघन अपराध होगा जो विधि के अनुसार दंडनीय होगा।
- **अनुच्छेद 24** - 14 वर्ष से कम उम्र के बच्चों को जोखिम वाले कार्य करने से सुरक्षा।
- **अनुच्छेद 39 (घ)** - आर्थिक ज़रूरतों की वजह से जबरन ऐसे कामों में भेजना जो बच्चों की आयु या क्षमता के उपयुक्त नहीं है, से सुरक्षा।
- **अनुच्छेद 39 (च)** - बालकों को स्वतंत्र और गरिमामय माहौल में स्वस्थ विकास के अवसर और सुविधाएँ मुहैया कराना और शोषण से बचाना।
- **अनुच्छेद 47**- राज्य, अपने लोगों के पोषाहार स्तर और जीवन स्तर को ऊँचा करने और लोक स्वास्थ्य के सुधार को अपने प्राथमिक कर्तव्यों में मानेगा और राज्य, विशिष्टतया, मादक पेयों और स्वास्थ्य के लिए हानिकर औषधियों के, औषधीय प्रयोजनों से भिन्न, उपभोग का प्रतिषेध करने का प्रयास करेगा।

भारतीय संविधान के अनुसार **अनुच्छेद 21** जीने का, जीवन का मौलिक अधिकार देता है और जीवन भी कैसा, जो गरिमामय हो यानी जीवन जीने में गुणवत्ता का होना ज़रूरी है, वरना 'बहुतों का जीवन तो फुटपाथ पर ही बीत रहा है!' जीवन के इस अधिकार के साथ ही अनुच्छेद 21A शिक्षा का मौलिक अधिकार देता है – 'राज्य, *छह वर्ष से चौदह वर्ष तक की आयु वाले सभी बालकों के लिए नि:शुल्क और अनिवार्य शिक्षा देने का ऐसी रीति में, जो राज्य विधि द्वारा, अवधारित करे, उपबंध करेगा।*' भारतीय संविधान के अनुच्छेद 45 में (86 वाँ) संशोधन हुआ और प्रारंभिक बाल्यावस्था देख-रेख और शिक्षा के लिए कहा गया कि '*राज्य सभी बालकों के लिए छह वर्ष की आयु पूरी करने तक, प्रारंभिक बाल्यावस्था देख-रेख और शिक्षा देने के लिए उपबंध करने का प्रयास करेगा।*' इस अनुच्छेद में 'प्रयास' शब्द ने उन सभी मन में चिंता उत्पन्न कर दी जो बच्चों की देखभाल और शिक्षा को लेकर अत्यंत चिंतित और चिंतनशील रहते हैं। फिर भी भारतीय संविधान में प्रारंभिक / पूर्व बाल्यावस्था देखभाल और शिक्षा के लिए 'स्पेस' है! इस लिहाज़ से यह ज़िम्मेदारी शिक्षक और स्कूल से हटकर परिवार और परिवार के सदस्यों पर आ गई। वस्तुत: बच्चों की देखभाल और शिक्षा की ज़िम्मेदारी हम सभी की है – परिवार, अभिभावक, शिक्षक, स्कूल और समुदाय! इस ज़िम्मेदारी में नीति-निर्माता और अनेक साझेदार भी शामिल हैं।

प्रारंभिक बाल्यावस्था देखभाल और शिक्षा: नीतिगत प्रयास

जैसा कि पूर्व में स्पष्ट किया गया है कि प्रारंभिक बचपन, जिसे जन्म से आठ साल की अवधि के रूप में परिभाषित किया गया है, मस्तिष्क के विकास के साथ उल्लेखनीय वृद्धि का चरम समय है। इस चरण के दौरान, बच्चे परिवेश और उनसे जुड़े लोगों से अत्यधिक प्रभावित होते हैं। यूनेस्को के अनुसार, "प्रारंभिक बाल्यावस्था देखभाल और शिक्षा औपचारिक स्कूली शिक्षा के लिए बच्चे को तैयार करने वाले प्रारंभिक चरण से अधिक है। यह बच्चे समग्र या सर्वांगीण विकास पर बल देती है। जिसमें बच्चों की अपनी सामाजिक, संवेगात्मक, संज्ञानात्मक और शारीरिक आवश्यकताओं को पूरा करने के लिए सम्यक प्रयास किए जाते हैं। ईसीसीई आजीवन सीखने और कल्याण के लिए एक ठोस और व्यापक आधार स्थापित करती है। यह एक एकीकृत और समग्र प्रतिमान में विश्वास करती है और जीवन-चक्र दृष्टिकोण का अनुसरण करती है।" इस प्रकार ईसीसीई जन्मपूर्व (pre-natal) के चरण से लेकर आठ वर्ष की आयु तक पूरे बचपन की निरंतरता को दर्शाती है। वह प्राथमिक विद्यालय की तैयारी से अधिक है! वह आजीवन सीखने और कल्याण के लिए एक ठोस और व्यापक आधार बनाने के लिए बच्चे की सामाजिक, संवेगात्मक, संज्ञानात्मक और शारीरिक आवश्यकताओं के समग्र विकास का लक्ष्य रखती है। साथ ही ईसीसीई भविष्य के नागरिकों की देखभाल, और समुचित परवरिश करने में सक्षम है, उसमें इस दृष्टि से अनंत संभावनाएँ हैं।

यदि गहराई से देखें तो बच्चों की शिक्षा के प्रयासों में मानव अधिकार और बाल अधिकार को अनदेखा नहीं किया जा सकता। **मानव अधिकारों की सार्वभौमिक घोषणा (1948) के अनुच्छेद 26** में यह स्पष्टत: कहा गया है –'सभी को शिक्षा का अधिकार है।' **बाल अधिकार (1989)** में भी स्वास्थ्य, पोषण के अतिरिक्त शिक्षा के बाल अधिकार को भी स्थान दिया गया है। बाल अधिकार में बच्चों के जीवन से जुड़े अनेक अधिकारों की चर्चा की गई है जो बच्चों की उपस्थिति, उनके विकास और उनके प्रति बड़ों के दायित्व का बोध कराती है। उदाहरण के लिए निम्नलिखित बाल अधिकारों को देखा जा सकता है –

अनुच्छेद 24	स्वस्थ रहने के लिए अच्छी गुणवत्ता की स्वास्थ्य सुविधा, प्राथमिक स्वास्थ्य देखभाल, शुद्धजल, पोषक भोजन तथा शुद्ध पर्यावरण, माँ की प्री-नेटल और पोस्ट नेटल स्वास्थ्य देखभाल, शिशु मृत्यु दर और बाल मृत्यु दर को रोकना
अनुच्छेद 27	उचित जीवनस्तर प्राप्त करने के लिए बच्चे का शारीरिक, मानसिक, आध्यात्मिक, नैतिक और सामाजिक विकास, पोषण, कपड़े और आवास आदि की भौतिक सुविधाएँ
अनुच्छेद 28	शिक्षा पाने का समान अधिकार, नि:शुल्क प्राथमिक शिक्षा, उच्च शिक्षा, व्यावसायिक शिक्षा
अनुच्छेद 29	शिक्षा ऐसी हो जो बच्चे के व्यक्तित्व व प्रतिभा को उतना विकसित करे जितना संभव है।
अनुच्छेद 30	बच्चे को अपने परिवर की भाषा व रीति-रिवाज़ सीखने तथा प्रयुक्त करने का अधिकार है, चाहे यह देश के अधिसंख्य लोगों की भाषा व रीति हो या न हो।
अनुच्छेद 31	बच्चे को आराम करने, खेलने तथा व्यापक स्तर पर गतिविधियों में शामिल होने का अधिकार है।

राष्ट्रीय शिक्षा आयोग (1964-66) ने इस बात पर बल दिया कि बच्चों को 1 से 3 वर्ष की पूर्व प्राथमिक शिक्षा प्रादन की जाए और 6 वर्ष पूरे होने पर ही पहली कक्षा में नामांकन किया जाए। सभी बच्चों

को प्राथमिक कक्षाओं में मातृभाषा में ही शिक्षा दी जाए। इस आयोग की यह महत्वपूर्ण सिफ़ारिश है कि बच्चे बहुत छोटी उम्र में ही औपचारिक कक्षा का हिस्सा न बनें।

बच्चों के जीवन से जुड़ी चुनौतियों से निबटने के लिए **राष्ट्रीय बाल नीति (1974)** को 22 अगस्त 1974 को अपनाया गया। इस नीति के मुख्य लक्ष्य थे-

- मृत्यु दर को कम करना
- माताओं की मृत्यु दर को कम करना
- बच्चों में कुपोषण को समाप्त करना
- सभी बच्चों के लिए प्रारंभिक बाल्यावस्था देखभाल एवं शिक्षा के सार्वभौमीकरण के लिए प्रयास करना।
- प्री-स्कूल सहित सभी बच्चों के स्कूल में नामांकन और संधारण को 100% प्राप्त करना
- कन्या भ्रूण हत्या, बाल विवाह, बाल श्रम को पूरी तरह से समाप्त करना और बालिकाओं का संरक्षण करना

इस राष्ट्रीय नीति में बच्चों की सुरक्षा, देखभाल और शिक्षा के विशेष प्रावधान किए गए।

एकीकृत बाल विकास सेवाएं (आईसीडीएस) (1975) – भारत सरकार ने 1975-76 में बच्चों के समग्र विकास और मां के सशक्तिकरण के उद्देश्य से एकीकृत बाल विकास सेवा (आईसीडीएस), जो कि एक केंद्रीय प्रायोजित योजना है, को शुरू किया। इस योजना का मुख्य उद्देश्य बच्चों के समग्र विकास और मां के सशक्तिकरण के उद्देश्य से बच्चों के समग्र विकास और मां के सशक्तिकरण के उद्देश्य से बच्चों के समग्र विकास और मां के सशक्तिकरण के उद्देश्य से 0-6 साल के आयु वर्ग के बच्चों की पोषण और स्वास्थ्य स्थिति में सुधार करना है और बच्चों के उचित मनोवैज्ञानिक, शारीरिक और सामाजिक विकास के लिए नींव रखना है। साथ ही मृत्यु दर, रोग, कुपोषण और स्कूल छोड़ने वालों की दर को कम करने के लिए भी समुचित प्रयास किए जाते हैं। माताओं के उचित स्वास्थ्य और पोषण के लिए भी कार्य किया जाता है। एकीकृत बाल विकास सेवा में चार अलग-अलग घटक हैं – 1) प्रारंभिक बचपन देखभाल शिक्षा और विकास (ईसीसीईडी) 2) देखभाल और पोषण परामर्श 3) स्वास्थ्य सेवाएं और 4) सामुदायिक मोबलाइजेशन जागरूकता, वकालत और सूचना, शिक्षा और संचार। एकीकृत बाल विकास सेवा मुख्यत: आँगनवाड़ी कार्यकर्ताओं के माध्यम से अपने उद्देश्य को प्राप्त करती है।

राष्ट्रीय शिक्षा नीति 1986 ने बच्चों की देखभाल और शिक्षा के संदर्भ में अनेक महत्वपूर्ण अनुशंसाएँ की हैं। ये अनुशंसाएँ इस प्रकार हैं –

- "*... बच्चों के विकास पर पर्याप्त विनियोग किया जाये, विशेषकर ऐसे तबकों पर जिन के बच्चों की पहली पीढ़ी बड़ी संख्या में शिक्षा प्राप्त कर रही है।*" (5.1)
- "*... पौष्टिक भोजन व स्वास्थ्य को और बच्चों के सामाजिक, मानसिक, शरीरिक, नैतिक और भावनात्मक विकास को समेकित रूप में ही देखना होगा। इस दृष्टि से शिशुओं की देखभाल और शिक्षा पर विशेष ध्यान दिया जाएगा। प्राथमिक शिक्षा के सर्वसुलभीकरण के संदर्भ में शिशुओं की देखभाल के केन्द्र खोले जाएंगे, जिससे अपने छोटे भाई-बहनों की देखभाल करने वाले लड़कियों*

को स्कूल जाने की सुविधा मिल सके। साथ ही निर्धन वर्ग की कार्यरत स्त्रियों को भी इन केन्द्रों से मदद मिल सकेगी।" (5.2)

- *"शिशुओं की देखभाल और शिक्षा पूरी तरह बाल-केंद्रित होंगे। उनकी गतिविधियां खेल-कूद पर और बच्चों के व्यक्तित्व पर आधारित होंगी। इस अवस्था में औपचारिक रूप से पढ़ना-लिखना नहीं सिखाया जाएगा। इस कार्यक्रम में स्थानीय समुदाय का पूरा सहयोग लिया जाएगा।" (5.3)*
- "शिशुओं की देखभाल और पूर्व प्राथमिक शिक्षा के कार्यक्रमों को पूरी तरह समेकित किया जाएगा। ... इसके साथ ही स्कूल स्वास्थ्य कार्यक्रम को और सुदृढ़ किया जायेगा।" (5.4)

राष्ट्रीय शिक्षा नीति (1986) भारत की समाज-सांस्कृतिक परिस्थितियों से परिचित होकर व्यावहारिक अनुशंसाएँ करती है और बच्चों के संपूर्ण व्यक्तित्व के विकास के लिए कहती है, फिर चाहे वे शिशु देखभाल केंद्र हों या पोषण, स्वास्थ्य! यदि गौर किया जाए तो 1986 कि नीति में जो भी कहा गया उसमें से अनेक बातें वही हैं जो 2020 की नीति कहती है। इसका अर्थ है कि शिक्षा के मामले में अभी बहुत कुछ नहीं बदला है!

शिक्षा बिना बोझ के (1992) कम उम्र से शिक्षा का आरंभ करने से जुड़ी चिंताओं को व्यक्त करती है और कहती है कि "*सरकारी संस्तुति के बावजूद कि इस स्तर पर पाठ्यपुस्तक नहीं होनी चाहिए, शहरी क्षेत्रों के नर्सरी शिक्षक और अभिभावक पर औपचारिक अध्ययन और पाठ्यपुस्तकों का बोझ छोटे बच्चों पर डालने के लिए अपने बाध्य महसूस करते हैं। .... नर्सरी तथा प्राथमिक स्कूलों में बेहूदा और हानिकारक क्रियाकलापों का आयोजन होता है। कम आयु में ही सुंदर ड्राइंग, लेखन तथा सूचनाओं को कण्ठस्थ करने पर बल देना। अंतर्निहित प्रेरणा तथा बच्चे की स्वाभाविक क्षमताओं का जितने बड़े स्तर पर संसाधन विकास की हमारी राष्ट्रीय प्रतिबद्धता को प्रतिदिन हमारे नर्सरी तथा प्राथमिक स्कूलों में चुनौती दी जाती है।*" (**शिक्षा बिना बोझ के (1992, पृष्ठ** 25)

यह नीति यह सुझाती है कि नर्सरी स्कूलों के लिए नियामक तंत्र बनाने और उसका कठोरता के साथ पालन करने की ज़रूरत है। वह कहती है कि "5. (क) *नर्सरी स्कूल खोलने तथा उनके संचालन को विनियमित करने के लिए उचित कानूनी तथा प्रशासनिक उपाय अपनाएं जाएँ। .... यह सुनिश्चित किया जाए कि ये संस्थाएँ पढ़ाई, लिखाई तथा गणित की औपचारिक शिक्षा के रूप में छात्रों पर शिक्षा का अधिक बोझ लाद कर उन पर अत्याचार न करें। नर्सरी कक्षा में दाखिले के लिए तथा साक्षात्कार का प्रचलन बंद किया जाए। (ख) प्राइवेट स्कूलों को मान्यता देने हेतु निर्धारित मानदंडो को अधिक कड़ा बनाया जाए।*" (**शिक्षा बिना बोझ के (1992, पृष्ठ** 30)

राष्ट्रीय प्रारंभिक बाल्यावस्था देखभाल और शिक्षा नीति (2013) बच्चों की देखभाल और शिक्षा के प्रति सरोकार व्यक्त करती है। प्रारंभिक वर्षों में बच्चों की उत्तम देखरख और शिक्षा को सुनिश्चित करने को भारत की प्राथमिकता कहना, अनेक संभावनाओं को जन्म देता है। नि:शुल्क सार्वभौमिक शाला-पूर्व शिक्षा के अधिकार की प्राप्ति के लिए समेकित सेवाओं को व्यापक पहुंच को सुनिश्चित करना भी ज़रूरी है। माता-पिताओं और देखभालकर्ताओं के द्वारा संतुलित पेरेंटिंग करने को भी ज़रूरी बताया है। इसके अतिरिक्त -

- "नीति की अवधारणा छह: वर्ष से कम उम्र के सभी बच्चों की क्षमता के पूर्ण विकास की नींव डालने हेतु नि:शुल्क, व्यापक, समावेशी, समत्तापूर्ण आन्नदपूर्ण और प्रासंगिक अवसरों द्वारा उनका सर्वांगीण विकास करा और उनमें सक्रिय अधिगम क्षमता का विकास करना है।" (4.1)

- ईसीसीई गुणवत्ता को बढ़ावा देने के लिए निम्नलिखित आधारभूत मानकों में समझौता नहीं किया जाएगा और ये किसी भी प्रकार की ईसीसीई सेवा को प्रदान करने वाले प्रदाताओं के लिए अनिवार्य होंगे (5.2.1) -
  - ✓ पर्याप्त रूप से प्रशिक्षित स्टाफ।
  - ✓ मातृभाषा/स्थानीय देशी भाषा में संपादित विकासानुकूल, बाल केन्द्रित पाठ्यक्रम।
  - ✓ पर्याप्त एवं स्वच्छ पेय जल की सुविधा। पर्याप्त विकासानुकूल खिलौने और शिक्षण सामग्री।
  - ✓ एक सुरक्षित भवन जिस तक पंहुच सरल हो। भवन साफ होना चाहिए। बालानुकूल शौचालय तथा हाथ धोने की सुविधाएं।
  - ✓ संतुलित पोषक आहार बनाने के लिए और बच्चों के लिए सोने/आराम के लिए अलग स्थान आबंटन।
  - ✓ केन्द्र में तत्काल स्वास्थ्य सेवाओं के लिए प्राथमिक उपचार/(मेडिकल) चिकित्सा किट की उपलब्धता।
  - ✓ व्यस्क/देखभालकर्ता: 3 से 6 वर्ष की आयु के बच्चों का अनुपत 1:20 और 3 वर्ष से कम उम्र के बच्चों के लिए 1:10 का अनुपात होना चाहिए। किसी भी समय पर बच्चे बिना व्यस्क/ देखरेख के नहीं रहने चाहिए।

ये सभी बिंदु इस ओर संकेत करते हैं कि ईसीसीई एक महत्वपूर्ण अवधारणा है, निवेश है जिस पर ध्यान दिया जाना चाहिए।

राष्ट्रीय बाल नीति (2013) भी बच्चों के जीवन, सुरक्षा, पोषण, स्वास्थ्य, शिक्षा, विकास तथा भागीदारी की अनुशंसा करती है। (4) और साथ ही राज्यों के लिए दिशा-निर्देश देती है कि वे बच्चों के मानसिक स्वास्थ्य देखभाल, जन्म के बाद की देखभाल और पोषण को सुनिश्चित करें। बालिकाओं के जीवन और सुरक्षा के भी प्रावधान की चर्चा करती है। (4.4) राष्ट्रीय बाल नीति (2013) कहती है कि राज्य छह वर्ष से कम उम्र के बच्चों को सार्वभौमिक और समान ईसीसीई उपलब्ध कराये जिससे वे अधिकतम विकास कर सकें और सक्रिय रूप से सीखने की क्षमताओं का विकास कर सकें। (4.6 (i))

सभी के लिए शिक्षा : ग्लोबल मॉनिटरिंग रिपोर्ट (2008) ने भी इस बात पर बल दिया कि पोषण, स्वास्थ्य और संज्ञानात्मक घटकों को शामिल करने वाले कार्यक्रमों का बच्चे के कल्याण पर सकारात्मक प्रभाव पड़ता है। हालांकि, 2015 में नवीनतम रिपोर्ट से यह ज्ञात होता है कि प्रारंभिक बाल्यावस्था शिक्षा (ईसीई) सेवाओं में भी काफ़ी विस्तार हुआ है (यूनेस्को, 2015). इस विस्तार के साथ, धीरे-धीरे ईसीसीई की गुणवत्ता में सुधार करने और इसे निःशुल्क और अनिवार्य बनाने की ओर बढ़ गया, खासकर वंचित बच्चों के लिए। इसलिए, ईसीसीई सेवाओं और कार्यक्रमों की गुणवत्ता में न्यायसंगत और प्रारंभिक निवेश महत्वपूर्ण चिंता का विषय बन गया। इसे स्वीकार करते हुए, विश्व शिक्षा मंच 2015 ने 'शिक्षा 2030 के लिए इंचियोन घोषणा' को अपनाया, जिसने कम से कम एक वर्ष की नि: शुल्क और अनिवार्य गुणवत्ता पूर्व प्राथमिक शिक्षा के प्रावधान और सभी के लिए गुणवत्तापूर्ण बचपन विकास, देखभाल और शिक्षा तक पहुंच को प्रोत्साहित किया।

राष्ट्रीय शिक्षा नीति 2020 अपने शैक्षिक उद्देश्यों के संदर्भ में यह कहती है कि "*शैक्षिक प्रणाली का उद्देश्य अच्छे इंसानों का विकास करना है –जो तर्कसंगत विचार और कार्य करने से सक्षम हो, जिसमें करुणा और सहानुभूति, साहस और लचीलापन, वैज्ञानिक चिंतन और रचनात्मक कल्पनाशक्ति, नैतिक मूल्य और*

आधार हों। इसका उद्देश्य ऐसे उत्पादक लोगों को तैयार करना है जो कि अपने संविधान द्वारा परिकल्पित – समावेशी और बहुलतावादी समाज के निर्माण में बेहतर तरीके से योगदान करे।" इस बृहत्तर उद्देश्य को प्राप्त करने के लिए यह ज़रूरी है कि शैक्षिक जीवन से भी पहले से भी बच्चों की परवरिश और परिवेश पर ध्यान दिया जाए और उन्हें एक बेहतर वातावरण दिया जाए जिसमें वे अपनी क्षमताओं का अधिकतम विकास कर सकें। यही कारण है कि **राष्ट्रीय शिक्षा नीति 2020** के मूलभूत सिद्धांतों में सबसे पहला सिद्धांत हर बच्चे की विशिष्ट क्षमताओं की स्वीकृति, पहचान और उनके विकास के प्रयास पर आधारित है। इसमें शिक्षकों और अभिभावकों को बच्चे की क्षमताओं के प्रति संवेदनशील बनाने की आवश्यकता का पुरज़ोर समर्थन किया गया है! बच्चे के सर्वांगीण विकास पर पूरा ध्यान देने का अर्थ है – उसके व्यक्तित्व के हर पक्ष की देखभाल करना। यह ज़रूरत राष्ट्रीय शिक्षा नीति 2020 के प्रथम अध्याय में मुखरित हुई है यह भी विदित है कि इस नीति में स्कूली व्यवस्था का नया ढाँचा प्रस्तुत किया है – 5+3+3+4 यानी पहले 5 वर्ष में तीन वर्ष की विद्यालय-पूर्व शिक्षा और दो वर्ष में कक्षा एक और दो! अगले 3 वर्ष में कक्षा 3 से कक्षा 5 तक की शिक्षा। इसके उपरांत अगले 3 वर्ष में कक्षा छह से कक्षा आठ तक की और अगले 4 वर्ष में कक्षा नौ से कक्षा बारह तक की शिक्षा शामिल है। प्रारंभिक बाल्यावस्था देखभाल और शिक्षा वस्तुत: सीखने की नींव है जहाँ बच्चे को सर्वाधिक देखभाल की ज़रूरत है। लेकिन ऐसा नहीं है कि इस उम्र या पड़ाव के बाद बच्चों को देखभाल कि ज़रूरत नहीं है, बल्कि कहने का आशय यह है कि जीवन का यह पड़ाव सीखने, विकास की दृष्टि से बहुत जटिल, महत्वपूर्ण है। जीवन के इस पड़ाव में किए गए प्रयास सीखने और जीवन को बेहतर रूप से जीने मैं सहायक होते हैं। राष्ट्रीय शिक्षा नीति 2020 ने **प्रारंभिक बाल्यावस्था देखभाल और शिक्षा** के लिए जो प्रावधान किए हैं, उनका संक्षिप्त विवरण इस प्रकार है –

0.1 सार्वभौमिक प्रारंभिक बाल्यावस्था देखभाल और गुणवत्तापूर्ण शिक्षा

शिक्षा और सामान्य जीवन की दृष्टि से जीवन के पहले छह साल महत्वपूर्ण हैं, क्योंकि इन वर्षों में विकास की दर विकास के किसी अन्य चरण की तुलना में अधिक तेज़ी से होती है। न्यूरो-विज्ञान में हुए अनुसंधान एक बच्चे के जीवन में शुरुआती वर्षों के महत्व की पुष्टि करता है, विशेष रूप से जब बच्चा छह वर्ष का होता है। मस्तिष्क के विकास का 85% विकास इसी छह वर्ष की उम्र से पहले से ही हो गया होता है। शोध यह भी बताता है कि मस्तिष्क का विकास न केवल स्वास्थ्य, पोषण और देखभाल की गुणवत्ता से प्रभावित होता है, बल्कि सामाजिक-पर्यावरणीय वातावरण की गुणवत्ता भी इन प्रारंभिक वर्षों में बच्चे के विकास को प्रभावित करती है। राष्ट्रीय शिक्षा नीति भी इसी बिंदु का उल्लेख करते हुए प्रारंभिक बाल्यावस्था देखभाल और शिक्षा (ईसीसीई) को महत्व देती है और बच्चों के लिए ऐसी शिक्षा व्यवस्था का प्रावधान करती है कि इस उम्र के दौरान उन्हें बेहतर पोषण, स्वास्थ्य, शिक्षा और परिवेश मिल सके। ईसीईसी के माध्यम से समाज में न केवल समता को स्थापित किया जा सकता है बल्कि बाद के हस्तक्षेपों की तुलना में बच्चों में अधिक सकारात्मक दीर्घकालिक परिणाम प्राप्त किए जा सकते हैं। यही कारण है कि नीति यह लक्ष्य निर्धारित करती है कि वर्ष 2030 से पूर्व सार्वभौमिक प्रारंभिक बाल्यावस्था देखभाल और गुणवत्तापूर्ण शिक्षा की प्राप्त किया जाएगा।

0.2 समग्र विकास के लिए रचनात्मक शिक्षा-शास्त्र

चूँकि प्रारंभिक बाल्यावस्था देखभाल और शिक्षा (ईसीसीई) एक ऐसा संवेदनशील चरण है जो जीवन के बाद के वर्षों को प्रभावित करता है, अत: इस उम्र के बच्चों को अनौपचारिक रूप से खेल-पद्धति के माध्यम से शिक्षा प्रदान करने पर बल दिया गया है। ईसीसीई के अंतर्गत यदि बच्चों को

बहु-आयामी और बहु-स्तरीय, खेल-आधारित, गतिविधि-आधारित और खोज-आधारित शिक्षण-पद्धतियों से पढ़ाया जाए तो बेहतर परिणाम मिलेंगे। यह तय है कि इस चरण में अनौपचारिक पद्धति की कार्य करती है। रचनात्मक शिक्षा-शास्त्र में बच्चों को सक्रिय रूप से शामिल होने के अवसर दिए जाते हैं और विभिन्न प्रकार की रोचक गतिविधियों के माध्यम से सीखने के अवसर जुटाए जाते हैं। बच्चों की भाषा, संख्या-बोध, विभिन्न प्रकार के इंडोर और आउटडोर खेल, नाटक, संगीत तथा सामाजिक कार्य, व्यक्तिगत और सार्वजनिक स्वच्छता आदि इस रचनात्मक शिक्षा-शास्त्र में शामिल हैं। जीन पियाजे भी इस बात पर बल देते हैं कि बच्चे अपने सामाजिक-सांस्कृतिक अनुभवों के आधार पर ज्ञान का निर्माण करते हैं। ईसीसीई से जुड़े सभी बिंदु उसके लचीलेपन को भी इंगित करते हैं जिसमें बच्चों के समाज-सांस्कृतिक परिप्रेक्षय को ध्यान में रखा जाता है। बच्चों के स्वास्थ्य, देखभाल के लिए गुणवत्तापूर्ण शिक्षा का प्रावधान जल्दी ही करना होगा – ऐसा नीति का विचार है और लक्ष्य भी!

0.3 उत्कृष्ट पाठ्यक्रम और शैक्षणिक ढाँचा

राष्ट्रीय शिक्षा नीति 2020 ईसीसीई को दो हिस्सों में बाँटकर देखती है – 0-3 वर्ष के बच्चों की शिक्षा और 3-6 वर्ष के बच्चों की शिक्षा। दोनों के लिए गुणवत्तापूर्ण शिक्षा के लक्ष्य को प्राप्त करने के लिए उत्कृष्ट पाठ्यक्रम और शैक्षणिक ढाँचा बनाने की ज़रूरत है। राष्ट्रीय और अंतर्राष्ट्रीय नवाचारों को उपयुक्त और तर्क संगत रूप में अपनाने का उल्लेख भी नीति में मिलता है। भारत में कई शताब्दियों बच्चों की देखभाल और शिक्षा की जो परंपराएँ रही हैं – उन्हें भी अपनाने की ज़रूरत, जैसे –कहानियाँ, कविताएँ, किस्से, खेल गीत, कला आदि! इन सबके माध्यम से बच्चों की शिक्षा को प्रभावी रूप प्रदान किया जा सकता है। नीति में जहां एक ओर भारतीय परंपराओं की बात की गई है वहीं दूसरी ओर अंतर्राष्ट्रीय परिप्रेक्ष्य को भी सहेजने का संकेत दिया गया है। भारतीय बच्चों और भारतीय कक्षाओं में 'क्या काम करेगा?' –इसके लिए शोध को समुन्नत बनाने की ज़रूरत है। भारतीय परिप्रेक्ष्य में किए गए शोध पाठ्यक्रम तथा शैक्षणिक ढाँचे को उत्कृष्ट बनाने और उसके क्रियान्वयन में सहायक होंगे। '*आखिर, दिल है हिन्दुस्तानी!*' भारतीय पृष्ठभूमि में किए गए शोधों से विकसित समझ और उस समझ से विकसित शैक्षणिक ढाँचा माता-पिता के लिए भी मार्गदर्शक का कार्य करेगा।

0.4 उच्चतर गुणवत्तापूर्ण ईसीसीई संस्थान

देश के सभी बच्चों तक पहुँच बनाने के लिए ज़रूरी है कि देश भर में ईसीसीई के उच्चतर गुणवत्तापूर्ण केंद्र खोले जाएँ। देश के वे हिस्से जो बहुत दूर-दराज़ क्षेत्रों में हैं, वहाँ तक भी पहुँच बनाई जाएगी। सशक्त ईसीसीई प्रणाली के माध्यम से बच्चों के सर्वांगीण विकास को सुनिश्चित किया जाएगा। राष्ट्रीय शिक्षा नीति 2020 के अनुसार यह कार्य चार तरह से किया जाएगा – 1) पहले से सशक्त आँगनवाड़ी के माध्यम से 2) प्राथमिक स्कूल के साथ स्थित आँगनवाड़ी के माध्यम से और 3) प्राथमिक स्कूल के साथ स्थित पूर्व प्राथमिक विद्यालयों के माध्यम से जो कम से कम 5 से 6 वर्ष पूरे करेंगे। 4) अकेले चल रहे पूर्व प्राथमिक विद्यालयों के माध्यम से! जिस क्षेत्र में जिस तरह की व्यवस्था होगी उसी तरह से ईसीसीई को सुनिश्चित करने का प्रयास किया जाएगा। नीति इस बात को भी सुनिश्चित करना नहीं भूलती कि सभी विद्यालयों में ईसीसीई के पाठ्यक्रम और शिक्षण में प्रशिक्षित कर्मचारी/शिक्षक ही कार्य करेंगे। यह एक महत्वपूर्ण बिंदु है जिस पर ईसीसीई की सफलता/असफलता/ परिणाम निर्भर करते हैं।

0.5 उच्चतर गुणवत्तापूर्ण आँगनवाड़ी केंद्र

जैसा कि स्पष्ट किया जा चुका है कि देश भर में उच्च गुणवत्ता वाले आँगनवाड़ी केंद्र स्थापित किए जाएंगे। इन केन्द्रों में प्रशिक्षित कार्यकर्त्री या शिक्षक होंगे। प्रत्येक आँगनवाड़ी को बेहतर डिज़ाइन किए हुए हवादार, बाल सुलभ निर्मित भवन के रूप में स्थापित किया जाएगा। आँगनवाड़ी और प्राथमिक स्कूलों के परिसर को एकीकृत किया जाएगा और समुदाय/माता-पिता की भागीदारी भी सुनिश्चित की जाएगी। जयपुर में किए गए एक शोध-अध्ययन के निष्कर्ष यह बताते हैं कि बच्चों के संज्ञानात्मक विकास और स्कूल की तत्परता के संदर्भ में सरकार (आँगनवाड़ी) और गैर-सरकारी संगठनों द्वारा चलाए जा रहे ईसीईई कार्यक्रमों की प्रभावशीलता में अंतर है। अध्ययन के निष्कर्षों से पता चलता है कि एकीकृत बाल विकास सेवा (ICDS) कार्यक्रम के तहत चलाई जा रही आँगनवाड़ी गैर सरकारी संसथाओं द्वारा चलाए जा रहे ईसीईई केंद्रों में संज्ञानात्मक विकास और इसमें नामांकित बच्चों की स्कूल तत्परता के मामले में पिछड़ रही हैं। हालाँकि गैर-सरकारी संस्था द्वारा संचालित ईसीईई केंद्रों में बुनियादी ढाँचे की सुविधाएँ अच्छी नहीं पाई गई लेकिन सरकार द्वारा चलाई जा रहे आँगनवाड़ी केंद्रों में यह स्थिति और भी बदतर पाई गई। वे विद्यालय-पूर्व बच्चों की शैक्षिक आवश्यकताओं को पूरा करने में सक्षम नहीं पाई गईं। (कुमारी, अर्चना, 2016) यह स्पष्ट है कि गुणवत्तापूर्ण ईसीसीई के लक्ष्य को प्राप्त करने के लिए बुनियादी अंत: संरचना(infrastructure) के लक्ष्य को भी प्राप्त करना होगा। ईसीसीई केन्द्रों का भौतिक वातावरण भी उतना ही महत्वपूर्ण है जितना उसका शैक्षणिक पक्ष।

0.6 बालवाटिका

कक्षा 1 से पहले पाँच वर्ष की आयु के हर बच्चे को एक प्रारंभिक अक्षा या 'बालवाटिका' में शामिल किया जाएगा। जिसमें एक प्रशिक्षित ईसीसीई शिक्षक होंगी और इस तैयारी वाली कक्षा में मुख्य रूप से खेल-आधारित शिक्षा-शास्त्र का प्रयोग किया जाएगा। इस 'बालवाटिका' का उद्देश्य बच्चों के संज्ञानात्मक, संवेगात्मक और शारीरिक क्षमताओं, प्रारंभिक साक्षरता तथा संख्या-बोध के विकास के लिए कार्य करना है। 'बालवाटिका' में शामिल बच्चों के लिए मध्याह्न भोजन और स्वास्थय-जाँच का भी प्रावधान किया जाएगा। नीति में किए गए प्रावधान इस तथ्य से ओत-प्रोत हैं कि बच्चों के सर्वांगीण विकास के लिए अतिरिक्त सहयोग, पोषण और रचनात्मक शिक्षा-शास्त्र की आवश्यकता होती है।

0.7 गुणवत्तापूर्ण प्रशिक्षण

सीखने-सिखाने की प्रक्रिया में यह भी महत्वपूर्ण है कि स्वयं शिक्षक भी इस प्रक्रिया के लिए तैयार हों। उनका स्वयं का शिक्षण और प्रशिक्षण भी गुणवत्तापूर्ण और प्रासंगिक होना चाहिए। नीति जिस तरह से ईसीसीई को बच्चे के संपूर्ण जीवन से जोड़कर देख रही है, वह शिक्षकों की शिक्षण-कुशलता की भी अपेक्षा करती है। राष्ट्रीय शिक्षा नीति 2020 ईसीसीई शिक्षकों को तैयार करने के लिए आँगनवाड़ी कार्यकर्त्रियों/ शिक्षकों के सुनियोजित तरीके से प्रशिक्षण का प्रावधान करती है। प्रशिक्षण का यह दायित्व एनसीईआरटी को दिया गया है कि वह इसके लिए एक पाठ्यक्रम/शिक्षण-शास्त्रीय फ्रेमवर्क तैयार करे जिसके द्वारा 10+2 यानी बारहवीं कक्षा उत्तीर्ण आँगनवाड़ी कार्यकर्त्रियों/ शिक्षकों को छह महीने का प्रमाण-पत्र कार्यक्रम कराया जा सके। यदि आँगनवाड़ी कार्यकर्त्रियों/ शिक्षक बारहवीं कक्षा उत्तीर्ण नहीं हैं या इससे कम योग्यता है तो उनके लिए एक वर्ष के डिप्लोमा कार्यक्रम का प्रावधान है। इस प्रशिक्षण कार्यक्रम में प्रारंभिक साक्षरता, संख्या और ईसीसीई के अन्य महत्वपूर्ण पक्षों को

शामिल किया जाएगा। यह प्रशिक्षण कार्यक्रम डिजिटल/दूरस्थ माध्यम के साथ-साथ स्मार्ट फोन के माध्यम से किया जा सकेगा। देश में जिस तरह की सुविधाएँ/सीमाएँ हैं, उनके अनुसार प्रशिक्षण के लिए हर तरह का संभव प्रावधान किया गया है। शिक्षा-विभाग के क्लस्टर रिसोर्स सेंटर के मैंटर द्वारा प्रशिक्षण, निरंतर मूल्यांकन, व्यावसायिक प्रशिक्षण, मार्गदर्शन आदि के माध्यम से योग्य शिक्षकों के कैडरों को तैयार करना, सतत व्यावसायिक विकास आदि अन्य महत्वपूर्ण प्रावधान हैं। नीति में ईसीसीई संबंधी प्रशिक्षण के लिए जितने भी प्रावधान किए गए हैं, वे इसके क्रियान्वयन के प्रति ईमानदारी भरी सोच को ही प्रतिबिम्बित करते हैं।

0.8 **आश्रमशाला**

भारत विविधताओं का देश है और देश की भौगोलिक स्थितियों में भी अंतर है। इसी बात को मद्देनज़र रखते हुए नीति आदिवासी क्षेत्रों में आश्रमशालाओं को खोलने और उनके माध्यम से दूर-दराज़ के लिए ईसीसीई को पहुँचाने की बात करती है। यह कार्य चरणबद्ध तरीके से किया जाएगा। यह एक अच्छी पहल है और इसके लिए व्यावहारिक तरीके से सोचने-विचारने की आवश्यकता है, क्योंकि आदिवासी क्षेत्रों में भी विविधता है, वे देश के अलग-अलग हिस्सों में हैं। जीवन की बुनियादी ज़रूरतों से संघर्षरत आदिवासी समाज को गुणवत्तापूर्ण ईसीसीई प्राप्त हो सके – आश्रमशाला की संकल्पना सहायक होगी। इस समाज के लिए भी उनकी भाषा में और उनके तौर-तरीकों के माध्यम से ईसीसीई की पहुँच बनाने की ज़रूरत है।

0.9 **साझी ज़िम्मेदारी**

जैसा कि हम जानते हैं कि शिक्षा सभी की साझी ज़िम्मेदारी है। प्रारंभिक बाल्यावस्था देखबाल और शिक्षा के संदर्भ में भी यह बात उतनी ही सत्यता के साथ लागू होती है। नीति इस बात को स्पष्ट रूप से कहती है कि "ईसीसीई पाठ्यक्रम और शिक्षण-विधि की ज़िम्मेदारी (अब शिक्षा मंत्रालय) की होगी। इसका कारण है – प्राथमिक विद्यालय के माध्यम से पूर्व प्राथमिक तक इसकी निरंतरता को बनाया जा सके। शिक्षा मंत्रालय के साथ महिला और बाल विकास (WCD), स्वास्थ्य और परिवार कल्याण मंत्रालय और जनजातीय कार्य मंत्रालय द्वारा संयुक्त रूप से किया जाएगा। इसी संदर्भ में एक संयुक्त कार्य बल का भी गठन करने की बात की गई है। इस तरह से यह स्पष्ट है कि बच्चों की देखभाल और उनकी शिक्षा सभी की साझी ज़िम्मेदारी है और विभिन्न संस्थानों, मंत्रालयों के बीच समरसता भी अपेक्षित है।

वस्तुत: ईसीसीई मानव संसाधन विकास, लिंग समानता और सामाजिक सामंजस्य को बढ़ावा देने के लिए और बाद में उपचारात्मक कार्यक्रमों पर आने वाली लागत को कम करने के लिए सबसे अच्छा निवेश है। वंचित वर्ग के बच्चों के संदर्भ में शैक्षिक असमानताओं को दूर करने में महत्वपूर्ण भूमिका निभाती है। ईसीसीई बच्चों के विकासात्मक क्षेत्रों में उल्लेखनीय परिवर्तन द्वारा निर्धारित आजीवन सीखने की नींव को मज़बूत बनाती है। मस्तिष्क की पूरी क्षमता विकसित करने के लिए बच्चे को देखभाल और अभिप्रेरक माहौल की आवश्यकता होती है। प्रारंभिक बाल्यावस्था देखभाल और शिक्षा का न केवल व्यक्तिगत आत्म विकास के दृष्टिकोण से सकारात्मक निहितार्थ है, बल्कि यह गरीबी, लिंग, नस्ल, जाति और धर्म जैसे कारकों से उत्पन्न भेद्यता और हानि की क्षतिपूर्ति करके सामाजिक असमानता को कम कर सकता है। इसके अलावा इस तथ्य से भी इनकार नहीं किया जा सकता है कि

उच्च निवेश के बावजूद प्राथमिक शिक्षा के परिणामों में सुधार नहीं किया जा सकता है जब तक कि प्रारंभिक बाल्यावस्था देखभाल और शिक्षा में गुणवत्ता को सुनिश्चित न किया जाये, उसमें अपेक्षित सुधार न किया जाए। इस संदर्भ में शिक्षक वर्ग और अभिभावकों से बहुत सारी अपेक्षाएँ स्वत: ही हो जाती हैं और यह भी कि सबसे पहले और सबसे ज़्यादा हम बच्चों को समझें! शिक्षा की समस्त प्रक्रियाएँ बच्चे के इर्द-गिर्द ही घूमती हैं! हमारे समस्त प्रयासों की धुरी बच्चा है और बच्चा ही होना चाहिए! लेकिन परिवार, शिक्षक, शाला, समाज और नीति-निर्माता बच्चों के प्रति अपनी इस ज़िम्मेदारी से मुक्त नहीं हैं, क्योंकि बच्चों की शिक्षा हम सबकी साझी ज़िम्मेदारी है!

संदर्भ

- https://navbharattimes.indiatimes.com/india/day-against-child-labour-2020-child-labour-in-india-data-and-all-you-want-to-know/articleshow/76334222.cms, नवभारतटाइम्स.कॉम Updated: 12 Jun 2020
- (https://www.amarujala.com/india-news/world-day-against-child-labour-six-out-of-every-10-children-working-in-india-do-wages-in-farms?pageId=2)
- https://www.dw.com/hi/युद्ध-के- कारण-बर्बाद-होता-बचपन/a-52360393
- https://www.dw.com/hi/बच्चों-के- कद-और-वजन-में-गिरावट-से-जूझता- भारत/a-55978062
- https://news.un.org/hi/story/2020/12/1035512
- https://www.dw.com/hi/unicef-warns-of-lost-generation-as-virus-harms-childrens-services/a-55659103
- https://www.jagran.com/lifestyle/health-india-s-child-mortality-rate-declined-between-1990-and-2019-un-20727362.
- Kumari, Archana (2016). *Impact of Quality of ECCE Programs on Cognitive Development and School Readiness of Children*, International Journal of Advanced Research 4(7):1098-1104, DOI: 10.21474/IJAR01/1019, July 2016)
- राष्ट्रीय शिक्षा नीति (2020), शिक्षा मंत्रालय, भारत सरकार

5

शाला : पाठ्यचर्या और शिक्षा-शास्त्र की प्रयोगशाला

हनीत गाँधी[1] एवं कंचन शर्मा[2]

सभी शिक्षाविदों का एक सपना रहा है कि शिक्षा बालक की अभिरुचि अनुसार व क्रियात्मक तरीकों से दी जाए। स्वामी विवेकानंद, महात्मा गाँधी, रवीन्द्रनाथ ठाकुर, अरविंद घोष, जॉन डीवी, मारिया मोंटेसरी इत्यादि सभी का मानना था कि शिक्षा खेल, गतिविधियों, सृजनात्मकता द्वारा और मातृभाषा के ज़रिये दी जानी चाहिए। बच्चों को साक्षर करने के साथ व्यावसायिक कौशल से सम्पन्न करना और समाजोपयोगी बनाना आवश्यक है। शिक्षा द्वारा नए मानव के निर्माण की कल्पना व उसके माध्यम से नये राष्ट्र की कल्पना सभी बड़े शिक्षाविदों ने की है। सभी शिक्षा-दार्शनिक जानते हैं कि एक बेहतर शिक्षा नीति के माध्यम से ही कोई राष्ट्र संपन्नता की ऊँचाई पा सकता है। एक समावेशी, बेहतर गुणवत्तापूर्ण शिक्षा द्वारा ही कोई राष्ट्र अपने युवाओं को उस काबिल बना सकता है जिससे वे अपने साथ अपने राष्ट्र की मानसिक आज़ादी, संपन्नता और आत्मनिर्भरता में बढ़ोतरी कर सकते हैं। शिक्षा दर्शनिकों के इन्हीं विचारों से प्रेरित होकर और इन विचारों को अपना आधार बना कर राष्ट्रीय शिक्षा नीति (2020) की रचना की गई है।

भारत सरकार द्वारा 29 जुलाई 2020 को राष्ट्रीय शिक्षा नीति (2020) का आगाज़ किया गया। पिछले कई वर्षों से लगभग दो लाख से ज़्यादा सुझावों को शामिल करने के बाद यह शिक्षा नीति बनाई गई ताकि इसे ज़्यादा से ज़्यादा पूर्णतावादी व समावेशी बनाया जा सके। इस पूरी प्रक्रिया में विभिन्न स्तरों, जैसे - ग्राम पंचायत से जिला परिषद तक, आंगनबाड़ी शिक्षकों से लेकर विश्वविद्यालयों तक एवं शिक्षा-दार्शनिकों से लेकर आम जनता तक को शामिल किया गया। इस तरह यह शिक्षा नीति सभी के साझा सहयोग, सुझावों और सलाहों का परिणाम है। दरअसल, पिछले कई दशकों से देश में पुरानी शिक्षा प्रणाली ही चलती आ रही थी जबकि बीते वर्षों में विज्ञान, तकनीकी, अर्थव्यवस्था, वैश्विक माँग व ज़रूरतों में काफ़ी कुछ बदलाव आया है। ऐसे में पुराने ढर्रे की शिक्षा व्यवस्था न तो उन मांगों को पूरा करने में सक्षम थी और न ही नए भारत का निर्माण करने में। इसी परिप्रेक्ष्य में नई शिक्षा नीति-2020 की शुरुआत की गई ताकि न केवल संपूर्ण शैक्षिक ढाँचे में परिवर्तन, अर्थात 10+2 के स्थान पर 5+3+3+4 आए, बल्कि थमाए पश्चिमी ज्ञान के स्थान पर भारतीय ज्ञान व भाषाओं को वैश्विक पटल पर ले जाने का सपना भी साकार हो सके।

---

[1] प्रोफ़ेसर, शिक्षा विभाग (सीआईई), दिल्ली विश्वविद्यालय, दिल्ली।

[2] शोधार्थी, शिक्षा विभाग (सीआईई), दिल्ली विश्वविद्यालय, दिल्ली।

अध्याय के अगले हिस्सों में विश्वविद्यालय स्तर के पाठ्यक्रम और शिक्षाशास्त्र के संदर्भ विशेष में राष्ट्रीय शिक्षा नीति (2020) के भविष्यकालीन संभावनाओं का विश्लेषण किया गया है। या विश्लेषण भूतकालीन शिक्षा नीतियों और प्रयासों के बरक्स किया गया है ताकि इस नीति के व्यवहरात्मक व आदर्शात्मक आधार का गंभीरता से मंथन किया जा सके।

अतीत की नीतियों का एक अध्ययन

भारत की आज़ादी के पश्चात हमारे शिक्षाविदों, चिंतकों व राष्ट्रीय नेताओं को देश की बुनियाद व भविष्य को सँवारने के लिए जो सबसे मज़बूत रास्ता नज़र आया है, वह था - शिक्षा व्यवस्था का मज़बूत होना। इसलिए आज़ादी के तत्पश्चात ही नवंबर 1948 में राधाकृष्णन आयोग का गठन कर दिया गया जिसे विश्वविद्यालय स्तर की शिक्षा संबंधी रिपोर्ट पेश करनी थी। आयोग की सिफ़ारिशों व सुझावों से यह निकल कर आया कि चूंकि देश का भविष्य निर्माण वास्तव में विद्यालयों में हो रहा है, स्कूली शिक्षा ढाँचा सुधारे बिना उच्च शिक्षा में कोई प्रभावकारी बदलाव कर पाना मुश्किल है। इसके उपरांत मुदालियर जी की अध्यक्षता में 1952 में माध्यमिक शिक्षा आयोग की स्थापना की गई। आयोग ने कई प्रभावकारी सिफ़ारिशें पेश की मसलन, पाठ्यचर्या में विविधता लाई जाए, त्रिस्तरीय स्नातक पाठ्यक्रम शुरू करने की सिफ़ारिश, सेकंडरी शिक्षा दो भागों में होनी चाहिए, वस्तुनिष्ठ परीक्षण पद्धति की सलाह, माध्यमिक शिक्षा का प्राथमिक, बेसिक तथा उच्च शिक्षा से संबंध, उच्च और उच्चतर माध्यमिक स्तर की शिक्षा में एक मूल विषय की अनिवार्यता इत्यादि। इन सुझावों व सिफ़ारिशों के पश्चात शिक्षा के संपूर्ण ढाँचे को एकसार व पूर्णता से समझने और संपूर्ण ढाँचे की समस्याओं का हल खोजने की दृष्टि से कोठारी आयोग की स्थापना की गई। इसमें सामाजिक दक्षता, राष्ट्रीय अखंडता व समाजवादी समाज की स्थापना का लक्ष्य निर्धारित कर शिक्षा प्रणाली में 10+2+3 पद्धति के विकास, त्रिभाषा फार्मूला, विज्ञान व तकनीकी शिक्षा, और नैतिक व सामाजिक मूल्यों पर बल दिया गया। इन अनुसंशाओं के आधार पर 1968 में शिक्षा नीति का प्रस्ताव प्रकाशित किया गया जिसमें राष्ट्रीय विकास के प्रति वचनबद्धता व कुशल युवक-युवतियों को तैयार करने का लक्ष्य रखा गया। इस सबके बाद, मई 1986 में राष्ट्रीय शिक्षा नीति लागू की गई जो अभी तक चली आ रही है। दरअसल, अगस्त 1985 'शिक्षा की चुनौती' नामक एक दस्तावेज़ तैयार किया गया जिसमें भारत के विभिन्न वर्गों (बौद्धिक, सामाजिक, राजनैतिक, व्यावसायिक, प्रशासकीय आदि) ने अपनी शिक्षा संबंधी टिप्पणियाँ दीं और 1986 में भारत सरकार ने 'राष्ट्रीय शिक्षा नीति (2020)1986' का प्रारूप तैयार किया। इस नीति की सर्वाधिक महत्त्वपूर्ण विशेषता यह थी कि इसमें सारे देश के लिए एक समान शैक्षिक ढाँचे को स्वीकार किया और अधिकांश राज्यों ने 10 + 2 + 3 की संरचना को अपनाया।

1986 की राष्ट्रीय शिक्षा नीति में बाल-केन्द्रित शिक्षाशास्त्र पर विशेष बल देते हुए कहा, "*प्राथमिक स्तर पर शिक्षा की पद्धति बाल-केंद्रित और गतिविधि पर आधारित होनी चाहिए। पहली पीढ़ी के सीखने वाले बच्चों को अपनी गति से आगे बढ़ने देना चाहिए और उनके लिए पूरक और उपचारात्मक शिक्षा की भी व्यवस्था होनी चाहिए। ज्यों-ज्यों बच्चे बड़े होंगे उनमें ज्ञानात्मक तत्व बढ़ते जाएँगे और अभ्यास के द्वारा वे कुछ कुशलताएँ भी ग्रहण करते चलेंगे*" (शिक्षा नीति 1986)। इसके अतिरिक्त, संपूर्ण भारत में बेसिक शिक्षा को मूलभूत आवश्यकताओं से परिपूर्ण करने के संदर्भ में ऑपरेशन ब्लैक बोर्ड अभियान के

तहत आवश्यक सुविधाओं की पूर्ति के दिशा-निर्देश भी दिए गए। जिसमें विद्यालय व कक्षा की संरचना। आवश्यक सुविधाएँ, शिक्षण सामग्री इत्यादि शामिल था।

राष्ट्रीय शिक्षा नीति (1986) जिस अन्य पहलू के लिए जानी गई वह था अनौपचारिक शिक्षा के कार्यक्रम को शामिल करना। इसके अनुसार "*ऐसे बच्चे जो बीच में स्कूल छोड़ गए है, या ऐसे क्षेत्रों में रहते हैं जहां स्कूल नहीं है या काम में लगे हैं, और वे लड़कियां जो पूरे समय स्कूल नहीं जा सकती है, इन सब के लिए विशाल और व्यवस्थित अनौपचारिक शिक्षा का कार्यक्रम चलाया जाएगा*" (राष्ट्रीय शिक्षा नीति (1986)। नीति में स्पष्ट तौर पर औपचारिक व अनौपचारिक शिक्षा के भेदपूर्ण संबंध को खत्म करने के भी सुझाव दिए गए। इस संबंध में नीति में साफ़ तौर पर कहा गया कि "*अनौपचारिक शिक्षा का स्तर औपचारिक शिक्षा के तुलनीय हो। अनौपचारिक पद्धति से पास होकर आने वाले बच्चों का औपचारिक पद्धति में प्रवेश को सुलभ बनाया जाए*" व "*राष्ट्रीय केंद्रिक शिक्षाक्रम की तरह का एक शिक्षाक्रम अनौपचारिक शिक्षा पद्धति के लिए भी तैयार किया जाए। लेकिन यह शिक्षाक्रम विद्यार्थियो की ज़रूरतों पर आधारित होगा और इसका संबंध स्थानीय पर्यावरण से रहेगा*" (राष्ट्रीय शिक्षा नीति (1986)

पाठ्यक्रम को विविध व समाजोपयोगी बनाए जाने के संदर्भ में विज्ञान, मानविकी, कम्प्युटर का मिला-जुला खाका पेश किया गया। विषयों के इन मिले-जुले खाके को माध्यमिक स्तर पर जगह देते हुए नीति में कहा गया कि "माध्यमिक शिक्षा के स्तर पर विद्यार्थियों को विज्ञान, मानविकी और सामाजिक विज्ञानों की विशिष्ट भूमिकाओं का ज्ञान होने लगता है... इन बच्चों को कंप्यूटर संबंधी आवश्यक कौशल से सुसज्जित किया जाए... समुचित पाठ्यचर्या का माध्यम कर्मशीलता हो"। इस समय तक चूंकि भारत में कंप्यूटर आधारित कौशल की मांग होने लगी थी व विदेशों में इसका प्रचलन ज़ोरों पर था, भारत के भविष्य में इस कौशल की मांग को देखते हुए विद्यालय शिक्षा में इसे शामिल करने पर विशेष बल दिया गया। इसके साथ ही नीति व्यावसायिक कौशल व शिक्षा के प्रति भी वचनबद्ध थी इसलिए नीति में विद्यालय में चल रही सामान्य पाठ्यक्रम में व्यावसायिक विषयों को भी शामिल करने के निर्देश दिए गए। इस संबंध में नीति में कहा गया "प्रस्तावित शैक्षिक पुनर्गठन में व्यावसायिक शिक्षा के सुव्यवस्थित, सुनियोजित और कड़ाई से कार्यान्वित किए जाने वाले कार्यक्रमों को लागू किया जाना अत्यधिक महत्वपूर्ण है। उच्चतर माध्यमिक स्तर पर स्वास्थ्य से संबंधित व्यावसायिक पाठ्यक्रमों के साथ कृषि, विपणन, सामाजिक सेवाओं के पाठ्यक्रम तैयार किए जाएँगे"। व्यावसायिक शिक्षा के कार्यान्वयन में किसी प्रकार की बाधा न हो इसके लिए नीति में स्पष्ट तौर पर कहा गया, "व्यावसायिक पाठ्यचर्याओं या संस्थाओं को स्थापित करने का दायित्व सरकार पर और सार्वजनिक व निजी क्षेत्र के सेवा नियोजकों पर होगा, तो भी सरकार स्त्रियों, ग्रामीण और जनजातियों के विद्यार्थियों और समाज के वंचित वर्गों की आवश्यकता पूरी करने के लिए विशेष कदम उठाएगी। विकलांगों के लिए भी समुचित कार्यक्रम शुरू किए जाएँगे"। "विशिष्टीकरण की मांग को बेहतर ढंग से पूरा करने के लिए पाठ्यक्रमों और कार्यक्रमों को नए सिरे से बनाया जाएगा। भाषाई क्षमता पर विशेष बल दिया जाएगा, विद्यार्थी कौन-कौन से पाठ्यक्रम एक साथ ले सकता हैं, यह तय करने के लिए अधिक लचीलापन होगा"।

1986 की राष्ट्रीय शिक्षा नीति के पश्चात पाठ्यक्रम व शिक्षाशास्त्र की प्रभावकारिता की दृष्टि से राष्ट्रीय पाठ्यचर्या की रूपरेखा (एन.सी.एफ़) 2000 व 2005 अपनी महत्वपूर्ण भूमिका में आ जाते हैं। उदाहरण के लिए, एन.सी.एफ़ 2000 में स्पष्ट कहा गया है "पाठ्यचर्या को इस प्रकार की शिक्षा की रचना करनी

होगी जो असमानता के विरुद्ध संघर्ष कर सके और शिक्षार्थी की सामाजिक, सांस्कृतिक, भावनात्मक और आर्थिक आवश्यकताओं को पूरा कर सके। पाठ्यचर्या के तीन आधार स्तंभ हैं- प्रासंगिकता, समानता और उत्कृष्टता।" इसके साथ ही एन.सी.एफ़ 2000 यह भी स्पष्ट करती है कि "विद्यालयी पाठ्यचर्या के उद्देश्य हैं कि वे शिक्षार्थियों को ज्ञान अर्जित करने, समझ विकसित करने, कौशलों को विकसित करने, सकारात्मक दृष्टिकोण अपनाने एवं व्यक्तित्व के समग्र विकास के लिए उपयोगी मूल्य और आदतें अपनाने योग्य बनाए"। व "पाठ्यचर्या को ऐसे शिक्षण अनुभव प्रदान करने होंगे जिससे बालक के बहुशाखीय गुण को प्रोत्साहन मिले, जैसे - भाषिक बुद्धि, तार्किक गणितीय बुद्धि, स्थानगत बुद्धि, शारीरिक ऊर्जा संबंधी बुद्धि, संगीतात्मक बुद्धि, अंतरव्यक्तीय बुद्धि, आंतर-व्यक्तीय बुद्धि और प्रकृतिवादी बुद्धि। शिक्षण संस्थाओं में इन आठ प्रकार की बुद्धियों का विकास किया जाना चाहिए।" (एन.सी.एफ़, 2000)

इस प्रकार पाठ्यक्रम की प्रासंगिकता, बालक के समग्र विकास व समता की स्थापना व मूल्यों का निर्माण ही एन.सी.एफ़ 2000 का उद्देश्य था। इस उद्देश्य को सामने रख एन.सी.एफ़ 2000 में शिक्षाशास्त्र को बहुआयामी बनाने व संदर्भ विशेष से जोड़ने का आग्रह भी शामिल है। इस संदर्भ में कहा गया है- "अंतर्राष्ट्रीय रूप से शिक्षाशास्त्र मात्र शिक्षण-विज्ञान के रूप में नहीं जाना जाता बल्कि एक संस्कृति या उपसंस्कृतियों की एक कड़ी के रूप में भी देखा जाता है जो कक्षा के अंदर और बाहर के विभिन्न संदर्भों और विभिन्न शिक्षण-व्यवहारों को प्रतिबिंबित करता है। भारतीय समाज की बहुलतावादी प्रकृति शिक्षाशास्त्रीय प्रविधियों में भी झलकनी चाहिए।" भारत का भविष्य कौशलपूर्ण युवाओं का हो, इसके लिए एनसीएफ़ 2000 में व्यावसायिक पर ख़ासा बल दिया गया था। एनसीएफ़ 2000 में कहा गया था- "पाठ्यचर्यागत विषयों का सामान्य और व्यावसायिक दोनों क्षेत्रों में इस प्रकार चुनाव करना होगा कि वह शिक्षा के क्षेत्रों में आगे की शिक्षा के लिए चुनाव करने का योग्य आधार बने।....जिन विद्यालयों में व्यावसायिक पाठ्यक्रम पढ़ाया जाता है उनके पास स्वयं अपने प्रशिक्षण और उत्पादन केंद्र होने चाहिए। ये केंद्र छात्रों को कार्यस्थल पर रहते हुए वास्तविक जीवन-अनुभव के आधार पर आवश्यक योग्यताएँ अर्जित करने के अवसर प्रदान करते हैं"। (एनसीएफ़, 2000)

शिशु-शिक्षा, शिक्षा के बोझ को कम करने की चिंता व भारतीय ज्ञान व परंपरा को विद्यालयी शिक्षा का अंग बनाए जाने के लिए एनसीएफ़ में स्पष्ट तौर पर कहा गया था कि "शिशु शिक्षा और देखभाल, शिक्षा का एक प्रमुख तत्व है। समेकित बाल विकास योजना के अंतर्गत आँगनबाड़ियों के जरिए शिशु शिक्षा, पूर्व प्राथमिक शिक्षा के रूप में उपलब्ध है। यह अन्य विभिन्न रूपों में भी उपलब्ध है, जैसे- तैयारी के विद्यालय, नर्सरी, किंडरगार्टन कक्षाएँ आदि जो सरकारी और निजी दोनों ही क्षेत्रों में एक दूसरे से थोड़े भिन्न हैं।" पाठ्यक्रम के बोझ को कम करने व बच्चों के बौद्धिक विकास को व्यापक बनाने हेतु कहा गया था कि पाठ्यक्रम-भार का मुद्दा कई अन्य संबंधित मुद्दों से जुड़ा है। इस मुद्दे का हल केवल पाठयपुस्तकों के आकार घटाकर ही नहीं हो सकता बल्कि इस मुद्दे का हल इसकी संपूर्णता में खोजना होगा। अनेक तथ्यों, अवधारणाओं के जटिल अंतरसंबंधों, रटने की प्रवृत्ति और अनावश्यक गृहकार्य को हटाना पड़ेगा। अब विषयवस्तु से हटकर सीखने की प्रक्रिया की ओर जाना होगा।"प्राथमिक और माध्यमिक स्तर के लिए अध्ययन की सामान्य योजना बनाना जिसमें 'कैसे सीखा जाए' के कौशल पर ज़ोर हो और जो विषयवस्तु एवं सीखने के तरीकों की दृष्टि से छात्रों के लिए उपयुक्त हो"। पाठ्यचर्या को भारतीय ज्ञान परंपरा से जोड़ने के लिए स्वदेशी पाठ्यचर्या को अपनाने पर बल दिया गया। स्वदेशी

पाठ्यचर्या पर बल देते हुए कहा गया है कि "शिक्षार्थियों के ज्ञान के विभिन्न क्षेत्रों में अतीत में की गई देश की प्रगति से भी परिचित कराया जाए। इसके अतिरिक्त लोक-संस्कृतियों का ज्ञान और उसका आस्वाद, लोकगीत, पारंपरिक नृत्य शैलियों, वेशभूषाओं एवं वाद्ययंत्रों को विद्यालयी पाठ्यक्रम का अनिवार्य अंग बनाया जाना चाहिए"।

इस प्रकार हम देखते हैं कि एन.सी.एफ़ 2000 अपनी व्यापकता व भारतीय लोकतन्त्र और समता की स्थापना में पाठ्यक्रम व शिक्षाशास्त्र में आमूलचूल परिवर्तन लाने के सुझाव पेश करती है। इसी के भांति एनसीएफ़ 2005 में भी अनुभवजन्य शिक्षणशास्त्र व पाठ्यक्रम को विशेष तौर पर स्कूल का हिस्सा बनाने का सुझाव प्रस्तुत करते हुए कहा गया है "स्कूल के अनुभव तथा बच्चे की बाहर की दुनिया के अनुभव को कल्पनापूर्ण ढंग से जोड़कर हम स्कूली वातावरण के अजनबीपन को कुछ कम कर सकते हैं... बच्चे के बाहर के अनुभवों को शामिल करके शिक्षाशास्त्र समृद्ध होगा तथा जैसा कि ग्रीक इस तरीके को 'ओइकोस' कहते हैं, इससे बच्चे को स्कूल से बाहर की दुनिया का अनुभव करने के नए तरीके पता चलते हैं" (एनसीएफ़ 2005)। शिक्षाशास्त्र को रचनात्मक, बाल-केन्द्रित, सामान्य संवाद में व दो तरफा होना चाहिए यही इसका केंद्र है। इसका मानना है कि "शिक्षाशास्त्र को रचनात्मक खोज करने वाले संसाधनों पर निर्भर होना चाहिए" ताकि बच्चों की सृजनात्मकता बढ़े (एनसीएफ़ 2005)। "शिक्षण सामान्य बातचीत के माध्यम से होना चाहिए न कि प्रभुत्ववादी एकतरफा भाषण की रीति से। यह बातचीत का ही तरीका हो सकता है जिससे बच्चे का आत्मविश्वास और उसका स्व-चेतना बढ़ेगी" (एनसीएफ़ 2005)। शिक्षाशास्त्र के साथ ही मूल्यांकन के विविध तरीकों पर भी बल दिया गया व परंपरागत मूल्यांकन से होने वाली हानियों की भी चर्चा की गई थी। एनसीएफ़ (2005) में यह माना गया कि "बुद्धि विविध रूपी है, तथा शिक्षण शास्त्र एवं मूल्यांकन ऐसे हों जो यह मुमकिन कर सकें कि यह विविधता अपने पूर्ण रूप से निखारे। विविध क्षेत्रों में उत्कृष्टता को मान्यता मिलनी चाहिए तथा उसका सम्मान होना चाहिए" (एनसीएफ़ 2005)

नई राष्ट्रीय शिक्षा नीति 2020: विश्लेषणात्मक पड़ताल

नई शिक्षा नीति, जिसे अब हम राष्ट्रीय शिक्षा नीति (2020) के नाम से जानते हैं, का निर्माण जून 2017 में पूर्व इ.स.रो प्रमुख डॉ. के. कस्तूरीरंगन की अध्यक्षता में एक समिति के गठन से शुरू हुआ। यह देश की तीसरी राष्ट्रीय शिक्षा नीति है। नीति में समानता, गुणवत्ता, उत्तरदायित्व व सभी की शिक्षा तक पहुँच जैसे विचारों पर विशेष बल दिया गया है। 10 + 2 शिक्षा पद्धति में बदलाव कर 5+3+3+4 पद्धति की अनुशंसा के साथ यह नीति स्कूल पूर्व शिक्षा की उपलब्धता व गुणवत्ता को लेकर वचनबद्ध है। इसके साथ ही भाषाई विविधता को बढ़ावा व संरक्षण देने हेतु मातृभाषा या स्थानीय या क्षेत्रीय भाषा में शिक्षण माध्यम व इसे कक्षा आठ तक ले जाने पर बल देती है। नीति में भाषा प्राचीन भारतीय भाषाओं को समुचित स्थान दिया गया है साथ ही भारतीय भाषाओं के संरक्षण और विकास के लिये एक 'भारतीय अनुवाद और व्याख्या संस्थान', 'फारसी, पाली और प्राकृत के लिये राष्ट्रीय संस्थान स्थापित करने के साथ उच्च शिक्षण संस्थानों में भाषा विभाग को मज़बूत बनाने एवं उच्च शिक्षण संस्थानों में अध्यापन के माध्यम से रूप में मातृभाषा/ स्थानीय भाषा को बढ़ावा दिये जाने का सुझाव दिया गया है। इसकी सबसे खास बात है कि 3 वर्ष के बच्चों को फाउंडेशनल स्टेज में आंगनवाड़ी, बालवाटिका, प्ले स्कूल आदि माध्यमों से

स्कूल पूर्व महत्वपूर्ण शिक्षा दी जा सकेगी। हालांकि आई. सी. डी. एस. स्कीम में इसका प्रावधान है किन्तु व्यापक रूप से अब ज़मीनी स्तर पर और बेहतर प्रयास किया जा सकेगा। विद्यालय पूर्व व विद्यालय पश्चात उच्चतर शिक्षा को शामिल करती यह नीति अपने पाठ्यक्रम व शिक्षाशास्त्रीय दृष्टि से अधिक महत्वपूर्ण है। नीति में यह साफ़ तौर पर कहा गया है कि "पूरी स्कूली शिक्षा के शिक्षाशास्त्र को इस प्रकार दिशा दी जाएगी कि विद्यार्थियों का समग्र विकास हो और उनके उच्च स्तर के हुनर और कौशल जैसे तार्किक चिंतन, सृजनात्मकता, सहयोग की भावना, टीम में काम करने के रुझान, सामाजिक सरोकार और ज़िम्मेदारी का भाव, बहुभाषिकता और डिजिटल लिटरेसी आदि को विकसित किया जा सके।... शिक्षाक्रम का उद्देश्य यह होगा कि विद्यार्थियों को सभी शिक्षाक्रमीय दायरों जैसे खेल, विज्ञान, कला भाषा, साहित्य, नैतिक बोध आदि में पारंगत किया जाए ताकि वें अपनी संभावनाओं के मुताबिक विकसित हों"। अर्थात नीति पाठ्यक्रम व शिक्षाशास्त्र के माध्यम से बालक बालिकाओं का समग्र विकास, कौशलपूर्ण युवाओं और डिजिटल भारत के निर्माण तीनों उद्देश्यों को समाहित करती है।

पाठ्यक्रम के संदर्भ में स्पष्ट तौर पर कहा गया है कि पाठ्यक्रम भविष्य संभावित कौशल से परिपूर्ण, अनुभव-आधारित व तार्किक चिंतन पर आधारित होने के साथ व्यावसायिक शिक्षा से गुथा हुआ होना चाहिए। इसके साथ ही खेल, योग आदि को सहायक पाठ्यक्रम या अतिरिक्त पाठ्यक्रम की बजाय मुख्य पाठ्यक्रम में जोड़ा जाएगा। विद्यार्थियों की प्रगति के मूल्यांकन हेतु ***परख*** नामक एक नए राष्ट्रीय आकलन केंद्र की स्थापना व कृत्रिम बुद्धि (आर्टिफ़िशियल इंटेलिजेंस अर्थात मशीनों के दिमाग को इतना उन्नत किया जाना कि वह इंसानों की भांति सोच सके) आधारित सॉफ्टवेयर का प्रयोग व 'शिक्षकों के लिये राष्ट्रीय व्यावसायिक मानक' का विकास जैसे निर्णय इस शिक्षा नीति में लिए गए है।

राष्ट्रीय शिक्षा नीति (2020) के अनुसार छठी कक्षा से ही व्यावसायिक शिक्षा आरंभ की जाएगी ताकि स्कूल से निकलते ही बच्चे कम से कम एक कौशल तो सीख ही लें। इसके अलावा विज्ञान और समाज-विज्ञान के बीच कोई कड़ा वर्गीकरण नहीं होगा और विद्यार्थियों को सभी तरह के विषय पढ़ने की सुविधा दी जाएगी। इससे पूर्व 'समूह' के अनुसार विषय चुने जाते थे, किन्तु अब उसमें भी बदलाव किया गया है। जो छात्र इंजीनियरिंग कर रहे हैं वे संगीत को भी अपने विषय के साथ पढ़ सकते हैं। नेशनल साइंस फाउंडेशन के तर्ज़ पर लाई जाएगी जिससे पाठ्यक्रम में विज्ञान के साथ सामाजिक विज्ञान को भी शामिल किया जाएगा। नीति में पहले और दूसरे कक्षा में गणित और भाषा एवं चौथे और पाँचवे कक्षा के बालकों के लेखन पर ज़ोर देने की बात भी कही गई है। इस शिक्षा नीति के अंतर्गत पहली बार बहुल प्रवेश व निकास प्रणाली (मल्टीपल एँट्री और एग्ज़िट सिस्टम) लागू किया गया है। शिक्षा व्यवस्था को डिजिटलयुक्त करने के लिए नीति में कहा गया है- "बेसिक स्तर के शिक्षाक्रम में सभी विद्यार्थियों के लिए डिजिटल साक्षारता को समन्वित किया जाएगा। जिस तरह की भी डिजिटल सुविधाएँ स्कूल स्तर पर उपलब्ध होगी उसके मुताबिक हो बच्चों के लिए वर्कशीट और मूल्यांकन हेतु अभ्यास बनाए जाएँगे।... उच्च स्तर पर कंप्युटेशनल चिंतन, प्रोग्रामिंग और अन्य कंप्यूटर आधारित गतिविधियों को शामिल किया जाएगा"। इस प्रकार, शिक्षा-नीति (2020) उभरते भविष्य के डिजिटल भारत के सपने व विश्व स्तर पर भविष्य में आने वाले डिजिटल समस्याओं के लिए युवाओं को तैयार करना चाहती है ताकि भविष्य का भारत उन संभावित समस्याओं को न केवल जान पाए बल्कि समाधान भी प्रस्तुत कर सके। इस डिजिटल भारत निर्माण के साथ नैतिकता की कसौटी पर भी भारत के युवा अग्रिम हो इसके लिए नीति में साफ़ तौर पर नीतिशास्त्र व नैतिक

शिक्षा के प्रसार पर बल दिया है। इस संदर्भ में कहा गया है कि "नीतिशास्त्र आरंभिक शिक्षाक्रम से लेकर उच्चतर कक्षाओं तक सिखाया जाएगा। यह बच्चों को एक अच्छा इंसान बनने, अच्छा चरित्र विकसित करने, एक उत्पादक जीवन जीने और समाज को सकारात्मक योगदान देने के लिए तैयार करता है"।

राष्ट्रीय शिक्षा नीति (2020) भारतीय युवाओं के कौशल विकास और समाजोपयोगी के लिए व्यावसायिक शिक्षा और इससे जुड़े संस्थात्मक संरचना के निर्माण हेतु वचनबद्ध है, जो पहले की नीतियों में नहीं था। व्यावसायिक शिक्षा में पेशेवर शिक्षा में शामिल करना और इसे मुख्यधारा की शिक्षा के साथ एकीकृत करना वास्तव बेहद प्रसंशनीय कदम है। इसके लिए राष्ट्रीय शिक्षा नीति (2020) सेकंडरी स्तर पर व्यावसायिक शिक्षा को विकल्प के तौर पर व अंडरग्रेजुएट स्तर पर विभागों की स्थापना कर इसका प्रसार करने को कटिबद्ध है। मुख्य तौर पर ग्रामीण क्षेत्रों और आदिवासी क्षेत्रों के उनकी स्थानीय ज्ञान को तकनीकी प्रशिक्षण के माध्यम से, संरचनात्मक व पाठ्यक्रम संबंधी मदद के द्वारा प्रोत्साहन देने का निर्देश जारी करती है। इसके लिए बेम्बू रिसर्च सेंटर, सेंटर फॉर ट्रेडिशनल मेडिशन, सेंटर फॉर वाइल्डलाइफ कंजर्वेशन जैसी संस्थाओं का निर्माण किया जाना और विलुप्त हो रही लोक विधा में आर्थिक संभावनाओं को बढ़ाया जाना शामिल है ताकि ज़्यादा से ज़्यादा युवक-युवतियों को अधिकाधिक कौशलपूर्ण व व्यावसायिक-कौशल बनाया जा सके। नीति में कहा गया है "भारत में 19-24 वर्ष आयु वर्ग के मात्र पाँच फीसदी लोगों को ही व्यावसायिक शिक्षा प्राप्त हो पाती है। परिणामस्वरूप भारत में अकुशल और अर्धकुशल युवाओं की संख्या बढ़ती जा रही है।" राष्ट्रीय शिक्षा नीति (2020) में दिए गए इन सुधारात्मक प्रयास से आने वाले वर्षों में भारत को आर्थिक और तकनीकी दृष्टि से अधिक स्वालम्बी बनाया जा सकेगा। साथ ही वैश्विक बाज़ार में कौशलपूर्ण भारतीयों की मांग और आय स्तर में भी बढ़ोतरी हो पाएगी।

इन विशेषतों के साथ ही राष्ट्रीय शिक्षा नीति (2020) अपने युवाओं के लिए भारतीय भाषाओं व भारतीय ज्ञान-परंपरा में निपुणता का खाका भी पेश करती है। इस संदर्भ में नीति में स्पष्ट तौर पर कहा गया है कि "भारतीय साहित्य और परंपरा अनेक विषयों और क्षेत्रों में गंभीर और गहन ज्ञान को समाहित किए हुए है। मसलन, गणित, दर्शन, कला, तर्क, प्राणीशास्त्र, परिस्थितिकी, चिकित्सा, दंतकथाएँ, जल; प्रबंध, संगीत, योग, जीवविज्ञान आदि। ये हमारी संस्कृति और ज्ञान को एक पीढ़ी से दूसरी पीढ़ी को हस्तांतरित करने में मदद करती है। हमें उनकी मदद लेनी चाहिए ताकि भारतीय ज्ञान परंपरा के सबसे महत्वपूर्ण और प्रासंगिक पहलुओं को सही-सही और वैज्ञानिक तरीके से सभी कक्षाओं के स्कूली शिक्षाक्रम में शामिल किया जा सके"। भारतीय भाषाओं, भारतीय ज्ञान और दर्शन को राष्ट्रीय शिक्षा नीति (2020) के माध्यम से बल प्रदान किया जा रहा है। वैदिक गणित, भारतीय दर्शन और भारतीय भाषाओं में ज्ञान के प्रसार के लिए नीति में कई बदलाव लाए गए हैं।

हालाँकि राष्ट्रीय शिक्षा नीति (2020) को लागू करने में सरकार को कई मुश्किलों का सामना भी करना पड़ेगा मसलन, शिक्षा नीति में ऑनलाइन शिक्षा व ई-लर्निंग व ईकंटेंट के प्रचार-प्रसार पर बढ़ावा दिया गया है जो तेज़ी से डिजिटल होते भारत के भविष्य के अनुरूप भी है पर यूनिफाइड डिस्ट्रिक्ट इनफार्मेशन ऑन स्कूल एजुकेशन, स्कूल शिक्षा विभाग की एक रिपोर्ट के मुताबिक केवल 9.85 प्रतिशत सरकारी स्कूलों में ही कंप्यूटर है और केवल 4.09 प्रतिशत स्कूलों में इंटरनेट पहुंच पाया है। ऐसे में सरकार को सबसे पहले वह सभी सुविधाएँ व इंतज़ाम मुहैया करने होंगे जिनकी मदद से डिजिटल भारत के डिजिटल युवाओं के निर्माण का सपना सरल हो सकें।

इस संघर्ष के भांति ही दूसरे संघर्ष का सामना आंगनबाड़ी शिक्षा के स्तर पर मौजूद है। चूंकि दिसंबर, 2019 की एक रिपोर्ट के मुताबिक 3 लाख 62 हजार 940 आंगनबाड़ी केंद्रों में शौचालय की सुविधा तक नहीं है और एक लाख 59 हजार 568 केंद्रों में पीने के लिए साफ़ जल तक उपलब्ध नहीं है। ये आँकड़े नीति के कार्यान्वयन प्रक्रिया को प्रभावित कर सकते हैं। इसलिए आवश्यक है कि सरकार इन मूल सुविधाओं व आवश्यकताओं को मद्देनज़र रख ऐसा मैकनिजम बनाए जिससे स्कूल स्तर पर होने वाले भ्रष्टाचार को रोका जा सके व सरकार से आने वाले लाभ सीधे स्कूल तक पहुँच सकें व बालक लाभार्थी हों। तभी इन केंद्रों के सहारे देश के करोड़ों बच्चों को उचित शिक्षा देने व यहाँ के शिक्षकों को शिक्षा व प्रशिक्षण का सपना साकार किया जा सकता है।

बहरहाल, राष्ट्रीय शिक्षा नीति (2020) को समग्रता से देखने पर यह स्पष्ट हो जाता है कि यह नीति भारतीय सांस्कृतिक जड़ों व भारतीय ज्ञान-परंपरा को स्वीकार करने के साथ वैश्विक ज्ञान व भाषा और प्रतिस्पर्धा को मद्देनज़र रख युवाओं के भविष्य को रचने का ख़ाका पेश करती है।

अनेक चुनौतियों के बावजूद यह कहा जा सकता है कि राष्ट्रीय शिक्षा नीति (2020) आदर्श और धरातलीय वास्तविकता दोनों का सह-मिश्रण है। सरकार की इच्छा शक्ति और शिक्षा प्रणाली में होने वाले वास्तविक सुधार भारत को नई दिशा व दशा प्रदान कर सकते हैं। इतने वर्षों बाद शिक्षा नीति का निर्माण किया जाना इस बात का सबूत है कि भारतभावी भविष्य की ओर एक नई उम्मीद जगाता है। हालांकि राष्ट्रीय शिक्षा नीति (2020) से किस नए भारत का निर्माण होगा यह भविष्य के गर्भ में छिपा वह प्रश्न है जो समय के साथ ही उजागर होगा।

6

संगच्छध्वं .... शिक्षा में समावेशन

भारती[1] एवं मनोज कुमार[2]

समस्या यह नहीं है कि सभी मतभेदों को कैसे मिटाया जाए, बल्कि यह है कि सभी मतभेदों के रहते हुए कैसे एकजुट हुआ जाए!

–रवींद्रनाथ टैगोर

समावेशी शिक्षा समता और समानता पर आधारित एक शिक्षा व्यवस्था है जो सभी बच्चों को, चाहे उनकी सीखने की कुछ ख़ास ज़रूरतें हों या सामान्य उनमें जिज्ञासा और रचनात्मकता का पोषण करते हुए पड़ोस के विद्यालय में स्वीकार्यता व सहयोग के साथ-साथ उनकी सीखने की सभी विशेष आवश्यकताओं, तकनीकों, साधनों आदि की उपलब्धता सुनिश्चित करती है। सीखने का एक ऐसा वातावरण जो नस्ल, रंग, लिंग, दिव्यांगता, सामाजिक-आर्थिक स्तर, सीखने की शैली और भाषा आदि में भिन्नता के बावजूद सभी शिक्षार्थियों के पूर्ण व्यक्तिगत, शैक्षिक और सामाजिक विकास को बढ़ावा देता है।

समावेशी शिक्षा की अवधारणा और समतामूलक समाज

भारत का संविधान अपने सभी नागरिकों के लिए समानता, स्वतंत्रता, न्याय व गरिमा सुनिश्चित करता है और स्पष्ट रूप से दिव्यांग व्यक्तियों समेत एक संयुक्त समाज बनाने पर ज़ोर देता है। चूँकि शिक्षा सामाजिक और आर्थिक सशक्तीकरण का सबसे प्रभावी वाहन है, इसलिए संवैधानिक व्यवस्था के मौलिक प्रावधान शिक्षा और उसके अर्थ को अधिकारों और उत्तरदायित्वों की दृष्टि से बहुत हद तक प्रभावित करते हैं। हम किसे और कैसे तथा विषयवस्तु की दृष्टि से कैसी शिक्षा प्रदान करें – इसके बारे में संविधान का महत्वपूर्ण प्रभाव रहता है। हाल के वर्षों में दृष्टबाधित व्यक्तियों के साथ अन्य दिव्यांगजनों के प्रति समाज का नज़रिया तेज़ी से बदला है। यह माना जाता है कि यदि विकलांग व्यक्तियों को समान अवसर तथा प्रभावी पुनर्वास की सुविधा मिले तो वे बेहतर गुणवत्तापूर्ण जीवन व्यतीत कर सकते हैं। वास्तविक मायनों में समावेशी शिक्षा 'शिक्षा के अधिकार' को ज़मीनी स्तर पर क्रियान्वित करने की दिशा में उठाया गया एक व्यावहारिक कदम है। समावेशी शिक्षा का उद्देश्य है, प्रत्येक बच्चे को एक समतामूलक शिक्षा व्यवस्था के अन्तर्गत शिक्षा

[1] एसोसिएट प्रोफ़ेसर, राष्ट्रीय शैक्षिक अनुसंधान एवं प्रशिक्षण परिषद्, नई दिल्ली।

[2] प्रवक्ता, राज्य शैक्षिक अनुसंधान एवं प्रशिक्षण परिषद्, नई दिल्ली।

प्राप्त करने के अवसर उपलब्ध करवाना। समावेशी शिक्षा समाज के सभी बच्चों को शिक्षा की मुख्यधारा से जोड़ने का समर्थन करती है।

दिव्यांगजन अधिकार अधिनियम (2016) समावेशी शिक्षा को एक ऐसी व्यवस्था के रूप में परिभाषित करता है, जहाँ सामान्य एवं दिव्यांग सभी बच्चे एक साथ सीखते हैं तथा शिक्षण-अधिगम-प्रणाली को इस प्रकार अनुकूलित किया जाता है कि वह प्रत्येक बच्चे की सामान्य एवं विशेष सभी प्रकार की आवश्यकताओं की पूर्ति में सक्षम हो। वस्तुत: समावेशी शिक्षा कभी न समाप्त होने वाली आत्म-सुधार की एक गतिशील प्रक्रिया है जो सभी को शिक्षा अवसर प्रदान करने की एक मनोवृति की परिचायक है। समावेशी शिक्षा के माध्यम से सभी शिक्षार्थियों तक पहुँचने का प्रयास किया जाता है। समावेशी शिक्षा को एक ऐसी मनोवृत्ति के रूप में भी देख जा सकता है जो सभी विद्यार्थियों को अधिगमकर्ता (विशेष बाद में) के रूप में स्वीकार करती है। शिक्षार्थी की व्यक्तिगत प्रगति में बाधक किसी भी प्रकार की भौतिक या मनोवृत्ति आधारित बहिष्करणीय नीति तथा कार्यों को पहचानने और उसके समाधान का एक प्रयास है –समावेशी शिक्षा!

राष्ट्रीय पाठ्यचर्या रूपरेखा 2005 के अनुसार "*समावेशन शब्द का अपने आप में कुछ खास अर्थ नहीं है। समावेशन की अवधारणा के आस-पास जो वैचारिक, दार्शनिक, सामाजिक और शैक्षिक ढाँचा होता है वही समाज में उसके अर्थ को परिभाषित करता है। समावेशन की प्रक्रिया में बच्चे को न केवल सामाजिक भागीदारी के लिए सक्षम बनाया जा सकता है अपितु यह सीखने एवं विश्वास करने के लिए भी योग्य बनाया जा सकता है कि समाज को बनाए रखने के लिए दूसरों के साथ रिश्ते बनाना तथा अन्तरक्रिया करना भी समान रूप से महत्वपूर्ण है।*" समावेशी शिक्षा पूरे विद्यालय का एक सामूहिक कार्य और साझा ज़िम्मेदारी है। यह केवल दिव्यांग बच्चों का 'नियमित' विद्यालयों में एकीकरण नहीं है अपितु सभी बच्चों को मुख्यधारा के संरचित विद्यालयों में अपनी अधिगम आवश्यकताओं को पूरा करने के लिए विकल्प आधारित एक व्यवस्था है जहाँ सभी बच्चे अपनी सीखने की विशेष आवश्यकताओं के साथ सामूहिक रूप से सीख सकते हैं।

समावेशी शिक्षा विद्यालय कक्षा-कक्ष में विविधताओं को स्वीकार करने की एक मनोवृत्ति है जिसके अन्तर्गत विविध क्षमताओं वाले बालक मुख्यधारा वाली शिक्षा प्रणाली में अन्य बालकों के साथ अपनी सीखने की विशेष ज़रूरतों को पूरा करते हुए एक साथ सीखते हैं। समावेशी शिक्षा के दर्शन के अनुसार प्रत्येक बच्चा अपने आप में अद्वितीय है और उसे अपने सहपाठियों की भाँति विकसित करने के लिए कक्षा में विविध प्रकार के शिक्षण की आवश्यकता हो सकती है। बालक के पीछे रह जाने या न सीख पाने के लिए उसे दोषी नहीं ठहराया जा सकता है, बल्कि उन्हें कक्षा में भली-भांति समाहित न कर पाने की ज़िम्मेदार हमारी विद्यालय-व्यवस्था है, क्योंकि हमारी कक्षाओं में चाहे कितनी भी भिन्नता क्यों न हो किन्तु उसके बावजूद प्रत्येक बालक जो दूसरे बालक जैसा समांतर योग्यता रखता है, वह है "सिखाना"।

समावेशी शिक्षा के आधार

जिस प्रकार भारतीय संविधान किसी भी आधार पर किए जाने वाले भेदभाव को निषेध करता है, उसी प्रकार समावेशी शिक्षा भी विभिन्न ज्ञानेन्द्रिय, शारीरिक, बौद्धिक, सामाजिक, आर्थिक आदि कारणों से उत्पन्न किसी बच्चे की विशिष्ट शैक्षिक आवश्यकताओं के बावजूद उसे भिन्न देखे जाने के बजाए एक

स्वतंत्र अधिगमकर्ता के रूप में देखे जाने की वकालत करती है। समावेशी शिक्षा के मूलभूत आधारों को इस प्रकार देख जा सकता है-

- प्रत्येक बच्चा दूसरे से अलग होता है। अलगाव की स्वीकारोक्ति एवं उसका सम्मान।
- प्रत्येक बच्चे, दिव्यांगता वाले सहित, को विद्यालय तक लाने के लिए व्यवस्था में सुधार करना आवश्यक है।
- प्रत्येक बच्चे के सीखने के तौर-तरीकों में विविधता होती है। विभिन्न क्षमताओं, जातीय समूहों, आकार, आयु, पृष्ठभूमि, लिंग आदि की भिन्नताओं के बावजूद सभी बच्चे सीख सकते हैं।
- सीखने की प्रक्रिया विद्यालय के साथ-साथ विद्यालय के बाहर भी निरंतर चलती रहती है। अतः सीखने-सिखाने की प्रक्रिया को इस प्रकार व्यवस्थित किये जाने की आवश्यकता है जिससे बच्चे उसमें पूर्ण रूप से सम्मिलित हो सकें तथा उसके बारे में अपने अनुभव के आधार समझ विकसित करने के योग्य बन सकें।
- सिखाने से पूर्व उसके लिए तैयारी करनी होती है और इसके लिए सभी बच्चों की स्वीकृति पर आधारित सकारात्मक वातावरण निर्मित करने की आवश्यकता है।

विशेष आवश्यकता शिक्षा की व्यवस्था

यदि हम विशेष आवश्यकताओं वाले बच्चों की शिक्षा के ऐतिहासिक और समकालीन पहलुओं पर गौर करें तो हमें विशेष शैक्षिक आवश्यकतायुक्त बच्चों के लिए मुख्यतः शिक्षा की दो प्रकार की व्यवस्थाएँ देखने में आती हैं। पहली, **अलगाव की व्यवस्था** पर आधारित है – **विशेष विद्यालय।** जिनका उदेद्श्य केवल एक प्रकार के विशेष आवश्यकतायुक्त बच्चों की शैक्षिक आवश्यकताओं को पूरा करना होता है। **दूसरे समावेशी विद्यालय** जिसके अन्तर्गत विशेष शैक्षिक आवश्यकतायुक्त बच्चे अपने आस-पड़ोस के बच्चों के साथ सामान्य विद्यालय में शिक्षा के लिए जाते हैं और वहाँ उनकी सीखने की विशिष्ट आवश्यकताओं को पूरा करने की उचित व्यवस्था होती है।

विशेष विद्यालय समावेशी विद्यालय

चित्र में आप देख सकते हैं कि पहले गोले में केवल एक ही तरह की आकृतियाँ हैं जो विशेष विद्यालय में विद्यार्थियों में विकलांगता एवं अन्य समरसता दर्शाती हैं। दूसरे गोले में विभिन्न आकृतियाँ हैं जो एक समावेशी विद्यालय में विभिन्न योग्यता, विविध अक्षमता वाले विद्यार्थियों की उपस्थिति को दर्शाती हैं। यदि बालक समावेशी विद्यालय में सीखने के लिए जाता है तो उसका एक लाभ यह होता है कि वह अपने अन्य भाई-बहनों व दोस्तों के समान अपने परिवार के सदस्यों के साथ रहते हुआ पड़ोस के विद्यालय में दाखिला ले सकता है, क्योंकि उसे शिक्षा के लिए घर से दूर नहीं जाना पड़ता। दूसरा इस प्रकार के विद्यालयों मे सभी बच्चों को एक-दूसरे से मिलजुल कर एक-दूसरे से सीखने के अवसर भी प्राप्त होते हैं। साथ ही बच्चे

को विद्यालय के उपरांत अपने आपको आस-पास की दुनिया में समायोजित करने में सहायता मिलती है, क्योंकि विशेष विद्यालय एक निश्चित आयु (18 वर्ष) तक बच्चे का दायित्व ग्रहण करते है और तत्पश्चात् बच्चे को अपने अभिभावकों के पास उसी समाज में वापिस लौटना पड़ता है जिसका कि वह हिस्सा होता है। अत : अच्छा है कि प्रारम्भ से बच्चे को मुख्यधारा वाले ऐसे विद्यालय (inclusive schools) में शिक्षा ग्रहण करने के लिए भेजा जाए जहाँ अन्य बच्चे भी जाते हों ताकि बच्चे को अपने समाज में घुलने-मिलने का अवसर बचपन से ही मिल सके तथा उसकी योग्यता और सीमा से उसके साथ पढ़ने वाले सभी बच्चे परिचित हो सकें तथा उनमें आपसी मित्रता और सामंजस्य की भावना का भी विकास हो सकें।

समावेशी शिक्षा के आयाम

आर्टाइस्ल (2005) ने शिक्षा परिवेश में समावेशन के चार प्रमुख आयामों की पहचान की है जो मुख्यधारा शिक्षा व्यवस्था में सभी बच्चों को सम्मिलित करने के लिए एक प्रारंभिक बिंदु के रूप में उपयोगी हो सकते हैं -

1. **पहुँच** – जो बच्चे विभिन्न शारीरिक, मानसिक, ज्ञानेन्द्रिय, बौद्धिक तथा सामाजिक व आर्थिक कारणों से उत्पन्न सीखने की विशिष्ट शैक्षिक आवश्यकताओं के आधार पर सामान्य शिक्षा व्यवस्था से बाहर या हाशिए पर रहे हैं, उन्हें मुख्यधारा की शिक्षा-व्यवस्था के अन्तर्गत सामान्य बच्चों के साथ उनकी विशिष्ट शैक्षिक आवश्यकताओं की पूर्ति करते हुए सिखाने की उचित व्यवस्था करना।
2. **स्वीकृति** – स्वीकृति वह 'स्थिति' है जो शिक्षार्थियों को विद्यालय पहुँचने पर प्रदान की जाती है और जो सामान्यतः शिक्षक तथा शैक्षिक प्रशासनिक अधिकारियों की अभिवृत्ति से प्रभावित होती है। शिक्षकों को यह समझना होगा कि कक्षा के सभी बच्चे सबसे पहले शिक्षार्थी हैं और वे अपने पृष्ठभूमि एवं आतंरिक वैयक्तिक विविधताओं के कारकों के बावजूद सफल होने में सक्षम हैं।
3. **भागीदारी** – सीखना एक सामाजिक प्रक्रिया है। ज्ञान की रचना तब होती है जब हम अन्य लोगों के साथ विभिन्न गतिविधियों में भाग लेते हैं तथा दूसरों के साथ संयुक्त अर्थों में आते हैं। कक्षा के प्रत्येक बच्चे को एक-दूसरे के साथ और शिक्षकों के साथ अंत: क्रिया में भाग लेने के समुचित अवसर प्रदान किए जाने चाहिए।
4. **उपलब्धि** – 'समावेशन' का अर्थ केवल यह नहीं होता कि सभी बच्चे एक समान सीख सकें। समावेशी शिक्षा के संदर्भ में उपलब्धि का अर्थ है सभी बच्चों को कई अलग-अलग संदर्भों में न कि केवल निश्चित और औपचारिक परीक्षाओं में अपनी शैक्षिक उपलब्धियों का प्रदर्शन करने का अवसर मिलें। शिक्षकों द्वारा सभी बच्चों को समय-समय पर अपने विविध प्रकार के कौशलों, क्षमताओं और समझ के प्रदर्शन की अनुमति देनी चाहिए ताकि उनकी उपलब्धियों को कक्षा और विद्यालय के भीतर स्वीकार्यता और महत्व दिया जा सके।

समावेशी शिक्षा के लिए विविध प्रयास

दिव्यांगजनों के मध्य साक्षरता का प्रसार करने के लिए स्वतंत्रता के पश्चात भारत सरकार द्वारा दिव्यांगजनों की शिक्षा के लिए निम्नलिखित नीतियों व कानूनी प्रावधानों का निर्माण व कार्यान्वयन किया गया -

कोठारी आयोग (1966)

सभी बच्चों की सीखने की आवश्यकताओं को पूरा करने के लिए उनके रहने के स्थान के पास सामान्य (कॉमन) विद्यालय व्यवस्था का निर्माण किया जाना चाहिए और दिव्यांग बच्चों को सामान्य विद्यालयों में 'जहाँ तक संभव हो' नामांकित करके उन्हें शिक्षित करने का प्रयास किया जाना चाहिये। दिव्यांग बच्चों को शिक्षा न केवल मानवता के आधार पर बल्कि उपयोगिता के आधार पर भी दी जानी चाहिए।

दिव्यांग बच्चों की शिक्षा के लिए एकीकृत शिक्षा योजना 1974

भारत में केंद्रीय शिक्षा मंत्री द्वारा 1960 के दशक के मध्य में दिव्यांग बच्चों के लिए एकीकृत शिक्षा योजना बनाने के लिए प्रारंभिक प्रयास आरम्भ किए गए। 1971 में, तत्कालीन प्रधान मंत्री श्रीमती इंदिरा गांधी ने संसद में एक बयान दिया कि दिव्यांग व्यक्तियों के लिए सेवा को विनियमित करने के लिए एक अधिनियम लाया जाएगा। 1974, में केंद्रीय सामाजिक कल्याण मंत्रालय ने इस उद्देश्य के लिए एक योजना तैयार की जिसका नाम 'दिव्यांग बच्चों की शिक्षा के लिए एकीकृत शिक्षा योजना' रखा गया। इस योजना का मुख्य उद्देश्य था –

विशेष अधिगम आवश्यकतायुक्त बच्चों की सीखने संबंधित आवश्यकताओं को सामान्य विद्यालयों में सामान्य बच्चों के साथ पूरी की जाएँ, ताकि उन्हे भी अपने अभिभावकों व परिवार के सदस्यों के साथ रहने का अवसर प्राप्त हो सकें।

राष्ट्रीय शिक्षा नीति 1986

राष्ट्रीय शिक्षा नीति 1986 में शैक्षिक अवसरों की समानता का लाभ उठाने के उद्देश्य से दिव्यांग बच्चों को सामान्य बच्चों के साथ सामान्य शिक्षा कार्यक्रम के अंतर्गत शिक्षित करने का प्रयास किया गया। जिससे की दिव्यांग बच्चों का विकास भी एक समतामूलक वातावरण में एक सामान्य बच्चे की भांति हो सके जिससे कि वह साहस तथा आत्मविश्वास के साथ जीवन की कठिनाइयों का सामना कर सकें।

राष्ट्रीय शिक्षा नीति 1986 में निर्धारित किया गया कि -

1. सामान्य बच्चों तथा दिव्यांग बच्चों की शिक्षा (गौण एवं आंशिक) एक समान होगी।
2. गंभीर रूप से दिव्यांग बालकों के लिए आवासीय विद्यालयों की स्थापना जिला स्तर पर की जाएगी।
3. दिव्यांग बच्चों के लिए व्यावसायिक प्रशिक्षण की व्यवस्था की जाएँ।
4. दिव्यांग बच्चों की समस्या को दूर करने के लिए प्राथमिक विद्यालयों के शिक्षकों को प्रशिक्षित किया जाएँ।
5. दिव्यांग बच्चों की शिक्षा के लिए गैर सरकारी संस्थाओं के प्रयासों को भी बढ़ावा दिया जाएगा।

शिक्षा पर राष्ट्रीय नीति (1986) में दिव्यांगजनों की शिक्षा पर पूर्ण अध्याय और कार्रवाई के लिए विस्तार से दिशा-निर्देश तैयार किए गए थे जिन्हें अमल में लाने और उनके लिए कानूनी मसौदा तैयार करने के लिए भारत सरकार ने जस्टिस बेहार-उल-इस्लाम की अध्यक्षता में एक समिति नियुक्त की जिसने वर्ष 1987 में अपनी रिपोर्ट सरकार को सौंपी गई। परिणामस्वरूप बाद के वर्षों में दिव्यांगजनों की शिक्षा व विकास के लिए योजनाएँ व कार्यक्रम सामने आए।

भारतीय पुनर्वास परिषद् 1993

भारतीय पुनर्वास परिषद् एक संविधिक निकाय के रूप में 22 जून, 1993 को अस्तित्व में आई। अधिनियम की संसद द्वारा वर्ष 2000 में इसे और अधिक व्यापक बनाने के लिए इसमें संशोधन किया गया। परिषद के उद्देश्य और कार्यों को इस प्रकार देखा जा सकता है-

- देश भर के सभी प्रशिक्षण संस्थानों में विभिन्न स्तरों पर प्रशिक्षण पाठ्यक्रमों का मानकीकरण एवं नियमन करना।
- दिव्यांग बच्चों के शिक्षा व पुनर्वास के संदर्भ में देश में और देश के बाहर प्रशिक्षण पाठ्यक्रम चलाने वाले प्रशिक्षण संस्थानों/विश्वविद्यालयों को मान्यता देना।
- पुनर्वास और विशिष्ट शिक्षा में अनुसंधान को बढ़ावा देना।
- पुनर्वास शिक्षा कार्यक्रम जारी रखने को प्रोत्साहन देना और इसके लिए बच्चों की शिक्षा व विकास के क्षेत्र में कार्यरत संगठनों के साथ मिलकर कार्य करना।

नि:शक्तजन अधिकार (समान अवसर, सुरक्षा का अधिकार, और पूर्ण भागीदारी) अधिनियम (1995)

नि: शक्तजन अधिकार 1995 (The Persons with Disabilities Act of 1995) संविधान के अनुच्छेद 253 (Article 253 of the constitution,) सह पठित संघ सूची की मद क्रम संख्या 13 के अंतर्गत अधिनियमित किया गया है। यह एशियाई एवं प्रशांत क्षेत्र में दिव्यांग व्यक्तियों की पूर्ण भागीदारी और समानता की उद्घोषणा को कार्यान्वित करता है और उनकी शिक्षा, उनके रोज़गार, बाधारहित परिवेश का सृजन, सामाजिक सुरक्षा, इत्यादि का प्रावधान करता है। इस अधिनियम की मुख्य अनुशंसाएँ थीं

- प्रत्येक दिव्यांग बच्चे को 18 वर्ष की आयु तक उपयुक्त वातावरण में नि:शुल्क शिक्षा का अधिकार है। इसलिए उपयुक्त प्राधिकरण को चाहिए कि वह "विशेष शिक्षा प्रदान करने के लिए विशेष विद्यालय स्थापित करें"। मुक्त विद्यालयों के सहयोग से पांचवीं कक्षा तक पढ़ाई कर चुके दिव्यांग शिक्षार्थियों की अंशकालिक शिक्षार्थियों के रुप में अपनी शिक्षा जारी रखने के अवसर उपलब्ध करवाएँ जाएँ। सामान्य स्कूलों में दिव्यांग शिक्षार्थियों के एकीकरण को बढ़ावा देने की योजना बनाए जाने के साथ ही दिव्यांग बच्चों के व्यावसायिक प्रशिक्षण के लिए अवसर उपलब्ध करवाएँ ताकि उन्हें आर्थिक रूप से आत्मनिर्भर बनाया जा सके।
- सरकार का यह कर्तव्य है कि वह नए सहायक उपकरणों, शिक्षण सहायक साधनों और विशेष शिक्षण सामग्री का विकास करना ताकि दिव्यांग बच्चों को शिक्षा में समान अवसर प्राप्त हों सकें।
- दिव्यांग बच्चों को पढ़ाने के लिए उपयुक्त प्राधिकरण शिक्षक प्रशिक्षण संस्थान स्थापित करें, विस्तृत शिक्षा संबंधी योजनाएँ बनाएँ तथा दिव्यांग बच्चों को विद्यालय जाने-आने के लिए परिवहन सुविधाएँ उपलब्ध करवाने के साथ-साथ उन्हें पुस्तकें, वर्दी और अन्य सामग्री, छात्रवृत्तियां, पाठ्यक्रम और लेखक की सुविधाएँ भी उपलब्ध करवाने की व्यवस्था करना।
- सरकारी और सरकार से अनुदान प्राप्त शिक्षण संस्थाओं को कम से कम 3 प्रतिशत सीटें दिव्यांग के लिए आरक्षित करना।

राष्ट्रीय दिव्यांगजन नीति 2006

राष्ट्रीय नीति का सबसे महत्वपूर्ण कथन है कि दिव्यांगजन देश के लिए मूल्यवान मानव संसाधन हैं इसलिए यह नीति दिव्यांग व्यक्तियों को समान अवसरों, उनके अधिकार की सुरक्षा तथा समाज में पूर्ण भागीदारी का प्रयास करती है। वर्ष 2020 तक यह सुनिश्चित किया जाएगा कि प्रत्येक दिव्यांग बच्चे को पूर्व विद्यालय, प्राथमिक तथा माध्यमिक (सेकेंडरी) स्तर की शिक्षा प्राप्त हो सके इसके लिए मुख्य रूप से निम्नांकित पर ध्यान दिया जाएगा -

- विद्यालयों के कक्षा-कक्ष, शौचालयों, कैंटीन, खेल के मैदानों, प्रयोगशालाओं, पुस्तकालयों इत्यादि को बाधामुक्त करना ताकि सभी बच्चों की उन तक पहुँच हो सकें।
- विद्यालयों व सुगमता से पहुँच में आने वाले अन्य शिक्षा केंद्रों पर पढ़ाने/सिखाने के तकनीकी/ पूरक/ विशेष प्रणाली उपलब्ध करवाई जाए।
- दिव्यांग बच्चों के अधिगम में सहायक तकनीकी उपकरण, जैसे - ब्रेल बुक, टॉकिंग बुक, उचित सॉफ्टवेयर इत्यादि भी उपलब्ध कराये जाएंगे। सामान्य पुस्तकालय, ई-लाइब्रेरी, ब्रेल-लाइब्रेरी तथा टॉकिंग बुक लाइब्रेरी, संसाधन कक्ष की स्थापना के लिए सहायता प्रदान की जाएगी।
- संकेत भाषा, वैकल्पिक तथा संवर्धी बातचीत (AAC) व अन्य माध्यमों को एक प्रभावी माध्यम के रूप में मानकीकरण पहचान देकर उन्हें लोकप्रिय बनाया जाएगा।
- प्राथमिक, मध्य विद्यालय तथा उच्च स्तरीय शिक्षा में दिव्यांग बच्चों के दाखिले व ठहराव से संबंधित आँकड़े की वार्षिक रूप से समीक्षा की जाएगी।
- ऐसे दिव्यांग बच्चे, जो समावेशिक शिक्षा प्रणाली में भाग नहीं ले सकते, उन्हें विशेष विद्यालयों के माध्यम से शिक्षा प्रदान की जाएगी।
- दिव्यांग बच्चों की क्षमता को ध्यान में रखते हुए रखा समुचित पाठ्यक्रम तथा मूल्यांकन प्रणाली का विकास किया जाएगा। इसके अतिरिक्त समय, कैलकुलेटर का इस्तेमाल, क्लार्क टेबल का इस्तेमाल, लेखक इत्यादि की आवश्यकतानुसार व्यवस्था की जाएगी।
- 6 वर्ष की आयु तक के दिव्यांग बच्चों की पहचान की जाएगी तथा उनके लिए आवश्यक शैक्षिक उपाय किए जाएंगे ताकि वे समावेशिक शिक्षा में शामिल होने के लिए सक्षम बन सकें।
- उच्च शिक्षा में दाखिले के लिए दिव्यांग बच्चों के लिए 3% का आरक्षण लागू किया जाएगा। विश्वविद्यालय, कॉलेज तथा व्यावसायिक संस्थानों को दिव्यांगजन केंद्र खोलने में वित्तीय सहायता प्रदान की जाएगी, ताकि दिव्यांग शिक्षार्थियों के शिक्षा ज़रूरत की पूर्ति की जा सके।

शिक्षा अधिकार अधिनियम 2009

संविधान के अनुच्छेद 21A की भावना को मौलिक अधिकार के रूप में शिक्षा की गारंटी देते हुए सभी बालकों के लिए निम्नलिखित प्रावधान किए गए -

- सभी बच्चों को पड़ोस के विद्यालय में पूर्ण रूप से निशुल्क और अनिवार्य शिक्षा प्रारंभिक शिक्षा पूरी करने का अधिकार है।
- छह से चौदह आयु समूह के प्रत्येक बच्चे को निशुल्क प्रारंभिक शिक्षा प्रदान करने और अनिवार्य प्रवेश, उपस्थिति और प्रारंभिक शिक्षा को पूरा करने को सुनिश्चित करने के लिए उचित सरकार की बाध्यता है।

- सभी शिक्षार्थियों की सीखने संबंधित आवश्यकताओं को पूरा करने के लिए प्रशिक्षित अध्यापकों की नियुक्ति करना, अर्थात अपेक्षित प्रवेश और शैक्षिक योग्यताओं के साथ अध्यापक।
- सभी बच्चे के समग्र विकास, बच्चे के ज्ञान, संभाव्यता और प्रतिभा निखारने तथा बच्चे की मित्रवत प्रणाली एवं बच्चा केन्द्रित ज्ञान की प्रणाली के माध्यम से बच्चे को डर, चोट और चिंता से मुक्त बनाने को सुनिश्चित करने के साथ-साथ संविधान में प्रतिष्ठापित मूल्यों के अनुरूप पाठ्यक्रम का विकास करना।

दिव्यांगजन अधिकार अधिनियम 2016

दिव्यांगजन अधिकार अधिनियम (आरपीडब्ल्यूडी), 2016 के खण्ड III के अनुच्छेद 16 के अनुसार, छह से लेकर अठारह वर्ष की न्यूनतम आयु तक सभी संदर्भित दिव्यांग बच्चों को उपयुक्त शिक्षा व्यवस्था, समावेशी विद्यालय, विशिष्ट विद्यालय के अंतर्गत मुफ्त और अनिवार्य शिक्षा प्रदान किए जाने की व्यवस्था करना।

दिव्यांगजन अधिकार अधिनियम, 2016 की कुछ मुख्य विशेषताओं को इस प्रकार देख सकते हैं -

- **दिव्यांगता की परिभाषा में बदलाव:** दिव्यांगजन अधिकार अधिनियम, 2016 में दिव्यांगता की परिभाषा में बदलाव लाते हुए इसे और भी व्यापक बनाया गया। इस अधिनियम में दिव्यांगता को एक विकसित और गतिशील अवधारणा के आधार पर परिभाषित करते हुए दिव्यांगता के मौजूदा प्रकारों को 7 से बढ़ाकर 21 कर दिया गया।
- **आरक्षण की व्यवस्था :** शिक्षा और सरकारी नौकरियों में दिव्यांग व्यक्तियों को आरक्षण दिये जाने की व्यवस्था को बढ़ाकर 4% कर दिया गया।
- शिक्षा संबंधी सुधार: अधिनियम में बेंचमार्क दिव्यांगता (benchmark-disability) युक्त शिक्षार्थियों के लिये 6 से 18 वर्ष तक के बच्चों के लिये निःशुल्क शिक्षा की व्यवस्था की गई है। साथ ही सरकारी वित्त पोषित शैक्षिक संस्थानों और सरकार द्वारा मान्यता प्राप्त संस्थानों को दिव्यांग बच्चों को समावेशी शिक्षा प्रशिक्षित अध्यापकों के माध्यम से अनिवार्य प्रदान करनी होगी।
- **फंड की व्यवस्था:** दिव्यांगजनों को वित्तीय सहायता प्रदान करने के लिये 'राष्ट्रीय और राज्य निधि' (National and State Fund) का निर्माण किया जाएगा।
- **अवसंरचना संबंधी सुधार:** सुलभ भारत अभियान के धरातल पर कार्यान्वयन हेतु निर्धारित समय-सीमा में सार्वजनिक इमारतों (सरकारी और निजी दोनों) में दिव्यांगजनों की पहुँच सुनिश्चित करना।

पूर्वोक्त शैक्षिक नीतियों, कानूनों व प्रावधानों के परिणाम स्वरूप दिव्यांग बच्चों के लिए शिक्षा का वर्तमान स्वरूप प्रदान हो पाया है। शिक्षा के समवर्ती सूची में होने के नाते, भारत सरकार और संबंधित राज्य सरकार दोनों शिक्षा और पुनर्वास के क्षेत्र में दिव्यांग व्यक्तियों की सहायता के लिए कार्यक्रम तैयार कर रही हैं।

भारत द्वारा 2015 में अपनाए गए सतत विकास एजेंडा 2030 के लक्ष्य 4 (एसडीजी 4) में परिलक्षित वैशिक शिक्षा विकास एजेंडा के अनुसार विश्व में 2030 तक *'सभी के लिए समावेशी और समान गुणवत्तायुक्त शिक्षा सुनिश्चित करने और जीवन-पर्यन्त शिक्षा के अवसरों को बढावा दिए जाने' का लक्ष्य है।* (राष्ट्रीय शिक्षा नीति 2020, पृष्ठ -4) वर्तमान शिक्षा नीति 2020 ने समावेशी शिक्षा की मूल भावना को समझ, इसे दिव्यांगजन शिक्षा तक सीमित न रखते हुए, लाभार्थी वर्ग को पांच दीर्घ समूहों पहचाना है। पिछली नीतियों के तुलना में यह एक क्रांतिकारी कदम है।

राष्ट्रीय शिक्षा नीति 2020

राष्ट्रीय शिक्षा नीति २०२० से पहले, समावेशी शिक्षा से संबंधित सरकारी और गैर-सरकारी प्रयास केवल दिव्यांगजन शिक्षा तक ही सीमित थे। इसके प्रमाण सर्व शिक्षा अभियान, राष्ट्रीय माध्यमिक शिक्षा अभियान, माध्यमिक स्तर पर अक्षमता वाले विद्यार्थियों के लिए एकीकृत शिक्षा योजना (IEDSS), समग्र शिक्षा अभियान के अंतर्गत हुए प्रयासों में मिलते हैं। निस्संदेह इन योजनाओं एवं अभियानों ने दिव्यांग विद्यार्थियों की मुख्यधारा शिक्षा में प्रतिभागिता को बढ़ाया है और इनकी योग्यता के बारे में जागरूकता फ़ैलाने में महत्वपूर्ण कार्य किया है। इसके बावजूद इनकी आलोचना इस बात के लिए होती रही है कि मुख्यधारा विद्यालयों में दिव्यांगजन शिक्षा प्रयासों को ही समावेशी शिक्षा का पर्याय मान लिया गया। इसके विपरीत नयी शिक्षा नीति (2020) में समावेशी एवं समतामूलक शिक्षा की बात करते हुए कहीं पर भी विशेष शैक्षिक आवश्यकताओं को किसी विशिष्ट विभिन्न विकलांगता स्थिति के साथ न जोड़कर, समावेशी शिक्षा के पूरे विमर्श को एक नया आयाम देते हुए शिक्षा के सभी महत्वपूर्ण बिंदु, जैसे कि प्रारंभिक बाल्यावस्था देखभाल और शिक्षा, बहु-भाषा शिक्षा, बुनियादी साक्षरता एवं शिक्षा ज्ञान, परीक्षा व्यवस्था, शिक्षक योग्यता निर्माण, स्कूल मानक एवं प्रमाणन, उच्च शिक्षा, रोज़गार परक शिक्षा, सीखने का वातावरण, तकनीकी शिक्षा इत्यादि में इसके महत्व को स्वीकार किया गया है। समावेशी शिक्षा का लक्षित समूह समाजिक आर्थिक रूप से वंचित ऐसा समुदाय है जिसकी पहचान निम्न है–

1. लिंग समूह–महिला व ट्रांसजेंडर
2. सामाजिक सांस्कृतिक पहचान–अनुसूचित जाति, अनुसूचित जनजाति, अन्य पिछड़ा वर्ग, भाषाई एवं धार्मिक अल्पसंख्यक।
3. भौगोलिक पहचान–गाँव, कस्बों, आकांक्षी जिलों (एस्पिरेशनल डिस्ट्रिक्ट) के विद्यार्थी।
4. सामाजिक आर्थिक स्थितियाँ–प्रवासी समुदाय, निम्न आय वर्ग वाले, असहाय परिस्थिति में रहने वाले, बाल तस्करी के शिकार अथवा बाल तस्करी के शिकार वालों के बच्चे, अनाथ बच्चे, शहरी गरीब, भीख मांगने वाले।
5. विकलांगता (दिव्यांगजन)–दिव्यांगजन अधिकार कानून २०१६ में वर्णित २१ प्रकार की विकलांगताएँ।

उपर्युक्त सभी समूहों से आने वाले शिक्षार्थियों को गुणवत्तापूर्ण एवं न्यायसंगत शिक्षा हेतु जेंडर समावेशी कोष और समावेशी शिक्षा कोष की स्थापना का सुझाव भी है। प्रारंभिक देखभाल एवं शिक्षा में दिव्यांग शिक्षार्थियों की भागीदारी सुनिश्चित करना भी इस नीति की प्राथमिकताओं में है। इस दिशा में शिक्षक प्रशिक्षण, संसाधन केंद्र, विशेष शिक्षक नियुक्ति, सहायक उपकरणों का उपयोग, आवश्यकतुसार अधिगम सामग्री उपलब्ध कराने के अलावा मूल्यांकन प्रक्रिया में भी बदलाव की बात कही गई है। सांकेतिक भाषा को भी पहली बार शिक्षा नीती में संप्रेषण के माध्यम एवं अन्य बोली जा सकने वाली भाषा के रूप में मान्यता मिली है। राष्ट्रीय शिक्षा नीति (2020) में समावेशी एवं समतामूलक शिक्षा के प्रति निम्न सुझाव दिए गए हैं--

- गृह आधारित शिक्षा--जब विकलांगता की गंभीरता के कारण विद्यालय आना जाना संभव न हो
- अक्षमताओं की जल्द एवं प्रभावी पहचान
- बच्चों को अपनी गति से काम करने की स्वतंत्रता देना
- पाठ्यक्रम को आवश्यकतानुसार लचीला एवं अनुकूल बनाना

- बुनियादी स्तर से उच्चतम शिक्षा के लिए आकलन के दिशा-निर्देश बनाना, जिससे सभी शिक्षार्थियों की समान पहुँच एवं अवसर सुनिश्चित किये जा सके।
- लक्षित समूहों से आने वाले बच्चों के प्रति संवेदनशीलता, जागरूकता एवं शिक्षणशास्त्रीय ज्ञान को शिक्षक प्रशिक्षण का अनिर्वाय भाग बनाना
- पुस्तकालयों एवं प्रयोगशालाओं को सुगम्य एवं सुलभ बनाना
- लक्षित समूहों से आने वाले प्रतिभाशाली विद्यार्थियों के लिए विशेष छात्रावास, ब्रिज पाठ्यक्रम, छात्रवृत्ति, फीस माफ़ी का प्रावधान
- लक्षित समूहों से आने वाले विद्यार्थियों की प्रतिभा और क्षमता के उचित उपयोग हेतु उच्चतर और माध्यमिक विद्यालयों में सेना के तत्त्वाधान में एन. सी. सी. विंग खोलना

समावेशी विद्यालय के निर्माण हेतु प्रस्तावित व्यूहरचना

समावेशी विद्यालय के निर्माण हेतु कुछ प्रभावी युक्तियाँ इस प्रकार हो सकती हैं-

- **विद्यालय वातावरण** – बच्चों की शिक्षा चाहे वह किसी भी स्तर की हो उसमें विद्यालय के वातावरण का बहुत योगदान होता है। एक समावेशी विद्यालय के लिए यह आवश्यक है उसका वातावरण सभी के लिए सुखद और स्वीकार्य हो। विद्यालय में विशेष आवश्यकतायुक्त बच्चों की शैक्षिक, खेलकूद, मनोरंजन के अलावा दैनिक आदि आवश्यकताओं की पूर्ति हेतु आवश्यक संसाधनों, तकनीकी उपकरणों आदि का समुचित प्रबंधन करना आवश्यक है। बिना इनके विद्यालय में शिक्षा का समावेशी माहौल बनाने में कठिनाई हो सकती है।
- **सबके लिए विद्यालय** – समावेशी शिक्षा की मूल भावना है, एक ऐसा विद्यालय जहाँ सभी बच्चे एक साथ शिक्षा प्राप्त करते हैं। किंतु सामान्यतः इस तरह की बातें देखने और सुनने में अकसर आती रहती हैं कि किसी बच्चे को उसकी सीखने की कुछ विशेष आवश्यकताओं को पूरा करने में अपनी असमर्थता दर्शाते हुए अमुक विद्यालय ने उसे प्रवेश देने से मना कर दिया या किसी विशेष विद्यालय में उसके दाखिले के लिए उसके अभिभावकों को कहा हो। समावेशी शिक्षा की धारणा को धरातल पर उतारने तथा सभी बच्चों तक उसकी पहुँच बनाने के लिए यह आवश्यक है कि विद्यालय की दाख़िला नीति में परिवर्तन किया जाएँ ताकि वे किसी भी बच्चे को विद्यालय में दाख़िला देने से मना न कर सकें। वर्तमान में शिक्षा अधिकार अधिनियम 2009 इस दिशा में एक प्रभावी भूमिका निभा रहा है।
- **अनुकूलित पाठ्यक्रम** – यह आवश्यक है कि विद्यालय का पाठ्यक्रम बच्चों की अभिवृत्तियों, मनोवृत्तियों, संभावनाओं, सीमाओं तथा क्षमताओं को ध्यान में रखते हुए अनुकूलित किया जाना चाहिए। पाठ्यक्रम – अनुकूलन का अर्थ है – पाठ्यक्रम में उचित तथा मान्य संशोधन करके उसे विविधतापूर्ण तथा पर्याप्त लचीला बनाया ताकि प्रत्येक बच्चे की क्षमताओं व योग्यताओं का विकास किया जा सकें। पाठयक्रम ज्ञान को बच्चों के सामाजिक जीवन से जोड़ा जा सकें। उन्हें सामाजिक रूप से एक उत्पादित व स्वावलम्बी नागरिक बनने का कौशल प्रदान करने के साथ-साथ बच्चों को अपने अतिरिक्त समय का सदुपयोग करने का कौशल भी प्रदान किया जा सकें।
- **मार्गदर्शन व निर्देशन की व्यवस्था** – विशेष आवश्यकतायुक्त बच्चों को शिक्षित करने के लिए नियमित शिक्षक, विशेष शिक्षक, अभिभावक, परिवार और सामुदायिक अभिकरणों के साथ-साथ विद्यालय कर्मचारियों के बीच सहयोग और सहकारिता की आवश्यकता पड़ती है। समावेशी शिक्षा

व्यवस्था के अंतर्गत घर से विद्यालय जाते समय प्रत्येक बच्चे (विशेष आवश्यकतायुक्त बच्चे सहित) को आरम्भ में नए परिवेश में अपने आपको समायोजित करने में कुछ असुविधा हो सकती है। उदाहरण के लिए कक्षा गतिविधियों में सामंजस्य स्थापित करने में कठिनाई, दोस्तों का आभाव, आदि। इसके आलावा किशोरावस्था के दौरान होने वाले शारीरिक, मानसिक, सामाजिक परिवर्तनों के दौर में मार्गदर्शन व निर्देशन से बच्चे को इस संक्रमण काल में काफ़ी सहायता मिलती है। उचित मार्गदर्शन व निर्देशन की सहायता से बच्चे और उसके माता-पिता दोनों को ही इन परिवर्तनों के लिए मानसिक, शारीरिक और सामाजिक रूप से तैयार किया जा सकता है।

- **सहायक तकनीक का उपयोग** – समावेशी शिक्षा की सफलता के लिए और उसके प्रचार-प्रसार के लिए शिक्षा व्यवस्था में तकनीक का उपयोग किए जाने की आवश्यकता है। टी.वी. कार्यक्रमों, कम्प्यूटर, मोबाइल फोन, सहायक शिक्षा व चलिष्णुता तकनीकी उपकरणों का उपयोग करके विशेष आवश्यकतायुक्त बच्चों की, कक्षा में भागीदारी, सामाजिक अंतरक्रिया, आत्मनिर्भरता, मनोरंजन, आदि में प्रभावी भूमिका निभाई जा सकती है।
- **अध्यापकों का पर्याप्त प्रशिक्षण** – राष्ट्रीय शिक्षा नीति 2020 में शिक्षक को ही शिक्षा-व्यवस्था की वास्तविक गत्यात्मक शक्ति तथा शैक्षिक संस्थानों की आधारशिला माना गया है। शिक्षक ही वह शक्ति है जो प्रत्यक्ष और परोक्ष रूप से कक्षा में संचालित होने वाली शिक्षण अधिगम प्रक्रिया को सबसे अधिक प्रभावित करता है। समावेशी कक्षाओं को सफल बनाने के लिए सबसे पहला कदम है "एक शिक्षक को इसके लिए प्रशिक्षित एवं तैयार करना। समावेशी शिक्षा व्यवस्था के अन्तर्गत शिक्षकों (विशेष) की ज़िम्मेदारी और भी बढ़ जाती है, क्योंकि समावेशित शिक्षा व्यवस्था में शिक्षक अपने आपको केवल शिक्षण कार्य तक ही सीमित नहीं रखता अपितु उसे विशेष आवश्यकतायुक्त बच्चों का कक्षा में उचित ढंग से समायोजन करना, उनके लिए विशिष्ट प्रकार की अधिगम सामग्री का निर्माण करना, विद्यालय के अन्य कर्मचारियों, अध्यापकों, अभिभावकों, शैक्षिक प्रशासकों तथा विशिष्ट अध्यापक से विशेष बच्चे की सीखने संबंधी आवश्यकताओं को पूरा करने के लिए सहयोग व सहकारतापूर्ण व्यवहार करना, सरकार की तरफ से बच्चों को मिलने वाली आर्थिक सुविधाओं का वितरण करना आदि कार्यों को भी करना पड़ता है। इसलिए सामान्य कक्षा अध्यापक से यह अपेक्षा की जाती है कि वह पूर्णतः प्रशिक्षित हो, उसे विशिष्ट अधिगम सामग्री की जानकारी हो, विशेष आवश्यकतायुक्त बच्चों के प्रति स्वस्थ व सकारात्मक अभिवृत्तियाँ रखता हो तथा उनके मनोविज्ञान को भी समझाता हो। इसलिए ज़रूरी है कि अध्यापक प्रशिक्षण कार्यक्रम के प्रत्येक स्तर पर विशेष शिक्षकों सहित सभी शिक्षकों व भविष्य के शिक्षकों का समावेशी शिक्षा के अद्यतन ज्ञान एवं कौशल के संबंध में क्षमता निर्माण किया जाएँ ताकि उन्हें 21 वीं सदी के शिक्षार्थियों की चुनौतियों का सामना करने के लिए तैयार किया जा सके।
- **उपयुक्त शिक्षण प्रविधियों का चयन** – चूँकि समावेशी शिक्षा कक्षा में विविध प्रकार के बच्चे होते है इसलिए शिक्षक के लिए आवश्यक है कि वह शिक्षार्थियों की अधिगम आवश्यकताओं को ध्यान में रखते हुए ऐसी शिक्षण प्रविधियों का चयन करे जो शिक्षार्थियों के लिए उपयुक्त हो। शोध ने दर्शाया है कि सहयोगात्मक शिक्षण, सहपाठी शिक्षण, बहुज्ञन्द्रिय शिक्षण विधि, क्रियाकलाप आधारित शिक्षण, यू डी एल आधारित शिक्षण विधियां समावेशी कक्षा व्यवस्था में बहुत लाभदायक सिद्ध होती हैं।

- **आकलन का उचित तरीका** – आकलन का उद्देश्य बच्चों को *धीमे शिक्षार्थियों या प्रतिभाशाली शिक्षार्थियों 'समस्या वाले शिक्षार्थियों'* के रूप में पहचानने या लेबल करने के लिए बल्कि आकलन का उद्देश्य बच्चों की अधिगम प्रगति के उचित तरीकों और अधिगम में उनको होने वाली दिक्कतों की पहचान करके उनका समाधान बताने वाला होना चाहिए। एक समावेशी शिक्षा कक्ष में अधिगम आकलन के समय निम्न बिन्दु बच्चों की अधिगम संप्राप्ति की जाँच करने में अध्यापक के लिए सहायक सिद्ध हो सकते हैं –
  - ✓ बच्चे को प्रतिक्रिया देने के लिए पर्याप्त समय देना।
  - ✓ विषय वस्तु की समझ के आकलन के लिए अलग–अलग विधियों का उपयोग करना।
  - ✓ उत्तर पाने में लचीलापन रखना।
  - ✓ केवल मौखिक या लिखित प्रतिक्रिया के बजाय प्रतिक्रिया प्राप्त करने के लिए फ्लैश कार्ड, शब्द कार्ड, चित्रों और वास्तविक वस्तुओं का उपयोग।
  - ✓ एक ही प्रश्न के लिए, उत्तर देने के विभिन्न तौर-तरीको को प्रोत्साहित करना। उदाहरण के लिए मौखिक, कंप्यूटर की मदद से, बोले हुए को रिकॉर्ड कर के इत्यादि
- **सामुदायिक भागीदारी** – सभी को शिक्षा मुहैया करने के लिए यह आवश्यक है कि विद्यालयों को सामुदायिक जीवन का केन्द्र बनाया जाए ताकि बच्चों में सामुदायिक जीवन की भावना को बल मिल सके, क्योंकि विद्यालय में एक निश्चित समय (विशेष शैक्षिक आवश्यकतायुक्त बच्चों के संदर्भ में 18 वर्ष) व्यतीत करने के पश्चात् अधिकांश बच्चों को उसी समुदाय में वापिस लौटना पड़ता है जिसका वे मूलरूप से सदस्य होते है। जहाँ उनके अभिभावक, परिवार के अन्य सदस्य, दोस्त व रिश्तेदार होते हैं। इस उद्देश्य की प्राप्ति के लिए समय-समय पर विद्यालय में सांस्कृतिक कार्यक्रमों, वाद-विवाद, खेलकूद, देशाटन, इत्यादि जैसे शैक्षिक मनोरंजक कार्यक्रमों के आयोजन में सभी बच्चों के अभिभावकों सहित समाज के अन्य सम्मानित व्यक्तियों को आमंत्रित किया जाना चाहिए जिससे कि उन्हें विशेष आवश्यकतायुक्त बच्चों को एक समावेशी शिक्षा वातावरण में शिक्षा ग्रहण करने और इनके संबध में समाज में फैली भ्राँतियों को दूर करके बच्चों की योग्यता व प्रतिभा से परिचित करवाया जा सकें।

उपसंहार

राष्ट्रीय शिक्षा नीति 2020 की विशेषता है कि इसमें समावेशन को उसकी मूल भावना यानी कि विविधताओं का उत्सव, स्वीकृति एवं सम्मान के रूप में समझा गया है। विद्यालयी व्यवस्था के प्रत्येक आयाम में सहयोगी कार्य संस्कृति एवं विशेष आवश्यकताओं की पूर्ति हेतु ज़रूरी कदम उठाने पर ज़ोर दिया गया है। यह कदम सीढ़ियों की जगह रैंप बनाने, पीने के पानी के नल को पहियाकुर्सी का उपयोग करने वालों के लिए सुगम बनाना और ऑडियो घोषणा आदि जैसे सरल या बहु-स्तरीय कार्य पत्रक निर्माण, पाठ्यचर्या अनुकूलन और परीक्षा व्यवस्था में बदलाव आदि महत्वपूर्ण हो सकते हैं। बहु-भाषा के संदर्भ में सांकेतिक भाषा को स्वीकार करना एक ऐसे वर्ग विशेष को सम्मान और अपनापन देना है जिसकी विशेष आवश्यकता मुख्य धारा के मौखिक संवाद को न समझ पाने और अपनी अभिव्यक्ति के माध्यम (संकेत भाषा) से आम जन तक ना पहुँच पाने से उपजती है। उम्मीद है कि नई राष्ट्रीय शिक्षा

नीति के क्रियान्वयन से श्रवण बाधित दिव्यांगजन समाज की मुख्यधारा के और करीब आ सकेंगे। संक्षेप में कहा जा सकता है कि राष्ट्रीय शिक्षा नीति 2020 समावेशन की नीति को प्रत्येक विद्यालय और सारी शिक्षा व्यवस्था में व्यापक रूप से लागू किए जाने की मंशा पर आधारित है। जिसका मूल सार है कि "जीवन के प्रत्येक क्षेत्र में फिर चाहे वह विद्यालय से जुड़ा हुआ हो या विद्यालय से बाहर, सभी बच्चों की समतामूलक भागीदारी सुनिश्चित किए जाने की आवश्यकता है। विद्यालयों को ऐसे केन्द्रों में परिवर्तित किए जाने की आवश्यकता है जहाँ बच्चों को सामाजिक जीवन की तैयारी कारवाई जाएँ और यह सुनिश्चित किया जाएँ कि सभी बच्चों खासकर दिव्यांग और समाज के हाशिए और कठिन परिस्थितियों में जीने वाले बच्चे जो शिक्षा की मुख्यधारा से बहुत समय तक दूर रहे है को शिक्षा के महत्वपूर्ण फायदे सबसे ज़्यादा मिल सकें।

संदर्भ

- दिव्यांगजन अधिकर अधिनियम. (2016), मिनिस्ट्री ऑफ सोशल जस्टिस एण्ड इम्पावरमेंटन. नई दिल्ली: भारत सरकार, अध्याय-3।
- आर.टी.ई. एक्ट॰ (2009) भारत का राजपत्र, भाग II खण्ड-3 उपभाग आई, नई दिल्ली : भारत सरकार।
- जुल्का अनिता, कुमार मनोज (2008) शिक्षा के सामान अवसर और समावेशन, भारतीय आधुनिक शिक्षा, अंक 4, अप्रैल, एनसीईआरटी, नई दिल्ली।
- Julka, A. (2006). Including children and youth with disabilities in education– a guide for practioners. NCERT, New Delhi.
- Ministry of Human Resource Development (2005) Action plan for inclusion in education of children and youth with disabilities, New Delhi: Government of India.
- राष्ट्रीय पाठ्यक्रम रूपरेखा, 2005 एनसीईआरटी, नई दिल्ली।
- थॉमस, जी. (1997) इन्क्लूसिव स्कूल्स फॉर एन इन्क्लूसिव सोसाइटी. ब्रिटिश जनरल ऑफ एजुकेशनल, 24(3)।
- बेसिक फैक्टर अबाउट इंडिया. Retrieved from www.gfe.de/publication/India-Introduction.doc
- शिक्षा अधिकार अधिनियम.- Retrieved from https://hi.wikipedia.org/s/8n9y
- राष्ट्रीय शिक्षा नीति 2020, भारत सरकार

7

स्कूल कॉम्प्लेक्स/कलस्टर के माध्यम से कुशल प्रभावी गवर्नेंस

सुनीता सिंह

स्कूल कॉम्प्लेक्स से जुड़ी अवधारणा की कहीं-न-कहीं स्कूली शिक्षा की अवधारणा से प्रभावित होती है। भारत में स्कूली शिक्षा-विमर्श को लेकर कई नीति /आयोगों ने अपनी-अपनी अनुशंसाओं को दिया है, जो स्कूल शिक्षा के सतत क्रमवत विकास को प्रदर्शित करते हैं। राष्ट्रीय शिक्षा-नीति 2020 के संदर्भ में स्कूल कॉम्प्लेक्स/क्लस्टर एक रचनात्मक पहल है। पिछले 50 वर्षों में स्कूली शिक्षा के संदर्भ में कई संरचनात्मक बदलाव किए गए हैं, जो देशभर में एक जैसे ढाँचे को लेकर स्कूली शिक्षा को गुणवत्तापूर्ण बनाने के उद्देश्य से किए गए। इस क्रम में राष्ट्रीय शिक्षा-नीति 1968 से वर्तमान राष्ट्रीय शिक्षा-नीति 2020 तक 10 + 2 से लेकर 10 + 2 + 3, 5 + 3 + 3 + 4 तक कई परिवर्तन हुए हैं, इन परिवर्तनों ने स्कूली शिक्षा के मानकीकरण में मदद की है। यदि स्कूली शिक्षा में गुणवत्ता प्रशासन, अन्य चुनौतियों को केंद्र में रखते हुए विचार किया जाए तो यह ज्ञात होता है कि स्कूल कॉम्प्लेक्स, राष्ट्रीय शिक्षा-नीति में कोठारी कमीशन के सुझाव के बाद एक नए प्रयोग के रूप में दिखाई देता है। इस शैक्षिक विमर्श का प्रारंभ भारत में कोठारी आयोग के द्वारा किया गया, लेकिन पश्चिमी देशों में इस संदर्भ में सबसे पहले अंग्रेज़ पादरी जॉन कॉटन ने वर्ष 1635 में बोस्टन इंग्लैंड में फ्री ग्रामर स्कूल के लिए 'स्कूल कॉम्प्लेक्स' शब्द का प्रयोग किया था। भारत में कोठारी कमीशन ने 'स्कूल कॉम्प्लेक्स' के लिए 'विद्यालय संकुल' के रूप में सुझाव दिए।

यदि शाब्दिक रूप से 'स्कूल कॉम्प्लेक्स' को समझें तो यह दो शब्दों – 'स्कूल' और 'कॉम्प्लेक्स' का समुच्चय है। यदि जॉन ड्यूवी द्वारा प्रस्तुत पारिभाषिक अर्थों में 'स्कूल' को देखें तो स्कूल समाज का लघु रूप है जबकि सामान्य अर्थों में स्कूल वह शैक्षणिक स्थान है, जहाँ सीखने-सिखाने के लिए शिक्षकों द्वारा शिक्षार्थियों को एक प्रजातांत्रिक वातावरण उपलब्ध कराया जाता है। अंग्रेज़ी शब्द 'कॉम्लेक्स' का अर्थ 'सम्मिश्र' है। अतः 'स्कूल कॉम्प्लेक्स' एक ऐसी अवधारणा के रूप में समझा जा सकता है जहाँ किसी उद्देश्य की प्राप्ति हेतु शिक्षा से संबंधित सभी संसाधनों को एकत्र कर आवश्यकतानुसार उनका प्रबंधन किया जाए। राष्ट्रीय शिक्षा-नीति 2020 में 'स्कूल कॉम्प्लेक्स' से तात्पर्य एक ऐसे संभावित तंत्र के रूप में है जो समूह-संरचना पर आधारित है। जिसमें 5 से 10 किलोमीटर के दायरे में माध्यमिक विद्यालय, आँगनबाड़ी सहित पड़ोस के प्राथमिक उच्च प्राथमिक विद्यालय होंगे। यह नीति स्कूलों में प्रभावी कामकाज, समन्वय,

---

सहायक आचार्य, शिक्षा विभाग, दिल्ली विश्वविद्यालय, दिल्ली।

नेतृत्व शासन प्रबंधन के दृष्टिकोण से प्रभावी है। स्कूल कॉम्प्लेक्स के द्वारा विद्यालयों में शैक्षिक गुणवत्ता बढ़ाने का प्रयास किया गया है। स्कूल कॉम्प्लेक्स की व्यवस्था आने से माध्यमिक, प्राथमिक विद्यालयों, आँगनबाड़ियों के बीच आपसी सहयोग समन्वय में बढ़ोतरी होगी। छोटे स्कूलों, जहाँ शिक्षार्थी संख्या कम है, उनके अलगाव जैसी स्थितियों को दूर किया जा सकता है। शिक्षा के लक्ष्यों को प्राप्त करने के संदर्भ में स्कूल कॉम्प्लेक्स की स्थापना के लक्ष्य, उद्देश्य, संरचना, सकारात्मकता संभावित चुनौतियों के साथ कुशल गवर्नेंस मदद करते हैं।

भारत में स्कूली शिक्षा से संबंधित आयोगों की अनुशंसाओं का विकास

भारत में शिक्षा आयोग, शिक्षा-नीतियों का इतिहास सौ वर्षों से अधिक पुराना है। स्वतंत्रता-पूर्व 1854 में शिक्षा को लेकर नियमितता हेतु एक प्रतिवेदन चार्ल्स वुड द्वारा प्रस्तुत किया गया। स्वतंत्रता के पूर्व शिक्षा गठित आयोगों की कथनी/करनी / सिद्धांतों और व्यवहार में व्यापक अंतर था। भारतीय शिक्षा आयोग के नाम से गठित हंटर कमीशन (1882) में सात भारतीय थे, जो सरकार के कृपा पात्र या अनुयायी थे। राष्ट्रीय शिक्षा ब्रिटिश सरकार की दया पर आधारित, व्यक्तिगत लाभ को पोषित कर रही थी। भारतीय विश्व विद्यालय आयोग (1902) व सैडलर कमीशन (1917) के द्वारा उच्च शिक्षा का विकास किया गया जो अंग्रेज़ी शिक्षा पर आधारित थी। भारत वर्ष में जितने भी मिशनरी पब्लिक स्कूल स्थापित हुए, वे सब ब्रिटेन के पब्लिक स्कूलों के ढाँचे पर आधारित थे। ग्रेट ब्रिटेन में पब्लिक स्कूलों की व्यवस्था बिना किसी सरकारी सहायता के जेंटल ईसाई तैयार करने के उद्देश्य से 15वीं शताब्दी खोले गए। जिनका उद्देश्य सामाजिक, राजनैतिक व धार्मिक परिस्थतियों में नेतृत्व हेतु नागरिक तैयार करना था। इसी तर्ज़ पर 18वीं शताब्दी के अंत तक भारत वर्ष में भी ऐसे ही पब्लिक स्कूल खुले, इन स्कूलों की समालोचना के पश्चात 1944 ई० में बटलर शिक्षा एक्ट बना तभी से जिन पूँजीपतियों को ग्रेट ब्रिटेन में प्रवेश नहीं मिल पाता था उन्होंने ग्रेट ब्रिटेन की तर्ज़ पर स्कूल खोलने का प्रयास किया, शुरू-शुरू में ये पब्लिक स्कूल चीफ्स कॉलेज कहलाए। कलकत्ता के प्रसिद्ध वकील एस. आर. दास ने कलकत्ता में पहला पब्लिक स्कूल खोलने का विचार किया, जिसमे सभी वर्ग के विद्यार्थी प्रवेश ले सकें। 1929 ई० में उन्होंने इंडियन पब्लिक सोसाइटी की स्थापना की। इनकी मृत्यु के बाद 1935 ई० में दून स्कूल खुला, 1930 ई० तक इन पब्लिक स्कूलों को सरकारी कोष से पैसा दिया जाता था लेकिन 1939 में इन स्कूलों के परिप्रेक्ष्य में शिमला सभा में यह तय किया गया कि ये पब्लिक स्कूल सामान्य बालकों को शिक्षा नहीं देते, अतः अनुदान नहीं दिया जाएगा। पाठ्यक्रम में भारतीय संस्कृति को प्रमुख स्थान देने के लिए इंडियन पब्लिक स्कूल एसोसिएशन की स्थापना की गई। परंतु चीफ्स कॉलेजेस (पब्लिक स्कूलों) ने इंडियन पब्लिक स्कूल एसोसिएशन का सदस्य बनना स्वीकार नहीं किया। डेली कॉलेज, इन्दौर ऐडमिशन कॉलेज, लाहौर कॉलेज, मौसंला मिशनरी स्कूल, पूना राज कुमार कॉलेज, ने खुद को पब्लिक स्कूल (राजा, महाराजा का स्कूल) घोषित किया। गाँधी जी ने पब्लिक स्कूलों को बनाए रखने की नीति को स्वीकार नहीं किया, उन्होंने बेसिक शिक्षा नीति तैयार की जिससे सभी तक शिक्षा पहुँचे। यद्यपि बहुत से नेता वर्ग व रायपुर के हेडमास्टर स्मिथ इसके विरोधी थे। 1947 तक इन पब्लिक स्कूलों की संख्या बढ़ती गई। ये ब्रिटिश संस्कृति के प्रतीक माने गए, क्योंकि अंग्रेज़ी माध्यम (पाश्चात्य संस्कृति) की शिक्षा देते थे व भारतीय संस्कृति की अवहेलना करते हैं। मुदालियर कमीशन (1952) ने पब्लिक स्कूल की कार्य-प्रणाली का अध्ययन किया और उन्हें बनाए रखने की सिफ़ारिश की। आयोग ने इसकी कार्य-प्रणाली

में सुधार का सुझाव दिया लेकिन इन्हें बन्द करने के स्थान पर इनकी आवश्यकता का समर्थन किया। आज भी भारतीय लोग इन पब्लिक स्कूलों में अपने बच्चों को भेजकर गौरवान्वित होते हैं। माध्यमिक शिक्षा आयोग (1952-53) ने माध्यमिक शिक्षा का काल 7 वर्ष जो तीन वर्ष की मिडिल, 4 वर्ष की उच्चत्तर माध्यमिक शिक्षा, में विभाजित थी। इस कमीशन ने टेक्निकल स्कूल, वोकेशनल कोर्स पर बल दिया। कोठारी आयोग (1964-66) में पब्लिक स्कूलों को समाप्त करने की अनुशंसा की, इस तरह के विद्यालय कोठारी आयोग की दृष्टि से लोकतान्त्रिक व्यवस्था में बाधक हैं और एक ऐसा वर्ग उत्पन्न करते हैं जो सुख, वैभव की ओर उन्मुख होते हैं। लेकिन जिनमें सेवा एवं समर्पण की भावना नहीं होती है। इस तरह स्थापित विद्यालय, विकास के समान अवसरों की अवहेलना करते हैं। प्रायः सशक्त प्रवर्ती के स्वार्थी लोग अपने पाल्यों को इन्हीं विद्यालयो में भेजते हैं। कोठारी कमिशन ने कॉमन स्कूल सिस्टम को दिया किन्तु आज तक नई शिक्षा-नीति में भी इसे लागू करने की अनुशंसा नहीं की गई है। नवीनता के नाम पर प्राइवेट स्कूल से 'पब्लिक' शब्द हटाने की अनुशंसा की गई है। इस प्रकार हमारे देश में दो प्रकार की माध्यमिक शिक्षा पाई जाती है। एक, सार्वजानिक स्कूली शिक्षा और दूसरी, पब्लिक स्कूलों की माध्यमिक शिक्षा। इस प्रकार 'द्वै शिक्षा-प्रणाली' से में वर्ग -भेद पैदा किया जाता है और समावेशी शिक्षा के तहत समानता लाने की बात की जाती है।

कोठारी कमीशन के संपूर्ण प्रतिवेदन पर विचार करने से स्पष्ट होता है कि शिक्षा पर लगाया जाने वाला धन व्यय नहीं है, अपितु यह वह रकम है जो निर्माण-कार्य में लगती है। इस प्रकार इस कमीशन ने लगाए गए धन को लागत माना न कि व्यय। इस कमीशन के अंतर्गत विज्ञान शिक्षा, कार्यानुभव शिक्षा और व्यावसायिक शिक्षा को उत्पादन से जोड़ने पर बल दिया गया। इस कमीशन के द्वितीय भाग में स्कूली शिक्षा के विस्तार की समस्याओं, स्कूली पाठ्यक्रम, अध्ययन पद्धति, निर्देशन, मूल्यांकन, प्रशासन, निरीक्षण - सभी पर विस्तृत बात की गई है। शिक्षा के राष्ट्रीय आदर्श, शिक्षा-प्रणाली, अध्यापक के स्तर, अध्यापक शिक्षण, शिक्षा के समान अवसरों पर अनुशंसा की गई। त्रिभाषा सूत्र जो कि कोठारी कमीशन की पहल थी यद्यपि उसका विरोध हुआ, किंतु शिक्षा-आयोग ने संशोधन किया, इसके अनुसार त्रिभाषा सूत्र के अंतर्गत भारतीय संघ की अधिकृत या सहायक अधिकृत भाषाओं से एक, आधुनिक भारतीय भाषा (हिंदी /अंग्रेज़ी) और एक मातृभाषा होगी। यद्यपि हिंदी समर्थकों ने इसे राष्ट्रीयता के मुँह पर तमाचा बताया। संस्कृत भाषा के प्रति यह कमीशन उदासीन था। राष्ट्रीय शिक्षा आयोग/कोठारी कमीशन ने बुनियादी शिक्षा के मूलभूत सिद्धांतों को दोहराया, इसका उद्देश्य समाजोपयोगी सभी कामों को प्रतिष्ठित करना व उच्च तथा निम्न कार्यभाव को समाप्त करना था। कोठारी कमीशन ने भी इस तरह स्कूली शिक्षा, माध्यमिक शिक्षा को व्यावसायिकता से जोड़ने का प्रयास किया। राष्ट्रीय शिक्षा नीति (1968) शिक्षा की गुणवत्ता पर बल देती है, इस नीति में विज्ञान, प्रौद्योगकी शिक्षा प्रणाली का सर्वांगीण पुनर्निर्माण करना आधारभूत मुद्दा था। इस नीति में स्कूली शिक्षा के सामाजिक शैक्षिक संरचना, राष्ट्रीय कोर पाठ्यक्रम, डे केयर सेंटर की स्थापना, शिक्षा के सार्वभौमिकीकरण, ऑपरेशान ब्लैक बोर्ड, नवोदय विद्यालय की स्थापना, स्कूली शिक्षा के शिक्षकों के प्रशिक्षण हेतु जिला शिक्षा प्रशिक्षण संस्थान की स्थापना, मुक्त विद्यालय आदि महत्वपूर्ण नव कार्य किए गए। लेकिन समान विद्यालय (Common School System) की विचारधारा की अवहेलना की गई तथा पब्लिक स्कूलों पर चुप्पी साध ली गई। इसी क्रम में आचार्य राममूर्ति समिति गठित हुई। इनके बीच देश में शिक्षा में सुधार हेतु कई शिक्षा

योजना, जैसे - राष्ट्रीय माध्यमिक शिक्षा अभियान 2009 व समग्र शिक्षा योजना 2018 को स्कूल शिक्षा में गुणवत्ता लाने के लिए सरकार द्वारा लागू किया गया है, किंतु आज भी स्कूली शिक्षा के मानकों में आए कई परिवर्तनों के बाद भी यह कई चुनौतियों से गुज़र रही है, जैसे-स्कूली शिक्षा में एकल विद्यालय, अध्यापकों की कमी, विज्ञान, गणित की गुणवत्ता पूर्ण शिक्षा की कमी, सरकारी माध्यमिक विद्यालयों में विद्यार्थियों की कमी, कुशल नेतृत्व की कमी, संसाधनों की दूरस्थ विद्यालयों में आपूर्ति न हो पाना आदि राष्ट्रीय शिक्षा-नीति का प्रारूप लगभग दो दशकों से भी अधिक समय बाद 2016 में सामने आया। जो वर्तमान में राष्ट्रीय शिक्षा-नीति 2020 के रूप में अवलोकित हुआ है। लगभग 30 वर्ष बाद इस नीति से भारत के स्कूल में पढ़ने वाले विद्यार्थी, अभिभावकों, शिक्षकों ने बड़ी उम्मीद की है कि यह शिक्षा की गुणवत्ता में उन्नयन करेगी।

स्कूल कॉम्प्लेक्स के लक्ष्य व उद्देश्य

1. समग्र शिक्षा योजना के तहत विद्यालय शिक्षा में पाए जाने वाले संरचनात्मक अंतर को समग्रता की तरफ केंद्रीकृत करके समेकित करना।
2. इस प्रकार स्कूल कॉम्प्लेक्स समग्र शिक्षा योजना की उद्देश्यों की पूर्ति में मदद करता है। यह कॉम्प्लेक्स प्राथमिक, माध्यमिक, उच्चतर माध्यमिक विद्यालयों को केंद्रीय स्तर पर उन्हें समेकित करेगा।
3. बड़ी संख्या में छोटे स्कूलों या कम शिक्षार्थी संख्या वाले विद्यालयों से उत्पन्न संरचनात्मक समस्याओं और चुनौतियों का समाधान करना।
4. छोटे स्कूलों की शिक्षा और शिक्षण-प्रक्रिया पर जो नकारात्मक प्रभाव पड़ रहा है उसे दूर करने व छोटे स्कूल के शासन व प्रबंधन से संबंधित चुनौतियों का समाधान करना।
5. एकाकी विद्यालय में सहयोगी समूहों के द्वारा शिक्षण, प्रशासन और क्रियान्वयन संबंधी चुनौतियों के कार्य को संचालित करना।
6. बेसिक व माध्यमिक शिक्षा विभाग से विद्यालय कॉम्प्लेक्स को सत्ता अधिकारिता का स्वायत तरीके से शैक्षिक गुणवत्ता हेतु प्रयोग करना।

इस प्रकार स्कूल कॉम्प्लेक्स के लक्ष्यों को दो प्रमुख भागों में वर्गीकृत किया जा सकता है -

1. समग्र समेकित विद्यलायी शिक्षा को प्रोत्साहन देना।
2. गुणवत्ता पूर्ण विद्यालय शिक्षा हेतु कुशल प्रशासन प्रबंधन करना।

स्कूल कॉम्प्लेक्स की संरचना

इस नीति में स्कूल कॉम्प्लेक्स के संरचनात्मक ढाँचे में कक्षा 9 से 12 तक के स्कूल उसके दायरे में आने वाले प्राथमिक से लेकर कक्षा 8 तक के सरकारी स्कूलों में चयन योजनाबद्ध तरीके से एक-दूसरे की नज़दीकी के आधार पर किया जाएगा। राज्य व केंद्र शासित प्रदेश की सरकारों द्वारा 2025 तक स्कूलों के समूह बनाने, उनकी संख्या को समुचित रूप देने के लिए नवीन प्रक्रिया को अपनाकर यह सुनिश्चित किया जाएगा कि स्कूल कॉम्प्लेक्स के हर स्कूल में कला, संगीत, विज्ञान, खेल, भाषा, व्यावसायिक विषय

आदि सहित सभी विषयों को पढ़ाने के लिए पर्याप्त संख्या में परामर्शदाता, प्रशिक्षित समाज कार्यकर्ता और शिक्षक उपलब्ध हों, जिससे आस-पास के एकल विद्यालयों में शैक्षणिक सहयोग किया जा सके।

इस नीति में अध्याय 7 के अंतर्गत स्कूलों में प्रभावी ज़बरदस्त और कुशल संसाधन हेतु स्कूल कॉम्लेक्स को उपलब्ध करवाने के लिए बिंदु 7.1 से लेकर बिंदु 7.7 तक स्कूल से संबंधित विभिन्न मुद्दों पर चर्चा की गई है। इन बिंदुओं में कोठारी कमीशन से बने सुझावों को प्राथमिकता दी गई है। जिसके अंतर्गत छोटे स्कूल के अलगाव को समाप्त करना, स्कूलों को संसाधन उपलब्ध कराना, एकीकृत शिक्षा को बढ़ावा देना, शिक्षकों के लिए बेहतर सहयोग, प्रशासन प्रबंधन, प्रभावी गवर्नमेंट निजी व सार्वजनिक स्कूलों सहित सभी स्कूलों के बीच परस्पर सहयोग सकारात्मक तालमेल स्थापित करवाना, बाल भवन, कला, खेल और कैरियर संबंधी गतिविधियों को स्कूल कॉम्प्लेक्स की प्रमुख ज़िम्मेदारियों के रूप में बताया गया है।

राष्ट्रीय शिक्षा-नीति 2020 में स्कूल कॉम्प्लेक्स के गठन हेतु दिए गए तर्क व कारण

राष्ट्रीय शिक्षा-नीति में कहा गया है कि देश के 28% सरकारी प्राथमिक विद्यालय 14.8 उच्च प्राथमिक विद्यालयों में 30 से भी कम संख्या में बच्चे नामांकित हैं, देश के तकरीबन एक लाख 19303 सरकारी प्राथमिक विद्यालयों में केवल 1 शिक्षक कार्यरत है। इस प्रकार इस नीति में यह बताने का प्रयास किया गया है, कि हर बसाहट के 1 किलोमीटर के दायरे में 1 प्राथमिक विद्यालय उपलब्ध होने के सिद्धांत में स्कूलों तक बच्चों की पहुँच को सुनिश्चित किया है, किंतु इसमें गुणवत्तापूर्ण शिक्षा की प्राप्ति होने में अनेक चुनौतियाँ आ रही हैं। यह चुनौतियाँ इस प्रकार हैं -

1. बहुत कम संख्या वाले विद्यालयों का आर्थिक दृष्टि से व्यावहारिक ना हो पाना।
2. स्कूलों की बड़ी संख्या है, अतः स्कूलों के भौगोलिक फैलाव के कारण वहाँ तक पहुँच पाने में अनेक चुनौतियों व समस्याओं से निपटने के लिए स्कूल कॉम्प्लेक्स की आवश्यकता है।
3. स्कूलों में प्रशासकीय नियंत्रण व निरीक्षण हेतु इसकी आवश्यकता है।
4. सीखने के लिए उचित माहौल देने के लिए स्कूल कॉम्प्लेक्स की आवश्यकता है ताकि शिक्षक व शिक्षार्थी एकल विद्यालय में अलगाव महसूस ना करें।

इस प्रकार पूर्वोक्त कारणों और चुनौतियों को आधार बनाते हुए नीति में स्कूल कॉम्प्लेक्स स्थानीय व प्रशासनिक आवश्यकता को पूरा करने वाला लगता है।

स्कूल कॉम्प्लेक्स की संचालन प्रक्रिया

राष्ट्रीय शिक्षा-नीति में स्कूल कॉम्प्लेक्स के गठन की प्रक्रिया के बारे में बताते हुए कहा गया है कि बहुत-से सार्वजनिक क्षेत्र के स्कूलों को एक साथ लाकर एक संस्थानिक और प्रशासनिक इकाई का गठन किया जाएगा। इसमें भौतिक रूप से स्कूलों के स्थान में कोई परिवर्तन नहीं होगा और प्रत्येक विद्यालय का संचालन अलग से प्रशासनिक रूप होगा। स्कूल कॉम्प्लेक्स सार्वजनिक स्वायत शिक्षा व्यवस्था के अंतर्गत शैक्षिक प्रशासन की बुनयादी इकाई के रूप में कार्य करेगा। स्कूल कॉम्प्लेक्स राज्य सरकार को हर स्तर पर प्रशासकों प्रशासनिक कार्य में मदद करेगा, क्योंकि स्कूल कॉम्प्लेक्स को स्वयं में एक स्वायत्त इकाई

माना जाएगा। इस तरह से स्कूल कॉम्प्लेक्स के गठन के द्वारा विद्यालयों में प्रशासन को मज़बूत बनाया जा सकेगा। परिणामस्वरूप विद्यालयों की प्रशासनिक नियंत्रण से संबंधित समस्या हो सकेगी व विद्यालयों को अधिकाधिक अकादमिक अनुसमर्थन मिल सकेगा।

स्कूल कॉम्प्लेक्स के क्रियान्वयन से होने वाले दूरदर्शी लाभ

1. इस नीति में वर्णित स्कूल कॉम्प्लेक्स के क्रियान्वयन से शिक्षकों, शिक्षार्थियों, स्कूलों के अलगाव को दूर करने के लिए समुदाय के साथ एक समझ बनाकर चलने के लिए संयुक्त व्यवसायिक विकास कार्यक्रम, संयुक्त शिक्षण-अधिगम-सामग्री-निर्माण से शिक्षण-अधिगम-प्रक्रिया को लाभ मिलेगा।
2. स्कूल कॉम्प्लेक्स कला, विज्ञान प्रदर्शनी, खेल गतिविधि, डिबेट मेले के आयोजन को क्रियान्वित करेगा जिससे बड़े स्तर पर स्कूल के विद्यार्थी में वैज्ञानिक, सामाजिक ज्ञान में वृद्धि होगी।
3. जिन प्राथमिक विद्यालयों में कला व व्यायाम स्पेशल टीचर नियुक्त नहीं है, उन विद्यालयों में स्कूल कॉम्प्लेक्स उन विद्यालयों में रिज़र्व टीचर की व्यवस्था करके पूरा करेगा।
4. पड़ोसी विद्यालयों में केंद्रीय प्रयोगशाला के द्वारा विज्ञान शिक्षा को गुणवत्ता में बढ़ोतरी होगी। ऐसा करने से कम लागत में अच्छे शिक्षण प्रतिफल प्राप्त हो सकेंगे।
5. स्कूल कॉम्प्लेक्स विद्यालयों को पुस्तक उपलब्ध कराने, शिक्षकों की बैठक आयोजित कराने, प्रदर्शन पाठ के प्रस्तुतीकरण, शिक्षकों के क्षमता-संवर्धन के लिए प्रोफेशनल कोर्सेज आयोजित करेगा जिससे विद्यालय शिक्षा की गुणवत्ता बढ़ेगी।
6. स्कूल कॉम्प्लेक्स अकादमी की योजना बनाने, लीव-टीचर, रिज़र्व टीचर की व्यवस्था करने का भी कार्य करेगा जिससे शिक्षकों की कमी वाले विद्यालयों में ज़रूरत के अनुसार शिक्षक पहुँच सकेंगे।

इस प्रकार स्कूल कॉम्प्लेक्स की भूमिका विद्यालयों की शैक्षिक गुणवत्ता के परिप्रेक्ष्य में महत्वपूर्ण दृष्टिगत होती है।

राष्ट्रीय शिक्षा-नीति और स्कूल कॉम्प्लेक्स के रचनात्मक कदम

राष्ट्रीय शिक्षा नीति में स्कूल कॉम्प्लेक्स के संदर्भ में नई सोच और रचनात्मकता के साथ अनेक महत्वपूर्ण अनुशंसाएँ सुझाई गई हैं, जिन्हें इस प्रकार देखा जा सकता है -

- **सरकारी कर्मचारियों की कमी को पूरित करने वाला कदम**
  देश में स्कूल स्तर पर सरकारी कर्मचारियों की स्कूलों में कमी है, इस कारण से विद्यालय के शिक्षकों को ही प्रशासन मध्याह्न भोजन की व्यवस्था, शिक्षण इत्यादि बहुत से कार्य करने पड़ते हैं। स्कूल कॉम्प्लेक्स के बन जाने से प्रशासन, गवर्नेंस व अन्य स्कूल के कार्यों में सहायक कर्मचारी उपलब्ध हो सकेंगे। जिससे विद्यालय में स्थित शिक्षक शिक्षण कार्य को प्राथमिकता दे सकेंगे।
- **दिव्यांग** बच्चों की **शिक्षा पर सकरात्मक प्रभाव**
  इससे दिव्यांग बच्चों की शिक्षा के लिए सहयोग और समर्थन मिलेगा।

- **स्कूलों में सफल प्रशासन व कुशल गवर्नेंस की शुरुआत**
  शिक्षा अधिकारी, बीईओ प्रत्येक स्कूल कॉम्प्लेक्स/क्लस्टर को इकाई मानकर उनके साथ कार्य करेंगे, जिससे विद्यालय की गवर्नेंस में सुधार आएगा। प्रशासनिक ढाँचे को स्थानीय स्तर के प्रधानाचार्य व अध्यापक देखेंगे। इस प्रकार स्कूल-संचालन की शुचिता बनी रहेगी।
- **स्कूल कॉम्प्लेक्स में स्वायत्ता को लेकर एक सकारात्मक पहल**
  स्कूल कॉम्प्लेक्स से माध्यमिक विद्यालय में गुणवत्ता आएगी। नीति में कहा गया है कि डीएससी द्वारा स्कूल कॉम्प्लेक्स को काफ़ी स्वायत्तता दी गई है जिसके आधार पर राष्ट्रीय पाठ्यचर्या और सामान पाठ्यचर्या का अनुपालन करते हुए समन्वित शिक्षा प्रदान की जा सकेगी। इस व्यवस्था से स्कूल मज़बूत होंगे और पूर्ण तरीके से कार्य कर सकेंगे। यह कॉम्प्लेक्स नवाचारी और ज़िम्मेदार व्यवस्था प्रदान करता है। स्कूलों के प्लान के आधार पर स्कूल कॉम्प्लेक्स विकास योजना बनाने का कार्य भी करेंगे। नीति में वर्णित मानव संसाधन, शिक्षण-अधिगम संसाधन, भौतिक संसाधन, इंफ्रास्ट्रक्चर सुधार के लिए की जाने वाली पहल, वित्तीय संसाधन क्षमता संवर्धन योजना को महत्व दिया गया है, जिससे विद्यालय की शिक्षा की गुणवत्ता में बढ़ोतरी होगी। स्कूल गवर्नेंस को सुदृढ़ करने के लिए डीपी, स्कूल परिसर/क्लस्टर विकास योजना (सीडीपी) के माध्यम से डीएससी समेत सभी अधिकारी स्कूल कॉम्प्लेक्स से जुड़ सकेंगे व प्रासंगिक सहयोग को दे सकेंगे इस प्रकार स्कूल कॉम्प्लेक्स विकास के लिए विशेष मानक उपलब्ध कराएगा जिससे दीर्घकालिक और अल्पकालिक योजनाओं को सफलता प्राप्त होगी स्कूल कॉम्प्लेक्स सहकर्मियों के परस्पर सहभागिता से सीखने वाले समूहों के लिए ज़रूरी व्यवस्था प्रदान करेगा जैसे शिक्षण अधिगम केंद्र की स्थापना करना शिक्षकों की साप्ताहिक बैठक सेमिनार शैक्षिक भ्रमण, शिक्षकों के सतत व्यवसायिक विकास हेतु एक रचनात्मक कदम होगा।

इस प्रकार विश्लेषणात्मक चर्चा के उपरांत यह निष्कर्ष समक्ष आता है कि पिछली नीतियों का ज़ोर मुख्य रूप से प्रत्येक बच्चे तक शिक्षा की पहुँच के मुद्दों पर था। राष्ट्रीय शिक्षा नीति(1986) की के अधूरे काम को 1992 में संशोधित नीति के द्वारा पूरा करने का भरपूर प्रयास किया गया है। 1986 /92 की पिछली नीति के बाद से एक बड़ा कदम निःशुल्क और अनिवार्य शिक्षा अधिनियम 2009 रहा है जिसने सार्वभौमिक प्रारंभिक शिक्षा सुलभ कराने हेतु कानूनी आधार उपलब्ध करवाया। इसी तरह सरकार के द्वारा राष्ट्रीय माध्यमिक शिक्षा अभियान को लेकर माध्यमिक स्कूल में शिक्षा की पहुँच प्रत्येक गाँव तक पहुँची और 'ड्राप आउट रेट' में कमी आई। संधारण-दर (रिटेंशन रेट) बड़े, इसके लिए 2009 से 2019 तक यह कार्यक्रम बृहद स्तर पर चला। फिर समग्र शिक्षा योजना द्वारा शिक्षा को समावेशी तरीके से समन्वित एक सूत्र में जोड़कर करने का प्रयास किया गया। इस राष्ट्रीय शिक्षा-नीति 2020 में हर बच्चे हर स्कूल तक गुणवत्ता पूर्ण शिक्षा पहुँचाने के लिए स्कूल कॉम्प्लेक्स के रूप में जीवंत सार्वजानिक शिक्षा को लेकर नवीन रचनात्मक कदम लिया गया है। जिसके द्वारा सामाजिक गतिविधियों का आयोजन, सामुदायिक क्रिया को विद्यालय में करवाना आसान हो पाएगा। निजी व सरकारी विद्यालयों में भी तालमेल हो सकेगा। स्कूलों के सर्वश्रेष्ठ प्रदर्शन (बेस्ट प्रेक्टिस) का दस्तावेज़ीकरण किया जा सकेगा। इस प्रक्रार विद्यालय अधिक नवाचारी व ज़िम्मेदार भी बन सकेंगे। राष्ट्रीय शिक्षा-नीति 2020 का यह उपाय कई चुनौतियों को एक साथ हल करने वाला दिखाई देता है, जैसे-संसाधनों के सामान अवसर उपलब्ध करवाना, शिक्षार्थी-वृत्ति के अवसर,

योजनाओं में प्रतिभाग का अवसर को 'सिंगल विंडो' के माध्यम से लागू करेगा। नेतृत्व, प्रशासन व कुशल गवर्नेंस की दृष्टि से भी यह एक सफल प्रयोग दिखाई देता है। इन सकारात्मक रुझान के साथ ही इसके शैक्षिक संदर्भ में कुछ आलोचनात्मक प्रश्न भी किए जा सकते हैं, जैसे - क्या स्कूल कॉम्प्लेक्स का शैक्षिक संदर्भ, 20 से कम शिक्षार्थियों वाले विद्यालयों को बंद करने की योजना/समायोजित करने का कार्य करेंगे? विद्यालय के स्थानीय इकोसिस्टम के परिप्रेक्ष्य में 80 से 100 तक के शिक्षकों को स्कूल कॉम्प्लेक्स में लाने की अवधारणा क्या क्षेत्रों की विविधता के साथ तालमेल खाती है? क्या यह स्कूल कॉम्प्लेक्स आगामी समय में प्रशासन की लगाम को मज़बूत करने या प्रशासन नियंत्रण के लिए बहुतायत रूप में प्रयोग होकर ही तो नहीं रह जाएँगे? क्या यह स्कूल कॉम्प्लेक्स अकादमी स्वायत्तता को समर्थन देने में एनपीआरसी बीआरसी का ही बृहद रूप तो नहीं बन जाएगा? अतः पहाड़ी दुर्गम क्षेत्रों में इसके क्रियान्वयन को लेकर थोड़ा लचीला व्यवहार रखना होगा।

इस चर्चा के आधार पर यह कहा जा सकता है कि स्कूल कॉम्प्लेक्स का विचार विद्यालय शिक्षा को प्रभावी बनाने की दिशा में एक सकारात्मक और रचनात्मक कदम है। इसे उसी रचनात्मकता और नवोन्मेष के रूप में क्रियान्वित करने की ज़रूरत है ताकि हर बच्चे तक शिक्षा की पहुँच को सुनिश्चित किया जा सके।

संदर्भ

- भारत सरकार (1966), *रिपोर्ट ऑफ कोठारी कमीशन*, राष्ट्रीय दिल्ली, एम.एच.आर.डी. भारत सरकार।
- भारत सरकार (1986), *राष्ट्रीय शिक्षा नीति*, राष्ट्रीय दिल्ली, मानव संसाधन विकास मंत्रलाय, भारत सरकार।
- कुण्डु, सी.एल. (1979), *इंडियन इयर बुक ऑन टीचर शिक्षा*, स्टर्लिंग पब्लिशर, राष्ट्रीय दिल्ली।
- भारत सरकार (2019), *राष्ट्रीय शिक्षा नीति, प्रारूप*, राष्ट्रीय दिल्ली, एम.एच.आर.डी., भारत सरकार
- कबीर हुमायूँ (1957), *शिक्षा इन इंडिया*, हार्पर एण्ड ब्रदर्स, न्यूयार्क

8

भारत और शिक्षा का भारतीयकरण

पंकज अरोड़ा[1] एवं रामानन्द पाण्डेय[2]

शिक्षा में 'भारतीयता' का प्रश्न या यूँ कहें कि भारतीय शिक्षा पद्धति के विकास का प्रश्न सदा हमारे शैक्षणिक चर्चा का प्रमुख विषय रहा है। भारतीय शिक्षा में भारतीयता एक महत्वपूर्ण प्रश्न है, जिस पर मैं अक्सर चिंतन करता हूँ कि 'भारतीय शिक्षा में भारतीयता' विषय क्यों आवश्यक है? इसे इतना महत्व क्यों दिया जा रहा है? इसकी आवश्यकता क्या है? क्या आवश्यक है कि हम भारतीयता के प्रश्न पर इतने आंदोलित हो या उसको एक आंदोलन के रूप में लें। आज के संदर्भ में जब हम भारतीय शिक्षा में भारतीयता की बात करते है, तो मैं यह जानना चाहता हूँ कि भारतीय संदर्भ में जो लोकतंत्र है, लोकतान्त्रिक-शिक्षा है, आलोचनात्मक-शिक्षाशास्त्र है, शैक्षणिक विधियाँ है, इन्हें कैसे समझें और कैसे उनका विस्तार करें और कैसे उनको प्रोत्साहित किया जा सकता है!

यह राष्ट्रीय शिक्षा नीति 2020, 21वीं सदी की पहली शिक्षा नीति है जो भारत की परंपरा और सांस्कृतिक मूल्यों के आधार को बरक़रार रखते हए, 21वीं सदी की शिक्षा के लिए आकांक्षात्मक लक्ष्यों के संयोजन में भारतीय शिक्षा व्यवस्था को नया स्वरूप देना चाहती है। प्राचीन और सनातन भारतीय ज्ञान और विचार की समृद्ध परंपरा के आलोक में यह नीति तैयार की गयी है। ज्ञान, प्रज्ञा और सत्य की खोज को भारतीय विचार, परंपरा और दर्शन में सदा सर्वोच्च मानवीय लक्ष्य माना जाता रहा था। प्राचीन भारत में शिक्षा का लक्ष्य सांसारिक जीवन अथवा स्कूल के बाद के जीवन की तैयारी के रूप में ज्ञान अर्जन नहीं बल्कि पूर्ण आत्म-ज्ञान और मुक्ति के रूप में माना गया था। भारतीय संस्कृति और दर्शन का विश्व में बडा प्रभाव रहा है। वैशिक महत्व की इस समृद्ध विरासत को आने वाली पीढ़ियों के लिए न सिर्फ़ सहेज कर सुरक्षित रखने की ज़रूरत है बल्कि हमारी शिक्षा व्यवस्था द्वारा उस पर शोध कार्य होने चाहिए, उसे और समृद्ध बनाया जाना चाहिए और नए-नए उपयोग भी सोचे जाने चाहिए।

भारतीय शिक्षा से जुड़े ऐसे प्रश्न अक्सर मेरे ही नहीं, शिक्षा से जुड़े सभी विद्वानों के मस्तिष्क में आते हैं। कई विद्वानों ने इसकी अपने-अपने ढंग से व्याख्या भी की है। यह विषय मेरे मन के भी काफ़ी नज़दीक रहा है। यह लेख उसी को समझने और उसको व्याख्यित करने का प्रयास है। इस लेख में शिक्षा में भारतीयता के प्रश्न को मैंने दो तरीके से समझने का प्रयास किया है। पहले, मैंने भारतीय शिक्षाविदों के कार्यों को आधुनिक संदर्भ में समझाने का प्रयास किया है। दूसरा, मैंने आधुनिक शिक्षा की पश्चिमी अवधारणाओं के मुख्य बिंदुओं को भारतीय शिक्षा पद्धति की धारा में खोजने का प्रयास किया है।

---

[1] प्रोफ़ेसर (शिक्षा), शिक्षा विभाग (सीआईई), दिल्ली विश्वविद्यालय, दिल्ली।

[2] निदेशक, सेंटर ऑफ़ पालिसी रिसर्च एंड गवर्नेंस, नई दिल्ली।

शिक्षा में भारतीयता

भारतीयता का अर्थ क्या है? मेरी समझ में भारतीयता और पश्चिम के दो अलग-अलग पैमाने हैं। 'भारतीयता' अंतर्मन से संचालित होती है, यह 'आंतरिक स्व' से संचालित होती है, मैं अपने निर्णय, अपने मन से, अपनी अंतरात्मा की आवाज से लेता हूँ, क्योंकि मैं उनके प्रति ईमानदार रहना चाहता हूँ। जबकि वैश्विक संदर्भ में पश्चिम को देखें तो वहाँ भौतिक जगत का वर्चस्व है, यह वर्चस्व हमें उनके समाज में दिखाई देता है जो भौतिक विश्व को प्रमुख मानता आया है। 'भारतीयता' पाठ्यक्रम में है? या ये शिक्षण पद्धतियों में है? या शोध में है? इस पर विस्तारपूर्वक मनन की आवश्यता है। पुरातन अनुभवों से सिद्ध हुआ है कि भारतीयता संग्रहणवादी नहीं है, वरन समावेशी है- यह भावात्मक रूप से जोड़ती है। संग्रहण का मतलब होता है - एक साथ रख देना, मगर 'समावेश' आंतरिक है, यह आत्मिक है जो कि वैचारिक स्तर पर, मानसिक स्तर पर और आत्मीयता के स्तर पर जोड़ता है।

पंडित दीनदयाल उपाध्याय ने कहा था कि प्रजातंत्र का जो रूप भारत में है, वह उत्कृष्ट राष्ट्रीयता की भावना के बिना नहीं चल सकता। यानि जिस लोकतंत्र के स्वरूप को भारत ने अपनाया है, वहाँ एक विशाल और विश्व के सबसे बड़े लोकतंत्र को, उत्कृष्ट राष्ट्रीयता की भावना की आवश्यकता है। उसके बिना यह लोकतंत्र चल नहीं पाएगा। राष्ट्रीय स्वावलंबन और आत्मनिर्भरता के लिए एक मज़बूत अर्थव्यवस्था की आवश्यकता होती है। हाल ही हमारे प्रधानमंत्री ने 'Vocal about Local' के साथ, आर्थिक संदर्भ में, आत्मनिर्भर भारत की एक संभावना रखी। ठीक इसी तरह अगर हम राष्ट्रीय स्वाभिमान को जगाना चाहते हैं, तो वह एक मज़बूत शैक्षणिक व्यवस्था से ही संभव है। जहाँ आत्मनिर्भरता एक आर्थिक उद्देश्य है, वहीं स्वावलंबन एक उच्चस्तरीय भावना है, एक विचार है, जिसे शैक्षणिक व्यवस्था ही मज़बूत आधार प्रदान कर सकती है। मेरी समझ में भारतीयता से अभिप्राय यह है कि भारत की अस्मिता, संस्कृति और ऐसी विशेषताएँ जिनमें वैदिक मूल्य और सनातन चिंतन का समावेश हो, शिक्षा ऐसी हो जो स्वकेंद्रित बनाने के स्थान पर राष्ट्रसेवी बनाए। राष्ट्र के साथ एक जुड़ाव महसूस कराए, यह मेरा राष्ट्र है, इसकी *ओनरशिप* मेरे पास है, इसके साथ जुड़ा होने पर मैं आनंदित और गौरान्वित महसूस करता हूँ। शिक्षा का ध्येय ऐसा हो जो संस्कृति को मात्र संरक्षण ही न दे, बल्कि इसे गति देकर सजीव और सक्षम भी बनाए। ऐसे में भारतीयता की शिक्षा मेरी समझ में एक आंदोलन है, इस आंदोलन में हम सबको भागी बनकर इसे आगे बढ़ाना चाहिए।

'भारतीयकरण' का अर्थ जीवन के विभिन्न क्षेत्रों में भारतीयता की पुनः प्रतिष्ठा को स्थापित करना है। अब ध्यान देने योग्य बात यह है कि हम पुनः प्रतिष्ठा की स्थिति में आकर खड़े हुए हैं। इसका अर्थ यह है कि इसकी जो प्रतिष्ठा स्वतः स्थापित हो जानी चाहिए थी, आज़ादी के 73 वर्ष के बाद अब भी उसमें काम करने की आवश्यकता है, उसमें जुड़ाव की ज़रूरत है। 'भारतीयता' से तात्पर्य उस विचार या भाव से है जो भारत को जोड़ता है, जो भारत के विविध तत्वों को जोड़ता है। जो स्वदेशी को महत्व देता है। स्वामी विवेकानंद ने कहा था 'भारतीयता' आध्यात्मिकता से ओतप्रोत है। आध्यात्मिकता के बहुत सारे अर्थ हैं, जिनमें एक प्रमुख अर्थ है - 'भावात्मकता'। भारत की शिक्षा-व्यवस्था अगर भारतीय हो जाए तो सभी भारतीय अपने आप को भारत माता के पुत्र समझें और ऐसी स्थिति में असामाजिक तत्व जो धर्म, जाति, पंथ, भाषा आदि के नाम पर देश को बाँटने का काम करते हैं, शायद उनके लिए बहुत बड़ा संकट खड़ा हो जाएगा, क्योंकि प्रत्येक शिक्षित भारतीय जो भारत माता से आध्यात्मिक रूप से जुड़ा होगा, वह उन बाँटने वाली साजिशों का हिस्सा नहीं बनेगा। 'भारतीयता' का क्या अर्थ है? इसका अर्थ है- आध्यात्मिकता की भावना, समता, सामाजिक न्याय, अनेकता में एकता, वसुधैव कुटुम्बकम का ध्येय, ये सब ऐसे विश्वव्यापी

विचार हैं, और इस सब से बढ़कर आज के संदर्भ में 'भारतीयता' एक मुख्य विचार के रूप में हैं जिस पर शिक्षा-नीति विस्तार से चर्चा करती है। *शिक्षा-नीति में, ज्ञान-निर्माण की परंपरा में, भारतीय ज्ञान एवं भारतीय परंपराओं के साथ-साथ सांस्कृतिक मूल्यों एवं भारतीय भाषाओं को भी महत्व दिए जाने की बात कही गई है। नई शिक्षा-नीति मे संभावना है कि हम आने वाले समय में केवल विदेशी-ज्ञान के पिछलग्गू मात्र न रहकर भारतीय ज्ञान को आनंदमय रूप से सेलिब्रेट कर सकेंगे एवं इस पर गर्व कर सकेंगे।*

आलोचनात्मक शिक्षाशास्त्र (क्रिटिकल पेडागोजी)

मैं शिक्षा का विद्यार्थी हूँ और देख पाता हूँ कि भारतीय विद्यालयों में पिछले लगभग 40 वर्षों से, आलोचनात्मक शिक्षाशास्त्र को लेकर काफ़ी चर्चा है। प्रश्न यह है कि क्या यह आलोचनात्मक शिक्षाशास्त्र सिर्फ़ उस पाश्चात्य रूप में है जिस रूप में इस को प्रस्तुत किया जा रहा है? या जिस तरह इसे हमारे B.Ed. M.Ed. और शोध के क्षेत्रों में समझाया जा रहा है? क्रिटिकल पेडागोजी या आलोचनात्मक शिक्षाशास्त्र, एक ऐसा शिक्षा शास्त्र है जो विद्यार्थियों, अध्यापकों, विद्यालय और विद्यालय के सभी सदस्यों को विश्लेषण करना सिखाता है, चुनौती देना सिखाता है। ऐसे में आवश्यकता है कि विद्यालयों के स्तर पर एक ऐसा मंच बनाया जाए जो विद्यार्थियों में आलोचनात्मक सोच का विकास करे। अब प्रश्न यह उठता है कि क्या इस क्रिटिकल पेडागोजी में जो सार तत्व हैं वह भारतीय संदर्भ में देखें और समझे नहीं जा सकते हैं?

आर्थिक और प्राकृतिक संसाधनों की तुलना में मानव-संसाधन प्रत्येक राष्ट्र के आर्थिक और सामाजिक विकास के चरित्र और उसकी गति को प्रभावित करते हैं। इस संदर्भ में यह एक स्थापित सत्य है कि मानवीय संसाधन के विकास में शिक्षा एक महत्वपूर्ण घटक है और उसका सामाजिक विकास, चारित्रिक विकास आदि शिक्षा के माध्यम से ही संभव है।

युवाओं के चारित्रिक विकास एवं राष्ट्रीयता की भावना के विकास के उद्देश्य से विश्व के बहुत से देशों में नागरिकता की शिक्षा और राष्ट्रीयता की शिक्षा के औपचारिक पाठयक्रम स्कूल शिक्षा का अभिन्न अंग हैं। अमेरिका, इंग्लैंड, ऑस्ट्रेलिया, फ्रांस आदि सब देशों में राष्ट्रीयता और नागरिकता का एक अनिवार्य पाठ्यक्रम कक्षा 9 में आरंभ किया जाता है। यह दुर्भाग्य की बात है कि ऐसे शैक्षिक कार्यक्रम को यदि हम भारत में लाना चाहें तो आज भी यह एक संघर्ष का विषय बन जाता है।

आज के संदर्भ में अगर हम अपनी युवा पीढ़ी को भविष्य का लीडर बनाना चाहते हैं, हम उन्हें आँख बंद करके चलने वाला नहीं चाहते हैं। तार्किक, आलोच्य चिंतक के रूप में हम देखना चाहते हैं। विद्यार्थी केवल लकीर के फकीर ना बनें बल्कि उन्हें तर्क के साथ जाँच-परख करके अपनी बात को आगे बढ़ाएँ और राष्ट्र निर्माण में विकास का हिस्सा बनें। यह सब तभी प्रभावी रूप से संभव होगा जब हम आलोचनात्मक शिक्षा शास्त्र के भारतीय पक्ष को न सिर्फ़ खोजें बल्कि शोध के साथ उसका विस्तार भी करें।

भारतीय परिप्रेक्ष्य में आलोचनात्मक शिक्षाशास्त्र

आलोचनात्मक शिक्षाशास्त्र को प्रगतिवादी और नवाचारवादी का पर्यायवाची माना जाता है। यह विचार सिर्फ़ यूरोपीय देशों से आया हो, ऐसा नहीं है, भारत में इसकी जड़ें वैदिक समय से मिलती हैं। हम इसे आधुनिक संदर्भ में आसानी से देखते हैं, बी. आर. अम्बेडकर के विचार जिसमें उन्होंने समाज को, विशेषतः वंचितों को, देखने व समझने के लिए 'सोशल-जस्टिस' का विचार दिया है, वह कहीं से भी आधुनिक आलोचनात्मक शिक्षाशास्त्र के पाश्चात्य विचार से कम नहीं है। बाबा साहेब अम्बेडकर को हम एक

जाने-माने समाज-सुधारक के रूप में जानते हैं, इन समाज-सुधारों की शुरुआत 19वीं शताब्दी में राजा राममोहन राय ने, दयानंद सरस्वती ने, महादेव गोविन्द रानाडे ने की थी। ये सब संदर्भ भारतीय थे और भारतीयता से ओतप्रोत थे। आधुनिक संदर्भ में हम लोकतांत्रिक शिक्षा, आलोचनात्मक शिक्षाशास्त्र और नवीन शोधों की जो बात कर रहे हैं, इसकी जड़ें प्राचीन भारत की शिक्षा शैलियों में स्पष्ट रूप से दिखाई देती हैं। आधुनिक भारत में लोकतंत्र सिर्फ़ एक सिद्धांत नहीं है, मात्र एक संकल्प नहीं है, अपितु यह एक पूरी जीवन-शैली है। इस महत्वपूर्ण जीवन-शैली को कक्षाओं में, विद्यालयों में और पाठ्यक्रमों में जोड़ा जाए। यह विचार आधुनिक के साथ-साथ प्राचीन संदर्भ में भी समझा जा सकता है। भारतीय संदर्भ में आलोचनात्मक शिक्षाशास्त्र को निम्न 5 बिंदुओं के माध्यम से स्पष्ट करने का प्रयास किया जा रहा है -

1. आलोचनात्मक शिक्षाशास्त्र या लोकतांत्रिक शिक्षाशास्त्र का एक उद्देश्य है विविधता को समझना, विचार करना और उस पर गर्व करना।
2. विद्यार्थियों के मध्य मौलिक अधिकारों और मौलिक कर्तव्यों की समझ बनाना। आलोचनात्मक शिक्षाशास्त्र कहता है कि हम एक संतुलित विकास की बात करें। इस संदर्भ में हम भारतीय संविधान में दिए गए मौलिक-अधिकार और मौलिक-कर्तव्य शिक्षार्थियों को समझाने में सहायता करें और उनमें इनके प्रति सम्मान विकसित करें।
3. युवा पीढ़ी को भारत की लोकतांत्रिक संस्कृति के महत्व के बारे में शिक्षित करना। भारत, जैसा मैंने शुरू में कहा विश्व का सबसे बड़ा लोकतंत्र है, इस लोकतंत्र में लोकतांत्रिक संस्कृति, और लोकतांत्रिक पहचान को ठोस बनाना है तो इसके बारे में विद्यार्थियों की सही समझ बनाना बहुत आवश्यक है।
4. विद्यार्थियों को उन ताकतों के बारे में बताना जिन्होंने भारत में लोकतांत्रिक संस्थाओं को अपने वोट बैंक की राजनीति के लिए कमज़ोर किया; जिन संस्थाओं ने, जिन व्यक्तियों ने या व्यक्तियों के समूहों ने भारतीय लोकतंत्र के ढाँचे को चोट पहुँचाई, उनकी पहचान की जानी चाहिए। इसके लिए आलोचनात्मक शिक्षाशास्त्र और लोकतांत्रिक शिक्षाशास्त्र की महत्वपूर्ण भूमिका है।
5. इस संदर्भ में पाँचवाँ और आखिरी बिंदु यह कहता है कि हम विद्यार्थियों को इस तरह से तैयार करें कि वे अपनी भावनाओं को भारतीयता से जोड़ सकें।

भारतीय शिक्षा व्यवस्था में सुधार के लिए वर्ष 1964-66 में कोठारी आयोग की रिपोर्ट आई। स्वतंत्र भारत में कोठारी आयोग से ज़्यादा बड़ा और विशाल दायरा किसी शिक्षा आयोग का नहीं रहा। इस आयोग का दायरा था- भारतीय शिक्षा व्यवस्था की समीक्षा करना और सुधार के लिए सुझाव देना। यह समीक्षा, शिक्षा के किसी एक स्तर तक सीमित नहीं थी, अपितु इसे संपूर्ण भारतीय शिक्षा-व्यवस्था की समीक्षा का अधिकार था। कोठारी आयोग ने अपने सुझावों में कहा कि चरित्र निर्माण और व्यक्तित्व विकास- शिक्षा के बुनियादी उद्देश्य होने चाहिए। शिक्षा, रोज़गार सृजन करने वाली होनी चाहिए। शिक्षा व्यवसाय न होकर सेवा का माध्यम होनी चाहिए।

इसके अतिरिक्त भारतीयता को समझने के लिए कुछ संकल्पनाओं से जुड़े उदाहरण लिए जा सकते हैं, जैसे- नारीवाद और समाजवाद, ये संकल्पनाएँ पश्चिम के देशों में पढ़ने-पढ़ाने में प्रयोग आती हैं और जिनके विषय में सिद्धांत रूप से चर्चा ज़्यादा होती है मगर व्यवहार में कम प्रयोग होती हैं। जबकि भारत में नारीवाद सिर्फ़ पढ़ने-लिखने और सिर्फ़ भाषण देने का विषय नहीं है, हमारे समाज में यह सदैव

जीवनशैली का हिस्सा रहा है, नारी का सम्मान जिस स्तर पर भारतीय समाज में हुआ है, किसानों और मज़दूरों की अवस्था को जिस तरह भारतीय समाज में संवेदनापूर्वक देखा, पहचाना और उसमें सम्मान और विश्वास किया जाता है। यह अपने आप में यह बताता है कि ये विषय हमारे दैनिक जीवन में व्यवहार के विषय हैं, हमारे जीवन का हिस्सा हैं।

यदि हम पश्चिमी आलोचनात्मक शिक्षाशास्त्र को देखें तो वह सिर्फ़ न्यायपूर्ण समाज की बात करते हैं, जबकि भारतीय आलोचनात्मक शिक्षाशास्त्र, न्याय के साथ-साथ आत्म की स्वतंत्रता की भी बात करता है। यह उन समस्याओं को चुनौती देने की बात करता है जो सामाजिक ढाँचे में व्याप्त है। आलोचनात्मक शिक्षाशास्त्र जिसको आज के संदर्भ में एक मुख्य शिक्षाशास्त्र के रूप में पहचाना जाता है, उसका भारतीय संदर्भ में आधार कहीं ज़्यादा व्यापक है। हमारे संविधान में वर्णित लोकतंत्र, समता, समानता, स्वतंत्रता, बंधुत्व और मौलिक अधिकार के प्रावधान भारतीयता को एक बृहद आधार देते हैं।

मैंने अपने कुछ शोध विद्यार्थियों के साथ आलोचनात्मक शिक्षाशास्त्र को भारतीय संदर्भ में देखने का प्रयास किया, उस प्रयास में यह समझ आया कि आलोचनात्मक शिक्षा की जो रूपरेखा हमें आज विश्व में दिखाई देती है, वो प्राचीन भारत से ही अलग-अलग समय और क्षेत्रों से निकलकर आई है। प्रश्न पूछना, तार्किकता, संवाद जैसे वैदिक शाश्वत भारतीय मूल्य जो भारतीय शिक्षा-पद्धति के प्राथमिक व्यावहारिक आधार थे वही आज के आलोचनात्मक शिक्षाशास्त्र के मूल आधार हैं। मैं वैदिक शिक्षा को जब आज के संदर्भ में समझने का प्रयास करता हूँ तो पाता हूँ कि वहाँ तो स्वतंत्रता जैसी व्यापक संकल्पनाओं पर चर्चा हुई है जिसमें जीवन को भूतकाल और भविष्य से मुक्त करने की बात है। यह बात न सिर्फ़ दार्शनिक, आध्यात्मिक बल्कि सांसारिक दृष्टि से से भी उतनी ही महत्वपूर्ण और प्रगतिशील है। ऐसी चर्चाएँ हमारे भारतीय साहित्य में सदियों से थी, जिनको लगातार व्यवहार में लाकर जीवन से जोड़ा जाता रहा है।

इन साहित्यों में पूर्णता की बात न सिर्फ़ भौतिक संदर्भ में अपितु मानसिक, बौद्धिक और व्यक्तिगत संदर्भ में भी की गई है। वैदिक संदर्भ में 'गण' और 'परिषद' की जो व्यवस्था है, उनमें जो संवाद और चर्चाओं की संस्कृति है, इससे यह समझने में सहायता मिलती है कि भारत में लोकतांत्रिक पद्धति के अभ्यास का इतिहास बहुत पुराना है जो वैदिक समय से ही हमें दिखाई देता है। अपने इस विचार को मैंने अपनी पुस्तक 'लोकतांत्रिक कक्षा' में भी विस्तार से लिखा है। इसमें मैंने वैदिक संस्कृति और बौद्ध संस्कृति के ऊपर पाठ लिखकर विस्तार पूर्वक समझाया है कि कैसे वैदिक काल में शिक्षा प्रक्रिया लोकतान्त्रिक रूप से चलती थी।

पहले जो ज्ञान था उसे श्रवण, मनन और निध्यासन से जोड़ कर पढ़ाया जाता था। आज के संदर्भ में हम जितने भी शिक्षण-पद्धितियाँ देखते हैं, उसे ज्ञान, समझ और प्रतिबिंब से जोड़ते हैं। मुझे लगता है कि श्रवण, मनन और निध्यासन इसी के भारतीय संदर्भ या मूल हैं। वैदिक समय के बाद भारत में जिस शिक्षा का विकास हुआ, उसमे शिक्षा का उद्देश्य -व्यक्तित्व, चारित्रिक और बौद्धिक विकास था जिसकी चर्चा आधुनिक विकासवादी मनोवैज्ञानिक भी करते हैं।

विकासवादी मनोवैज्ञानिकों ने जिस विकासवादी अवधारणा को जन्म दिया, वह बौद्ध संस्कृति के समय से ही व्यक्तित्व को शारीरिक, बौद्धिक, धार्मिक, आध्यात्मिक, सामाजिक गतिविधि और प्रसन्नता को बढ़ाने के संदर्भ में देखता है। बुद्ध के समय में शिक्षण पद्धतियाँ इतनी विस्तृत थीं कि विमर्श को एक शिक्षणशास्त्र का रूप दिया गया, प्रमाण-आधारित शिक्षा को बहुत महत्व दिया गया।

इस बात को और अधिक गहराई से समझने के लिए हम 5 भारतीय शिक्षाविदों के शैक्षिक प्रयोगों और विचारों का विश्लेषण करेंगे, जिन्होंने अपने कार्यों से शिक्षा में भारतीयता के प्रश्न को स्थापित किया है।

भारतीय शिक्षाविद

किसी भी विमर्श को समझने के लिए केवल संकल्पनाओं की चर्चा पर्याप्त नहीं होती, अतः यह आवश्यक है कि शिक्षा में भारतीयता को समझने के लिए उन शिक्षाविदों के कार्यों को समझा जाए जिन्होंने इस दिशा में सफल कार्य किए। इस क्रम में कुछ शिक्षाविदों की चर्चा करना अनिवार्य है जिन्होंने भारतीय शिक्षा को अपने सफल प्रयोगों द्वारा एक नई दिशा दी व भारतीय शिक्षा में अनेक महत्वपूर्ण परिवर्तन किए। इन शिक्षाविदों के बहुत से कार्यों को उतनी सराहना नहीं मिली और न ही इस पर ध्यान दिया गया, क्योंकि बहुत समय तक हमारे विमर्श के केंद्रबिंदु पश्चिमी शिक्षाविद ही रहे हैं।

जब मैं पश्चिमी शिक्षाविदों का नाम लेता हूँ तो मेरे मन में उनके प्रति कोई दुर्भाव नहीं है। हमें यह सच्चाई समझनी चाहिए कि जो प्रयोग उनके भौगोलिक/सामाजिक/ सांस्कृतिक परिवेश में सफल हुए, उन्हें भारतीय शिक्षा में केवल इसलिए नहीं अपनाना चाहिए कि वे किसी और जगह सफल हुए। भारतीय परिवेश में उनका परीक्षण करना ज़्यादा महत्वपूर्ण होगा या यूँ कहें कि उन प्रयोगों को ज़्यादा प्राथमिकता दी जानी चाहिए जो भारतीय शिक्षाव्यवस्था की आवश्यकताओं को समझते हैं और भारतीय शिक्षण जगत की चुनौतियों को स्थानीय स्तर पर समाधान करने के विकल्प देते हैं। इसी बात को समझने के लिए आगे कुछ भारतीय शिक्षाविदों की चर्चा करना महत्वपूर्ण है जिनके शिक्षा संबंधी प्रयोग न सिर्फ़ भारतीय परिस्थितयों में किए गए बल्कि उनके परिणाम भी भारतीय शिक्षा को नवाचार-पूर्ण नए मार्ग दिखलाते हैं।

गिजुभाई बधेका (1885-1939)

इस कड़ी में सर्वप्रथम मैं गिजुभाई बधेका के शिक्षा संबंधी प्रयोगों की चर्चा करना चाहता हूँ। गिजुभाई ने बच्चों के जीवन से संबंधित अनेक पुस्तकें लिखीं। उनमें सबसे चर्चित पुस्तक है - 'दिवास्वप्न' इस पुस्तक में वे एक काल्पनिक अध्यापक के माध्यम से शिक्षा व्यवस्था में मोंटेसरी पद्धति के प्रयोग की कहानी कहते हैं। उनके ये सारे प्रयोग 100 से 120 वर्ष पूर्व किए गए, परन्तु अगर हम ध्यान से देखें तो उनके प्रयोग आज भी उतने ही प्रासंगिक है। गिजुभाई ने हमारे सामने शिक्षा का एक नया स्वरूप प्रस्तुत किया कि शिक्षा का उद्देश्य केवल पढ़ाना नहीं, अपितु मार्गदर्शन करना है। इसका उद्देश्य वर्ष के अंत में सिर्फ़ परीक्षा लेना नहीं, बल्कि सतत आकलन के साथ विकास का निरंतर अवलोकन करते रहना है। बच्चे स्वतंत्र रह कर सीखें और सीखने की ललक उनकी कायम रखी जाए, ये शिक्षा का महत्वपूर्ण बिंदु है। 'सीखना' आनंददायक होना चाहिए। जब भी आंनद के साथ सीखना और आनंददायक-शिक्षा की बात होती है तो गिजुभाई का नाम सबसे पहले आता है जिसे अपने अनुभवों और प्रयोगों के आधार पर गिजुभाई ने समझाया था। गिजुभाई के विचार आधुनिक शिक्षा के संदर्भ में बहुत सार्थक हैं, लेकिन किन्हीं कारणों से बहुत अधिक प्रसिद्ध नहीं हो पाए, विचार और शोध में नहीं जुड़ पाए। मैं समझता हूँ, अब हमारे पास समय है! अब हमें इन विचारों को भारतीयता के संदर्भ में जोड़ना चाहिए। गिजुभाई ने नृत्य, संगीत, खेल और भ्रमण इन सबको शिक्षा में महत्वपूर्ण घटक माना है। गिजुभाई के शिक्षा दर्शन को अगर हम समझना चाहे तो निम्नलिखित 4 बिंदुओं की मदद से समझा जा सकता है, गिजुभाई का जो पूरा शिक्षा दर्शन है वह कहता है -

- बच्चों की ख़ुशी में ही स्वर्ग है।
- स्वर्ग बच्चों की ख़ुशी, उनके स्वास्थ्य, उनके आनंद में है।

- स्वर्ग बच्चों के खेलकूद और उनकी मासूमियत में है।
- स्वर्ग बच्चों के गीतों और उनकी कविताओं में है।

इन्हीं चारों तत्वों के इर्द-गिर्द शिक्षा का पाठ्यक्रम और शिक्षा पद्धतियों का ताना-बाना होना चाहिए।

जब भी हम भारतीय शिक्षा की स्थिति पर बहुत ही नकारात्मक दृष्टिकोण सुनते हैं तो हमें गिजुभाई जैसे लोगों के कार्यों को ध्यान में रखना चाहिए, जिन्होंने तमाम कठिनाइयों के होते हुए भी अत्यंत सकारात्मक प्रयोग शिक्षा के क्षेत्र में किए। नई शिक्षा नीति-2020 भी शिक्षा को बच्चों के लिए आनंददायक बनाने की बात करती है। सीखने की प्रक्रिया जब तक सुगम और आनंदमय नहीं होगी शिक्षा के क्षेत्र के हमारे सारे प्रयोग मिथ्या होंगे।

रवीन्द्रनाथ टैगोर (1861-1941)

गिजुभाई की तरह ही रवीन्द्रनाथ टैगोर जिनके साहित्य और विचारों से हम भली-भांति परिचित हैं, जिनके विचारों पर विश्व-भारती जैसी प्रसिद्ध संस्था खड़ी हुई है। उनका यह स्पष्ट रूप से मानना है कि शिक्षा फैक्टरी की तरह रंगहीन या वास्तविक दुनिया से अलग करने वाली होती जा रही है। हमें ईश्वर ने संसार की सुंदरता के गुणों के साथ भेजा है, लेकिन ऐसी गतिविधियाँ बंद होती जा रही हैं। विद्यालय हमारी संवेदनशीलता को समाप्त कर रहे हैं। शिक्षा का उद्देश्य प्रतियोगिता और परिणाम की अंधी दौड़ नहीं है, अपितु शिक्षा तो अंतर्मन को आनंदित करने वाली और प्रकृति के साथ जोड़ने वाली है। टैगोर के व्यक्तित्व का जो पहलू उनकी रचनाओं में उभरता है, उसमे किताबी और कृत्रिम वातावरण के विरुद्ध एक विद्रोह दिखाई पड़ता है। रट्टू-तोता प्रणाली के टैगोर घोर विरोधी थे। उनके अनुसार शिक्षा-निर्देश देने के लिए नहीं अपितु प्रेरणा देने वाली होनी चाहिए। शिक्षा केवल सफलता, प्रगति और शक्ति का एहसास कराने वाली न होकर हृदय की भावनाओं का विकास करने वाली होनी चाहिए। इन सब से ऊपर टैगोर का मानना था कि शिक्षा सहानुभूति का एहसास कराए, प्यार और सेवा की भावना का विकास करे जिससे जाति और रंग का भेद दुनिया से समाप्त किया जा सके। टैगोर शिक्षा में शिक्षकों की भूमिका को भी महत्वपूर्ण मानते थे, उनका मानना था कि शिक्षा-व्यवस्था में सभी हितधारकों पर ध्यान देना चाहिए जिसका अनुसरण राष्ट्रीय शिक्षा नीति 2020 भी करती है।

जिस विभेद को आलोचनात्मक शिक्षाशास्त्र मज़बूत रूप से लाता है उसको भारतीय शिक्षाविद बहुत समय पूर्व से कितने सुंदर, कितने आसान, रोचक उदाहरणों के साथ प्रस्तुत करते रहे हैं। विद्यार्थी को स्वतंत्र प्रकृति और स्वस्थ बनाने के संदर्भ में जब बात की जाती है तो टैगोर का उल्लेख आवश्यक हो जाता है, क्योंकि वे कहते हैं कि विश्वविद्यालय पाठ्यक्रम में को फाइन आर्ट्स, संगीत, नृत्य और अन्य गतिविधियाँ, जैसे- सामाजिक कार्य, बागवानी और शिक्षार्थी- गतिविधियों को सम्मिलित किया जाना चाहिए ताकि वहाँ से समाजसेवी और समाज के भावी नेता तैयार किए जा सकें। विश्वविद्यालयों को विभिन्न संस्कृतियों को उत्साह के साथ मनाना चाहिए। हमें विभिन्न धर्म के अलग-अलग अवसरों को गाना और साझा चाहिए। नई शिक्षा नीति में समग्र शिक्षा का विचार टैगोर के शैक्षिक विचारों से ही प्रेरित दिखाई देता है।

महात्मा गांधी (1869-1948)

जॉन डीवी ने प्रयोजनवाद का जो सिद्धांत दिया उसे गांधीजी ने धरातल पर खड़ा करके शिक्षा का एक ऐसा मॉडल तैयार किया जो बुनियादी शिक्षा का आधार बना। बुनियादी शिक्षा में हमने समझा कि कैसे शिक्षा को रोज़गार से जोड़ा जा सकता है, कैसे शिक्षा सर्वांगीण विकास का एक माध्यम बनती है जो

सिर्फ़ मानसिक और बौद्धिक विकास को ही नहीं बल्कि शारीरिक और भावनात्मक विकास को भी महत्वपूर्ण मानती है। विकासवादी मनोवैज्ञानिकों ने इसे काफ़ी प्रचारित किया, मगर गांधी जी ने उनके विचारों को धरातल पर ला उसे मष्तिष्क और आत्मा के विचारों के साथ जोड़ा। गांधी जी का मानना था कि शिक्षा आजीविका देने वाली, संस्कृति का विकास करने वाली और आत्मानुभूति कराने वाली होनी चाहिए। शिक्षा सामाजिक और व्यक्तिगत उद्देश्य को हमारे जीवन में मिलन का मार्ग प्रशस्त करने वाली होनी चाहिए। गांधी जी की शिक्षा के दो मुख्य तत्व हैं- मानवीय मूल्यों का विकास और शिक्षा का माध्यम मातृभाषा हो।

आलोचनात्मक शिक्षाशास्त्र यानि कि जीवंत कक्षाएँ, जिनमें विद्यार्थी शारीरिक और मानसिक रूप से तत्पर दिखाई दें, आत्मनिर्भरता की तरफ बढ़ें और सभी कार्य जान पाएँ। फिर वह व्यक्तिगत जीवन से हो या विद्यालयी जीवन से हो, वे शिल्प आदि से जुड़ें और उन में अपना योगदान दें। महात्मा गांधी ने जॉन डीवी के शिक्षा संबंधी सिद्धान्तों को शिक्षा के बुनियादी सिद्धांत और अनुभवों से सीखने के सिद्धांत के रूप में एक व्यावहारिक स्वरूप दिया है।

महात्मा गांधी द्वारा प्रस्तावित शिक्षा प्रणाली को 'बुनियादी शिक्षा' कहा जाता है। उन्होंने मुख्य रूप से मातृभाषा में शिक्षा का लक्ष्य रखा और बच्चों को कुशल और स्वतंत्र बनाने के लिए गतिविधि केंद्रित शिक्षा के लिए कहा। गांधी जी अपने आदर्श नागरिकों के साथ छोटे, आत्मनिर्भर समुदायों का निर्माण करना चाहते थे, जो सभी सहकारी, स्वाभिमानी और एक छोटे से सहकारी और समुदाय में रहने वाले उदार व्यक्ति थे। उनकी इच्छा थी कि कुछ स्थानीय शिल्प को बच्चों के लिए शिक्षा का माध्यम बनाया जाए ताकि वे अपने मन, शरीर और आत्मा का सामंजस्यपूर्ण तरीके से विकास करें और उनके भावी जीवन की ज़रूरतों को भी पूरा कर सकें। ऐसे गांधीवादी शैक्षिक विचार विकास के लिए प्रासंगिक हैं और वर्तमान समस्याओं जैसे बेरोज़गारी, गरीबी, भ्रष्टाचार और कई अन्य लोगों के समाधान प्रदान करते हैं।

'बुनियादी शिक्षा' भारतीय शिक्षा व्यवस्था के उन गिने चुने प्रयोगों में से एक था जो लागू नहीं किए जा सके। बुनियादी शिक्षा में गाँधी जी ने अपने अनुभवों के आधार पर जो सुधार सुझाएँ थे, वे भारतीय परिस्थितियों को ध्यान में रखते हुए लाए गए थे। आज लगभग 75 वर्ष बाद भी राष्ट्रीय शिक्षा-नीति-2020 फिर उन्हीं सुझावों के इर्द-गिर्द घूमती है। चाहे स्कूल में वोकेशनल शिक्षा की बात हो या मातृभाषा में शिक्षा की बात, राष्ट्रीय शिक्षा नीति-2020 बुनियादी शिक्षा के प्रावधानों की तरफ देखती है।

श्री अरविन्द (1872-1950)

श्री अरविन्द हमारे समय के उन गिने-चुने दार्शनिकों में से हैं, जिन्होंने हमारे जीवन के बहुत से प्रश्नों पर बड़े विस्तार और गहराई से विचार किया है। श्री अरविन्द के जीवन में भी सभी प्रकार के अनुभवों का संतुलन था, जिसके कारण उनके विचार विभिन्न विषयों पर अत्यंत ही व्यावहारिक और भारतीय दर्शन और विचार पद्धति के अनुरूप रहे है। श्री अरविन्द का मानना था शिक्षा जीवन से लेकर मृत्यु तक चलने वाली अनवरत प्रक्रिया है जिसका उद्देश्य मानव के श्रेष्ठ पक्ष को सामने लाना होता है।

श्री अरविन्द के शैक्षणिक दर्शन का मूल आधार इसी 'श्रेष्ठ' पक्ष को कैसे विकसित किया जाए? इसी पर आधारित है। श्री अरविन्द का बल मातृ-भाषा में शिक्षा पर था, क्योंकि श्री अरविन्द का मानना था कि बच्चे का नैसर्गिक विकास उसके अपनी भाषा के माध्यम से ही हो सकता है। उनका मानना था कि शिक्षा में 5 आयाम बहुत ही महत्वपूर्ण हैं - शारीरिक, मानसिक, मनोवैज्ञानिक, आध्यात्मिक और जैविक। इन

सभी के विकास सुचारू रूप से होना आवश्यक है, इनमे से किसी एक भी पक्ष का यदि समुचित विकास नहीं होता तो उसके कारण जीवन में परेशानी होती है।

श्री अरविन्द ने केवल शिक्षा को दार्शनिक आधार ही नहीं दिया, अपितु उसको जीवन में प्रयोग में लाने हेतु स्वयं भी एकात्म-शिक्षा पर सफल प्रयोग किया। जिसके अंतर्गत भारत में कई संस्थान चल रहे हैं।

श्री अरविन्द शिक्षा में विभाजन के विरोधी थे। उनका मानना था कि बच्चों को संगीत, कला सभी प्रकार की शिक्षा मिलनी चाहिए। यह सुखद संयोग ही है कि श्री अरविन्द का शैक्षणिक दर्शन भारत की राष्ट्रीय शिक्षा नीति-2020 में भी परिलक्षित हो रहा है। उनका बहु-विषयक और मातृ-भाषा के प्रयोग को राष्ट्रीय शिक्षा नीति में पर्याप्त स्थान दिया गया है।

जे. कृष्णमूर्ति (1895-1986)

वैकल्पिक भारतीय शिक्षा के शैक्षिक लोकाचार पर जिद्दू कृष्णमूर्ति का प्रभाव अपार है, वे भारत के एक प्रख्यात दार्शनिक और शिक्षाविद रहे हैं। यदपि वह इस शब्द के संकीर्ण अर्थ में एक शिक्षक नहीं थे, फिर भी उन्होंने शिक्षा के क्षेत्र में लगातार काम किया। उन्हें सही मायने में एक 'क्रांतिकारी शिक्षक' के रूप में वर्णित किया जा सकता है, जिन्होंने लोगों को जागृत करने के लिए अथक परिश्रम किया। उन्होंने महसूस किया कि यदि लोगों को राष्ट्रीयता, धर्म और इच्छाओं के लिए जागृत किया जा सकता है, जो अनिवार्य रूप से संघर्ष का कारण बनता है, तो वे अपने जीवन में कुल बदलाव ला सकते हैं। शिक्षा का कार्य किसी व्यक्ति की सहायता करना है, बचपन किसी का अनुकरण करने का नहीं, बल्कि हर समय अपने स्वयं के प्रति सच्चा रहने का है। कृष्णमूर्ति ने शिक्षा और समाज के बीच संबंधों पर ज़ोर दिया और कहा कि शिक्षा की एक समझदार नीति विकसित करने के बाद ही बेहतर समाज का निर्माण किया जा सकता है। आज के संदर्भ में शिक्षा पर उनके विचार महत्वपूर्ण हैं। उनके दर्शन का प्रभाव वैकल्पिक भारतीय शिक्षा, शैक्षिक लोकाचार एवं गुणवत्ता के संदर्भ में महत्वपूर्ण है। कृष्णमूर्ति ने बुद्धिमत्ता को जगाने के लिए, लोगों को जगाने के लिए अथक प्रयास किया।

कृष्णमूर्ति कहते हैं कि संपूर्ण व्यक्तित्व का विकास ही शिक्षा का मुख्य उद्देश्य है। शिक्षा का सही उद्देश्य व्यक्ति को वयस्क बनाना, अच्छाई और प्रेम से आगे बढ़ाना है। कृष्णमूर्ति कहते हैं कि बच्चे ऐसी शिक्षा लें जो उन्हें योग्य, धार्मिक मानव बनाये यानी कि धर्म की परिभाषा बच्चे स्वयं तैयार करें और बताएँ कि धर्म क्या है और कर्तव्य क्या है! एक धार्मिक व्यक्ति का अंतर-मन क्या है? इन सबकी पहचान वह खुद कर सके। कृष्णमूर्ति शिक्षा को आनंद के साथ और आत्मकेन्द्रित गतिविधियों के साथ जोड़ने की बात भी करते हैं। जिन शिक्षण पद्धतियों को कृष्णमूर्ति बढ़ावा देना चाहते हैं, उनका उद्देश्य 'क्या सोचें' के स्थान पर 'कैसे सोचें' की पद्धति का विकास करना है। जे. कृष्णमूर्ति का मानना था कि बच्चों को यह सिखाया जाए कि 'कैसे सोचें', न कि उनको पाठ्य सामग्री देकर 'क्या सोचें' पर कार्य करवाया जाए। राष्ट्रीय शिक्षा नीति 2020 का एक प्रमुख लक्ष्य 'क्या सोचने' की जगह 'कैसे सोचना' को घोषित किया गया है, इस प्रक्रिया का पालन करने से बच्चों को भविष्य में स्वयं के लिए निर्णय लेने में सहायता होगी। विद्यार्थियों को समान स्तर पर साथी माना जाए यानी कि जो अध्यापक और शिक्षार्थियों के मध्य अंतर है उसे समाप्त करने की आवश्यकता है।

जे. कृष्णमूर्ति की सबसे ख़ास बात यह है कि वे शिक्षा को परस्पर संवाद का विषय मानते हैं, वे कहते हैं कि '*प्रचलित शिक्षा व्यवस्था ने सीखने की प्रक्रिया को अत्यंत कठिन बना दिया है जिसका प्रभाव बच्चों के मन-मष्तिष्क पर नकारात्मक रूप से पड़ता है। उनका मानना था की हमने अपने जीवन को बहुत ही ज़्यादा विषम बना लिया है जिसके कारण हमारे व्यवहार में भी काफ़ी मूढ़ता आ गई है, शिक्षा का उद्देश्य हमारे जीवन में साम्य और संतुलन लाना होना चाहिए।*'

निष्कर्ष

इन विचारकों को आज के संदर्भ में, आलोचनात्मक शिक्षाशास्त्र के संदर्भ में समझना आवश्यक है। हम सब शिक्षा के विद्यार्थी जानते हैं कि किन-किन पश्चिमी विचारों को आज के संदर्भ में बहुत ही क्रांतिकारी माना जा रहा है। मैंने जो गिज्जू भाई, टैगोर, महात्मा गांधी, जे. कृष्णमूर्ति और श्री अरविन्द का नाम लिया, वह सभी विचारधाराओं, संकल्पनाओं को भारतीयता के साथ प्रस्तुत करते हैं और शोध के द्वारा भारतीय शिक्षा की समस्याओं का समाधान खोजने की प्रेरणा देते हैं। इन समस्याओं को हम भारतीय संदर्भ में जितनी गहनता से अध्ययन करेंगे, शोध के लिए इसमें बहुत सारे विषय गहराई से निकाले जा सकते हैं। दुर्भाग्य की बात है कि हमारी शिक्षा व्यवस्था ने जिस तरह के पश्चिमी शिक्षाशास्त्र के विचारकों का अनुसरण किया है, उनके विचार का मूल हमें भारतीय विचारकों गिज्जू भाई, टैगोर, गांधी, कृष्णमूर्ति और श्री अरविन्द के चिंतन में दिखाई देता है। जिस प्रकार के शिक्षाशास्त्र की हम आज के दौर में बात कर रहे हैं, उस संदर्भ में भारतीय विचारकों ने बहुत से सारे कार्य किए। मैंने यहाँ 5 प्रमुख लोगों के नाम लिए हैं, मगर ऐसे 20 नाम सामने आ सकते है जिनके विचार को आज के भारतीय संदर्भ में रखकर उस पर शोध कर सकते हैं। शिक्षा में भारतीयता का विषय केवल पाठ्यसामग्री की भारतीयता तक सीमित न रहकर विचारकों के विचारों और उनकी पद्धतियों को भी भारतीयता में सम्मिलित करता है।

इन सभी बातों का शिक्षा नीति 2020 में समावेश, भारत की समृद्ध विविधता और संस्कृति के प्रति सम्म्मान रखते हुए और साथ ही देश की स्थानीय और वैशिक संदर्भ में आवश्यकताओं का ध्यान रखते हुए होना चाहिए। भारत के युवाओं को भारत देश के बारे में और इसकी विविध सामाजिक, सांस्कृतिक, और तकनीकी आवश्यकताओं सहित यहाँ की अद्वितीय कला, भाषा और ज्ञान परंपराओं के बारे में ज्ञानवान बनाना राष्ट्रीय गौरव, आत्मशविास, आत्मज्ञान, परस्पर सहयोग और एकता की दृष्टि से और भारत के सतत ऊँचाइयों की ओर बढ़ने की दृष्टि से अत्यंत आवश्यक है।

भारतीय शिक्षा का जो प्राचीनतम इतिहास है, वह हमें पाश्चात्य शिक्षा की आधुनिक परिस्थितियों की जड़ें प्रदान करता है, जहाँ से इन विचारधारा को, मानकों को जगह मिली, जहाँ से ये पनपे। भारतीय शिक्षाशास्त्र प्रारम्भ से ही विभिन्न प्रकार की आधुनिक शिक्षा की धाराओं को अपने में समेटे हुए रहा है, चाहे वह आलोचनात्मक शिक्षाशास्त्र हो या विकासवादी शिक्षाशास्त्र! जिन आधुनिक संकल्पनाओं की खोज हम पश्चिमी चिंतकों में करते हैं, उन सभी संकल्पनाओं के प्रतिबिंब हमें भारतीय शिक्षा पद्धतियों और विचारकों में मिलते है, जिन्हें नए परिप्रेक्ष्य में फिर से देखने की आवश्यकता है।

शिक्षा में भारतीयता का प्रश्न कोई राजनीतिक प्रश्न न होकर शैक्षणिक प्रश्न है, जिस पर बिना किसी पूर्वाग्रह के विचार करना होगा, क्योंकि शिक्षा के भारतीयकरण के बिना हम भारत को शिक्षा के क्षेत्र में आत्मनिर्भर नहीं बना सकते है।

संदर्भ

- गिजुभाई (२०१८). दिवास्वप्न, दिल्ली, प्रभात प्रकाशन
- https://www.jansatta.com/sunday-column/jansatta-sunday-special-editorial-column-on-education-by-jagmohan-singh-rajpoot/908165/
- Ghosh R., Naseem M.A., Vijh A. (2012) Tagore and Education. In: Abdi A.A. (eds) Decolonizing Philosophies of Education. SensePublishers. https://doi.org/10.1007/978-94-6091-687-8_5
- https://www.mkgandhi.org/edugandhi/basic1.htm
- http://www.sriaurobindo.nl/docs/Mother/12OnEducation.pdf

9

पढ़ना-लिखना : शिक्षा की ठोस बुनियाद

उषा शर्मा

भाषा जीवन-जगत से जुड़ने, उसके बारे में अवधारणा बनाने और उस अवधारणा की अभिव्यक्ति – सभी में इस तरह से शामिल है कि 'जीवन को जीने' और 'भाषा को जीने' (भाषा के प्रयोग) को अलग नहीं किया जा सकता। यदि गौर से देखें तो पता चलता है कि भाषा हम सभी के जीवन में जहाँ-तहाँ 'बिखरी' हुई है और हर क्षण उपयोग में आती है। फिर चाहे किसी से कोई बात कहनी हो या किसी की बात सुननी हो! चाहे कोई संदेश लिखना हो या कोई संदेश पढ़ना हो! चिट्ठी लिखनी हो या चिट्ठी पढ़नी हो! ईमेल लिखना हो या पढ़ना! आज के तकनीकी युग में तो संप्रेषण के और भी कई माध्यम, उपकरण या तकनीक आ गई है! फिर चाहे वह व्हाट्सप्प हो या फ़ेस बुक या फिर ट्विटर! इंस्टाग्राम या फिर ब्लॉग! रेडियो और दूरदर्शन भी भाषा के प्रयोग की अपेक्षा रखते हैं। हमारी ज़रूरतों के अनुसार भाषा के रूप बदलते रहते हैं। कभी हम मौखिक भाषा का प्रयोग करते हैं तो कभी लिखित भाषा का ... तो कभी इससे इतर सांकेतिक भाषा (sign language) का!

भाषा : चिंतन और अभिव्यक्ति

भाषा हमारे विचारों को बनाने और उन विचारों को अभिव्यक्त करने में भी अपनी महत्ती भूमिका निभाती है। आप स्वयं ही यह अनुभूत कर सकते हैं कि जब हमें किसी से कोई बात कहनी होती है और पूछनी होती है तो वह विचार किसी भाषा में ही आता है। वह भाषा हमारी मातृभाषा भी हो सकती है और श्रोता की भाषा को ध्यान में रखते हुए कोई ऐसी भाषा जिससे संपर्क साधा जा सके। हाँ, इतना ज़रूर है कि हम जो भी भाषा इस्तेमाल करते हैं, उस भाषा से हमारा परिचय होता है! मान लीजिए आपको अपने दोस्त से कहना है – 'बहुत दिन हो गए, गाँव में चाची से बात नहीं की। सोच रहा हूँ कि आज उनसे बात कर लूँ!' यह बात आपने हिन्दी भाषा में सोची और हिन्दी भाषा में ही कह दी! इसका अर्थ है कि आपके दिमाग में चाची से मिलने का जो विचार बना और अभिव्यक्त हुआ, वह किसी भाषा में ही हुआ! इस तरह भाषा और विचार का भी घनिष्ठ संबंध है! यहाँ यह समझना भी ज़रूरी है कि हम हमेशा दूसरे से, श्रोता से वही का वही नहीं कह देते जो आपका-हमारा मन, मस्तिष्क सोचता है! हम कई बार सोचते कुछ और हैं और कहते कुछ और हैं...! लेकिन इस 'कुछ और' में भी विचार और उस विचार के बनाने, अभिव्यक्त होने की भाषा होती है! मान लीजिए, आपका दोस्त आपके लिए एक नया कुर्ता लाया और कहा, "देखो, मैं तुम्हारे लिए क्या लाया हूँ! कुर्ता! अच्छा है न!" लेकिन आपको न तो कुर्ते का डिज़ाइन पसंद आया और न ही रंग! आपने

प्रोफ़ेसर (शिक्षा), प्रारंभिक शिक्षा विभाग एवं प्रभारी, राष्ट्रीय साक्षरता केंद्र प्रकोष्ठ, एनसीईआरटी, नई दिल्ली।

मन-ही-मन सोचा और मन-ही-मन कहा –"कितना बेकार-सा कुर्ता लाया है! यही मिला था इसे!" लेकिन आपने ऊपरी तौर पर क्या कहा? "अरे, इसकी क्या ज़रूरत थी ... बहुत अच्छा है!" आपने पहले कुछ और सोचा लेकिन बाद में कहा कुछ और! क्यों? स्थितियों को साधने के लिए! वह कैसे? वह ऐसे कि अगर जो विचार हमारे मस्तिष्क में सबसे पहले आया था और उसे ज्यों का त्यों व्यक्त कर दिया जाता तो दोस्त के दिल को ठेस पहुँचती! तो दोस्त को बुरा न लगे इसलिए पहले विचार की जगह दूसरे विचार को व्यक्त कर दिया जो कहीं से भी हमारे मन-मस्तिष्क का विचार या भाव नहीं है! अत: यह समझना ज़रूरी है कि भाषा केवल विचारों और भावों की अभिव्यक्ति का ही माध्यम नहीं है, वह हमारे भावों और विचारों को छुपाने का भी माध्यम है। हाँ, एक बात और! न केवल वयस्क बल्कि बच्चे भी ऐसा करते हैं! वे भी भाषा के माध्यम से स्थितियों को साधते हैं!

इस प्रकार भाषा मनुष्य के जीवन का आधार है। भाषा और विचार के गहन संबंधों की पड़ताल करने पर यह ज्ञात होता है कि भाषा हमारे विचारों की वाहिका भी है और निर्माणकर्त्री भी! वह हमारे विचारों को व्यवस्थित करने में भी महत्वपूर्ण भूमिका का निर्वाह करती है। भाषा के सहारे ही जीवन-जगत की विभिन्न अवधरणाओं का निर्माण होता है। यह भाषा ही है जो हमारे आस-पास फैले विस्तृत संसार को अर्थ भी देती है।

भाषा की बुनियादी क्षमताएँ

भाषा के किसी भी रूप के प्रयोग में 'अर्थ' निहित है! फिर चाहे वह सुनकर समझना हो या समझकर बोलना हो! चाहे पढ़कर समझना हो या समझकर लिखना हो! अर्थ की अनुपस्थिति में भाषा निरर्थक है, 'बेमतलब' की है! हम यह भी जानते हैं और बच्चों के साथ बिताएँ क्षण भी यही बताते हैं स्कूल आने से पहले ही बच्चे के पास अपनी भाषा की पूँजी होती है। वे अपनी मातृभाषा में सुनना और बोलना जानते हैं और भाषा का सुनना और बोलना अवधारणाओं का बनना और उनकी अभिव्यक्ति है, चिंतन है! तो पढ़ना-लिखना? अब यह सबसे अहम सवाल है कि क्या बच्चे स्कूल आने से पहले पढ़ना-लिखना जानते हैं। पढ़ने-लिखने में उनका क्या स्तर है? कितनी सामर्थ्य होती है पढ़ने-लिखने की? तो इसका कोई एक निश्चित उत्तर नहीं है! क्यों? वह इसलिए, क्योंकि जिन बच्चों के घरों में शुरू से ही पढ़ने-लिखने का माहौल होता है, बच्चे को पढ़ने-लिखने के सार्थक अवसर मिलते हैं, वे बच्चे 'छुटपन' से ही पढ़ने-लिखने की प्रक्रिया में शामिल हो जाते हैं और उनसे परिचय प्राप्त करके स्कूल आते हैं। यह 'परिचय' है, 'परिपक्वता' नहीं! इसका अर्थ यह है कि बच्चे पढ़ने-लिखने का 'ओरिएंटेशन' लेकर स्कूल आते हैं। यहाँ स्कूल का अर्थ पूर्व प्राथमिक स्कूल है, जब तीन-चार साल के बच्चे औपचारिक शिक्षा व्यवस्था का हिस्सा बनते हैं। लेकिन सवाल यह उठता है - उन बच्चों का क्या, जिनके घरों में पढ़ने-लिखने का न तो माहौल है और न ही अवसर? वे बच्चे स्कूल आने के बाद पढ़ना-लिखना सीखने की प्रक्रिया में 'दाखिल' होते हैं। यहीं वे पढ़ना-लिखना सीखना शुरू करते हैं!

भाषा : विषय के रूप में और माध्यम के रूप में

हम जानते हैं कि हम जब स्कूल में पढ़ते थे तब एक से अधिक भाषाएँ पढ़ते थे। आज भी यही स्थिति है कि स्कूलों में एक से अधिक भाषाओ को सीखने-सिखाने का प्रावधान है। फिर चाहे यह भाषा हिंदी हो, अंग्रेज़ी हो, तमिल हो या खासी! हमारे विद्यालयों में भाषा माध्यम के रूप में भी मौजूद है। जब हम कोई

विषय पढ़ते हैं तो उसे किसी भाषा के माध्यम से ही पढ़ते हैं! आप गणित या विज्ञान या सामाजिक विज्ञान को पढ़ने के लिए या तो हिंदी भाषा का सहारा लेते हैं या अंग्रेज़ी का या फिर तमिल, मलयालम या खासी भाषा का! लेकिन इतना तो तय है कि विषयों को पढ़ने के लिए किसी भाषा की ज़रूरत होती है। अन्य स्थितियों में माध्यम के रूप में हम संकेत भाषा या ब्रेल लिपि का भी प्रयोग करते हैं! अब यह भी समझना ज़रूरी होगा कि किसी भाषा में किसी विषय को पढ़ने के लिए उस भाषा पर पकड़ होनी चाहिए या फिर उस भाषा में पढ़ने –लिखने की कुशलता होनी चाहिए। तभी हम उस भाषा में लिखे गए विषय को समझ सकेंगे और उस समझ को लिखित रूप से अभिव्यक्त कर सकेंगे। अगर हम उस माध्यम भाषा को पढ़कर न समझ सके तो विषय को भी समझना कठिन हो जाएगा! अगर किसी तरह विषय समझ आ भी गया तो उसकी लिखित अभिव्यक्ति न कर सके तो फिर हमें 'नासमझ' की श्रेणी में खड़ा कर दिया जाएगा। इसलिए यह ज़रूरी है कि भाषा में पढ़ना-लिखना सीखना आ जाए। अब हम इस विद्यालय से परे की दुनिया में चलते हैं और जानते हैं कि भाषा अपने लिखित रूप में हमारे चारों ओर फैली हुई है – अखबार पढ़ना, मेल लिखना, चिट्ठी लिखना और पढ़ना, राशन की दुकान पर आटा, दाल, चावल का दाम पढ़ना आदि। बस यही समस्त संदर्भ बताते हैं कि बच्चों में बुनियादी साक्षरता की कुशलता अत्यंत आवश्यक है और शुरुआती वर्षों से ही इसकी ओर ध्यान दिया जाना चाहिए!

बुनियादी साक्षरता : विभिन्न शिक्षा आयोग और नीतियाँ

वस्तुत: सुनना-बोलना की तरह पढ़ना-लिखना भी भाषा की बुनियादी क्षमता है जिसे राष्ट्रीय शिक्षा नीति-2020 में 'बुनियादी साक्षरता' कहा गया है! क्या कारण है कि बुनियादी साक्षरता को राष्ट्रीय शिक्षा नीति-2020 में इतना महत्व दिया गया है! क्या इससे पहले की नीतियों ने इस बुनियादी साक्षरता की चर्चा की है?

स्वतंत्रता -पूर्व और स्वतंत्रता के उपरांत भाषा पर तो थोड़ी बहुत चर्चा हुई है लेकिन बुनियादी साक्षरता या शुरुआती वर्षों में भाषा के पढ़ने-लिखने के बारे में कोई विशेष चर्चा नहीं हुई है! स्वतंत्रता-उपरांत के परिदृश्य को देखने तो ज्ञात होता है कि **डॉ. राधाकृष्णन आयोग, 1948** या विश्वविद्यालय आयोग ने भाषा के बारे में विस्तृत चर्चा तो की है लेकिन वह चर्चा उच्च स्तर के संदर्भ में अधिक दृष्टिगत होती है। आयोग ने अपने अनुशंसा में यह स्पष्ट रूप से कहा है कि विभिन्न स्रोतों से आने वाले शब्दों को स्वीकार करते हुए संघ की भाषा का विकास किया जाना चाहिए। साथ ही उन शब्दों को भी उचित स्थान देने की ज़रूरत है जो विभिन्न स्रोतों से भारतीय भाषाओं में जगह बना चुके हैं। अन्य भाषाओं से आने वाली शब्दों की वर्तनी को भारतीय भाषाओं के स्वर-प्रतीकों के अनुरूप निर्धारित किया जाना चाहिए। भाषा के संदर्भ में यह प्रयास किया जाना चाहिए कि उच्च माध्यमिक तथा विश्वविद्यालय स्तरों पर विद्यार्थी तीन भाषाओं का प्रयोग कने में सक्षम हो जाएँ - स्थानीय भाषा, संघ की भाषा तथा अंग्रेज़ी! साथ ही स्थानीय भाषाओं में उच्च शिक्षा का प्रावधान किया जाना चाहिए। माध्यम भाषा के रूप में संघ की भाषा का उपयोग करने का विकल्प हो। उच्च विद्यालयों तथा विश्वविद्यालयों में अग्रेज़ी की पढ़ाई हो जिससे निरंतर विकसित हो रहे ज्ञान के साथ संपर्क बना रहे।

मध्यमिक शिक्षा आयोग (1952) या मुदालियर आयोग ने भी मध्यमिक शिक्षा के बारे में अनेक अनुशंसाएँ की हैं। इस आयोग ने 4 या 5 वर्ष की प्राथमिक शिक्षा का समर्थन किया है और मध्यमिक शिक्षा के दो भाग होने की अनुशंसा की है। भाषा के संदर्भ में माध्यमिक शिक्षा आयोग ने दो भाषाओं के

अध्ययन–अध्यापन की चर्चा की है यानी द्विभाषा सूत्र प्रदान किया। आयोग ने मातृभाषा या क्षेत्रीय भाषा को माध्यमिक शिक्षा का माध्यम बनाने की बात कि और पूर्व माध्यमिक स्तर पर कम से कम दो भाषाओं को पढ़ने की अनुशंसा की। उच्चतर माध्यमिक स्तर पर कम से कम दो भाषाएँ पढ़ने की चर्चा की जिसमें से एक मातृभाषा या क्षेत्रीय भाषा होगी।

राष्ट्रीय शिक्षा आयोग (1964-66) या कोठारी आयोग ने भाषा के बारे में जो अनुशंसाएँ की उनमें सबसे महत्वपूर्ण - अध्ययन-अध्यापन के माध्यम के रूप में क्षेत्रीय भाषा का प्रयोग किया जाना। क्षेत्रीय भाषाओं में वैज्ञानिक और तकनीकी पुस्तकों तथा साहित्य के निर्माण के लिए आवश्यक कदम उठाए जाने चाहिए! जहाँ तक भाषाओं के पढ़ने की बात है- कोठारी आयोग ने बच्चों की मातृभाषा पर बल दिया और कहा कि तीन भाषाओं को सीखने का उपयुक्त समय कक्षा 8-10 होना चाहिए। हिंदी या अंग्रेज़ी की शुरुआत उस समय की जानी चाहिए जब इनकी सबसे ज़्यादा ज़रूरत और अभिप्रेरणा हो। यह आयोग किसी भी स्तर पर चार भाषाओं को सीखने के पक्ष में नहीं है। आयोग 1 से 3 वर्ष तक की पूर्व प्राथमिक शिक्षा और 6 वर्ष पूरे होने पर कक्षा 1 में नामांकन की अनुशंसा करता है।

राष्ट्रीय शिक्षा नीति 1968 ने क्षेत्रीय भाषाओं के विकास की अनुशंसा करते हुए कहा कि भारतीय भाषाएँ और साहित्य शैक्षिक तथा सांस्कृतिक विकास का अपरिहार्य अंग है। प्राथमिक और माध्यमिक स्तर पर क्षेत्रीय भाषाएँ पहले से ही माध्यम भाषा के रूप में हैं, ज़रूरत इस बात की है कि विश्वविद्यालय स्तर पर भी वह माध्यम भाषा बन सके। माध्यमिक स्तर पर त्रिभाषा सूत्र को अपनाया जाना चाहिए जिसमें हिंदी, अंग्रेज़ी के साथ साथ क्षेत्रीय भाषाओं के अध्ययन का प्रावधान होगा! अंग्रेज़ी और अन्य अंतर्राष्ट्रीय भाषाओं के अध्ययन पर बल देते हुए कहा कि तीव्र गति से दुनिया के ज्ञान का विस्तार हो रहा है इसलिए भारत को भी इस पर ध्यान देना चाहिए और अंग्रेज़ी की पढ़ाई को विशेष रूप से मज़बूत किए जाने की ज़रूरत है।

राष्ट्रीय शिक्षा नीति 1986 के भाग V में बच्चों के विकास पर बल दिया गया है। यह स्पष्ट रूप से कहा गया है कि ***"शिशुओं की देखभाल और पूर्व शिक्षा केंद्र पूरी तरह बाल केन्द्रित होंगे। उनकी गतिविधियां खेल-कूद पर बच्चों के व्यक्तित्व पर आधारित होंगी। इस अवस्था में औपचारिक रूप से पढ़ना-लिखना नहीं सिखाया जाएगा।" (5.3) इसके अतिरिक्त प्राथमिक शिक्षा के सदर्भ में नीति तीन बातों पर बल देती है – "सर्व सुलभ पहुँच और नामांकन, 14 वर्ष के सभी बच्चों को शिक्षा के क्षेत्र में बनाए रखना और शिक्षा की गुणवत्ता में पर्याप्त सुधार ताकि सभी बच्चे आवश्यक स्तर तक शिक्षा प्राप्त कर सकें।"*** (5.5)

भाषाओं के संदर्भ में 1968 की शिक्षा नीति का उल्लेख करते हुए कहा है कि ***"1968 की शिक्षा नीति में भाषाओं के विकास के प्रश्न पर विस्तृत रूप से विचार किया गया था। उस नीति की मूल सिफ़ारिशों में सुधार कि गुंजाइश शायद ही हो और वे जितनी प्रासंगिक पहले थीं, उतनी ही आज भी हैं। किन्तु देश भर में 1968 की नीति का पालन एक समान नहीं हुआ। अब इस नीति को अधिक सक्रियता और सोद्देश्यता से लागू किया जाएगा।"*** (8.7)

पुस्तकें और पुस्तकालय के संदर्भ में यह कहा गया है कि ***"जन शिक्षा के लिए कम कीमत पर पुस्तकों को उपलब्ध होना बहुत ही ज़रूरी है। समाज के सभी वर्गों को आसानी से पुस्तकें उपलब्ध करने के प्रयास किए जाएंगे। साथ ही पुस्तकों की गुणात्मकता को सुधारने, पढ़ने की आदत का विकास करने और सृजनात्मक लेखन को प्रोत्साहित करने के लिए कदम उठाए***

जाएंगे। ...... बच्चों के लिए अच्छी पुस्तकों के निर्माण पर विशेष ध्यान दिया जाएगा। इनमें पाठ्य पुस्तकें और अभ्यास पुस्तकें भी सम्मिलित होंगी।" (8.8)

"पुस्तकों के विकास के साथ साथ मौजूदा पुस्तकालयों के सुधार के लिए और नए पुस्तकालय की स्थापना के लिए एक राष्ट्रव्यापी अभियान चलाया जाए। प्रत्येक शैक्षिक संस्था में पुस्तकालय की सुविधा के लिए प्रावधान किया जाएगा और पुस्तकालयों के स्तर को सुधारा जाएगा।" (8.9)

शिक्षा बिना बोझ के (1993) में यह स्पष्ट रूप से कहा गया है कि इस सिफ़ारिश को पुन: दोहराए जाने की ज़रूरत है कि बच्चे की मातृभाषा उसकी पढ़ाई का माध्यम हो। साथ ही यह सुनिश्चित किया जाए कि "नर्सरी स्कूल खोलने वाली संस्थाएँ पढ़ाई-लिखाई तथा गणित कि औपचारिक शिक्षा के रूप में बच्चों पर शिक्षा का अधिक बोझ लादकर उन पर अत्याचार न करें। प्राथमिक कक्षाओं में गृह कार्य न दिया जाए। भाषा की पाठ्यपुस्तकों में स्थानीय एवं बोलचाल के मुहावरे को उचित स्थान दिया जाए।"(1993:30)

विभिन्न आयोगों और नीतियों द्वारा की गई अनुशंसाओं का विश्लेषण करने पर यह कहा जा सकता है कि इनमें बच्चों के बुनियादी पढ़ने-लिखने के संबंध में चर्चा नहीं हुई है लेकिन सभी नीतियों और आयोगों ने बच्चे की मातृभाषा पर बहुत बल दिया है! साथ ही मातृभाषा को स्कूल के विभिन्न स्तरों पर माध्यम भाषा बनाए जाने को लेकर भी अत्यधिक उत्साह है! यह बात भी सामने आई है कि शुरुआती वर्षों में बच्चों के पढ़ने-लिखने को औपचारिक रूप प्रदान न किया जाए। यदि ऐसा होता है तो हम एक तरह से बच्चों पर 'अत्याचार' ही करेंगे। 1986 की राष्ट्रीय शिक्षा नीति बच्चों में पढ़ने की आदत और सृजनात्मक लेखन पर मुखर है और इसी संदर्भ में वह विभिन तरह की गुणवत्तापूर्ण पुस्तकों और पुस्तकालयों की चर्चा करती है! हालाँकि विभिन्न आयोगों और नीतियों में भाषा, त्रिभाषा सूत्र के अनुपालन का ज़ोरदार समर्थन किया गया है लेकिन उसमें भी पढ़ी जाने वाली भाषाओं की संख्या, स्तर और स्वरूप ही अपेक्षाकृत अधिक 'स्थान' पाते हैं। फिर भी बुनियादी साक्षरता की दृष्टि से यह महत्वपूर्ण है कि आयोग और नीतियाँ बच्चे की मातृभाषा के अध्ययन और उसे अध्ययन का माध्यम बनाए जाने पर बल देते हैं!

बुनियादी साक्षरता और राष्ट्रीय शिक्षा नीति 2020

दरअसल बुनियादी साक्षरता का सीधा संबंध शुरुआती वर्षों में पढ़ने-लिखने की क्षमताओं से है जिसका सीधा-सा अर्थ यह है कि बच्चे इतना पढ़ना-लिखना सीख लें कि वे जीवन में इस बुनियादी क्षमता का प्रयोग कर सकें। यह क्षमता बच्चों के भाषा प्रयोग की क्षमता में नींव का कार्य करती हैं। यह नींव जितनी मज़बूत होगी उतना ही बच्चे अपने जीवन में पढ़ने-लिखने का प्रयोग कर सकेंगे! बच्चे अपने जीवन के शुरुआती समय से ही निरंतर किसी-न-किसी भाषा/ओं के परिवेश में रहते हैं और उस भाषा/ओं को आत्मसात करते जाते हैं। भाषा/ओं में पढ़ने-लिखने की कुशलता बच्चे के जीवन के विभिन्न संदर्भों में काम आती है और साथ ही अन्य विषयों को पढ़ने के माध्यम रूप में भी इसका विशेष महत्व है! भाषा के क्षेत्र में हुए विभिन्न शोध यह बताते हैं कि बचपन से ही पढ़ने-लिखने का माहौल, भाषा प्रयोग के अवसर और ढेर सारा बाल साहित्य हो तो बच्चे पढ़ने-लिखने की क्षमता में पारंगत होते चलेंगे! पढ़ने-लिखने की यह कुशलता तभी संभव है जब बच्चे को अनूकूल माहौल बने! अनेक कारणों से बच्चों की पढ़ने-लिखने की इस कुशलता का अपेक्षित विकास और उपलब्धि नहीं हो पा रही है, जिसकी ओर राष्ट्रीय शिक्षा नीति 2020 स्पष्ट संकेत करते हुए कहती है कि विभिन्न सरकारी और गैर-सरकारी सर्वेक्षणों से यह संकेत

मिला है कि हम वर्तमान में सीखने की एक गंभीर समस्या से जूझ रहे हैं। वर्तमान में प्राथमिक विद्यालय में बड़ी संख्या में शिक्षार्थियों ने –जिसकी अनुमानित संख्या 5 करोड़ से ही अधिक है- बुनियादी साक्षरता और संख्या ज्ञान तक नहीं सीखा है अर्थात ऐसे बच्चों को सामान्य लेख को पढ़ने, समझने और अंकों के साथ बुनियादी जोड़ और घटाव करने की क्षमता भी नहीं है। (रा. शि. नी. 2020: 2.1: 11) बुनियादी साक्षरता के महत्व को देखते हुए राष्ट्रीय शिक्षा नीति 2020 ने जो अनुशंसाएँ की हैं, उनका विवरण और आलोचनात्मक विश्लेषण इस प्रकार है -

- **राष्ट्रीय मिशन की स्थापना** - बुनियादी साक्षरता को एक राष्ट्रीय अभियान बनाने की अनुशंसा की गई है। जिसके अनुसार प्रत्येक बच्चे को कक्षा 3 तक बुनियादी साक्षरता को 2025 तक प्राप्त करना होगा! इसके लिए सभी राज्यों द्वारा अनेक मोर्चों पर कार्य किया जाएगा और उसकी प्रगति की बारीकी से जाँच की जाएगी। साथ ही एक कार्य–योजना भी तैयार की जाएगी। तात्कालिक उपायों और स्पष्ट लक्ष्यों की पहचान के साथ चरणवार कार्य किया जाएगा! यह सत्य है कि भाषा सीखने का अर्थ केवल भाषा सीखना ही नहीं होता बल्कि भाषा सीखते समय हम अन्य अवधारणाएँ भी सीख रहे होते हैं। अगर बच्चे की भाषा की बुनियादी क्षमताएँ मज़बूत हैं और वे भाषा-व्यवहार, भाषा-प्रयोग में सक्षम हैं तो वे अन्य विषयों को भी सहजता से सीख सकते हैं। हालाँकि साक्षरता का संबंध मुख्य रूप से पढ़ने-लिखने से है, लेकिन पढ़ने-लिखने की कुशलता प्राप्त करने में भाषा की अन्य दो कुशलताएँ (सुनना और बोलना) मदद करती हैं। अत: यह ज़रूरी है कि बच्चों के पढ़ना-लिखना सीखने को राष्ट्रीय महत्व मिले और उस दिशा में सभी मिलकर प्रयास कर सकें। अगर एक स्तर विशेष पर बच्चे पढ़ना-लिखना सीख जाते हैं तो वे जीवन में भाषा की इस बुनियादी कुशलता से अपने जीवन की अनेक स्थितियों को साध सकते हैं। जहाँ-जहाँ पढ़ने-लिखने की ज़रूरत होती है, वहाँ-वहाँ वे उसका प्रयोग कर कर सकते हैं। बुनियादी साक्षरता को राष्ट्रीय मिशन के रूप में स्थापित करने से न केवल इसे दिशा मिलेगी बल्कि देश भर के सभी बच्चों के लिए ऐसे सार्थक अवसर उपलब्ध कराए जा सकेंगे जिससे वे पढ़ना-लिखना सीख सकें।
- **शिक्षकों के रिक्त पदों को भरना** – शिक्षक पूरी शिक्षा व्यवस्था की धुरी है। अतः शिक्षकों के रिक्त पदों को तुरंत भरा जाएगा और विशेष रूप से उन स्थानों पर, जहाँ शिक्षक- बच्चों की अनुपात दर ज़्यादा हो और साक्षरता दर न्यून हो! शिक्षक–शिक्षार्थियों का अनुपात दर 1:30 से कम ही होगा और सामाजिक-आर्थिक रूप से वंचित क्षेत्रों में तह अनुपात 1:25 से कम होगा। शिक्षकों के सतत व्यावसायिक विकास पर भी कार्य किया जाएगा। कक्षा का आकार सीखने-सिखाने की प्रक्रिया को नि:संदेह रूप से प्रभावित करता है और शिक्षक की 'मौजूदगी' भी! इस सरोकार को केंद्र में रखते हुए राष्ट्रीय शिक्षा नीति दोनों ही बिंदुओं पर अत्यंत गंभीर है। ऐसे बहुत सारे बच्चे होंगे जो अपनी पीढ़ी के पहले सीखने वाले हैं या जो पहली बार स्कूल आए हैं। संभव है कि बच्चों के शिक्षित माता-पिता साक्षर न हों और वे अपने बच्चों के पढ़ना-लिखना सीखने में अपेक्षित मदद न कर सकें। इस दृष्टि से स्कूल और शिक्षक का दायित्व और भी अधिक बढ़ जाता है, इसलिए यह ज़रूरी है कि शिक्षकों के रिक्त पद भरे जाएँ और शिक्षक-विद्यार्थी अनुपात को उपयुक्त रखा जाए। 1:30 का यह अनुपात उचित जान पड़ता है, इससे शिक्षक बच्चों पर व्यक्तिगत रूप से ध्यान दे सकेंगे और बच्चों के पढ़ना-लिखना सीखने में सहयोग कर सकेंगे।

- **पाठ्यचर्या में बुनियादी साक्षरता को स्थान देना -** पाठ्यचर्या में बुनियादी साक्षरता पर विशेष ध्यान दिया जाएगा। माध्यमिक स्कूली पाठ्यचर्या के दौरान एक मज़बूत, सतत और अनुकूल मूल्यांकन प्रणाली के साथ बच्चों की बुनियादी साक्षरता संबंधी प्रगति पर दृष्टि रखी जाएगी और सामान्यतया: पढ़ने, लिखने, बोलने सुनने पर विशेष ध्यान दिया जाएगा। विभिन्न गतिविधियों के आयोजन और शिक्षक शिक्षा की पाठ्यचर्या के पुनर्गठन का कार्य किया किया जाएगा। यह एक विचारणीय और सराहनीय बिंदु है कि राष्ट्रीय शिक्षा नीति बुनियादी साक्षरता के लक्ष्य को प्राप्त करने के लिए स्कूली पाठ्यचर्या और शिक्षक शिक्षा कि पाठ्यचर्या में अपेक्षित बदलाव करने का समर्थन करती है। बच्चों की स्कूली पाठ्यचर्या में ऐसे बदलाव करने की ज़रूरत है जिसे बच्चों को पढ़ने -लिखने के अवसर मिल सकें, बच्चे करके सीख सकें और जहाँ ज़रूरत हो वहाँ विशेष प्रावधान किए जा सकें। यह इसलिए भी आवश्यक है, क्योंकि भारत एक विविधता भरा देश है। कोई एक योजना या कार्य सभी के लिए उपयोगी हो, आवश्यक नहीं है! अत: राज्यों के पास यह छूट होनी चाहिए कि वे अपने स्थानीय परिवेश को ध्यान में रखते हुए आवश्यक कदम उठा सकें। भाषा और बुनियादी साक्षरता की अवधारणात्मक समझ शिक्षकों की पद्धति और प्रक्रिया को निरंतर प्रभावित करती है अत: यह एक प्रशंसनीय कदम है कि शिक्षकों की शिक्षा के पाठ्यक्रम में भी उचित बदलाव किए जाएँ।
- **स्कूल तैयारी मॉड्यूल का निर्माण** - यह नीति उन बच्चों के लिए भी चिंतित है जो किन्हीं कारणों से ईसीसीई यानी प्रारंभिक बाल्यावस्था देखभाल और शिक्षा तक अपनी पहुँच नहीं बना सके हैं। ये बच्चे अपने हम उम्र साथियों से पीछे न रह रह जाएँ, इसलिए यह नीति कक्षा 1 के बच्चों के लिए तीन महीने का अल्पकालीन खेल आधारित स्कूल तैयारी मॉड्यूल के निर्माण की अनुशंसा करती है। इसमें बच्चों के लिए विभिन्न प्रकार की गतिविधियाँ, अभ्यास पुस्तिका आदि होंगी। इस मॉड्यूल को क्रियान्वित करने में अभिभावकों का भी सहयोग लिया जाएगा। राष्ट्रीय शिक्षा नीति द्वारा अनुशंसित 'स्कूल तैयारी मॉड्यूल' का निर्माण करते समय इस बात का ध्यान रखना ज़रूरी है कि वह भाषा सीखने-सिखाने की प्रक्रियाओं और शिक्षा-शास्त्रीय सिद्धांतों के अनुरूप गतिविधियों को आकार दे सके। साथ ही इस बात का भी ध्यान रखा जाना चाहिए कि जिन बच्चों के लिए यह 'स्कूल तैयारी मॉड्यूल' का निर्माण किया जा रहा है, उनका समाज-सांस्कृतिक परिवेश कैसा है! भाषा इस परिवेश में सबसे अहम बिंदु है! गतिविधियों, वर्क बुक आदि में और भी संभावनाएं टटोली जा सकती हैं।
- **'दीक्षा' (DIKSHA) पोर्टल** – बच्चों के पढ़ना-लिखना सीखने में शिक्षकों की अहम भूमिका है और उन्हें तकनीकी ज्ञान और व्यवहार का अभ्यास कराने के लिए नीति '*दीक्षा*' यानी '*द डिजिटल इन्फ्रास्ट्रक्चर फॉर नॉलेज शेयरिंग*' के प्रावधान की चर्चा करती है। दीक्षा एक ऐसा मंच या पोर्टल होगा जहाँ बुनियादी साक्षरता पर आधारित उच्च गुणवत्तापूर्ण संसाधनों का राष्ट्रीय भंडार उपलब्ध कराया जाएगा जिससे 'दूर बैठे शिक्षक' भी उन संसाधनों का प्रयोग कर सकें। इसमें भाषाओं का विशेष ध्यान रखा जाएगा। भारत का जो आर्थिक और समाज-सांस्कृतिक परिप्रेक्षय है उस पर विचार करते हुए यह एक सराहनीय कदम है कि 'दीक्षा' जैसे मंचों का प्रावधान किया जाए। इससे शिक्षकों को (और अभिभावकों को भी) ऐसी गुणवत्तापूर्ण सामग्री प्राप्त हो सकेगी जिससे वे न केवल अपनी शैक्षिक ज़रूरतों को पूरा कर सकेंगे बल्कि बच्चों के पढ़ना-लिखना सीखने में उनका

सहयोग भी कर सकेंगे। दीक्षा मंच पर उपलब्ध सामग्री में जब भारतीय और स्थानीय भाषाओं का विशेष ध्यान रखा जाएगा तो बच्चों और शिक्षकों –दोनों को लाभ मिलेगा। ऊर्जा, समय में निवेश भी कम लगेगा और उसी ऊर्जा और समय का प्रयोग वे अन्य महत्वपूर्ण कार्यों में लगा सकेंगे। राष्ट्रीय संसाधन का भंडार नि:संदेह बच्चों और शिक्षकों के लिए सहायक सिद्ध होगा।

- ***'पियर ट्यूटरिंग'* को बढ़ावा** – राष्ट्रीय शिक्षा नीति उन शोधों का उल्लेख करते हुए *पियर ट्यूटरिंग* यानी अपने साथी सहपाठियों से सीखने-सिखाने की प्रक्रिया पर बल देती है। नीति में यह स्पष्ट रूप से कहा गया है कि *पियर ट्यूटरिंग* एक स्वैच्छिक और आनंदपूर्ण गतिविधि है जिसमें प्रशिक्षित शिक्षकों की देख-रेख में स्थानीय और गैर-स्थानीय दोनों प्रकार के प्रशिक्षित वॉलंटीयर्स इस राष्ट्रीय अभियान में हिस्सा लेंगे। नीति को यह विश्वास है कि यदि समुदाय का प्रत्येक साक्षर सदस्य किसी एक छात्र को पढ़ाने के लिए प्रतिबद्ध हो जाए तो इससे देश का परिदृश्य बदलेगा और अभियान के लक्ष्यों को प्राप्त किया जा सकेगा। राष्ट्रीय शिक्षा नीति की यह सोच इस ओर संकेत करती है कि बच्चों की शिक्षा सभी की ज़िम्मेदारी है। हालाँकि बच्चों का पढ़ना-लिखना सीखना एक विशेष तरह के प्रशिक्षण और समझ की माँग करता है लेकिन नीति इस संबंध में पहले ही स्पष्ट कर चुकी है कि प्रशिक्षित शिक्षकों की देख-रेख में प्रशिक्षित वॉलंटीयर्स ही इस अभियान में शामिल होंगे। यह एक अच्छा प्रयास है और इससे समुदाय भी अपनी ज़िम्मेदारी को समझेगा! जब समुदाय की भागीदारीता होगी तो बच्चों की मातृभाषा/स्थानीय भाषा के मुद्दे को भी संबोधित किया जा सकेगा और बच्चों के स्थानीय परिवेश में उपलब्ध 'लिखित भाषा' को आधार बनाया जा सकेगा।
- **बाल साहित्य और पुस्तकालय पर बल** - सभी भारतीय भाषाओं और स्थानीय भाषाओं में बाल साहित्य का निर्माण और सभी स्तर के विद्यार्थियों के लिए स्कूल और स्थानीय पुस्तकालयों में बड़ी मात्रा में पुस्तकें उपलब्ध कराने की अनुशंसा नि: संदेह बच्चों में पढ़ने की संस्कृति का विकास करने में सहायक होगी। नीति बुक क्लब, डिजिटल पुस्तकालय, राष्ट्रीय पुस्तक संवर्धन नीति आदि के माध्यम से सभी स्थानों, भाषाओं, स्तरों और शैलियों में पुस्तकों की उपलब्धता, पहुँच, गुणवत्ता और पाठकों को सुनिश्चित करने के लिए व्यापक पहल की अनुशंसा की बात भी करती है! बच्चों के पढ़ना-लिखना सीखने के संदर्भ में यह समझ बहुत आम है कि जिन बच्चों को अभी पढ़ना नहीं आता, जिन्हें अभी अपनी भाषा का अक्षर ज्ञान नहीं है, वे 'किताब' का क्या करेंगे? उनके लिए किताब ज़रूरी नहीं है। लेकिन बाल साहित्य और बुनियादी साक्षरता के संबंध में यह अवधारणा बेहद संकटपूर्ण तो है ही, साथ ही 'घातक' भी है! वस्तुत: बाल साहित्य या पुस्तकों का आस-पास होना और निरंतर उनके संपर्क में रहना इस बुनियादी साक्षरता के विकास के लिए महत्वपूर्ण है। बच्चे जितना अधिक लिखित भाषा के संपर्क में रहें, उतना ही लाभ होगा। पुस्तकों की उपलब्धता के लिए डिजिटल पुस्तकालय का प्रावधान और भी महत्वपूर्ण है, बच्चे अपनी पसंद की किताब को उलट-पलट सकें- बुनियादी साक्षरता की नींव है!
- **पौष्टिक नाश्ता और भोजन का प्रावधान** – राष्ट्रीय शिक्षा नीति बच्चों के सीखने में मदद के लिए पोषण और स्वास्थ्य को महत्व देती है और इसलिए नीति ने बच्चों के लिए सुबह और दोपहर के क्रमश: नाश्ते तथा भोजन का प्रावधान भी किया है! साथ ही नीति बच्चों के नियमित स्वास्थ्य-जाँच, टीकाकरण, हेल्थ कार्ड के लिए भी प्रतिबद्ध है। शिक्षा के क्षेत्र में होने वाले शोध बताते हैं और इन शोधों की चर्चा नीति में भी की गई है कि बच्चों का स्वास्थ्य उनके मानसिक

विकास को प्रभावित करता है, इसलिए बच्चों के लिए पौष्टिक भोजन की व्यवस्था अत्यंत प्रशंसनीय है! बच्चे स्वस्थ रहेंगे तभी वे संज्ञानात्मक रूप से बेहतर प्रदर्शन कर सकेंगे। बच्चे जिस तरह के वातावरण या भौगोलिक परिवेश में रहते हैं, उसी के अनुकूल पौष्टिक भोजन और नाश्ते का प्रबंध अपेक्षित है।

राष्ट्रीय शिक्षा नीति 2020 ने बुनियादी साक्षरता के संदर्भ में बच्चों के जीवन के लगभग हर पक्ष का ध्यान रखते हुए उसे न केवल विस्तार दिया है बल्कि सार्थकता भी प्रदान की है। बहुत छोटे बच्चों की पढ़ाई-लिखाई या शिक्षा के संदर्भ में स्वास्थ्य को भी केंद्र में रखना नीति के 'विज़न' का परिचायक है। बच्चों में पढ़ने की संस्कृति का विकास हो सके इसके लिए स्थानीय भाषाओं में पुस्तकें, बाल साहित्य उपलब्ध कराने और डिजिटल पुस्तकालयों का प्रावधान करने की अनुशंसा प्रशंसनीय है! भाषा विकास के लिए यह ज़रूरी है कि उसे समग्रता में देखा जाए, नई योजनाएँ बनाई जाएँ, स्थानीयता को केंद्र में रखा जाए और साथ ही शिक्षकों की नियुक्ति तथा उनके क्षमता संवर्धन के लिए विभिन्न प्रावधान किए जाएँ! राष्ट्रीय शिक्षा नीति 2020 ने इस दृष्टि से अनेक नए आयाम उद्घाटित किए हैं और बुनियादी साक्षरता को शिक्षा व्यवस्था में इतना महत्वपूर्ण स्थान दिया है जिसकी वह अधिकारी है।

राष्ट्रीय शिक्षा नीति 2020 का क्रियान्वयन

जैसा कि पहले भी चर्चा की जा चुकी है कि बच्चों सहित हम सभी के जीवन में पढ़ने-लिखने के अवसर आते हैं, जैसे – अखबार पढ़ना, चिट्ठी पढ़ना और लिखना, दुकान का नाम और नंबर पढ़ना, किराने की दुकान में आटे-दाल, नमक, साबुन आदि का दाम पढ़ना, बाज़ार से खरीदे जाने वाले सामान की सूची बनाना, किताब या बाल साहित्य पढ़ना, मोबाइल के नंबर पढ़ना, मोबाइल पर संदेश पढ़ना और लिखना, बस के नंबर और जगह के नाम पढ़ना, कहानी, कविता आदि का सृजन करना, अपनी पसंद की किताब का नाम पढ़ना, स्वाध्याय के लिए अपनी समय-सारिणी को लिखना और पढ़ना, कैलेंडर पढ़ना और कैलेंडर पर ज़रूरी कामों की तारीखों को चिह्नित करना आदि! भाषा से जुड़े ये सभी काम तभी संभव हो पाएँगे जब भाषा में पढ़ने-लिखने की कुशलता होगी। बुनियादी साक्षरता इसी पढ़ने-लिखने कि कुशलता की ओर संकेत करती है। अब सवाल उठता है कि राष्ट्रीय शिक्षा नीति में बुनियादी साक्षरता के जिन लक्ष्यों, अनुशंसाओं का उल्लेख किया गया है, उन्हें प्राप्त करने के लिए क्या किया जाए? यदि गहराई से विचार करें तो यह कार्य सर्वोपरि है- बच्चों को पढ़ने-लिखने के सार्थक अवसर देना! कौन देगा ये अवसर? माता-पिता और शिक्षक! कैसे देंगे ये अवसर? किताबों के ज़रिये, कक्षा की पढ़ाई के माध्यम से! ऐसा करने के लिए सबसे ज़्यादा क्या ज़रूरी है? बुनियादी साक्षरता की सही और स्पष्ट अवधारणात्मक समझ का विकास! अगर हम ठीक-ठीक इस बुनियादी साक्षरता को समझ लें तो बुनियादी साक्षरता के विकास के लिए तरीके या पद्धति भी सही ही अपनाएँगे।

वस्तुत: हमें दो मोर्चों पर एक साथ काम करना होगा- स्कूल में कक्षायी प्रक्रियाओं को बेहतर बनाना और शिक्षकों में बुनियादी साक्षरता की अवधारणात्मक समझ का विकास करना! यानी शिक्षक शिक्षा के दोनों चरणों–सेवा पूर्व और अंत: सेवा शिक्षक शिक्षा में बुनियादी साक्षरता के बारे में सही समझ बनाना! इस संदर्भ में यह समझना ज़रूरी है कि पढ़ना और लिखना रचनात्मक प्रक्रियाएँ हैं और बहुत पहले ही ये प्रक्रियाएँ प्रारंभ हो जाती हैं। दोनों ही प्रक्रियाओं का संबंध अर्थ से है, हालाँकि भाषा की सभी कुशलताएँ

अर्थपूर्ण ही होती हैं, बिना अर्थ के सभी कुशलताएँ निरर्थक हैं! इसका मतलब यह है कि सुनना, बोलना, पढ़ना और लिखना में अर्थ या समझ निहित है! किसी चित्र को देखकर उसके बारे में बताना, उसका वर्णन करना और उसे अपने अनुभवों से जोड़ना –पढ़ना ही है! इसे तरह कागज़ या दीवार पर कुछ लकीरें उकेरना और उन्हें नाम या अर्थ देना –लिखना ही है! कक्षा या घर में 'पढ़ने का कोना', जहाँ विविध प्रकार का बाल साहित्य या किताबें बच्चों की पहुँच में होती हैं - बुनियादी साक्षरता के विकास में मदद करता है! इसका अर्थ यह है कि बच्चों को अपनी पसंद की किताब को उलटने-पलटने और उसके बारे में बात करने के अवसर मिलने चाहिए। कुल मिलाकर, बुनियादी साक्षरता के शिक्षा-शास्त्र की सही समझ का विकास होना ज़रूरी है जिसके लिए कई तरह के क्षमता-संवर्धन कार्यक्रमों का आयोजन किया जा सकता है! साथ ही शिक्षकों के लिए प्रिंट, ऑडियो-वीडियो आदि संसाधन सामग्री का निर्माण करना भी ज़रूरी है!

इसी संदर्भ में यह भी महत्वपूर्ण है कि किताबें बच्चों की मातृभाषा, स्थानीय भाषा/ओं में होनी चाहिए! छपी हुई और ऑडियो किताबें भी पढ़ना-लिखना सीखने में मदद करती हैं। अगर लोक साहित्य भी इसमें शामिल हो जाए तो बच्चे किताबों के साथ, उसकी विषय वस्तु के साथ स्वयं को जोड़ पाएँगे। अत: पुस्तकों का भंडार बच्चों की पहुँच के भीतर होना चाहिए। पुस्तकालय का समृद्ध होना और बच्चों को बिना किसी रोक-टोक के किताबों को छूने की आज़ादी होनी चाहिए! स्कूली (और घर की भी) चर्या में पढ़ने की घंटी होनी चाहिए जहाँ बच्चे बड़ों (शिक्षक और अभिभावक) के साथ बैठकर पढ़ सकें।

बुनियादी साक्षरता के लक्ष्यों को प्राप्त करने के लिए राज्यों के लिए सुझाव के तौर पर दिशा-निर्देशों का निर्माण किया जाना चाहिए जिसमें पर्याप्त लचीलापन ज़रूरी है! इससे सभी राज्य अपने स्थानीय परिवेश और भाषा को ध्यान में रखते हुए क्रियान्वयन की नीतियाँ निर्धारित कर सकें। बुनियादी साक्षरता से जुड़ी सर्वश्रेष्ठ पद्धति या अभ्यास या कार्यों को राष्ट्रीय मंच मिलना चाहिए और उनके प्रसार के लिए पोर्टल या डिजिटल मंच का प्रावधान किया जाना अपेक्षित होगा! माता-पिता या अभिभावकों के लिए भी बुनियादी साक्षरता से जुड़े दिशा-निर्देश हों ताकि वे भी पढ़ना-लिखना सीखना की प्रक्रिया को ठीक से समझ सकें और बच्चों की अपेक्षित मदद कर सकें।

पॉल फ्रेरे का कहना है कि 'पढ़ना शब्दों पर चलना नहीं है बल्कि उनकी आत्मा को ग्रहण करना है!' यह कथन इस ओर संकेत करता है कि पढ़ना-लिखना अर्थ से जुड़ा हुआ है। साथ ही वे 'शब्द और दुनिया' के समर्थक थे जिसे साक्षरता और पढ़ना-लिखना सीखने के बीच के संबंध के रूप में समझा जा सकता है! 'किसी शब्द को पढ़ने से दुनिया को समझने की कुशलता प्राप्त होती है!' यहाँ शब्द का अर्थ केवल शब्द नहीं है बल्कि लिखित भाषा ही! अपने आस-पास लिखी भाषा को पढ़ने, पढ़कर समझने से हम अपने आस-पास की दुनिया को समझते हैं! इसमें सुनने और बोलने का भी विशेष महत्व है! जो पढ़ा, जो समझा उसके बारे में बात करना, उसे अपने अनुभवों से जोड़कर चर्चा करना और लिखना – सभी कुशलताएँ एक–दूसरे के साथ घुली-मिली हुई हैं। अत: बुनियादी साक्षरता पर अधिकार बच्चों को अपनी दुनिया को समझने और उस पर पर अधिकार प्राप्त करने में मदद करेगा!

10

गणितीय जीवन की बुनियाद

हनीत गाँधी

व्यक्ति के लिए बुनियादी संख्या-ज्ञान परम आवश्यक है। आजीविका कमाने का कोई साधन हो या फिर जीवन की बचत और खर्चों का हिसाब-किताब, मनुष्य को बुनियादी संख्या-ज्ञान होना आवश्यक है। इसके बिना मनुष्य में अधूरापन रहता है। परन्तु विडम्बना यह है कि प्रारंभिक दौर की विद्यालयी शिक्षा पूर्ण करने के बाद भी बहुत बच्चे (यहाँ तक की वयस्क भी) गणित का ज़रूरी संगणनाओं को कर पाने में न तो सक्षम हो पाते हैं और न ही जीवन की विभिन्न परिस्थितियों में इसका बेहतर ढंग से प्रयोग कर पाते हैं। राष्ट्रीय एवं अन्तर्राष्ट्रीय स्तर पर यह गणित के विद्वानों व शिक्षकों के लिए अत्यन्त चिन्तनीय विषय है। जिन देशों में अधिक जनसंख्या है, उन देशों में ज़्यादातर लोगों में प्रवीणता का स्तर निम्न है और यही वह मूलभूत कारण है, जिसके कारण प्रारंभिक स्तर पर गणित की बुनियादी जानकारी जुटाने में कमी रह जाती है। इसलिए, साक्षरता कौशल के साथ संख्यात्मक कौशल, किसी भी व्यक्ति के बाद की जीविका के महत्वपूर्ण भविष्यवाणियों के रूप में माना जाता है। विभिन्न सरकारी और गैर-सरकारी सर्वेक्षण एजेंसियों, जैसे एएसईआर द्वारा जारी रिपोर्ट में भी प्रारंभिक गणितीय कौशल में उपलब्धियों की कमी को उजागर किया गया है। प्रारंभिक शिक्षा प्राप्त कर रहे बहुत से बच्चे गणित की उन संगणनाओं को नहीं कर पाते हैं, जिस स्तर की गणितीय संगणनाओं की अपेक्षा उनसे की जाती है। सर्वेक्षण बताते हैं कि प्रारंभिक स्तर पर शिक्षा प्राप्त कर रहे बच्चों में से काफ़ी बच्चे ऐसे भी हैं जो बुनियादी साक्षरता एवं संख्या-ज्ञान अर्जित नहीं कर पाते हैं। ऑर्पवुड, श्मिट, और जून (2012) का मानना है कि गणितीय कौशलों के प्रारिम्भक विकास से ही गणित के गहन-अध्ययन का मार्ग तो प्रशस्त होता ही है, साथ ही गणित के क्षेत्र में हुए शुरूआती विकास से ही गणित के क्षेत्र में करियर बनाने का मार्ग प्रशस्त होता है। शायद यही कारण है कि राष्ट्रीय शिक्षा नीति-2020 में पूर्व-प्राथमिक एवं प्राथमिक स्तर पर बुनियादी साक्षरता एवं संख्या-ज्ञान पर बल दिया गया है। राष्ट्रीय शिक्षा नीति - 2020 में स्पष्ट रूप से कहा गया है, "आगामी वर्ष 2025 तक प्राथमिक शिक्षा पूरी करने तक तथा इससे आगे के स्तरों पर बुनियादी साक्षरता एवं संख्या-ज्ञान के लक्ष्य को सार्वभौमिक रूप से प्राप्त किया जायेगा। अगर यह सबसे बुनियादी सीखने की आवश्यकता (यानी, मूलभूत स्तर पर पढ़ना, लिखना और अंकगणितीय कौशल) पहले अर्जित नहीं की गई तो इस नीति के बाकी हिस्से हमारे विद्यार्थियों के लिए काफी हद तक अप्रासंगिक होंगे।" (पृ.सं.8)

प्रोफ़ेसर, शिक्षा विभाग (सीआईई), दिल्ली विश्वविद्यालय, दिल्ली।

राष्ट्रीय शिक्षा नीति - 2020 के दूसरे अध्याय शीर्षक ***बुनियादी साक्षरता एवं संख्या-ज्ञान*** में से ***संख्या-ज्ञान*** पर चर्चा की जाए, इससे पूर्व ***बुनियादी संख्या-ज्ञान*** की अवधारणा को समझ लेना तर्कसंगत प्रतीत होता है। साथ ही यह भी समझने की आवश्यकता है कि बुनियादी संख्या-ज्ञान क्यों इतना महत्वपूर्ण है।

देश में वर्ष 2020 से पहले दो मुख्य नीतिगत दस्तावेज़ आए जिनका आमूल-चूल प्रभाव शिक्षा पर पड़ा। एक – राष्ट्रीय शिक्षा नीति-1986 तथा दूसरी राष्ट्रीय पाठ्यचर्या की रूपरेखा-2005। दरअसल यह जानना भी आवश्यक है कि बुनियादी संख्या-ज्ञान की अवधारणा को जो महत्व राष्ट्रीय शिक्षा नीति-2020 में दिया गया है, क्या वही महत्व 1986 की राष्ट्रीय नीति और 2005 में आई राष्ट्रीय पाठ्यचर्या की रूपरेखा में भी दिया गया है अथवा नहीं? अर्थात् यह कि नई नीति में इस संदर्भ में कुछ नयापन है अथवा नहीं। उपरोक्त नीतियों पर चर्चा करते हुए यह अध्याय 'बुनियादी संख्या-ज्ञान' के सिद्धांतों के संदर्भ में एनईपी 2020 की पड़ताल करके पूर्ण किया गया है। इस दिशा में उद्देश्य प्राप्त करने की संभावनाओं और तात्कालिकता पर भी चर्चा की गई है।

एक नज़र में बुनियादी संख्या-ज्ञान

गणित में प्रवीणता सदैव से ही अकादमिक और आर्थिक सफलता का द्वार रहा है। यह सर्वविदित है कि गणितीय कौशल अन्य कौशलों के साथ एक संचयी तरीके से विकसित होते हैं, ये शुरुआती दौर में विकसित हुए कौशल बाद के कौशल की नींव रखते हैं। आप भी इस तथ्य से सहमत होंगे कि गणितीय कौशलों का विकास भाषाई कौशलों के विकास से पहले ही विकसित होने शुरू हो जाते हैं। उदाहरणार्थ एक शिशु में दूध की बोतल रखने के स्थानिक कौशल का विकास पहले ही हो जाता है, भले ही उसने बोलने के कौशल का अर्जन न किया हो।

यदि उपर्युक्त आधार को मान्यता दी जाए तो हम एक उप प्रमेय भी बना सकते हैं जो यह इंगित करता है कि शिशु में गणितीय कौशल की पहचान उसकी औपचारिक शिक्षा के प्रारम्भ होने से पहले ही की जा सकती है। अनेक शिक्षाविदों और मनोवैज्ञानिकों ने स्थानिक कौशल के विकास के इस अन्तर को चिह्नित किया और इसे भावी गणितीय कौशलों के सूचक के रूप में माना है (डंकन एवं अन्य, 2008; जिन्सबर्ग, क्लेन, और स्टार्की, 1998; लोकानुनीक और जॉर्डन, 2008; मेजोको और थॉम्पसन, 2005)। एनौला व अन्य (2004) के अनुसार प्रारंभिक गणित में अपने साथियों से कमज़ोर रहने वाले बच्चों का विकास आमतौर पर धीमी गति उसे होता है। इस प्रकार, बच्चे के विकास के प्रारंभिक चरणों में कुछ बुनियादी गणितीय कौशल का होना आवश्यक है।

बुनियादी संख्या-ज्ञान (Foundational Numeracy) की अवधारणा को ***प्रारंभिक संख्या-ज्ञान*** (Early Numeracy) का पर्यायवाची कहा जा सकता है। बुनियादी संख्या-ज्ञान से तात्पर्य स्कूली के प्रारंभिक वर्षों के दौरान संख्या और बुनियादी अंकगणितीय कार्यों, जैसे कि जोड़ और घटाव को विकसित करने से है। यद्यपि बुनियादी संख्या-ज्ञान की अवधारणा के वास्तविक अर्थ पर कोई स्पष्ट सहमति नहीं है, तथापि यह सभी अवधारणाओं में कारक है जो आसानी से और कुशलता से संख्याओं की गणना में योगदान देता है। बुनियादी संख्या-ज्ञान के शाब्दिक अर्थ तार्किक और गणितीय कौशलों से जुड़ा है। यह परिप्रेक्ष्य प्याजे के संख्या बोध के विकास के उस दृष्टिकोण से संबंधित है जो संख्या, वर्गीकरण और संचलन के संरक्षण का एक संश्लेषण है। छोटे बच्चों में संख्या की अवधारणाओं पर जीन जे. प्याजे (1965) के

सिद्धांत ने लंबे समय तक मनोवैज्ञानिक अनुसंधान और गणित की शिक्षा को प्रभावित किया है। उनके सिद्धांत को कई विद्वानों द्वारा ओर आगे बढ़ाया गया है, ये विद्वान इसमें कुछ न कुछ योग दे रहे हैं। इन सभी के केन्द्र में संख्या बोध को विकसित करना है।

बुनियादी संख्या-ज्ञान की ऐतिहासिक पृष्ठभूमि

भारतीय शिक्षा प्रणाली में, 'बुनियादी संख्या-ज्ञान' नामक शब्दावली का प्रयोग पहली बार राष्ट्रीय शिक्षा नीति 2020 में ही किया गया। इससे पहले भारत में किसी भी शैक्षिक नीति में इस शब्दावली का प्रयोग नहीं किया गया। परन्तु इसका अर्थ यह नहीं है कि इससे पहले कभी भी शिक्षा प्रणाली में इसकी आवश्यकता का आभास नही किया गया। बुनियादी गणितीय कौशल एक निश्चित ग्रेड तक सभी बच्चों द्वारा अधिग्रहीत किया जाना चाहिए; यह बात पहले की नीतियों में भी कही गई है। इसमें भी दोहराया नहीं है कि बुनियादी संख्या-ज्ञान को इतना महत्व पहले नहीं दिया गया, जितना कि राष्ट्रीय शिक्षा नीति 2020 में दिया गया है। प्रारंभिक संख्यात्मकता से संबंधित चिंताओं को महसूस तो किया जा रहा था, परन्तु समाधान उपलब्ध नहीं थे। अतीत में बहुत दूर जाने की आवश्यकता नहीं है, हम इस संदर्भ में राष्ट्रीय शिक्षा नीति (1986) पर चर्चा को आगे बढाते हैं।

राष्ट्रीय शिक्षा नीति (1986)

यदि कोई सन 1986 की राष्ट्रीय शिक्षा नीति का सावधानीपूर्वक अध्ययन करता है, तो इसमें इसकी गुंजाइश बहुत ही कम है कि उसमें बुनियादी संख्या-ज्ञान शब्द का प्रयोग किया गया हो। हालाँकि नीति (1986) द्वारा प्राथमिक स्तरों में बुनियादी संख्यात्मक ज्ञान के विकास पर चर्चा अवश्य की गई है। इस निष्कर्ष पर जाने के दो पहलू हैं, एक यह कि राष्ट्रीय शिक्षा नीति (1986) प्राथमिक स्तर पर न्यूनतम अधिगम सुनिश्चित किए जाने की बात की गई है और दूसरा यह कि नीति में आठवीं पंचवर्षीय योजना तक साक्षरता का अधिकतम स्तर प्राप्त करने की अपील है। यह ज्ञातव्य है कि इस नीति में 'संख्या-ज्ञान' की अवधारणा को 'साक्षरता' की अवधारणा के अंतर्गत रखा गया था।

राष्ट्रीय शिक्षा नीति (1986) के मुख्य उद्देश्यों में से एक आठवीं पंचवर्षीय योजना तक अधिकतम साक्षरता प्राप्त करना था। सभी प्रयासों का मुख्य केन्द्र बुनियादी शिक्षा का सार्वभौमिकरण करना था; जहाँ यह सुनिश्चित किया गया था कि यदि किसी को शिक्षित न किया जा सके तो कम से कम उसे साक्षर किया जाये। उपर्युक्त मिशन को बढ़ावा देने के लिए, साक्षरता कार्यक्रम चलाये गये थे, जहाँ आर्थिक आत्मनिर्भरता और शिक्षार्थियों की उन्नत कार्यात्मक क्षमताओं को सुनिश्चित करने के लिए कौशल के विकास पर ज़ोर दिया गया था। साक्षरता अभियान के अन्तर्गत जीवनोपयोगी गणितीय कौशलों की भी पैरवी की गई। राष्ट्रीय शिक्षा नीति (1986) ने कहा कि कौशल-आधारित साक्षरता प्राप्त करने के लिए, प्राथमिक विद्यालय के विद्यार्थियों के लिए गणित के पाठ्यक्रम में संख्या, चार मूलभूत गणनाएँ और बुनियादी ज्यामिति शामिल होना चाहिए। राष्ट्रीय शिक्षा नीति (1986) निर्वाह के लिए बुनियादी गणितीय कौशल के महत्व को भी महसूस करती है। यह बताती है कि गणितीय कौशल सूचना और संचार की दुनिया में प्रवेश द्वार की तरह हैं जो नागरिकों को उनके ज्ञान को समृद्ध करने में मदद करने के लिए, आगे ले जाने के लिए हैं, अपनी कार्यात्मक क्षमता में सुधार में सहयोग करता हैं। साथ ही यह

नवीनतम घटनाओं को ध्यान में रखते हुए और उनकी दिन-प्रतिदिन की समस्याओं का समाधान खोजने के लिए आवश्यक है। सार यह है कि बुनियादी गणितीय ज्ञान व्यक्ति की भलाई का कारक है और उसे समृद्धि की ओर ले जाता है।

साक्षरता, सूचना और संचार की दुनिया के लिए एक न्यूनतम और अनिवार्य प्रवेश बिंदु है। यह प्रौढ़ शिक्षा की ओर एक बुनियादी कदम है, जो जीवन भर सीखने की एक प्रक्रिया है। (शिक्षा की राष्ट्रीय नीति, 1986, पृष्ठ 25)।

राष्ट्रीय शिक्षा नीति-1986 का एक दूसरा पहलू यह है कि सभी बच्चे उच्च शिक्षा के लक्ष्यों को प्राप्त नहीं कर सकते हैं। इसलिए क्षमता-आधारित प्रतियोगिताओं के आधार पर एक समाज के निर्माण के बजाय, सभी छात्रों को एक ग्रेड या एक कक्षा के अंत में सीखने के न्यूनतम स्तर को सुनिश्चित करने के लिए प्रयास करना चाहिए। इसलिए राष्ट्रीय शिक्षा नीति-1986 ने प्राथमिक स्तर पर सभी विषयों के लिए सीखने के न्यूनतम स्तर (एमएलएल) की पहचान की।

सीखने के न्यूनतम स्तर *(एमएलएल) को प्राथमिक चरण के लिए पाठ्यक्रम भार को कम करने और उन बच्चों के लिए इसे अधिक प्रासंगिक और कार्यात्मक बनाने के उद्देश्य से रखा गया है, जिनके पास घर या स्कूल के बाहर सीखने के पर्याप्त अवसर नहीं है, जिनके पास शिक्षा के अवसर का लाभ उठाने की संभावना औसत से कम हो। इससे भी परे यहाँ उन्हें वह सीखना चाहिए जो उन्हें अपने जीवनभर काम आ सके और कायम रह सके। साथ ही सामाजिक रूप से उपयोगी और योगदान करने वाले व्यक्तियों के रूप में उनकी दुनिया में कार्य करने में सक्षम बनाता है (राष्ट्रीय शिक्षा नीति, 1986, पृ. सं. 35-36)।*

राष्ट्रीय शिक्षा नीति-1986 में वर्णित सीखने के न्यूतम स्तर के अंतर्गत कक्षा एक से पाँच तक के लिए एक भाषा (मातृभाषा), गणित एवं पर्यावरण अध्ययन को अनिवार्य रूप से शामिल किया गया। सीखने के न्यूनतम स्तर ने शिक्षण व अधिगम दोनों के लिए मार्गदर्शक का कार्य किया। दरअसल इसमें प्राथमिक स्तर तक की प्रत्येक कक्षा के अंत में प्राप्त होने वाले शिक्षण परिणामों को सीखने के प्रतिफल के रूप में विद्यार्थियों की दक्षता को परिभाषित किया गया था। राष्ट्रीय शिक्षा नीति-1986 ने सीखने के न्यूनतम स्तर के माध्यम से बाल-केन्द्रित उपागम प्रस्तुत किया। इस प्रकार शिक्षण के तय की गई दक्षताओं को प्राप्त करने के केन्द्र में होने के कारण शिक्षण में काफ़ी बदलाव/सुधार आये। सीखने के न्यूनतम स्तर को सूक्ष्मता से परिभाषित करते हैं तो यह निष्कर्ष सामने आता है कि उसमें प्राथमिक स्तर पर गणितीय कौशलों/दक्षताओं को भी काफ़ी महत्व दिया गया था।

उपर्युक्त तथ्य को पुष्ट करने के लिए नीति में वर्णित दो विवरणों पर प्रकाश डाला जाना आवश्यक प्रतीत होता है। सबसे पहले, एनपीई-1986 ने अपने 'प्रौढ़ साक्षरता अभियान' के तहत बुनियादी संख्यात्मक कौशल प्राप्त करने का उल्लेख किया है। नीति का ध्यान प्रौढ़ों में बुनियादी संख्या-ज्ञान विकसित करने पर था। यह संख्याओं की गणना और गणना करने की क्षमता विकसित करने पर आधारित था जो प्रौढ़ लोगों में साक्षरता के स्तर को प्राप्त करने में मदद कर सकती है। दूसरा तर्क सीखने के न्यूनतम स्तर को परिभाषित करने से संबंधित है। नीति केवल कुछ दक्षताओं की प्राप्ति की कामना करती है जिसमें संख्या-ज्ञान प्राप्त करना भी शामिल है। सीखने के न्यूनतम स्तर के तहत सुझाए गए शैक्षणिक दृष्टिकोण काफी प्रक्रियात्मक हैं। नीति संख्याओं के मूल अर्थ, परिमाणीकरण, संख्या बोध और ज्यामितीय सोच की पहचान करने तक सीमित करती है।

राष्ट्रीय पाठ्यचर्या की रूपरेखा-2005

राष्ट्रीय पाठ्यचर्या की रूपरेखा-2005 अब तक का एक ऐसा दस्तावेज़ रहा है जिसने विद्यालयी शिक्षा से जुडें लगभग सभी पक्षों पर प्रकाश डाला है। इससे निदेशित 21 अलग-अलग पोजिशन फोकस (दस्तावेज़) पेपर तैयार किये गये हैं जो विद्यालयी शिक्षा से जुड़े विभिन्न पक्षों पर गहराई से एक पेशेवर नज़रिया रखते हैं। ऐसा ही एक दस्तावेज (फोकस पेपर) गणित शिक्षण पर आधारित है।

राष्ट्रीय पाठ्यचर्या की रूपरेखा-2005 के गणित शिक्षण पर आधारित इस दस्तावेज (पोजिशन पेपर) में भारत में गणित शिक्षण पर अनेक पक्षों पर ध्यान आकृष्ट किया गया है। इसमें बच्चों की सोच के 'गणितीयकरण' के उद्देश्य से प्रक्रियात्मक ज्ञान पर हावी होने वाले संकीर्ण लक्ष्यों से शिक्षण के फोकस को स्थानांतरित करने पर बात की गई है। इस विचार की स्पष्टता प्राप्त करने पर ज़ोर दिया गया था कि समस्या पर ठीक प्रकार से विचार करना और समस्या समाधान के कौशल का विकास करना आवश्यक है (एनसीईआरटी, 2006, पृ.सं. 1-2)। बच्चों को गणित सीखते समय इससे डरने के बजाय इसका आनंद उठाया जाना चाहिये। पाठ्यचर्या की रूपरेखा ने सुझाव दिया कि बच्चों को गणित की मूल संरचना को समझना चाहिए, समस्या में उपस्थित तथ्यों के आपसी संबंधों का समझने के लिए अमूर्त चिंतन का उपयोग करना, पैटर्न की कल्पना करना, तर्कशीलता आदि। इन चुनौतियों से उभरने के लिए, गणित शिक्षण पर आधारित पोजिशन पेपर (2006) ने प्रत्येक शिक्षार्थी को सफलता की अनुभूति के साथ जुड़ने की सिफ़ारिश की, और उभरते हुए गणितज्ञों को वैचारिक चुनौतियों पर गम्भीरता से विचार करने की बात कही।

अब गणित शिक्षण के लघु और उच्च उद्देश्यों पर ध्यान केन्द्रित करते हैं। एनसीफ-2005 ने विद्यालयी शिक्षा के लिए स्पष्ट रूप से दो प्रकार के उद्देश्य निर्दिष्ट किए हैं; एक - संकीर्ण उद्देश्य, जो शिक्षार्थियों को सामाजिक और आर्थिक विकास में योगदान देता है, और दूसरा - उच्च उद्देश्य, जो बढ़ते बच्चे के आंतरिक शक्ति को विकसित करने में मदद करता है।

यह एक ऐसे पाठ्यक्रम के लिए कहती है जो महत्वाकांक्षी, सुसंगत है और महत्वपूर्ण गणित सिखाता है। यह इस संदर्भ में केवल लघु उद्देश्य के बजाय, उच्च लक्ष्य को प्राप्त करने की महत्वाकांक्षा रखता है। (गणित शिक्षण पर आधारित पत्र, 2006, पृ.सं. 1)।

इस कथन से, यह अनुमान लगा सकता है कि पोजिशन पेपर (2006) में संख्या और संख्या के संचालन से संबंधित बुनियादी संख्यात्मक ज्ञान, मात्राओं, माप, अंशों और अनुपातों को मापने के रूप में संकीर्ण उद्देश्य को इंगित करती है। संयोग से, यह भी चेताया गया है कि इन क्षेत्रों में एक कार्यात्मकता का पता होना कि उन्हें गणित सीखने के बड़े लक्ष्य के रूप में नहीं लिया जाना चाहिए। वास्तविक में गणितीय समस्या को हल करने के लिए सही दृष्टिकोण विकसित करने और व्यवस्थित तरीके से हल करना होगा।

यद्यपि इसमें 'बुनियादी संख्या-ज्ञान' के संबंध में विशेष रूप से/अलग से कुछ भी निर्दिष्ट नहीं किया गया है, लेकिन यह छोटे बच्चों को बुनियादी प्राथमिक गणित पढ़ाने के लिए एक बाल केंद्रित उपागम अपनाने की सिफ़ारिश की गई है। प्राथमिक और पूर्व-प्राथमिक कक्षाओं में, बच्चों के गणितीय कौशलों का इस प्रकार से विकसित किया जाना चाहिए कि वे तार्किकता के साथ अपने रोज़मर्रा के जीवन में उसका प्रयोग कर सकें। यह रूपरेखा एक उत्तर खोजने के लिए निश्चित एल्गोरिदम का पालन करने के बजाय संख्या बोध को बढ़ाने पर ज़ोर देती है। यह इस बारे में बात करता है कि बच्चों में संख्या-बोध बनाने के लिए कैसे नेतृत्व किया जाना चाहिए, संख्याओं की संरचना को समझने के लिए संरचना और अपघटन विधियों का उपयोग

कैसे करें, पैटर्न, माप और डेटा हैंडलिंग के साथ उनके आसपास की चीज़ों की गणितीय भावना को कैसे विकसित किया जाए। दरअसल उपर्युक्त तथ्य सीधे-सीधे बुनियादी संख्या-ज्ञान से संबंधित हैं। इसलिए, भले ही गणित-शिक्षण पर आधारित पोजिशन पेपर में 'बुनियादी संख्या-ज्ञान' वाक्यांश का उल्लेख नहीं है, लेकिन दस्तावेज़ इस अवधारणा को महत्ता दी गई है।

इसके अलावा, पोजिशन पेपर में गणित शिक्षण प्रक्रिया को बेहतर बनाने के लिए बच्चे के सामाजिक-सांस्कृतिक परिवेश को गणित से जोड़ने की बात पर भी बल दिया गया है। प्रत्येक बच्चे को अपने आस-पास के वातावरण में बिखरे पड़े उदाहरणों के माध्यम से गणित सीखना चाहिए। परिवार और समुदाय बच्चो को रोज़ाना के काम के बुनियादी गणितीय कौशलों की पहचान करने में महत्वपूर्ण भूमिका निभा सकते है। गणित करने में एक प्रशिक्षुता बेहतर सिद्ध होती है। इससे न केवल बच्चे को विषय से जुड़ने में सहायता मिलती है बल्कि गणित के प्रति भय और इससे जुड़ी चिंता को कम करने में भी मदद मिलती है। रूपरेखा विद्यालय को गणित पढ़ाने के लिए गैर-औपचारिक तरीकों को अपनाने की ज़ोरदार सिफ़ारिश करती है। वास्तव में, गैर-औपचारिक तरीकों की यह गणित विषय के डर को कम करने में मज़बूत स्तंभों के रूप में पहचान की गई है। प्राथमिक पाठ्यक्रम को रोज़मर्रा के व्यवहार में उपयोग किए जाने वाली विभिन्न प्रकार की गतिविधियों, कार्यों, अनुभवों और गणित के उपाख्यानों के साथ समृद्ध किया जाना चाहिए हैं। उक्त प्रक्रियाएँ भाषा एवं संकेतों के विकास के साथ एक तालमेल बैठाकर ही की जानी चाहिए तभी सार्थकतर सिद्ध होंगी!

रूपरेखा संख्या-बोध की शुरूआत करने के संदर्भ में बताती है कि कोई भी बच्चा अंकीय शून्यता के साथ विद्यालय में प्रवेश नहीं करता है। वह संख्या और सहज कार्यों के विषय में अपने साथ कुछ न कुछ संख्या-बोध और अपनी संस्कृति के साथ ही विद्यालय में प्रवेश करता है। इसके अलावा केवल जोड़, घटाव, गुणा और भाग के मानक एल्गोरिदम के स्थान पर केवल अनुमान और अनुमान के कौशल से युक्त संख्या-बोध के विकास पर ज़ोर है। इस प्रकार यह अनुशंसा की जाती है कि प्राथमिक स्तर पर शिक्षक बच्चे को परंपरागत ढंग से उसे कोरी स्लेट मानकर व्यवहार न करें। विद्यालय के बाहर की दुनिया से अर्जित किये गये के अनुभव के आधार पर की गई गणितीय संगणनाओं को विद्यालय द्वारा स्वीकारोक्ती दी जानी चाहिए। रूपरेखा बच्चे की संज्ञानात्मक क्षमता को ध्यान में रखते हुए *ओवरलोडिंग* को रोकने के लिए सीमित मात्रा और छोटी संख्याओं के माध्यम से तार्किक कौशल में निपुणता विकसित करने का भी सुझाव देती है।

कुल मिलाकर यह कहा जा सकता है कि गणित शिक्षण के पोजिशन पेपर में सीधे तौर पर तो 'बुनियादी संख्या-ज्ञान' अथवा 'प्रारंभिक संख्या-ज्ञान' जैसे वाक्यांशों का प्रयोग नहीं किया गया; परन्तु इसमें गणित से संबंधित जिन-जिन तथ्यों पर बात की गई है वे बुनियादी संख्या-ज्ञान का समर्थन करते प्रतीत होते हैं। रूपरेखा में दिए गए सुझाव काफ़ी विस्तृत हैं, जिन्हें गणित के प्रति बच्चों के दिमाग को प्रोत्साहित करने के लिए दिशा-निर्देश के रूप में लिया जा सकता है। इन नीतियों की झलक एनसीईआरटी द्वारा प्रकाशित गणित की पाठ्यपुस्तकों (मैथ-मैजिक) में देखा जा सकता है, जिसमें एक प्रासंगिक-अवधारणात्मक दृष्टिकोण अपनाया गया है। प्राथमिक स्तर की ये पाठ्यपुस्तकें दैनिक अनुभवों के माध्यम से पुस्तक में दी गई अवधारणाओं के अंतर्संबंधों पर प्रकाश डालने का प्रयास करती हैं। पुस्तकों में दिए गए संदर्भों को व्याख्यायित करने के लिए लोगों के जीवन के उदाहरणों को लिया गया है।

राष्ट्रीय शिक्षा नीति-2020 में संख्या-ज्ञान

हाल ही में राष्ट्रीय शिक्षा नीति-2020 का पहला दस्तावेज़ सामने आया है जिसमें पहली बार 'बुनियादी संख्या-ज्ञान' वाक्यांश का प्रयोग किया गया है। इस नीति के द्वितीय अध्याय शीर्षक '*बुनियादी साक्षरता एवं संख्या-ज्ञानः सीखने के लिए एक तात्कालिक आवश्यकता और पूर्वशर्त*' में बच्चों के शुरूआती चरणों में होने वाले विकास के दौरान बुनियादी साक्षरता एवं संख्या-ज्ञान के महत्व पर प्रकाश डाला गया है।

यह समझने के लिए कि 'बुनियादी संख्या-ज्ञान' से पॉलिसी का क्या मतलब है, हमें पहले राष्ट्रीय शिक्षा नीति 2020 में दिए गए 'शिक्षा' के सार को समझना होगा। नीति में कहा गया है, *तेज़ी से बदलते रोज़गार परिदृश्य और वैश्विक पारिस्थितिकी तंत्र के साथ, यह महत्वपूर्ण होता जा रहा है कि बच्चे न केवल सीखते हैं, बल्कि अधिक महत्वपूर्ण बात यह है कि सीखना कैसे सीखें* (पृ.सं. 3)। इसलिए, शिक्षा का उद्देश्य सीखने और गंभीर रूप से सोचने के लिए *एक्यूमेन* के साथ न्यूनतम आवश्यक सामग्री की ओर बढ़ना चाहिए। बच्चों की समस्याओं को हल करने की क्षमता को मज़बूत करना, रचनात्मक होना और बहुआयामी तरीके से काम करना अत्यावश्यक है। यह नीति भारत के नागरिकों को अभिनव, अनुकूली और रचनात्मक बनाती है ताकि वे जीवन में विभिन्न चुनौतियों का सामना करने में सक्षम हो सकें। इस तरह के उद्देश्य को अनुभवात्मक अधिगम, समग्र और एकीकृत प्रस्तुति, पृच्छा-आधारित, खोजोन्मुख, अधिगम-केंद्रित और लचीले दृष्टिकोण के सिद्धांतों पर आधारित शिक्षण के माध्यम से प्राप्त किया जा सकता है।

भारत के भविष्य के लिए राष्ट्रीय शिक्षा नीति-2020 में विशेष रूप से गणित सीखने के लिए गणित और गणितीय सोच को अनिवार्य सामग्री के रूप में मान्यता देता है। भविष्य में, कृत्रिम बुद्धिमत्ता, मशीन सीखने और डेटा विज्ञान से जुड़े क्षेत्रों पर अधिक बल दिया जायेगा। गणित और कम्प्यूटेशनल सोच को अनिवार्य रूप से सर्वव्यापी विषयों के रूप में देखा जाएगा।

इस प्रकार, गणित और कम्प्यूटेशनल सोच को पूरे स्कूल के वर्षों में बढ़ा दिया जाएगा, जो कि विभिन्न प्रकार के अभिनव तरीकों के माध्यम से, नींव के साथ शुरू होता है, जिसमें पहेलियाँ और गेम का नियमित उपयोग शामिल है, जो गणितीय सोच को अधिक सुखद और आकर्षक बनाते हैं। (राष्ट्रीय शिक्षा नीति, 2020, पृ.सं. 15-16)

प्रत्येक को प्रारंभिक वर्षों से गणितीय रूप से सोचना शुरू करना होगा। इसका मतलब गणित की सामग्री को बढ़ाना नहीं है। इसका मतलब तार्किक सोच, *कम्प्यूटेशनल* कौशल, तर्क और निर्णय लेने की क्षमताओं की दक्षता को बढ़ावा देना है। नीति बच्चे की बुनियादी चरणों से गणितीय सोच के बीज बोने की आवश्यकता को पहचानती है।

नीति में कहा गया है कि भारत के विद्यालयों ने बुनियादी संख्या-ज्ञान और गणितीय विचारों पर बहुत कमजोर दिया है। स्कूली पाठ्यक्रम युवा शिक्षार्थियों के लिए इतनी तेज़ी से आगे बढ़ता है कि स्कूलों में सभी शिक्षार्थियों के लिए जल्दी से रटने के अलावा कोई चारा नहीं रह जाता हैं। विद्यालय शिक्षार्थियों को यांत्रिक शैक्षणिक प्रशिक्षण प्रदान कर रहे हैं और उन्होंने सीखने के लिए आवश्यक मूलभूत सामग्री को पूरी तरह से नजरअंदाज कर दिया है (पृ.सं. 15)। नीति (2020) ने सुझाव दिया है कि सीखने के सिद्धांत गिनती, अंकगणित, गणितीय और तार्किक सोच, समस्या-समाधान और रचनात्मक होने में ठोस आधार प्रदान करना होगा, ताकि सभी शिक्षार्थी सीखने के लिए अधिक आनंददायक हों।

नीति (2020) सभी विद्यार्थियों द्वारा प्राथमिक स्तर के अंत तक 'बुनियादी संख्या-ज्ञान' प्राप्त करने को सुनिश्चित करने का आग्रह करती है। नीति में कहा गया है कि भारत में हो रहे सीखने के संकट को दूर करने के लिए, बच्चों को पूर्व-संख्यात्मकता और पूर्व-साक्षरता की अवधारणा से लैस करने की आवश्यकता है। विद्यालय में प्रवेश करते समय अधिकांश बच्चों में जिसकी कमी होती है। पढ़ने और लिखने की योग्यता और संख्याओं के बुनियादी गणनाओं को करने की क्षमता भविष्य के सभी विद्यालयी शिक्षा और जीवनपर्यन्त सीखने के लिए आवश्यक और अनिवार्य शर्तें हैं। प्रारंभिक बाल्यकाल की शिक्षा में बुनियादी अंक कौशल विकसित करने के लिए पर्याप्त तैयारी करने की आवश्यकता है।

राष्ट्रीय शिक्षा नीति (2020) ने बुनियादी साक्षरता और संख्या-ज्ञान को बाकी नीति की प्रासंगिकता के लिए आधारभूत आवश्यकता माना है। यह अनुमान है कि प्राथमिक कक्षाओं में अध्ययन करने वाले कम से कम 5 करोड़ विद्यार्थियों में भारतीय अंकों के साथ जोड़ और घटाव करने की बुनियादी क्षमता का अभाव है। एक बार जब कोई विद्यार्थी गणित की बुनियादी गणना करने में पिछड़ जाता है तो वह गणित के अन्य क्षेत्रों में भी पिछड़ता चला जाता है और बाद उसके लिए इसकी भरपाई करना कठिन हो जाता है। इस विषय की प्रकृति भी छात्रों को गणित को समझना और मुश्किल बना देती है। परिणामस्वरूप वह और पिछड़ता जाता है। कभी-कभी यह डर इतना अधिक हो जाता है कि बच्चे विद्यालय से अनुपस्थित रहना प्रारंभ कर देते है और वे विद्यालय छोड़ देते हैं।

नीति (2020) के दस्तावेज में बुनियादी संख्या-ज्ञान को प्राप्त करने की तात्कालिकता को देखा जा सकता है क्योंकि यह दृढ़ता से बुनियादी संख्या-ज्ञान प्राप्त करने का प्रस्ताव करता है। यह इसे एक तत्काल राष्ट्रीय मिशन के रूप में देखते हुए, सन 2025 तक सार्वभौमिक बुनियादी संख्या-ज्ञान योग्यता प्राप्त करने का लक्ष्य रख गया है। इस उद्देश्य को प्राप्त करने के लिए शिक्षा मंत्रालय द्वारा बुनियादी साक्षरता और संख्या-ज्ञान पर एक राष्ट्रीय मिशन स्थापित करने का प्रस्ताव किया है। इस निकाय का उद्देश्य 2025 तक प्राप्त होने वाले चरण-वार लक्ष्यों और लक्ष्यों की पहचान करना, समान रूप से प्रगति की निगरानी और पूरी प्रक्रिया को गति देना होगा।

इस प्रकार, बुनियादी संख्या-ज्ञान योग्यता प्राप्त करने के लिए, नीति में विद्यालयों को पर्याप्त संख्या में स्थानीय शिक्षक या उन लोगों को मुहैया कराने की योजना है, जो स्थानीय भाषाओं को जानते हैं। ताकि बच्चे उस भाषा में सीख सकें जिसके साथ वे सहज हैं। विद्यार्थी-शिक्षक अनुपात को 30:1 सुनिश्चित करने का भी सुझाव दिया गया है, ताकि शिक्षक सभी शिक्षार्थियों पर ध्यान केंद्रित करने में सक्षम हों और बुनियादी संख्या-ज्ञान के लक्ष्य को प्राप्त करने में सक्षम हों। इस लक्ष्य की प्रारंभिक उपलब्धि सुनिश्चित करने के लिए कुछ अन्य तरीके प्रशिक्षित शिक्षकों की देखरेख में एक-एक के जोड़े में स्वैच्छिक और आनंददायी गतिविधि के रूप में किया जा सकता है। यह नीति (2020) अनुशंसा करती है, *"यदि समुदाय का प्रत्येक साक्षर सदस्य किसी एक विद्यार्थी/व्यकित को संख्याओं को पढ़ने-लिखने के लिए, बुनियादी संक्रियाओं को करने के तरीके को पढ़ाने के लिए प्रतिबद्ध हो तो यह देश के परिदृश्य को बहुत जल्दी बदल देगा।"* (पृष्ठ 9) इसलिए नीति में सभी राज्यों और केंद्रशासित प्रदेशों में सहकर्मी-ट्यूशन और स्वयंसेवी गतिविधियों को बढ़ावा देने के लिए अभिनव प्रारूप स्थापित करने के साथ-साथ शिक्षार्थियों को बुनियादी संख्या-ज्ञान प्राप्त करने के लिए अन्य कार्यक्रमों को शुरू करने का सुझाव दिया गया है।

नीति (2020) ने प्रीपियेटरी और मीडिल विद्यालय के वर्षों के दौरान विद्यार्थियों के पाठ्यक्रम को संशोधित करने की भी योजना बनाई है। नया पाठ्यक्रम मुख्य रूप से गिनती, अंकगणित और गणितीय

सोच पर केन्द्रित होगा। साथ ही सतत रूपात्मक और एडेप्टिव आकलन के साथ-साथ प्रत्येक विद्यार्थी के सीखने की निगरानी करने पर ध्यान केंद्रित करेगा। नीति (2020) एनसीईआरटी के माध्यम से विकसित किए जाने वाले पाठ्यक्रम/शैक्षणिक ढांचे के अनुसार व्यवस्थित प्रयास के माध्यम से आंगनवाड़ियों में उच्च गुणवत्ता वाले प्रारंभिक बाल्यावस्था देखभाल एवं शिक्षा के शिक्षकों के प्रारंभिक कैडर को तैयार करने का भी प्रयास करती है।

जिन भी आंगनवाडी कार्यकर्ताओं ने अपने 12वीं और ऊपर योग्यता प्राप्त की है, उन्हें 6 माह का प्रारंभिक बाल्यावस्था देखभाल एवं शिक्षा का प्रशिक्षण दिया जायेगा और कम योग्यता वालो को एक वर्ष का डिप्लोमा कराया जायेगा(राष्ट्रीय शिक्षा नीति, 2020, पृष्ठ 8)।

बुनियादी संख्या-ज्ञान को ध्यान में रखते हुए पूर्व-सेवा और सेवारत शिक्षकों दोनों के लिए शिक्षक-शिक्षा और विकास के लिए पाठ्यक्रम का नवीनीकरण किया जाएगा। इस पाठ्यक्रम में कक्षा 1 और 2 के शिक्षकों के लिए प्रासंगिक होगा, और उनकी स्कूली शिक्षा, प्रारंभिक बाल्यावस्था देखभाल एवं शिक्षा और बहुस्तरीय गतिविधि-आधारित सीखने की तैयारी पर ध्यान केंद्रित किया जाएगा।

इसके अलावा, बुनियादी संख्या-ज्ञान के लक्ष्य की प्राप्ति के कारकों को मज़बूत करने के लिए आकलन का एक नया पैटर्न प्रस्तावित किया गया है। यह प्रस्तावित है कि शिक्षार्थियों का न केवल कक्षा 10 और 12 के अंत में मूल्यांकन किया जाएगा, बल्कि सभी शिक्षार्थियों का मूल्यांकन कक्षा 3, 5 और 8 के अंत में भी किया जाएगा। इन चरणों के अंत में विद्यार्थियों का वास्तविक जीवन की परिस्थितियों में काम आने वाले प्रासंगिक उच्च-क्रम कौशल और ज्ञान के प्रयोग के साथ-साथ मुख्य अवधारणाओं, राष्ट्रीय और स्थानीय पाठ्यक्रम द्वारा ज्ञात ज्ञान के स्तर में उनकी उपलब्धि के लिए मूल्यांकन किया जाएगा। नीति (2020) सुझाती है कि बुनियादी संख्या-ज्ञान योग्यता और अन्य कौशल को की निगरानी करने के लिए, कक्षा 3 के शिक्षार्थियों के लिए परीक्षा आवश्यक हो जाती है। "ताकि सही समय पर सुधारात्मक उपाय किया जा सके।" (पृ.सं. 18-19)। नीति (2020) के दस्तावेज़ में बताया गया है कि कई विद्यार्थी कक्षा 5 या 8 के बाद विद्यालय से बाहर हो जाते हैं, क्योंकि वे खुद को पिछड़ता हुआ पाते हैं, और इस तरह की भावना के मूल कारणों में से एक है-बुनियादी साक्षरता एवं संख्या-ज्ञान में पिछड़ना। इस प्रकार, सतत शिक्षा में शिक्षार्थियों की मदद करने के लिए कक्षा 3 में सीखने की निगरानी और भी आवश्यक हो जाती है।

शिक्षक-शिक्षा के पाठ्यक्रम को नया स्वरूप दिए बिना बुनियादी संख्या-ज्ञान के लक्ष्य को प्राप्त करना कठिन है। नीति सभी स्तरों पर बुनियादी संख्या-ज्ञान प्रदान करने वाले शिक्षकों के निरंतर व्यावसायिक विकास की सिफ़ारिश करती है। यह बुनियादी साक्षरता के उद्देश्य को प्राप्त करने के लिए प्रारंभिक स्तर (जो प्रारंभिक बाल्यावस्था देखभाल और शिक्षा से शुरू होता है।) से ही शुरूआत करने की योजना सामने लाता है। 'यह माना जाता है कि 5 वर्ष की आयु से पहले हर बच्चा एक 'प्रारंभिक कक्षा' या 'बालवाटिका' (जो कि कक्षा 1 से पहले होता है) में स्थानांतरित हो जाएगा, जिसमें एक ईसीसीई-योग्य शिक्षक होगा।' (पृ. सं. 7-8)। इस स्तर पर सीखने को मुख्य रूप से प्रारंभिक साक्षरता और संख्या-ज्ञान के साथ संज्ञानात्मक, भावात्मक और पेशीय क्षमताओं को विकसित करने पर ध्यान देने के साथ खेल-आधारित विधियों पर आधारित होना चाहिए। नीति (2020) ईसीईसी की बड़े पैमाने पर अनुपलब्धता को भी स्वीकार करती है। चूँकि, बच्चों का एक बड़ा हिस्सा पहले से ही संप्राप्ति के स्तर से बहुत पीछे है, इस स्थिति में राष्ट्रीय शिक्षा नीति-2020 कक्षा 1 के सभी शिक्षार्थियों के लिए एक अंतरिम 3 महीने के प्ले-आधारित स्कूल तैयारी मॉड्यूल का सुझाव देता है। मॉड्यूल का उद्देश्य साथियों और माता-पिता के सहयोग से संख्याओं के से

जुड़ी गतिविधियों, कार्यपुस्तिकाओं के माध्यम से बुनियादी संख्या-ज्ञान प्रदान करना होगा। सभी शिक्षकों से अपने स्वयं के व्यावसायिक विकास के लिए हर साल कम से कम 50 घंटे के निरंतर व्यावसायिक विकास के अवसरों में भाग लेने की अपेक्षा की गई है। ये अवसर बुनियादी संख्या-ज्ञान से संबंधित सभी नवीनतम तरीकों को शामिल करेंगे, जैसे कि अनुभवात्मक अधिगम, कला-समन्वित सीखना, खेल-एकीकृत, और कहानी-आधारित दृष्टिकोण, और संख्यात्मकता पर रूपात्मक और एडेप्टिव आकलन करने में भी मदद करते हैं।

राष्ट्रीय शिक्षा नीति (2020) बुनियादी संख्या-ज्ञान पर उच्च गुणवत्ता वाले संसाधनों के राष्ट्रीय भंडार के निर्माण की भी सिफ़ारिश करती है। ये संसाधन शिक्षकों को एक ही मंच पर उपलब्ध होंगे, डिजिटल इन्फ्रास्ट्रक्चर फॉर नॉलेज शेयरिंग (DIKSHA)। बुनियादी संख्या-ज्ञान प्राप्त करने में पेश आने वाली भाषा संबंधी बाधाओं को दूर करने के लिए तकनीकी सहायता महत्वपूर्ण माध्यम के रूप में काम करेंगे।

कुछ वादे तो कुछ छूट गए ...

जैसा कि पहले कहा गया था, राष्ट्रीय शिक्षा नीति-2020 एक बहुत ही आशाजनक कदम है इसमें बच्चों के कमज़ोर प्रदर्शन और बच्चों के विद्यालय छोड़ देने के पीछे बुनियादी संख्या-ज्ञान के अभाव को महत्वपूर्ण कारण माना गया है। संख्या/गणितीय गणनाओं में एक मज़बूत आधार का निर्माण निश्चित रूप से शिक्षार्थियों के हितों को बनाए रखने में मदद करेगा। गैर-संख्यात्मक क्षमताओं द्वारा पैदा किए गए गतिरोध को दूर करने के लिए राष्ट्रीय और राज्य स्तर पर प्रस्तावित प्रयासों के लिए नीति को बधाई देने की आवश्यकता है। एक केंद्रित दृष्टिकोण लक्षित समय रेखा के साथ लक्ष्यों को प्राप्त करने के लिए आश्वस्त करता प्रतीत होता है। पूर्व-संख्या-ज्ञान के विकास में बाल्यावस्था की देखभाल और शिक्षा की भूमिका को बढ़ाने से उन बच्चों को लाभ होगा जो वंचित सामाजिक-आर्थिक पृष्ठभूमि के हैं और जिनकी पूर्व-प्राथमिक शिक्षा तक पहुंच नहीं है।

वैचारिक रूप से, नीति वास्तव में अधिक गणितीय रूप से उन्मुख समाज के लिए एक आशा प्रदान करती है, हालांकि यह एक सही योजना की प्रस्तुत किये जाने के बाद पुष्ट हो सकेगा। हालाँकि, नीति में कुछ गलतियाँ हैं। पहला, सीमित तरीका है जिसमें 'बुनियादी संख्या-ज्ञान' शब्द है। छोटे बच्चों में संख्यात्मक क्षमता निर्माण पर बहुत ज़ोर दिया गया है। गणित का एक सही सार स्थानिक तर्क, संभाव्य सोच, *विज़ुअलाइजेशन*, अनुमान और अनुकूलन कौशल के माध्यम से विकसित होता है। जनता के ध्यान के लिए इन लक्षणों का एक उदाहरण भी दिया जा सकता है। 'बुनियादी संख्या-ज्ञान' शब्द के उपयोग पर दूसरा अवलोकन - शिक्षकों के संसार में संख्यात्मकता शब्द को जिस तरीके से संदर्भित किया जाता है, उसका अध्ययन करने के लिए, एक बहुत व्यापक परिप्रेक्ष्य सामने आता है। यह न केवल बुनियादी संख्यात्मक कौशल को शामिल करता है, बल्कि गणितीय रूप से लदी दुनिया में एक व्यक्ति के समायोजन से भी संबंधित है। हम ध्यान से व्याख्या की जाने वाली सूचना और डेटा से घिरे हैं। इसलिए संख्या-ज्ञान अस्तित्व, जीवन निर्वाह और अच्छे जीवन के लिए आवश्यक मौलिक गणितीय कौशल माना जाता है। यह शब्द छोटे बच्चों तक सीमित नहीं है। यह वयस्कों के साथ भी गहरा संबंध है।

सभी व्यवसायों में समस्या-समाधान के कौशल की मांग तेज़ी से बढ़ रही है और इसलिए हमारे बच्चों को ही नहीं, हमारे वयस्कों को भी मूलभूत लॉगिको-गणितीय ज्ञान होना चाहिए। 21 वीं सदी में अस्तित्व के लिए, किसी को न केवल विषयवस्तु-आधारित समझ की आवश्यकता होगी, बल्कि समीक्षकों और

रचनात्मकता को समझने के लिए भी ज्ञान की आवश्यकता होगी; नवाचारों को गले लगाओ; तार्किक संचार करें; लचीलेपन और अनुकूलनशीलता के साथ स्थितियों का दृष्टिकोण; समझदार निर्णय लें; और इष्टतम समाधान उत्पन्न करते हैं। हमें तार्किकता, मॉडलिंग, समस्या प्रस्तुत करने और हल करने, चित्रमय प्रदर्शन, प्रतीकात्मक ज्ञान, उपकरणों और प्रौद्योगिकी के ज्ञान जैसी गणितीय दक्षताओं के एक समूह की आवश्यकता होगी। ये सभी लक्षण सभी आयु-समूहों से अपेक्षित हैं। इस प्रकार, 'बुनियादी संख्या-ज्ञान' के उल्लेख के साथ, यह उम्मीद की गई थी कि राष्ट्रीय शिक्षा नीति-2020 भी वयस्क स्तर पर 'बुनियादी गणितीय कौशल' की कमी को दूर करेगी। अधिकांश सिफ़ारिशें प्राथमिक स्तर तक सीमित हैं। नीति में मुश्किल से वयस्कों के सामने आने वाली समस्याओं का उल्लेख किया गया है, जबकि उनके रोज़मर्रा की ज़िंदगी में मात्रा का ठहराव है। वयस्कों में बुनियादी संख्या-ज्ञान की कमी के लिए शायद ही कोई संज्ञान हो। वास्तव में, यह सीमा इस प्रकार अब तक की सभी नीतियों में मौजूद है।

यह कामना की जाती है कि शिक्षा की नई नीति के कार्यान्वयन कार्यक्रम में बच्चों के साथ-साथ वयस्कों में भी बुनियादी लॉजिस्टिक-गणितीय दक्षताओं के निर्माण की योजना होगी। यद्यपि कुछ सरकारी और गैर-सरकारी संगठन पहले से ही छोटे बच्चों के लिए प्राथमिक गणित को आसान बनाने में काम कर रहे हैं, लेकिन ये प्रयास छिटपुट हैं। कुछ सरकारी संगठन, जैसे प्रारंभिक शिक्षा विभाग, एनसीईआरटी, होमी भाभा सेंटर फॉर साइंस एजुकेशन (HBSCE), कुछ गैर-सरकारी संगठन जैसे कि जोड़ो ज्ञान और बिल्डिंग ऐज़ लर्निंग एड (BALA) और कुछ व्यक्तिगत प्रयास जैसे कि हनीत गाँधी द्वारा निर्मित यूट्यूब वीडियो। (2020) देश में गणितीय समझ की स्थिति में सुधार के लिए किए जा रहे प्रयासों का वर्णन करता है। लोगों के बीच लोजिको-गणितीय समझ को बढ़ावा देने के लिए ऐसे सभी प्रयास किए जा रहे हैं। यह दृढ़ता से माना जाता है कि लोजिको-गणितीय योग्यता के लिए रीढ़ की हड्डी है जो संख्यात्मक कौशल का उच्चारण करता है।

किसी भी देश की प्रगति के लिए, यह ज़रूरी है कि सभी स्तरों पर काम करने का एक तार्किक तरीका स्थापित किया जाए। इसलिए संख्या-ज्ञान वयस्कों और बच्चों दोनों के लिए एक चुनौती है और इस पर बहुत ध्यान देने की आवश्यकता है। संख्या-ज्ञान, सही अर्थों में निर्णयन के व्यापक अनुप्रयोग से संबंधित है। हाल ही में राष्ट्रीय शिक्षा नीति-2020 युवा दिमाग में संख्या-ज्ञान की आवश्यकता को पहचानती है, लेकिन यह समस्या की ऊपरी सतह से टकरा रही है। नीचे चिंताओं की कई सतहें अभी बाकी हैं।

संदर्भ

- Aunola, K., Leskinen, E., Lerkkanen, M., & Nurmi, (2004). Developmental dynamics of math performance from preschool to Grade 2. *Journal of Educational Psychology*, 96, 699–713.
- Department of Education, Ministry of Human Resource Development. (1986). *National Policy on Education*. New Delhi, India: Government of India.
- Duncan, G. J., Dowsett, C. J., Claessens, A., Magnuson, K., Huston, A. C., Klebanov, P., et al. (2008). School readiness and later achievement. Developmental Psychology, 44(1), 232.
- Ginsburg, H. P., Klein, A., & Starchy, P. (1998). The development of children's mathematical thinking: Connecting research with practice. In W. Damon, I. E. Sigel,

& A. K. Renninger (Eds.), Handbook of child psychology, 5th ed. Child psychology in practice, Vol. 4 (pp. 01–476). NJ: John Wiley & Sons Inc.

- Gandhi, H. (2020a). Episode 1 : Do you have a mathematical eye ?. https://www.youtube.com/watch?v=NIks0ZLt3oo
- Gandhi, H. (2020b). Episode 2 : Eye for Chai. https://www.youtube.com/watch?v=beMCw-e8zPY&t=9s
- Gandhi, H. (2020c). Episode 3 : Tale of Tails. https://www.youtube.com/watch?v=Prwwh532Eq0&t=20s
- Gandhi, H. (2020d). Episode 4: Maths and Face Masks. https://www.youtube.com/watch?v=xrrjVCbClGk&t=3s
- Gandhi, H. (2020e). Episode 5: One, Two... Lace My Shoe. https://www.youtube.com/watch?v=peM5WGJwB5Y
- Gandhi, H. (2020f). Episode 6: It's Just a Cakewalk. https://www.youtube.com/watch?v=3gRqDxBt5oQ&t=8s
- Gandhi, H. (2020g). Kya aap mien hair vo ganitye nazar. https://www.youtube.com/watch?v=4kwD956Mz7M&t=2s
- Locuniak MN, Jordan NC. Using kindergarten number sense to predict calculation fluency in second grade. Journal of Learning Disabilities. 2008; 41 (5):451–459.
- Mazzocco MM, Thompson RE. Kindergarten predictors of math learning disability. Learning Disabilities Research & Practice. 2005; 20 (3):142–155.
- Ministry of Human Resource Development. (2020). *National Educational Policy 2020.* New Delhi, India: Government of India.
- National Council of Educational Research and Training. (2005). National Curriculum Framework. New Delhi: India.
- National Council of Educational Research and Training. (2006). National Focus Group on Teaching of Mathematics [Position Paper]. New Delhi: India.
- Orpwood, G., Schmidt, B., & Jun, H. (2012). Competing in the 21st century skills race. Ottawa, ON: Canadian Council of Chief Executives.
- Piaget, J. (1965) The Child's Conception of Number. New York: Norton.

11

समग्र और बहु-विषयक शिक्षा

अतुल कुमार शुक्ला

'समस्त ज्ञान की एकता एवं अखंडता को सुनिश्चित करने के लिए विज्ञान, सामाजिक विज्ञान, कला, मानविकी तथा खेलकूद के बीच बहु-विषयात्मक तथा समग्र शिक्षा का विकास करना।'

–राष्ट्रीय शिक्षा नीति 2020

भूमिका

समग्र एवं बहु-विषयक शिक्षा उपलब्ध कराना, राष्ट्रीय शिक्षा नीति-2020 के 22 आधारभूत सिद्धांतों में से पाँचवाँ महत्वपूर्ण सिद्धांत है। आज ज्ञान-विज्ञान के विभिन्न क्षेत्रों में मानव द्वारा अर्जित ज्ञान के संगठन और संयोजन में परंपरागत रूप से चले आ रहे वर्गीकरण और विभाजनों की अप्रासंगिकता तेज़ी से बढ़ रही है। हम ज्ञान-विज्ञान के विकास की उस अवस्था में प्रवेश कर चुके हैं, जबकि विभिन्न विषयों की संकीर्ण चौहद्दियां नवीन ज्ञान के विकास में बाधक सिद्ध हो रही हैं।

पिछले दो दशकों में विज्ञान और तकनीकी के साथ डिजिटाइजेशन और कृत्रिम बुद्धि के क्षेत्र में नवीन अनुसंधानों ने मानवीय समाजों के सामने चुनौतियों के एक नए ही क्षितिज का विस्तार कर दिया है। आज हम निरक्षरता से ई-साक्षरता की ओर प्रगति कर चुके हैं। हम ज्ञान के विस्फोट की उस अवस्था में है, जहां सूचनाओं का प्रवाह और आकार तेज़ी से बढ़ रहा है। डाटा अध्ययन एवं विश्लेषण मानवीय सीमाओं के परे हो चुका है और उसके लिए कृत्रिम बुद्धि का प्रयोग करना अपरिहार्य हो चला है। इंटरनेट एवं मोबाइल, तकनीकी और ऑटोमेशन, डिजिटाइजेशन और कृत्रिम बुद्धि आज हमारे दैनिक जीवन के अभिन्न सत्य बन चुके हैं। एक ओर तकनीकी तेज़ी से सिकुड़ते हुए बुद्धिमान हो रही है, वहीं दूसरी ओर मानवीय जीवन की आवश्यकताओं को पूरा करने और उसकी गुणवत्ता को सुनिश्चित करने में तकनीकी का महत्व तेज़ी से बढ़ा है।

वर्तमान में किसी भी समाज के लिए इन व्यापक परिवर्तनों से बचना या इनकी अनदेखी करना संभव नहीं रह गया है। मानव विकास सूचकांक के तीनों आधारभूत सूचकों 1-दीर्घ एवं स्वस्थ जीवन के लिए जीवन प्रत्याशा, 2-ज्ञान के लिए विद्यालयी शिक्षा की अवधि तथा 3-बेहतर जीवन स्तर के लिए प्रति व्यक्ति आय तथा इनकी गुणवत्ता को बढ़ाने में मौजूदा तकनीकी विकास की भूमिका तेज़ी से बढ़ी है। विकास की दौड़ इतनी तीव्र है कि लर्निंग सोसाइटीज के सामने नॉलेज सोसाइटीज में परिवर्तित

एसोसिएट प्रोफ़ेसर, अध्यापक शिक्षा विभाग, पं. जे. एल. एन. कॉलेज, बांदा, उत्तर प्रदेश।

होने के दबाव बढ़े हैं। इसने अंततः वैश्विक स्तर पर शैक्षिक ढांचों तथा उनके स्वरूप के पुनर्निर्धारण की आवश्यकता को उत्पन्न किया है।

कंप्यूटर, संचार, चिकित्सा, विज्ञान, तकनीकी, सैन्य एवं अंतरिक्ष प्रौद्योगिकी के क्षेत्र में भारतीय विशेषज्ञों के अध्ययन, अनुसंधान तथा उपलब्धियों से हमारे देश के समक्ष ज्ञान के उत्पादनकर्ता समाज के रूप में पुनः प्रतिष्ठित होने के स्वर्णिम अवसर उत्पन्न हुए हैं। भारत आज लगभग सवा अरब की विशाल आबादी के साथ अपने इतिहास की सर्वाधिक युवा जनसंख्या वाला व्यापक संभावना संपन्न राष्ट्र है। शिक्षा इस युवा जनसंख्या के दिशा-निर्धारण का महत्वपूर्ण साधन है। ऐसे में मौजूदा शैक्षिक ढाँचे की पुनर्रचना तथा शैक्षिक प्रक्रियाओं को भविष्य की चुनौतियों का सामना करने के लिए तैयार करना हमारी प्राथमिकता है। शैक्षिक और अकादमिक दृष्टि से शिक्षण-अधिगम की प्रक्रिया में परंपरागत रूप से चले आ रहे विषयों के विभाजनों एवं वर्गीकरणों को नए सिरे से परिभाषित करना होगा तथा विषयों की संकीर्ण सीमाओं का पुनर्निर्धारण करते हुए बहु-विषयक अध्ययनों को प्रोत्साहित करना होगा। ताकि भारत एक ज्ञानात्मक समाज के रूप में प्रतिष्ठित हो सके।

बहु-विषयक शिक्षा तथा पूर्व शिक्षा नीति परिप्रेक्ष्य

स्वतंत्रता के पश्चात् बड़ी विडंबना रही कि राष्ट्र के सामाजिक, आर्थिक तथा औद्योगिक ढाँचे की पुनर्रचना में शिक्षा के राष्ट्रीय महत्व तथा उसकी व्यापक भूमिका को ठीक से समझा नहीं जा सका। संविधान सभा की बहसों में शिक्षा के राष्ट्रीय महत्व के विपरीत उसे राज्य सूची के विषय के रूप में स्थापित कर, 14 वर्ष तक की आयु के बच्चों की निःशुल्क और अनिवार्य शिक्षा के प्रश्न को संविधान के नीति निर्देशक सिद्धांतों में अनु0 45 में रख दिया गया।

इससे शिक्षा के क्षेत्र में केंद्र सरकार की भूमिका को ब्रिटिश सरकार की भांति केवल सुझावात्मक और मार्गदर्शन देने तक संकुचित कर दिया गया। फलतः स्वतंत्र भारत में शिक्षा नीति की आवश्यकता को बहुत ही देर से महसूस किया गया। 1913 में ब्रिटिश सरकार द्वारा भारतीय शैक्षिक नीति की घोषणा के करीब 55 वर्ष पश्चात 1968 में स्वतंत्र भारत की पहली राष्ट्रीय शिक्षा नीति की घोषणा की जा सकी।

शिक्षा के राष्ट्रीय महत्व के विषय को राज्य सूची में रखने, निःशुल्क और अनिवार्य शिक्षा को नीति निर्देशक सिद्धांतों में रखने, शिक्षा को लेकर केंद्र की संकुचित भूमिका तथा स्वतंत्रता के आरंभिक 21 वर्षों तक शिक्षा नीति के अभाव ने शिक्षा की समस्याओं को बहुत जटिल कर दिया। 1968 की पहली शिक्षा नीति की असफलता को स्वीकारते हुए राष्ट्रीय शिक्षा नीति-1986 में कहा गया कि-

> "1.8-*यह भी सच है कि 1968 की शिक्षा नीति के अधिकांश सुझाव कार्यरूप में परिणत नहीं हो सके, क्योंकि क्रियान्वयन की पक्की योजना नहीं बनी, न स्पष्ट दायित्व निर्धारित किए गए और न ही वित्तीय एवं संगठन संबंधी व्यवस्थाएं हो सकीं। नतीजा यह है कि विभिन्न वर्गों तक शिक्षा को पहुंचाने, उसका स्तर सुधारने और विस्तार करने और आर्थिक संसाधन जुटाने जैसे महत्वपूर्ण काम नहीं हो पाए और आज इन कमियों ने एक बड़े अंबार का रूप धारण कर लिया है।*" (NEP-1986, p. 3)

राष्ट्रीय शिक्षा नीति-1986 द्वारा 10+2+3 की 15 वर्षीय शैक्षिक संरचना को लगभग सभी राज्यों द्वारा स्वीकार कर लिए जाने को 1968 की शिक्षा नीति की सफलता के रूप में देखा गया। हालांकि यह सफलता बहुत देर से 1977 में तब दर्ज की जा सकी, जबकि 1976 में हुए 42वें संविधान संशोधन द्वारा शिक्षा को

राज्य सूची से हटा कर समवर्ती सूची में स्थापित किया गया। इस संशोधन के दूरगामी परिणाम निकले और समवर्ती सूची के विषयों पर राज्यों की तुलना में केंद्र द्वारा बनाए गए कानूनों को प्राधिमान मिलने के कारण, शिक्षा के क्षेत्र में राज्यों की तुलना में केंद्र की भूमिका को विस्तृत तथा ज़्यादा बनाया जा सका।

बहु-विषयक शिक्षा तथा वर्तमान स्थिति

ब्रिटिश सरकार द्वारा भारतीय शैक्षिक नीति-1913 की घोषणा के करीब 75 वर्ष पश्चात 1986 की राष्ट्रीय शिक्षा नीति मील का पत्थर सिद्ध हुई। ब्रिटिश सरकार द्वारा 1913 में घोषित "स्वैच्छिक आधार पर प्राथमिक शिक्षा के व्यापक संभव विस्तार" की उदासीनता पूर्ण शिक्षा नीति की तुलना में 73 वर्षों बाद 1986 की राष्ट्रीय शिक्षा नीति ने शिक्षा के प्रश्न को एक मिशन के रूप में लिया और भविष्य की चुनौतियों का संज्ञान लेते हुए व्यापक तैयारियों की शुरुआत की। इसी दौरान भारत में कंप्यूटर क्रांति का भी आरंभ हुआ, जिसने सरकार की महत्वाकांक्षी तैयारियों को नई दृष्टि प्रदान की।

राष्ट्रीय शिक्षा नीति 1986 में "सबके लिए शिक्षा" का नारा देते हुए शिक्षा को वर्तमान और भविष्य के निर्माण का अनुपम साधन माना। नीति में 10+2+3 की शैक्षिक संरचना की एकरूपता के आधार पर ऐसी राष्ट्रीय शिक्षा व्यवस्था की परिकल्पना की गई, जो कि "राष्ट्रीय शिक्षाक्रम (National Curriculum) के ढांचे पर आधारित होगी, जिसमें एक सामान्य केंद्रिक (Common Core) होगा और अन्य हिस्सों के बाबत लचीलापन रहेगा, जिन्हें स्थानीय पर्यावरण तथा परिवेश के अनुसार ढाला जा सकेगा।" (NEP-1986)

राष्ट्रीय शिक्षा नीति-1986 के अनुसार इस कॉमन कोर में भारतीय स्वतंत्रता आंदोलन का इतिहास, संवैधानिक ज़िम्मेदारियों, राष्ट्रीय अस्मिता से संबंधित अनिवार्य तत्वों को विभिन्न विषयों में इस प्रकार पिरोया जाएगा, ताकि विभिन्न राष्ट्रीय मूल्यों, जैसे - हमारी समान सांस्कृतिक धरोहर, लोकतंत्र, धर्मनिरपेक्षता, स्त्री-पुरुषों के बीच समानता, पर्यावरण का संरक्षण, सामाजिक समता, सीमित परिवार के महत्व और वैज्ञानिक दृष्टिकोण को हर व्यक्ति की सोच और जीवन का हिस्सा बनाने का प्रयास किया जा सके। इसके अलावा वसुधैव कुटुंबकम, अंतर्राष्ट्रीय सहयोग, शांतिपूर्ण सह-अस्तित्व की भावना तथा विशेष रूप से समानता की मूलभूत अनुभूति केंद्रिक शिक्षाक्रम के द्वारा करवाई जाएगी। इस प्रकार 1986 की नीति में शिक्षा के राष्ट्रीय तथा समाकलनात्मक (Integrative) रूप पर बल दिया गया जिसके मूल में केंद्रिक शिक्षाक्रम निहित था।

ज्ञान के विभिन्न क्षेत्रों में संश्लेषण लाने की दृष्टि से अंतरविषयी अनुसंधान (Interdisciplinary Research) का सूत्रपात करने की दिशा में 1986 की शिक्षा नीति का विशेष योगदान है। उच्च शिक्षा के क्षेत्र में हो रहे ज्ञान के विस्फोट, विज्ञान और प्रौद्योगिकी में होने वाली प्रगति, समाज और अर्थव्यवस्था में होने वाले परिवर्तनों तथा ग्रामीण भारत की ज़रूरतों को भांपते हुए नीति में कंप्यूटर साक्षरता को विशेष महत्व दिया गया।

विशिष्टीकरण की मांग को पूरा करने के लिए नए विषयों को शुरू करने, विभिन्न पाठ्यक्रमों को नए सिरे से तैयार करने तथा पुराने और अर्थहीन होते विषयों को क्रमशः हटाने पर बल दिया गया। विषयों के परंपरागत विभाजनों के बावजूद विभिन्न विषयों में परस्पर तालमेल बैठाने तथा विज्ञान और टेक्नोलॉजी, भारत विद्या, मानविकी और सामाजिक विज्ञानों में अंतरविषयी अनुसंधान को प्रोत्साहन देने की भावना दूरगामी लक्ष्यों से प्रेरित थी।

90 के दशक के उथल-पुथल भरे राजनीतिक परिदृश्य के बीच 1993 के जे.पी. उन्नीकृष्णन केस में सर्वोच्च न्यायालय द्वारा 14 वर्ष की आयु तक के सभी बच्चों के लिए अनिवार्य और निःशुल्क शिक्षा को मौलिक अधिकार घोषित करने से सरकार पर शिक्षा को मौलिक अधिकार बनाने के लिए संविधान में संशोधन करने का दबाव बना, साथ ही इसने प्रारंभिक शिक्षा को लेकर सरकार की तैयारियों को तेज़ कर दिया, ताकि शत-प्रतिशत नामांकन के लक्ष्य को हासिल किया जा सके।

> "12.2-*सबसे बड़ा काम है शैक्षिक पिरामिड की बुनियाद को सुदृढ़ बनाना, उस बुनियाद को जिसमें इस शताब्दी के अंत तक लगभग 100 करोड़ लोग होंगे। यह सुनिश्चित करना भी उतना ही महत्वपूर्ण है कि जो इस पिरामिड के शिखर पर हों, वे विश्व में सर्वोत्तम स्तर के हों।*" (NEP-1986, p. 37)

2002 में पारित 86वें संविधान संशोधन से भारतीय शिक्षा के इतिहास में वह वर्तुल बिंदु आया, जिससे पहली बार भारत में 6 से 14 वर्ष के बच्चों के लिए अनिवार्य और निःशुल्क शिक्षा को मौलिक अधिकार घोषित किया गया तथा शिक्षा के मौलिक अधिकार की विधिसम्मत व्यवस्था का अनुपूरक अधिनियम 2009 में पारित कर उसे 01 अप्रैल, 2010 से लागू किया गया। दरअसल शिक्षा को मौलिक अधिकार बनाए जाने तक पिछली शिक्षा नीतियों का मूल लक्ष्य शिक्षा में अपव्यय तथा अवरोधन को रोकने और शिक्षा के सार्वभौमीकरण के लक्ष्य को पूरा करने तक सीमित रहा था। राष्ट्रीय शिक्षा नीति 2020 में इस बात को रेखांकित करते हुए कहा गया कि-

> "*शिक्षा पर पिछली नीतियों का ज़ोर मुख्य रूप से शिक्षा तक पहुंच के मुद्दों पर था। 1986 की राष्ट्रीय शिक्षा नीति जिसे 1992 में संशोधित किया गया था, के अधूरे काम को इस नीति के द्वारा पूरा करने का भरपूर प्रयास किया गया है। 1986/92 की पिछली नीति के बाद से एक बड़ा कदम निःशुल्क और अनिवार्य शिक्षा अधिनियम-2009 रहा है, जिसने सार्वभौमिक प्रारंभिक शिक्षा उपलब्ध कराने हेतु कानूनी आधार उपलब्ध करवाया।*" (NEP-2020, p. 4)

शिक्षा को मौलिक अधिकार बनाने से शिक्षा के विभिन्न स्तरों पर इसका क्रांतिकारी प्रभाव पड़ा। भारत की पूरी शिक्षा व्यवस्था में एक अद्भुत सक्रियता और गतिशीलता दिखने लगी। प्रारंभिक शिक्षा सहित शिक्षा के विभिन्न स्तरों पर हज़ारों शैक्षिक संस्थाओं की स्थापना के साथ करोड़ों बच्चों को शैक्षिक प्रक्रिया में शामिल करना अनिवार्य हो गया था तथा इसके लिए लाखों प्रशिक्षित शिक्षकों और अन्य कार्मिकों की भी आवश्यकता थी। बदलते हुए समय की मांगों को पहले से चली आ रही शैक्षिक व्यवस्था द्वारा समायोजित कर पाना कठिन हो रहा था। न केवल शैक्षिक ढांचे, अपितु शैक्षिक प्रक्रिया के स्वरूप और पाठ्यक्रम सभी में आमूलचूल परिवर्तन करना अपरिहार्य हो गया था। शैक्षिक प्रक्रिया में पहुंच के प्रश्नों के मुकाबले शैक्षिक गुणवत्ता के प्रश्न मुखर हुए तथा उच्च और पेशेवर शिक्षा के क्षेत्र में पहुंच के नए प्रश्न उठने लगे।

बहु-विषयक शिक्षा तथा राष्ट्रीय शिक्षा नीति 2020 में दिए गए सुझाव

राष्ट्रीय शिक्षा नीति 2020 में उच्च शिक्षा पर केंद्रित द्वितीय भाग के अध्याय 11 में बहु-विषयक शिक्षा पर चर्चा की गई है। उच्च शिक्षा में बहु-विषयक शिक्षा को लेकर आधारभूत तैयारी की शुरुआत सेकेंडरी स्टेज से ही प्रारंभ हो जाती है, जो कि कक्षा 09 तथा 10 के पहले और कक्षा 11 तथा 12 के दूसरे चरण में पढ़ने वाले 14 से 18 वर्ष के बच्चों को लक्षित करती है। जिसकी विस्तृत चर्चा राष्ट्रीय शिक्षा नीति 2020

के दस्तावेज़ में स्कूली शिक्षा पर केंद्रित पहले भाग के अध्याय 4 में की गई है। इसके अतिरिक्त 5+3+3 के अन्य तीनों नवीन शैक्षणिक संरचनात्मक स्तरों के लिए ऐसी उपयुक्त पाठ्यक्रमीय तैयारी की चर्चा राष्ट्रीय शिक्षा नीति 2020 के पहले भाग के अध्याय 1 और 2 में की गई है, जिस पर भविष्य की इस बहु-विषयक शिक्षा की प्रस्तावित इमारत खड़ी की जा सकेगी।

इसके अंतर्गत 5 वर्षीय पूर्व-बाल्यावस्था शिक्षा तथा देखभाल (ईसीसीई) की फाउंडेशनल स्टेज में 3 वर्ष से 8 वर्ष की आयु के बच्चों के लिए मुख्यतः- "1.2-*ऐसी लचीली बहुआयामी, बहुस्तरीय खेल-गतिविधि-खोज आधारित शिक्षा देने का लक्ष्य रखा गया है, ताकि बच्चों का शारीरिक-बौद्धिक विकास, संज्ञानात्मक विकास, सामाजिक-संवेगात्मक-नैतिक विकास, सांस्कृतिक विकास, संवाद के लिए प्रारंभिक भाषा, साक्षरता और संख्यात्मक ज्ञान का अधिकतम आधारभूत विकास किया जा सके।*" (NPE-2020, p. 7)

बल्कि राष्ट्रीय शिक्षा नीति-2020 में "2.2-*मूलभूत साक्षरता और संख्या ज्ञान प्राप्त करने को राष्ट्रीय मिशन के रूप में रेखांकित किया गया है।" (NPE-2020, p. 8)* जोकि *"भविष्य की समस्त स्कूली पढ़ाई-लिखाई तथा जीवनपर्यंत सीखने की एक अपरिहार्य शर्त होगी।"* (NPE-2020, p. 8)

तदुपरांत प्रीप्रेटरी स्टेज में 8 वर्ष से 11 वर्ष तक के बच्चों के लिए फाऊंडेशनल स्टेज के खेल, खोज तथा गतिविधि आधारित पाठ्यक्रम और शिक्षण-शास्त्रीय शैली पर आधारित अगले 3 वर्षों की शिक्षा का आधार तैयार किया जाएगा, साथ ही इस स्टेज में हल्का-फुल्का पाठ्यपुस्तक आधारित तथा कुछ औपचारिक मगर संवादात्मक कक्षायी अधिगम भी प्रारंभ होगा, ताकि पढ़ने, लिखने, बोलने, शारीरिक-शिक्षा, कला, भाषा, विज्ञान तथा गणित, सभी में एक *मज़बूत ज़मीन* तैयार की जा सके। (NPE-2020, p. 11)

3 वर्षीय प्रीप्रेटरी स्टेज के पाठ्यक्रम तथा शिक्षण-शास्त्रीय शैली को आधार बनाते हुए 11 से 14 वर्ष की आयु के बच्चों के लिए अगले 3 वर्ष की मिडिल स्टेज कक्षा 6, 7 तथा 8 की शिक्षा की तैयारी की जाएगी। जहां प्रत्येक विषय में अधिक अमूर्त अवधारणाओं को सीखने और चर्चा करने के लिए विषय-विशेषज्ञ शिक्षकों का पदार्पण होगा, ताकि इस स्तर पर विज्ञान, गणित, कला, सामाजिक विज्ञान तथा मानविकी के अध्ययन के लिए छात्र तैयार हो सकें। हालांकि अधिक विशिष्टीकृत विषयों तथा विषय-विशेषज्ञ शिक्षकों के पदार्पण के बावजूद अनुभव आधारित अधिगम तथा विभिन्न विषयों में पारस्परिक संबंधों को खोजने पर बल दिया जाएगा तथा उसे प्रोत्साहित किया जाएगा। (NPE-2020, p. 11)

14 से 18 वर्ष के बच्चों के लिए अंतिम 4 वर्षीय सेकेंडरी स्टेज कक्षा 9,10,11 तथा 12 बहु-विषयक अध्ययन की होगी, जो कि मिडिल स्टेज के विषयोन्मुखी पाठ्यक्रम तथा शिक्षण-शास्त्रीय शैली पर आधारित होगी, किंतु इसमें अधिक गहराई, अधिक आलोचनात्मक चिंतन, जीवन आकांक्षाओं पर अधिक ध्यान तथा छात्रों द्वारा विषयों के चयन में अधिक लचीलापन होगा। (NPE-2020, p. 11)

दो अर्थों में यह तैयारी विशेष महत्व रखती है। सर्वप्रथम, 2020 की राष्ट्रीय शिक्षा नीति 12 वर्षों के मुकाबले 15 वर्षीय (5+3+3+4) चतुष्तरीय स्कूली शिक्षा के ढांचे की विस्तारित रूपरेखा प्रस्तुत करती है। द्वितीय, इस नीति में उच्च शिक्षा के क्षेत्र में बहु-विषयक अध्ययन के लिए ज़रूरी आधारभूत समझ-बूझ, अनुभव, कुशलताओं, दृष्टिकोण तथा रुचि को स्कूली शिक्षा के दौरान उत्तरोत्तर विकसित करने की व्यापक योजना को प्रस्तुत किया गया है। बहु-विषयक अध्ययन पर केंद्रित 15 वर्षीय शिक्षा की व्यापक योजना स्वाभाविक रूप से शिक्षा के मौजूदा स्वरूप और प्रकृति को बहुत गहराई से प्रभावित करने के लक्ष्य से प्रेरित है।

ऐसे में स्वाभाविक प्रश्न उठता है कि बहु-विषयात्मकता (Multidisciplinarity) क्या है, जिसके लिए इतनी व्यापक तैयारी की जानी है। साथ ही बहु-विषयात्मकता पर इतना बल दिए जाने के क्या कारण हैं? इससे मिलती-जुलती अवधारणाएं क्या हैं? साथ ही इसके ऐसे कौन-कौन से विभिन्न आयाम हैं, जो कि मौजूदा शैक्षिक ढांचे और शैक्षिक प्रक्रिया को आने वाले दिनों में प्रभावित करेंगे?

अध्ययन का कोई भी विषय अपने-आप में मानव के ज्ञान और अनुभवों का स्व-केंद्रित और संकुचित ढांचा होता है, जिसके अध्ययनकर्ताओं का दक्ष समूह उस विषयानुशासन के विशिष्ट सिद्धांतों, अध्ययन पद्धतियों तथा नियमों के अनुसार विषय की निर्धारित सीमाओं के भीतर शोध अध्ययन करता है। इससे विकसित होने वाली अंतर दृष्टि से उस विषय की ज्ञान राशि समृद्ध होती है और उसके निरंतर नवीन सिद्धांतों और नियमों का विकास का मार्ग प्रशस्त होता है। संसार और मानवीय जीवन की जटिलता का ही परिणाम है कि अध्ययन की विषय वस्तु चाहे प्रकृति हो, भौतिक संसार हो अथवा मानव जीवन और मानव समुदाय, कोई भी अपने अध्ययन के बल पर संपूर्ण सत्य को जानने का दावा नहीं कर सकता। दूसरे शब्दों में, किसी भी विषयानुशासन से प्राप्त ज्ञान की अपनी सीमाएं है। इसलिए किसी विषय के अध्येताओं और शोधार्थियों को अपने अध्ययन की विषयवस्तु को लेकर व्यापक परिप्रेक्ष्य निर्माण के लिए विषयानुशासनों की सीमाओं को लांघने के लिए विवश होना पड़ता है। इसी को अकादमिक दृष्टि से पार-विषयात्मकता कहा गया है, जिसका संबंध किसी विषयवस्तु के विभिन्न आयामों को किसी दूसरे विषय अथवा विषयों के नजरिए से जानना और समझना है तथा अध्ययन के विषयों की सीमा को किसी भी रूप में लांघना है। प्रत्येक विषय अपने अध्ययन की विषय वस्तु के संबंध में विशिष्ट सिद्धांतों, विधियों, प्रविधियों तथा कार्यकारी योजनाओं का चयन करता है। प्रत्येक विषय की अपनी ज्ञान राशि को लेकर संगठनात्मक व्यवस्था तथा नियम होते हैं। ऐसे में किसी विषयवस्तु के अध्ययन के लिए उस विषय की पहले से निर्धारित चली आ रही सीमाओं को लांघ कर नए नियमों, सिद्धांतों, विधियों, अध्ययन की पद्धतियों तथा नवीन अंतर्दृष्टि और परिप्रेक्ष्यों को तैयार करना पार-विषयात्मकता की मूल प्रकृति है। (ल्यूले तकनीकी विश्वविद्यालय की प्रोफ़ेसर कैरिन बेलैंड लिंढल)

उदाहरण के लिए फूल-पत्तियों की बनावट का गणितीय प्रतिमान से अध्ययन करना या अनुवांशिकी विज्ञान की सहायता से पुरातात्विक उत्खनन से प्राप्त जैविक सामग्रियों का अध्ययन करना। जैसा कि हाल ही में राखीगढ़ी से प्राप्त मानव अवशेषों की अनुवांशिकी का अध्ययन कर आर्य आक्रमण सिद्धांत की औपनिवेशिक तथा गैर-वैज्ञानिक अवधारणा को खारिज करने का वैज्ञानिक आधार स्थापित किया गया है।

प्रोफ़ेसर लिंढल के अनुसार अनुप्रयोग के आधार पर पार-विषयात्मकता (Cross-disciplinarity) के तीन प्रकार हैं - अंतर-विषयात्मकता (Inter-disciplinarity), बहु-विषयात्मकता (Multi-disciplinarity) तथा परा-विषयात्मकता (Trans-disciplinarity)

वस्तुतः कई बार किसी विषयवस्तु, समस्या अथवा शोध अध्ययन के प्रश्नों के जवाब ढूंढना उसी विषय की स्थापित एवं प्रचलित विधियों, तौर-तरीकों तथा पद्धतियों से जब कठिन हो जाता है तब अध्येताओं को किसी अन्य विषय की विषय वस्तु, अध्ययन पद्धति, सिद्धांतों और शोधार्थियों की सहायता लेना ज़रूरी हो जाता है, ताकि नवीन अंतर्दृष्टि विकसित कर अकादमिक गतिरोध को दूर किया जा सके। इसी को अंतर-विषयात्मकता कहते हैं।

इस रूप में अंतर-विषयात्मकता से तात्पर्य दो या दो से अधिक विषयानुशासनों की विषयवस्तु, परिप्रेक्ष्यों, सिद्धांतों, नियमों तथा अध्ययन पद्धतियों की सहायता से किसी प्रश्न, समस्या, विचार अथवा मुद्दे को लेकर ऐसी नवीन दृष्टि विकसित करना अथवा नवीन हल ढूंढना है, जिसका संतोषजनक समाधान

किसी एक विषय विशेष की ज्ञान राशि अथवा अध्ययन पद्धति और सिद्धांतों के दायरे में ना किया जा सकता हो। इस प्रकार अंतर-विषयात्मकता का उद्देश्य दो या दो से अधिक विषयों की अंतर्दृष्टि के एकीकरण से प्राप्त नवीन ज्ञान का विकास करना है। अकादमिक दृष्टि से ज्ञान, शोध अध्ययन, शिक्षा तथा सिद्धांत रचना के चार प्रमुख क्षेत्रों में अंतर-विषयात्मकता का अनुप्रयोग किया जाता है।

दूसरी ओर, बहु-विषयात्मकता में मूल विषय पर केंद्रित रहते हुए भी अन्य विषयों के निष्कर्षों को मूल विषय के निष्कर्षों के साथ संश्लेषित किया जाता है। यूनेस्को के शिक्षा के अंतरराष्ट्रीय ब्यूरो द्वारा तैयार किए गए शैक्षिक शब्दावली के शब्द-संग्रह के अनुसार "*बहु-विषयात्मकता से तात्पर्य किसी प्रश्न, विषयवस्तु अथवा मुद्दे को विभिन्न विषयों तथा उनसे विकसित होने वाले विविध परिप्रेक्ष्यों की सहायता से जानना और समझना है, अर्थात एक ही विषयवस्तु को एक से अधिक विषयानुशासनों की सहायता से अध्ययन करना है।*" इससे उत्पन्न होने वाली समझ न केवल बहुआयामी होती है, अपितु उसमें समग्रता का तत्व निहित रहता है। इस प्रकार प्राप्त ज्ञान एकीकृत और अविभाज्य होता है।

बहु-विषयात्मकता की अवधारणा इस ज्ञानमीमांसीय सिद्धांत से उद्भूत होती है कि समस्त ज्ञान एक और अखंड है तथा मानव ने केवल अध्ययन की सुविधा के लिए ज्ञान का वर्गीकरण अलग-अलग विषयों के रूप में करना प्रारंभ किया था। वास्तव में एक ही विषयवस्तु को लेकर विभिन्न विषय उसके अलग-अलग आयामों को उद्घाटित करते हैं तथा इस प्रकार अलग-अलग विषयों की ज्ञान राशि का निर्माण सदियों से होता रहा है।

तीसरी अवधारणा परा-विषयात्मकता की है। जिसमें वैज्ञानिक तथा गैर-अकादमिक दोनों ही दृष्टिकोणों से एकीकृत अध्ययन किया जाता है। परा-विषयात्मक अध्ययन के दौरान विभिन्न विषयों की सीमाओं के परे जाकर कार्य किया जाता है, ताकि एक समग्रतापूर्ण दृष्टिकोण विकसित किया जा सके। इसमें विषय की सीमाओं से ज़्यादा महत्वपूर्ण वह समस्या या प्रश्न होता है, जिसका कि हल ढूंढा जाना है। इस प्रकार चारों अवधारणाएं अध्ययन की विषयवस्तु, अध्ययन की प्रक्रिया और अध्ययन के परिणामों की दृष्टि से उनकी विशेषताओं की ओर संकेत करती हैं।

राष्ट्रीय शिक्षा नीति 2020 में उपर्युक्त वर्णित चार में से तीन अवधारणाओं क्रमशः-

1. पार-विषयात्मकता (Crossdisciplinarity)
2. अंतर-विषयात्मकता (Interdisciplinarity)
3. बहु-विषयात्मकता (Multidisciplinarity)

का उल्लेख मिलता है। इसके अतिरिक्त नीति में अनेक बार बहु-विषयात्मकता के साथ एक अन्य अवधारणा, समग्रता (Holistic) का भी प्रयोग मिलता है। समग्रता से तात्पर्य पूर्णता से है। हमारे औपनिषदिक साहित्य में ईशावास्योपनिषद् का मंत्र इसी पूर्णता का उद्घोष करता है-

ॐ पूर्णमदः पूर्णमिदं पूर्णात् पूर्णमुदच्यते।
पूर्णस्य पूर्णमादाय पूर्णमेवावशिष्यते।।

अर्थात "*पूर्णमदः पूर्णमिदं*" – वह परम ब्रह्म भी पूर्ण है और यह कार्यब्रह्म भी पूर्ण है। "*पूर्णात् पूर्णमुदच्यते*" – क्योंकि यह पूर्ण उस पूर्ण आत्मा से ही उत्पन्न हुआ है। "*पूर्णस्य पूर्णमादाय पूर्णमेवावशिष्यते*" – उस पूर्ण में से इस पूर्ण को निकाल लेने पर भी अंत में वह पूर्ण ही शेष रहता है, क्योंकि यह पूर्ण उस पूर्ण का ही विस्तार

है और केवल इसका स्वरूप भिन्न है। ज्ञान की पूर्णता, एकता और अखंडता भी इसी से अनुप्राणित होती है। व्यक्ति की परिपूर्णता के लिए यह जरूरी है कि उसके व्यक्तित्व एवं ज्ञान का भी समग्रता पूर्ण विकास हो।

पश्चिम में एक विचारधारा के तौर पर समग्रता (Holistic) को समग्रवाद (Holism) के रूप में जाना जाता है, जोकि इस विचार पर आधारित है कि भौतिक, जैविक तथा सामाजिक तीनों ही व्यवस्थाओं को एक समग्र के रूप में देखना चाहिए, न कि अलग-अलग अंशों के समूह के रूप में। इस प्रकार उपर्युक्त वर्णित चारों ही अवधारणाएं इस बिंदु पर एकमत हैं कि ज्ञान अपनी प्रकृति से पूर्ण, अखंड तथा एक है और इसमें दिखने वाली विविधता केवल बाहरी भ्रम है।

राष्ट्रीय शिक्षा नीति 2020 में उपर्युक्त चारों अवधारणाओं का उल्लेख विभिन्न संदर्भों तथा परिप्रेक्ष्यों में हुआ है। ऐसे विविध उल्लेखों की बारंबारता का अध्ययन दो बातें समझने में विशेष रूप से उपयोगी है, सर्वप्रथम- नीति पत्र में उपर्युक्त वर्णित किसी अवधारणा विशेष का उल्लेख किन-किन संदर्भों में किया गया है? द्वितीय- किस अवधारणा के किन पक्षों को नीति पत्र में क्या भूमिका एवं कितना महत्व प्रदान किया गया है? इसके लिए राष्ट्रीय शिक्षा नीति-2020 के अंग्रेजी पाठ में उपर्युक्त चारों अवधारणाओं के उल्लेख की बारंबारता को उसके वर्ग विशेष के समक्ष अंकित करते हुए गणना की गई है तथा वर्ग विशेष में एक प्रकार के शब्दों और अर्थों को रखा गया है।

राष्ट्रीय शिक्षा नीति 2020 में पार-विषयात्मकता का उल्लेख बहुत ही सीमित संदर्भों और गिनी-चुनी आवृत्ति में हुआ है। तालिका-01 से स्पष्ट है कि नीति में पार-विषयक अनुसंधान को महत्व देते हुए शिक्षण तथा चिंतन के अधिक अवसर उपलब्ध कराने पर बल दिया गया है। किंतु इस पार-विषयात्मकता की प्रकृति और विस्तार कैसा होगा, इसे समझने के लिए आगे दी गई तालिकाओं का अध्ययन करना आवश्यक है।

तालिका-02 के अवलोकन से स्पष्ट हो जाता है कि अंतर-विषयात्मकता का उल्लेख विशेष रुप से अनुसंधान के क्षेत्र में चिंतन, चर्चा-परिचर्चा, बहस और नव्याचार के संदर्भ में हुआ है। जिसका उद्देश्य

तालिका 01: राष्ट्रीय शिक्षा नीति-2020 में पार-विषयात्मकता का संदर्भ सहित उल्लेख

क्रम सं.	*पार-विषयात्मकता (Cross-disciplinarity)*	*कुल आवृत्ति*
1.	अनुसंधान	02
2.	शिक्षण	01
3.	चिंतन	01
	योग	04

तालिका 02: राष्ट्रीय शिक्षा नीति-2020 में अंतर-विषयात्मकता का संदर्भ सहित उल्लेख

क्रम सं.	*अंतर-विषयात्मकता (Interdisciplinarity)*	*कुल आवृत्ति*
1.	अनुसंधान	04
2.	चिंतन	01
3.	चर्चा-परिचर्चा	01
4.	बहस	01
5.	नव्याचार	01
	योग	08

तालिका 03: राष्ट्रीय शिक्षा नीति-2020 में बहु-विषयात्मकता का संदर्भ सहित उल्लेख

क्रम सं.	*बहु-विषयात्मकता (Multidisciplinarity)*	*कुल आवृत्ति*
1	कॉलेज तथा विश्वविद्यालय, संस्थान, शैक्षिक संस्थान, उच्च शिक्षा संस्थान/व्यवस्था, विश्वविद्यालय, कॉलेज, उच्च शिक्षा संस्थान क्लस्टर/नॉलेज हब, शोध एवं शिक्षण विश्वविद्यालय, उच्च अध्ययन संस्थान, बहु-विषयक शिक्षा तथा शोध विश्वविद्यालय (मेरु MERU), विश्वविद्यालय व्यवस्था, उच्च शैक्षिक संस्थाओं की प्रकृति.	31
2	4 वर्षीय स्नातक डिग्री/कार्यक्रम/अध्ययन, पूर्व स्नातक शिक्षा, एकीकृत शिक्षक-प्रशिक्षण कार्यक्रम, बहु-विषयक कार्यक्रम, बहु-विषयक क्षेत्र.	10
3	शिक्षण तथा शोध, शिक्षा, शैक्षिक उपागम, ज्ञान के परिप्रेक्ष्य, आगत।	17
4	क्षमताएं, अधिगम, बहु विषयात्मक होना, कार्य	08
5	संसार, वातावरण, समुदायों	03
	योग	69

अनुसंधान की प्रक्रिया को विभिन्न अकादमिक दृष्टिकोणों और परिप्रेक्ष्यों के मिलन बिंदु के रूप में चिह्नित करना है, ताकि किसी विषय क्षेत्र अथवा समस्या को लेकर व्यापक और बहुआयामी समझ को विकसित किया जा सके।

विगत में अंतर-विषयक अध्ययनों के परिणामस्वरूप ऐसे अनेक नए विषयों का उद्विकास हुआ, जिनकी प्रकृति अंतर-विषयक थी और जिन्हें आगे चलकर अध्ययन तथा शोध के एक स्वतंत्र विषय के रूप में देखा जाने लगा। उदाहरण के लिए जैव-तकनीकी, सामाजिक-इतिहास, जैव-रासायनिकी, आर्थिक-भूगोल इत्यादि। किंतु आज ज्ञान का विस्तार अंतर-विषयक अध्ययनों की सीमा के परे जा चुका है तथा अनुसंधानकर्ताओं द्वारा किसी विषयवस्तु अथवा समस्या को लेकर व्यापक दृष्टिकोण और समझ बनाए जाने के लिए बहु-विषयात्मक अध्ययनों पर ज़्यादा ध्यान दिया जाने लगा है।

तालिका-03 में राष्ट्रीय शिक्षा नीति-2020 में बहु-विषयात्मकता के संदर्भ सहित उल्लेखों की आवृत्ति दी गई है, जो कि उपरोक्त वर्णित शेष तीनों ही अवधारणाओं की तुलना में सर्वाधिक हैं। यह इस ओर संकेत करने के लिए पर्याप्त है कि बहु-विषयात्मकता पर नई शिक्षा नीति में विशेष रुप से ध्यान केंद्रित किया गया है। स्वाभाविक रूप से नई शिक्षा नीति के समक्ष मौजूदा 10+2+3 के शैक्षिक ढांचे को 5+3+3+4 के ढांचे में पुनर्गठित के साथ-साथ उसे भविष्य की चुनौतियों का सामना करने के लिए नए सिरे से तैयार करने का कहीं व्यापक लक्ष्य है। संस्थागत पुनर्गठन और कार्यात्मक रूप से शैक्षिक रूपांतरण की इस दोहरी प्रक्रिया में फिलहाल नई शिक्षा नीति का फोकस मोटे तौर पर संस्थागत तैयारियों तथा पाठ्यक्रमों को नए सिरे से तैयार करने पर केंद्रित दिखता है। हालांकि शिक्षण, अधिगम, शोध तथा अन्य तैयारियों की चर्चा अपेक्षाकृत कम है किंतु बहु-विषयक वातावरण, समुदायों तथा संसार का निर्माण करना नीति के दूरगामी लक्ष्यों की ओर संकेत करता है। सरल शब्दों में कहें तो मौजूदा शैक्षिक व्यवस्था को भविष्य के बहु-विषयात्मक संसार के लिए तैयार करना शिक्षा नीति का तात्कालिक लक्ष्य दिखता है।

तालिका 04 से स्पष्ट है कि समग्रता का उल्लेख शिक्षा की शब्दावली में प्रचलित दो परंपरागत संदर्भों को ध्यान में रखकर किया गया है। पहला संदर्भ शिक्षा के स्वरूप की समग्रता का है, जिसमें शिक्षा के उच्च स्तरों तक अकादमिक, गैर-अकादमिक, व्यावसायिक, पेशेवराना तथा बहु-विषयात्मक स्वरूप शामिल है। दूसरा संदर्भ शिक्षार्थी के समग्र एवं पूर्ण विकास का है, जिसमें उसका अकादमिक,

तालिका 04: राष्ट्रीय शिक्षा नीति-2020 में समग्रता का संदर्भ सहित उल्लेख

क्रम सं.	*समग्रता (Holistic)*	*कुल आवृत्ति*
1.	शिक्षा, व्यवसायिक शिक्षा, बहु-विषयक शिक्षा, शैक्षिक उपागम, उच्च शिक्षा	20
2.	छात्रों का विकास (अकादमी तथा गैर अकादमिक)/अध्येता का विकास/व्यक्ति का समग्र विकास, शारीरिक तथा मनोवैज्ञानिक बेहतरी, स्वास्थ्य।	12
3.	अधिगम, तथा बहु-विषयक अधिगम.	03
4.	प्रगति पत्र	02
5.	स्नातक डिग्री	01
6.	नीति (राष्ट्रीय शिक्षा नीति-2020)	01
	योग	39

तालिका 05: राष्ट्रीय शिक्षा नीति-2020 में समग्र तथा बहु-विषयात्मकता का संदर्भ सहित उल्लेख

क्रम सं.	*समग्र तथा बहु-विषयात्मकता (Holistic and Multidisciplinarity)*	*कुल आवृत्ति*
1.	शिक्षा, उच्च शिक्षा	10
2.	उपागम	01
3.	अधिगम	01
	योग	12

गैर-अकादमिक, शारीरिक, मानसिक तथा व्यावसायिक सभी प्रकार का बहुआयामी विकास शामिल है। इस नीति में पहली बार समग्र प्रगति पत्र के रूप में छात्र के समग्रतापूर्ण विकास के विविध पक्षों को एक साथ प्रस्तुत करने पर बल दिया गया है।

तालिका-05 से स्पष्ट है कि नीति पत्र में संपूर्ण शैक्षिक ढांचे के विशेष संदर्भ में समग्रता तथा बहुविषयात्मकता का उल्लेख किया गया है।

उपर्युक्त पाँचों तालिकाओं का सम्यक अध्ययन एवं विश्लेषण करने पर नई शिक्षा नीति-2020 में लक्ष्यित 15 वर्षीय शैक्षिक ढांचे का एक नया ही स्वरूप और चरित्र उभरता हुआ दिखाई देता है। राष्ट्रीय शिक्षा नीति 2020 में 11 वर्षों की मिडिल स्टेज की शिक्षा के पश्चात 14 से 18 वर्ष की आयु के बच्चों के लिए कक्षा 9 से 12 की अध्ययन अवधि के दौरान विषयात्मक ज्ञान की नींव पर बहु-विषयक अध्ययन का ढांचा निर्मित करने की योजना बनाई गई है।

इस ढाँचे का भीतरी केंद्र पार-विषयात्मकता का है और शिक्षण, चिंतन तथा शोध पर विशेष बल देता है। पार-विषयात्मकता का सबसे प्राथमिक स्वरूप अंतर-विषयात्मकता विशेष रूप से शोध पर बल देता है तथा इसके लिए चिंतन, चर्चा, बहस और नव्याचार को प्रोत्साहित करता है। जबकि पार-विषयात्मकता का व्यापक स्वरूप बहु-विषयात्मकता शैक्षिक ढाँचे और शैक्षिक प्रक्रिया पर व्यापक असर डालने वाली तैयारी प्रस्तुत करता है। चूँकि बहु-विषयात्मकता की तैयारी कक्षा 9 से 12 के दौरान प्रारंभ हो जाएगी, इसलिए उच्च शैक्षणिक संस्थाओं एवं शोध संस्थाओं, जिनमें महाविद्यालय तथा विश्वविद्यालय इत्यादि आते हैं, को बहु-विषयात्मक बनाना शिक्षा नीति का महत्वपूर्ण लक्ष्य है। जिसकी परिकल्पना बहु-विषयक शिक्षा और अनुसंधान विश्वविद्यालयों-मेरु (Multidisciplinary Education and Research Universities-MERU) के रूप में की गई है। इसी के अनुरूप विभिन्न

डिग्रियों तथा अध्ययन कार्यक्रमों, शैक्षिक उपागम और अनुसंधान प्रक्रिया को भी बहु-विषयक बनाने पर बल दिया गया है।

बहु-विषयात्मकता के परिणामस्वरूप शिक्षार्थियों के अधिगम और क्षमताओं के साथ-साथ उनकी दृष्टि एवं परिप्रेक्ष्य को इस प्रकार बहु-विषयात्मक बनाया जाएगा, ताकि उच्च शैक्षणिक संस्थाओं में बहु-विषयक समुदायों एवं बहु-विषयक वातावरण का निर्माण किया जा सके और उन्हें बहु-विषयक संसार से जोड़ा जा सके। बहु-विषयात्मकता का एक अनिवार्य लक्षण समग्रता है। समग्रतामूलक बहु-विषयात्मकता विशेष रुप से शिक्षा के स्वरूप, अधिगमकर्ता के विकास तथा अधिगम की प्रक्रिया से जुड़ी हुई है। इस प्रकार हमारे सामने जिस भावी शिक्षा व्यवस्था का चित्र उभरता है, वह उत्तरोत्तर विषय विशेषज्ञता से बहु-विषयक विशेषज्ञता की ओर गतिशील है।

बहु-विषयक शिक्षा तथा नई शिक्षा नीति में उसे लागू करने के लिए *रोड मैप*

समग्र एवं बहु-विषयक शिक्षा के क्रियान्वयन का अर्थ उच्च शिक्षा के मौजूदा शैक्षिक ढांचे, पाठ्यक्रम, शैक्षिक उपागम, शिक्षण शास्त्र तथा अनुसंधान कार्य की दशा-दिशा सहित शिक्षक-शिक्षा में व्यापक परिवर्तनों से है, जो कि स्वाभाविक रूप से समय और संसाधन दोनों की भरपूर मांग करता है।

- बहु-विषयक शिक्षा की दिशा में नीति का सर्वाधिक ज़ोर संस्थागत ढांचे में परिवर्तन पर केंद्रित है, जिसे हम तालिका 3 में भी देख चुके हैं। नीति का लक्ष्य है कि 2030 तक देश के हर पिछड़े जिले में या उसके पास भारतीय भाषाओं में शिक्षा देने वाले कम से कम 3000 छात्रों की क्षमता वाले निजी अथवा सार्वजनिक बहु-विषयक उच्च शिक्षा संस्थान, कॉलेज या विश्वविद्यालय उपलब्ध हों, जहां 2035 तक व्यवसायिक शिक्षा सहित उच्च शिक्षा में सकल नामांकन 50% तक हो सके।
- स्नातक स्तर की शिक्षा को बहु-विषयक बनाते हुए, उदार पेशेवर तथा व्यावसायिक शिक्षा सहित 2040 तक पूरी उच्च शिक्षा के ढांचे को शैक्षिक तथा प्रशासनिक स्वायत्तता देते हुए बहु-विषयक उच्च शैक्षिक विश्वविद्यालय में परिवर्तित किया जाएगा, जहां कक्षा-शिक्षा, मुक्त व दूरस्थ शिक्षा तथा ऑनलाइन शिक्षा तीनों ही माध्यमों से नियमानुसार विभिन्न पाठ्यक्रम संचालित होंगे।
- तालिका 4 में समग्र शिक्षा तथा तालिका 5 में बहु-विषयक शैक्षिक कार्यक्रमों को दिए विशेष महत्व के अनुरूप नई शिक्षा नीति में शैक्षिक कार्यक्रमों की संरचना को परिवर्तित कर, प्रवेश तथा विकास के विकल्प देते हुए, प्रमुखत: 4 वर्षीय स्नातक कार्यक्रम में किसी व्यवसायिक या पेशेवर क्षेत्र सहित 1 वर्ष पूरा करने पर प्रमाण पत्र, 2 वर्ष पूरे करने पर डिप्लोमा, 3 वर्ष पूरे करने पर स्नातक डिग्री तथा चुनिंदा प्रमुख और गौण विषयों सहित 4 वर्ष पूरे करने पर बहु-विषयक स्नातक डिग्री दी जाएगी। साथ ही अपने चुने हुए प्रमुख विषय में गहन शोध करने पर शोध सहित स्नातक डिग्री भी दी जा सकेगी।
- स्नातकोत्तर स्तर पर 3 वर्षीय स्नातकों को 2 वर्षीय स्नातकोत्तर कार्यक्रम जिसमें दूसरा वर्ष अनुसंधान पर केंद्रित होगा, 4 वर्षीय स्नातकों को 1 वर्षीय स्नातकोत्तर कार्यक्रम तथा अलग से 5 वर्षीय एकीकृत स्नातक/ स्नातकोत्तर कार्यक्रम भी तैयार किया जाएगा।
- एम. फिल. कार्यक्रम को समाप्त करते हुए, पीएचडी के लिए स्नातकोत्तर अथवा 4 वर्षीय शोध सहित स्नातक डिग्री आवश्यक होगी।

- चौथी औद्योगिक क्रांति को ध्यान में रखते हुए छात्रों को कला, विज्ञान, मानविकी, तकनीकी तथा व्यावसायिक सभी क्षेत्रों का मिला-जुला अध्ययन करते हुए, अपनी रुचि के किन्हीं एक-दो विषय क्षेत्रों में विशेषज्ञता हासिल करनी होगी, जिसके साथ सामुदायिक कार्य, पर्यावरण अध्ययन तथा मूल्य शिक्षा पर क्रेडिट आधारित कोर्स और प्रोजेक्ट कार्य होंगे तथा उन्हें स्थानीय आर्थिक क्रियाओं और शोध कार्यों में इंटर्नशिप के अवसर भी दिए जाएंगे, ताकि उनके सैद्धांतिक ज्ञान को व्यावहारिक रूप से मांजने-चमकाने के साथ उनके रोज़गार पाने की संभावनाओं को बढ़ाया जा सके।
- पाठ्यक्रम निर्माण में संकाय तथा संस्थागत स्वायत्तता को प्रोत्साहित करते हुए ऐसे कल्पनाशील, लचीले तथा नवोन्मेषी पाठ्यक्रम तैयार किए जाएंगे जो कि अध्ययन के लिए विभिन्न विषयों के रचनात्मक संयोजन को संभव बनाने के साथ गहन शोध आधारित विशेषज्ञता को सुनिश्चित करेंगे।
- बहु-विषयी शिक्षा के लिए संचार, चर्चा, बहस, शोध तथा पार-विषयक और अंतर-विषयक चिंतन के लिए अवसर उपलब्ध कराने वाली शिक्षण शास्त्र पर बल दिया जाएगा।
- बहु-विषयक शिक्षा के लिए शिक्षक-शिक्षा को अहम मानते हुए 2030 तक सभी बहु-विषयक उच्च शिक्षा संस्थानों द्वारा दो विषयों में विशेषज्ञता सहित 4 वर्षीय एकीकृत बी.एड. को संचालित किया जाएगा। साथ ही 3 वर्षीय स्नातकों के लिए 2 वर्षीय बी.एड. और विषय विशेषज्ञता सहित 4 वर्षीय स्नातकों के लिए 1 वर्षीय बी.एड. का भी अवसर होगा।
- 10-तालिका 1, 2 और 3 में सुस्पष्ट रूप से उच्च शिक्षा में बहु-विषयक चिंतन, परिप्रेक्ष्य तथा वातावरण के निर्माण के लिए गहन अनुसंधानों को अपरिहार्य माना है, ताकि आने वाले वर्षों में भारत नेतृत्वकारी ज्ञानात्मक समाज बन सके। इसके लिए स्नातक स्तर से लेकर शिक्षकों की नियुक्ति और पदोन्नति तक गहन अनुसंधान कार्यों को विशिष्ट महत्व दिया गया है।

बहु-विषयक शिक्षा : कुछ सुझाव

लगभग 34 वर्षों के लंबे अंतराल के पश्चात राष्ट्रीय शिक्षा नीति 2020 के आते-आते परिवर्तन की प्रक्रिया और रफ्तार इतनी तीव्र और जटिल हो चुकी है किसके साथ तालमेल बिठाने के लिए त्वरित और दूरगामी निर्णय लेने ही होंगे। नीति दस्तावेज शैक्षिक क्षेत्र में क्रांतिकारी तथा आमूलचूल परिवर्तनों की रूपरेखा प्रस्तुत करता है। लंबे परियोजना काल के हमारे पिछले अनुभव बहुत ज़्यादा लाभदायक नहीं रहे हैं तथा सीमित और अल्पावधि योजनाओं से लक्ष्य पूरे करने के साथ-साथ उनमें सामयिक परिवर्तन की गुंजाइश भी बनी रहती है। सत्ता परिवर्तन के साथ सरकार की प्राथमिकताओं मे बदलाव प्राय: ऐसी लंबी अवधि की योजनाओं के लिए सहायक सिद्ध नहीं होता। इसलिए शिक्षा व्यवस्था को लेकर 2030, 2035 तथा 2040 के क्रमिक लक्ष्य सांगोपांग पूरे हो पाएंगे, यह कहना कठिन है।

विद्यालयी शिक्षा तथा शिक्षक-शिक्षा के क्षेत्र में राष्ट्रीय पाठ्यचर्या की रूपरेखा के प्रावधान के अनुरूप ही उच्च शिक्षा में शिक्षा, अनुसंधान तथा नवोन्मेष को भविष्योन्मुखी बनाते हुए वृहत्तर अध्ययन क्षेत्रों, जिनमें कला, विज्ञान, मानविकी, तकनीकी, प्रौद्योगिकी, वाणिज्य, व्यवसाय, ललित कलाएं, चिकित्सा इत्यादि शामिल हों, को चिह्नित करते हुए **"राष्ट्रीय उच्च शिक्षा की पाठ्यचर्या"** (National Curriculum Framework for Higher Education) का मार्गदर्शक दस्तावेज़ तैयार किया जाना, बहु-विषयक शिक्षा की दृष्टि से उपयोगी हो सकता है।

विद्यालयी स्तर पर विशेष रुप से बहु-विषयक शिक्षा की तैयारी करने में पाठ्य पुस्तकों की विशेष भूमिका रहेगी। ऐसी पाठ्य पुस्तकों की तैयारी बेहद विशेषज्ञतापूर्ण, किंतु दुरुह और लंबी प्रक्रिया का परिणाम होती है, जिन्हें समय-समय पर अद्यतन किया जाना भी एक चुनौती होगा।

वस्तुत: समग्र एवं बहु-विषयक शिक्षा का विचार जितना आकर्षक है, वह उतने ही सतत और गंभीर परिश्रम की मांग करता है।

उपसंहार

18 वीं सदी में प्रथम औद्योगिक क्रांति से लेकर आज जबकि हम चतुर्थ औद्योगिक क्रांति की ओर तेज़ी से बढ़ रहे हैं, अलग-अलग विषयों में विभाजित होती चली आ रही ज्ञान राशि का विस्तार उस सीमा तक बढ़ चुका है, जहां विषय विशेष के संकरे दायरों में ज्ञान को समेट कर रख पाना अब संभव नहीं रह गया है। साथ ही साथ वेब 1.0 से लेकर वेब 4.0 तक सूचनाओं का विस्तार बहुत अधिक हो चुका है तथा वेब 5.0 और 6.0 की ओर तेज़ी से बढ़ते संसार में सूचनाओं का प्रवाह और भी तीव्र गति से बढ़ेगा। ऐसे में विभिन्न विषयों में ज्ञान तथा सूचनाओं के सार्थक उपयोग के लिए लंबे समय से चले आ रहे कृत्रिम विभाजनों की स्थूल सीमा रेखाओं को लांघना मौजूदा विज्ञान, तकनीकी तथा सूचना प्रौद्योगिकी की दृष्टि से आवश्यक ही नहीं अनिवार्य होता जा रहा है। भावी शोध एवं विकास की निरंतर गतिशील एवं परिवर्तनशील संभावनाओं को देखते हुए मौजूदा अकादमिक विषयों के सीमित दायरों की तेज़ी से बढ़ रही अप्रासंगिकता में ही वस्तुतः बहु-विषयात्मकता की सामयिक माँग के कारण निहित है।

संदर्भ

- https://www.siani.se/news-story/cross-interdisciplinary-approaches-the-must-have-tools-to-work-with-complexity/ retrieved on 3 oct 2020
- विकीपीडिया Nissani, M. (1995). "Fruits, Salads, and Smoothies: A Working Definition of Interdisciplinarity". Journal of Educational Thought. 29 (2): 119–126. Archived from the original on 6 August 2016. Retrieved 31 July 2016.. retrieved on 25 sept 2020
- Klein, J. & Newell, W. (1998). Advancing Interdisciplinary Studies. In W.w Newell (Ed.), Interdisciplinarity: Essays from the literature (pp. 3-22). 28 sept 2020
- Govt. of India (1968): National Education Policy-1968, Ministry of Education, India.
- Govt. of India (1986): National Education Policy-1986, Ministry of Human Resource and Development, India.
- Govt. of India (2020): National Education Policy-2020, Ministry of Human Resource and Development, India.
- Sheila Tefft (17Aug,1989): "The Computer Revolution Comes to India-Sort of" The Christian Science Moniter, 17 August 1989, retrieved from https://www.csmonitor.com/1989/0817/fcomp.html on 23 Oct,2020.
- Nicolescu, B. (2014). Multidisciplinarity, Interdisciplinarity, Indisciplinarity, and Transdisciplinarity: Similarities and Differences. RCC Perspectives, (2), 19-26. Retrieved September 20, 2020, from http://www.jstor.org/stable/26241230

12

समतामूलक समावेशन और शिक्षा

कश्यपी अवस्थी[1] एवं आर.सी. पटेल[2]

"सामाजिक न्याय और समता प्राप्त करने के लिए शिक्षा सबसे बड़ा साधन है। समावेशी और न्यायसंगत शिक्षा (जो कि वास्तव में अपने आप में एक आवश्यक लक्ष्य है) एक ऐसे समावेशी और न्यायसंगत समाज को प्राप्त करने के लिए भी अत्यन्त महत्वपूर्ण है, जिसमें प्रत्येक नागरिक को सपने देखने, पनपने और राष्ट्र के विकास में योगदान करने के अवसर प्राप्त होते हैं।" (राष्ट्रीय शिक्षा नीति, 2020)। उच्चतम प्रदर्शन वाली शिक्षा प्रणालियाँ भी हैं जो गुणवत्ता के साथ-साथ समता को जोड़ती हैं। इस प्रकार एक न्यायसंगत समाज में विकसित होना, जहाँ व्यक्ति अपनी योग्यता के आधार पर अपनी सामाजिक-आर्थिक स्थिति में सुधार कर सकते हैं; आर्थिक और सामाजिक विकास में योगदान करता है। प्रस्तुत अध्याय राष्ट्रीय शिक्षा नीति, 2020 की उस दृष्टि पर आधारित है जिसमें समता आधारित गुणवत्तापूर्ण शिक्षा की संकल्पना प्रस्तुत की गई है। इसमें राष्ट्र की समता आधारित शिक्षा के लिए प्रतिबद्धता का विश्लेषण किया गया है। साथ ही इस लक्ष्य की प्राप्ति में पेश आने वाली विभिन्न समस्याओं पर भी चर्चा की गई है। राष्ट्रीय शिक्षा नीति, 2020 के साथ-साथ 1968 एवं 1986 की नीतियों का संदर्भ सामने रखते हुए शिक्षा के तुलनात्मक अध्ययन के द्वारा प्रासंगिक मुद्दों और चुनौतियों को शामिल किया गया है। अध्याय में यह भी चर्चा की गई है कि क्या इस दृष्टि को लागू करने में सभी शिक्षकों, नेताओं और निर्णय लेने वालों की साझा ज़िम्मेदारी पर ज़ोर दिया गया है। यह अध्याय मुख्य रूप से दो बुनियादी सवालों को हल करने की कोशिश करता है -

- क्या नई शिक्षा नीति, 2020 समता, उत्कृष्टता और सभी के लिए समावेश के लिए एक स्पष्ट दृष्टिकोण द्वारा निर्देशित है?
- क्या नई शिक्षा नीति, 2020 प्रत्येक शिक्षार्थी के समावेशी और समान शैक्षिक अवसरों के अधिकार के कार्यान्वयन का समर्थन करती है और क्या UNCRC, UNCRPD और सतत विकास के लक्ष्यों के सिद्धांतों के संदर्भ में स्थिरता का विश्लेषण करती है?

इसके अलावा यह अध्याय इसके साक्ष्य भी प्रस्तुत करता है कि किस प्रकार शिक्षा प्रणाली और समाज के समन्वित विकास/लाभ के लिए अभावग्रस्त विद्यार्थियों और विद्यालयों को प्राप्त होने वाले अवसरों में सुधार किया जाये। प्रस्तुत अध्याय में इस प्रकार आगे बढ़ने का मार्ग सुझाया गया है।

---

[1] असिस्टेंट प्रोफ़ेसर, राष्ट्रीय विद्यालय नेतृत्व केंद्र, राष्ट्रीय शैक्षिक योजना एवं प्रशासन विश्वविद्यालय, नई दिल्ली।

[2] प्रोफ़ेसर (शिक्षा), शिक्षा एवं मनोविज्ञान संकाय, महाराज सयाजीराव बड़ौदा विश्वविद्यालय, गुजरात।

शिक्षा में समता, उत्कृष्टता और समावेश - हम कहाँ से आए हैं और हम कहाँ जा रहे हैं?

स्वतंत्रता के बाद से ही सभी के लिए निःशुल्क और अनिवार्य शिक्षा प्रदान करना एक राष्ट्रीय संकल्प रहा है। हम इस बात पर भी चर्चा करेंगे कि पिछली नीतियों में इस संदर्भ में किस प्रकार का दृष्टिकोण रखा गया। साथ ही इसकी तुलना वर्तमान नीति के साथ भी की जायेगी। हमें निम्नलिखित क्षेत्रों पर विचार करना है -

1. शिक्षा का नज़रिया और इसके उद्देश्य;
2. सामाजिक मूल्य और लक्ष्य – समता, उत्कृष्टता और समावेशन।

शिक्षा का विज़न और उद्देश्य: 1968, 1986 और 2020 की शिक्षा नीतियों का तुलनात्मक ब्यौरा

सन् 1968 की नीति में शिक्षा को सामाजिक परिवर्तन के लिए एक उपकरण के रूप में माना गया। इस नीति के माध्यम से एक राष्ट्रीय स्कूल प्रणाली का आह्वान किया था। देश भर में {10+2+ 3} पैटर्न की शुरुआत करते हुए, माध्यमिक स्तर पर त्रिभाषा फार्मूले पर ज़ोर दिया गया। प्रारंभिक स्कूल के वर्षों में मातृभाषा का उपयोग का विचार रखा गया। सांस्कृतिक और आर्थिक विकास प्राप्त करने के लिए समान शैक्षिक अवसरों की पैरवी की गई। सन् 1968 की नीति का मुख्य लक्ष्य से एक ऐसी शिक्षा प्रणाली के निर्माण का था, जो सामाजिक दृष्टिकोण के माध्यम से व्यक्तिगत विकास सुनिश्चित करने के अवसर पैदा करती है।

1940-1970 का समय वैश्विक स्तर पर द्वितीय विश्व युद्ध के बाद ऐसा समय था; जब दुनिया भर के प्रमुख देशों का सामाजिक-आर्थिक नीतियों पर अधिक बल था (एँडरसन, मुंगल, पिन्नी, स्कॉट और थॉमसन, 2013)। इसका प्रभाव 1968 की नीति पर भी पड़ा इसमें एक कल्याणकारी राज्य को व्यक्ति की प्रधानता और सामूहिक भावना के लाभों के साथ प्रतिबिंबित किया गया। इसके पश्चात् 1986 की नीति आई, जिसका मुख्य बल शैक्षिक अवसरों के समानता पर था। इसका ध्यान सभी के लिए स्कूल प्रणाली का विस्तार करने पर तो था परन्तु उत्कृष्टता पर इतना ध्यान केंद्रित नहीं किया गया। यह वह समय था, जब आर्थिक सुधारों को पेश किया गया था, विभिन्न देशों में प्रतिस्पर्धी, मुक्त बाज़ार, शिक्षा के लिए निहितार्थ, नीति, नेतृत्व, समता और विविधता की ओर बदलावों को चिह्नित किया गया (बाल, 2008)। धीरे-धीरे एक कल्याणकारी राज्य के युग का प्रारम्भ हुआ, जहां राज्य के पास एक प्रदाता होने की ज़िम्मेदारी होती है, जो कि राज्य से लाभ और गैर-लाभकारी क्षेत्रों के लिए एक प्रदाता, एक रेफरी, और/या कई प्रदाताओं के मॉडरेटर के रूप में स्थानांतरित हो जाता है।

1988 में, व्यावसायिक शिक्षा एक उपयुक्त लक्ष्य माने जाने वाले स्कूलों में विभेदित शिक्षा के साथ माध्यमिक पाठ्यक्रम का एक मान्यता प्राप्त हिस्सा बन गया। स्कूलों में एक व्यावसायिक विषय और तकनीकी स्कूलों की स्थापना की शुरुआत हुई। हालाँकि, न तो अर्थव्यवस्था और न ही समाज ने क्षमता और कौशल को मान्यता दी। इस प्रकार युवाओं में व्यावसायिक पाठ्यक्रमों को लेने की कोई आकांक्षा नहीं थी। न तो कौशल आधारित विषय के लेन-देन के लिए आवश्यक ज्ञान और कौशल के साथ शिक्षक तैयार किए गए थे और न ही व्यावसायिक शिक्षा के लिए संचालित संरचनाएँ, प्रक्रियाएँ

और प्रयास किए गए थे। जबकि शिक्षा के दृष्टिकोण और पाठ्यक्रम की रूपरेखा ने शिक्षाप्रद प्रक्रिया पर ज़ोर दिया और वंचितों की शिक्षा के लिए बजट और योजनाओं को कमतर महसूस किया। इसलिए जब भी हमने कौशलों और व्यवसाय के बारे में बात की, तो यह सब स्तरीकृत धाराओं को वैध बनाने तक ही सीमित था।

इसी तरह राष्ट्रीय शिक्षा नीति, 2020 आर्थिक विकास और ज्ञान आधारित अर्थव्यवस्था और समाज (KBES) के निर्माण पर एक अतिरिक्त ज़ोर के साथ आई है। अब से पहले की नीतियों का उद्देश्य समानता, बंधुत्व और न्याय जैसे सामाजिक मूल्यों पर अधिक था और आर्थिक विकास पर कम। जबकि वर्तमान नीति (2020) का उद्देश्य न केवल संज्ञानात्मक कौशल बल्कि रोज़गार कौशल भी पर ध्यान केंद्रित करके व्यक्तियों से आर्थिक मूल्यों का सर्वश्रेष्ठ निकालना है। राष्ट्रीय शिक्षा नीति 1986 के अनुसार, शिक्षा का उद्देश्य समाजवाद, धर्मनिरपेक्षता और लोकतंत्र के संवैधानिक मूल्यों को प्राप्त करने के लिए मानव संसाधन विकसित करना था। राष्ट्रीय शिक्षा नीति (2020) ज्ञान, कौशल और दृष्टिकोण के साथ व्यवहार्य नागरिकों को बनाने के लिए इच्छुक है जो भारत के जनसांख्यिकीय लाभांश की पूर्ण क्षमता का एहसास करने में मदद करते हैं। शिक्षा की भूमिका को वैश्विक मंच पर देश के निरंतर उत्थान और नेतृत्व के लिए एक साधन के रूप में देखा जाता है। कुल मिलाकर, एनपीई, 1986 ने शिक्षित और प्रशिक्षित मानव संसाधनों का एक समूह बनाया, जिन्होंने मूल्य श्रृंखला में योगदान दिया। लेकिन राष्ट्रीय शिक्षा नीति, 2020 मानव संसाधन बनाने के सपने देखती है जो मूल्य प्रस्ताव तैयार करेंगे। राष्ट्रीय शिक्षा नीति, 2020 के कार्यान्वयन के साथ, भारतीय शिक्षा प्रणाली अंतर्राष्ट्रीय मानकों और रूपरेखा के करीब पहुँच ने की ओर अग्रसर है; हालांकि, यह कुछ गलतियों को दोहराने के रास्ते पर है। क्या यह वैश्विक सीखने पर सुधार करने में सफल सिद्ध होगी?

समता, उत्कृष्टता और शिक्षा – सामाजिक मूल्य और लक्ष्य

स्वतंत्रता प्राप्ति के पश्चात् भारत में तीन मुख्य नीतियां आई – 1968, 1986 एवं वर्तमान में आई 2020 की राष्ट्रीय शिक्षा नीति। जहां पहली नीति (1968) ने सभी के लिए निःशुल्क और अनिवार्य शिक्षा पर ज़ोर दिया, वहीं दूसरी (1986) ने सामाजिक समूहों में असमानताओं को दूर करने और शिक्षा की एकरूपता प्राप्त करने पर ज़ोर दिया; तीसरी नीति (2020) प्रतिस्पर्धात्मक वैश्विक परिदृश्य पर बढ़त की आकांक्षा रखती है। राष्ट्रीय शिक्षा नीति, 2020 स्थानीय और वैश्विक मानव संसाधनों के बीच तालमेल बनाने का प्रयास करती है जो सामाजिक और बढ़ती मानव अर्थव्यवस्था की आवश्यकता है, साथ ही साथ यह सामाजिक चिंताओं का जवाब भी देती है।

1968 की नीति ने आम स्कूल प्रणाली के विचार को मार्मिक रूप से व्याख्यायित किया; कभी-कभी उनमें (गरीबों के बीच) भी ऐसे अच्छे स्कूलों तक पहुँच नहीं हो पा रही हैं, जबकि आर्थिक रूप से संपन्न माता-पिता 'अच्छी शिक्षा' खरीदने में सक्षम नहीं हैं। इस प्रकार इस बात पर ज़ोर दिया गया कि विद्यालयों तक सबकी पहुँच होनी चाहिए; चाहे विद्यार्थी किसी भी सामाजिक-सांस्कृतिक और आर्थिक पृष्ठभूमि के हों। क्षमता, आय और जातीय पृष्ठभूमि के आधार पर शिक्षार्थियों को अलग करने से शिक्षा प्रणालियों में असमानताएँ बढ़ जाती हैं।

1986 की नीति और कार्य योजना 1992 में आम स्कूल प्रणाली का कोई खास उल्लेख नहीं था और इसे अव्यवहारिक बताया। हालाँकि, नीति ने निष्पक्ष होने के लिए, आम जनसमूह के लिए न्यूनतम शिक्षा

का लाभ पहुँचे, ऐसी योजना बनाई और सभी बच्चों के लिए उपलब्ध एक निश्चित गुणवत्ता की शिक्षा के लिए सार्वजनिक प्रतिबद्धता का वादा किया। महत्वपूर्ण बात यह है कि समता के साथ सभी को शिक्षित करने में दृढ़ विश्वास की कमी थी और इसलिए हम निजी स्कूलों की पसंद और स्कूलों के सामाजिक अलगाव का विस्तार देखते हैं।

इसलिए जब एनपीई 1986 ने स्कूलों में स्तरीकरण की अनुमति दी; तब इसने विभिन्न सामाजिक समूहों को मानक शैक्षिक अवसर प्रदान करने की दिशा में भी काम किया; यह बड़े पैमाने पर वंचित समूहों के समावेशन पर केंद्रित है। सामाजिक समावेश पर ध्यान केंद्रित करते हुए, राष्ट्रीय शिक्षा नीति, 2020 वंचित समूहों वाले क्षेत्रों में विशेष शिक्षा क्षेत्रों के निर्माण की उम्मीद करती है; हालांकि, स्कूलों के अलगाव के बारे में यह मौन है।

राष्ट्रीय शिक्षा नीति, 2020: वचन एवं आशा

राष्ट्रीय शिक्षा नीति (2020) केवल शिक्षा तक आसानी से पहुँच बनाने और भागीदारी की समानता तक ही सीमित नहीं है, बल्कि यह शैक्षिक संप्राप्ति और व्यावसायिक उपलब्धि प्राप्त करने के पश्चात् सक्षम होने पर वापस इसे शिक्षा को लौटाने के लिए भी बहुत उत्सुक है। यह समान शैक्षिक संप्राप्ति पर तो केन्द्रित है ही साथ ही शिक्षा संप्राप्ति की असमानता को दूर करने पर भी ध्यान केन्द्रित करता है। इसका प्रारम्भिक शिशु देखभाल एवं शिक्षा पर एक अतिरिक्त बल है और पिछले 6-14 वर्ष के स्थान पर 3-18 वर्ष तक अनिवार्य स्कूली शिक्षा की आयु को बढ़ाया गया है, जिसमें शैक्षणिक विकास के साथ 5 + 3 + 3 + 4 का पुनर्गठन भी किया गया है। पूर्व प्राथमिक, प्राथमिक और माध्यमिक में शिक्षा के *हाइब्रिड कम्पार्टमेंटलाइजेशन* को चुनौती देना है।

संज्ञानात्मक दक्षताओं को विकसित करने के साथ-साथ यह नीति (2020) सामाजिक-भावनात्मक और नैतिक क्षमताओं और प्रस्तावों के लिए प्रतिबद्धता प्रस्तुत करती है। यह 2030 तक माध्यमिक शिक्षा के लिए 100 प्रतिशत सकल नामांकन अनुपात और स्कूलों में सार्वभौमिक भागीदारी की उपलब्धि को लक्षित करती है। इसमें सन 2025 तक विद्यालय स्तर पर 'सार्वभौमिक बुनियादी साक्षरता एवं संख्याज्ञान' प्राप्त करने का लक्ष्य भी रखा गया है। इस प्रकार आर्थिक और सामाजिक गतिशीलता को प्राप्त करने के लिए शिक्षा को एक बेहतरीन स्तर और सर्वोत्तम उपकरण के रूप में देख गया है। यह नीति (2020) विशेष आवश्यकता वाले बच्चों (CWSN) के लिए भारतीय सांकेतिक भाषा के लिए मानकीकृत स्कूल पाठ्यक्रम, विशेष शिक्षकों की भर्ती, प्रशिक्षकों, उपकरणों के लिए प्रावधान और उनकी आवश्यकताओं का समर्थन करने वाले मूल्यांकन दृष्टिकोण और तकनीकों के लिए विशेष प्रावधान भी बनाती है। सभी वंचित समूहों को समान गुणवत्ता की शिक्षा मुहैया हो; यह सुनिश्चित करने के लिए विशेष शैक्षिक क्षेत्र की स्थापना का प्रावधान भी किया गया है।

1970 के दशक में विश्वभर में अर्थव्यवस्था स्थानीय निकायों पर आधारित थी; परन्तु 1991 में नव-उदारवाद के पश्चात इसमें काफ़ी बदलाव देखने को मिले। 1968 में जो लक्ष्य निर्धारित किए गए हैं, वे शांतिपूर्ण सह-अस्तित्व के लिए एक लोकतांत्रिक समाज विकसित करने से अधिक थे। 1986 की नीति मानकीकरण और सभी के लिए समान अवसरों पर केंद्रित थी। जबकि राष्ट्रीय शिक्षा नीति जनसांख्यिकीय लाभांश को प्राप्त करने के लिए ज्ञान और कौशल दोनों के संदर्भ में व्यक्तिगत क्षमता को बढ़ाने पर केंद्रित है। यह न केवल शिक्षा तक आसानी से पहुँच के लिए, बल्कि मृतप्राय क्षेत्रों में सुधार के माध्यम से शिक्षा के समान परिणामों और प्रभावों के लिए भी योजना बनाती है और किसी भी स्तर पर सतत शिक्षा के लिए

राष्ट्रीय शिक्षा नीति 1968	• राष्ट्रीय विद्यालय प्रणाली की स्थापना के लिए पुनर्गठन • सामान्य *कनेक्टिंग* भाषा और त्रिभाषा सूत्र
राष्ट्रीय शिक्षा नीति 1986–1992	• असमानताओं को दूर करने और शैक्षिक अवसरों की समानता पर ज़ोर • सामान्य न्यूनतम कार्यक्रम
राष्ट्रीय शिक्षा नीति 2020	• स्थानीय और वैश्विक जरूरतों को संतुलित करना • समतामूलक और न्यायपूर्ण समाज और • सांस्कृतिक मूल्यों, लोकाचार और राष्ट्रीय गौरव को वापस लाने के लिए शिक्षा

कई प्रवेश और निकास प्रणाली के माध्यम से एक लचीली वयस्क शिक्षण प्रणाली का निर्माण करती है, इस प्रकार उन लोगों के लिए दूसरा मौका प्रदान करता है जो बाद में शिक्षा प्राप्त करने की सोचते हैं, यह संस्थानों को अधिक आंतरिक स्वायत्तता के प्रावधान के माध्यम से विनियमन को कम करने की उम्मीद करते हुए शिक्षा के लिए अनुकूलन विकल्प प्रदान करती है।

संक्षेप में, तीन नीतियों में से प्रत्येक के नीति दस्तावेज़ों के विश्लेषण के माध्यम से चल रहे विज़न और मुख्य लक्ष्यों को निम्नानुसार संयोजित किया जा सकता है -

राष्ट्रीय शिक्षा नीति, 2020: मुद्दे, चुनौतियाँ और अस्पष्टताएँ

समता एक प्रतिबद्धता है कि जो यह सुनिश्चित करता है कि ऐतिहासिक रूप से बच्चे असफल नहीं होते हैं; स्कूलों और संस्थानों के साथ विद्यार्थियों को सीखने, प्रगति और प्रवीणता प्राप्त करने लिए "come what may" सीखने का मंत्र दिया गया है (स्टर्गिस और जोन्स, 2017)। यह नीति एक सामान्य ढाँचे के भीतर सभी शिक्षार्थियों की सफलता के लिए प्रतिबद्ध है, और निम्नस्तरीय सामाजिक-आर्थिक पृष्ठभूमि और असमानताओं को बनाए रखने वाले प्रणालीगत तंत्रों को संशोधित करने के लिए रणनीति विकसित करने पर केन्द्रित है। नीति के कुछ अनुभागों में समानताओं और भेदभावों को समाप्त करने की सम्भावनाएँ विद्यमान हैं। उनका आगे उल्लेख किया गया है -

स्कूलों का सामाजिक स्तरीकरण

राष्ट्रीय शिक्षा नीति स्कूलों के सामाजिक स्तरीकरण के बारे में मौन है। इस संदर्भ में नीति में कोई चर्चा नहीं की गई है। वास्तव में सरकारी स्कूलों के भीतर भी स्तरीकरण विद्यमान है; दिल्ली में सर्वोदय और प्रतिभा विकास स्कूल; राजस्थान, आंध्र प्रदेश और कई अन्य राज्यों में आदर्श स्कूल और/या मॉडल स्कूल और केंद्र में केंद्रीय विद्यालय इसके जीवंत उदाहरण है। इन कुलीन सरकारी स्कूलों में मानव और भौतिक दोनों प्रकार के संसाधनों की बेहतर पहुँच है; ज़्यादातर मामलों में इन स्कूलों का नेतृत्व योग्यता के आधार पर सीधी भर्ती के माध्यम से होता है, जबकि अन्य सरकारी स्कूलों में हेडशिप के लिए वरिष्ठता आधारित पदोन्नति होती है। इनमें दूसरों के हटकर प्रत्यक्ष भर्ती के लिए प्रेरण और निरंतर प्रशिक्षण के लिए एक अलग संरचना है। यहां तक कि केंद्र शासित प्रदेशों के लिए केंद्र प्रायोजित योजनाओं, जैसे - अनुसूचित जाति,

अनुसूचित जनजाति और लड़कियों के आरक्षण के तहत स्कूलों में भी एक पदानुक्रम होता है, जिसमें अन्य की तुलना में जवाहर नवोदय विद्यालय (JNV) और एकलव्य मॉडल आवासीय स्कूलों (EMRS) के लिए मानदंड और वित्त पोषण बेहतर होता है। जबकि JNV और EMRS को क्रमशः ग्रामीण और/या आदिवासी बच्चों के बीच 'उत्कृष्टता' को बढ़ावा देने की रणनीति के रूप में देखा जाता है। आश्रम स्कूलों और कस्तूरबा गांधी बालिका विद्यालय (KGBV) को वंचितों, लड़कियों, दलितों और आदिवासियों को स्कूली शिक्षा प्रदान करने में 'समता' की प्रतिबद्धता को पूरा करने के रूप में माना जाता है (CBPS, 2015)। इसमें कोई आश्चर्य नहीं कि इन स्कूलों में शैक्षिक संप्राप्ति अन्य सरकारी स्कूलों की तुलना में बेहतर है। CGBA और CRY (2018) द्वारा किए गए एक अध्ययन किया गया; जिसमें 10 राज्यों में संचालित किए जाने वाले शासकीय विद्यालयों में एक वर्ष में प्रति विद्यार्थी पर होने वाले खर्च के आँकड़े जुटाए गए। इसके अनुसार नवोदय विद्यालय में प्रति शिक्षार्थी वार्षिक व्यय 1,04,256/- रुपये है, एकलव्य मॉडल आवासीय विद्यालय में 1,09,000/- रुपये, केन्द्रीय विद्यालय (2015-16) में 32,698/- रुपये प्रति छात्र, महाराष्ट्र में आश्रम स्कूल में 40000/- रुपये प्रति शिक्षार्थी जो अन्य राज्यों में और अन्य प्रबंधन के विद्यालयों से अलग है। जबकि सरकारी स्कूलों का खर्च अलग-अलग राज्यों में अलग-अलग है। उत्तर प्रदेश में प्रति शिक्षार्थी वार्षिक व्यय 7,613/- रुपये है। वहीं झारखंड, बिहार, मध्य प्रदेश, राजस्थान, छत्तीसगढ़, कर्नाटक, तमिलनाडु और महाराष्ट्र में प्रति शिक्षार्थी वार्षिक व्यय 28,630/- रुपये है; जिसकी तुलना में उत्तर प्रदेश का प्रति शिक्षार्थी वार्षिक व्यय काफ़ी कम है।

राष्ट्रीय शिक्षा नीति का लक्ष्य सभी के लिए उच्चतम-गुणवत्ता वाली शिक्षा के लिए समान पहुँच का लक्ष्य है; परन्तु इसने स्कूलों के अलगाव को कम करने के लिए रणनीतिक योजनाओं को आगे नहीं बढ़ाया है। मौजूदा विद्यालयों की गुणवत्ता को विनियमित करने के बजाय नीति को विद्यालयों में विद्यमान अलगाव को कम करना चाहिए था। बल्कि नई शिक्षा नीति में इन तबकों के लिए स्कूलों की कुछ और श्रेणियां जोड़ी गई हैं; जो अब गैर-सरकारी संगठनों या सार्वजनिक-परोपकारी भागीदारी या स्कूलों के किसी अन्य वैकल्पिक मॉडल के माध्यम से चलने वाले स्कूलों को मान्यता देंगे; जिसके बारे में पॉलिसी दस्तावेज़ में कोई स्पष्टता नहीं है। यह आगे मानदंडों में लचीलापन और विशेष रूप से कुछ क्षेत्रों में *इनपुट* को कम विनियमन का प्रस्ताव करती है, जबकि अपेक्षित सीखने के परिणामों की उपलब्धि पर अधिक ज़ोर दिया गया है।

प्रारंभिक *ट्रैकिंग* और क्षमता आधारित समूहन: नीति का अनछुआ पहलू

शिक्षार्थी का चयन शिक्षार्थियों को अलग-अलग अध्ययन कार्यक्रमों में उनके पहले के प्रदर्शन का अवलोकन करके या कुछ/सभी विषयों में उनकी क्षमता के अनुसार कक्षाओं में समूहित करके किया जाता है। कई निजी विद्यालयों में योग्यता आधारित समूह बनाने की क्षमता होती है, जिनमें शैक्षिक सम्प्राप्ति के आधार पर वर्गों का सीमांकन किया जाता है। दिल्ली सरकार ने कक्षा 6 से 9 तक की कक्षाओं में बच्चों का क्षमता आधारित समूहन (प्रतिभा, निष्ठा और विश्वास-ग्रेड) करने की शुरूआत की हैं। आगे की पढ़ाई के लिए विकल्पों के आवंटन में भी *एबिलिटी ग्रुपिंग* का उपयोग किया जाता है; जिसमें अधिक अंक प्राप्त करने वालों को STEM (विज्ञान, प्रौद्योगिकी, इंजीनियरिंग और गणित) विषयों को लेने के लिए प्रोत्साहित किया जाता है, जबकि अन्य को साहित्य, कला या मानविकी आवंटित की जाती है। इन प्रारंभिक *ट्रैकिंग* प्रथाओं का परिणाम असमानता को बढ़ावा देने वाला और शिक्षा पर सामाजिक आर्थिक पृष्ठभूमि का

एक मज़बूत प्रभाव हो सकता है। साक्ष्यों से पता चलता है कि कम मांग वाले *ट्रैक* कम प्रेरणापरक शिक्षण वातावरण प्रदान करते हैं और शिक्षकों और शिक्षार्थियों की उम्मीदों पर बुरा प्रभाव डालते हैं (हनुशेख और वेसमैन, 2006)। साथ ही, चयन असमानताओं को बढ़ावा मिलता है, इसलिए अभावग्रस्त शिक्षार्थियों को कम से कम शैक्षणिक रूप से उन्मुख *स्ट्रीम* में रखा जाने की संभावना है। नई शिक्षा (2020) नीति इस मुद्दे पर कोई चर्चा नहीं की गई है, जो कक्षा में भेदभाव के प्रमुख कारणों में से एक बन जाता है। हमारे देश में शिक्षा के व्यावसायिककरण की विफलता के कारणों में से यह प्रमुख कारण है।

सामाजिक-आर्थिक रूप से वंचित समूहों (SEDGs) पर विशेष ज़ोर देने के साथ, सभी शिक्षार्थियों के लिए सीखने की सुविधा के लिए, राष्ट्रीय शिक्षा नीति औपचारिक और गैर-औपचारिक दोनों तरीकों को सीखने के लिए कई मार्गों का प्रस्ताव करती है। यह समाज के लोगों के सहयोग से *ड्रापआउट* की सहायता के लिए वैकल्पिक और नवीन शिक्षा (एआईई) केंद्रों को खोलने की भी वकालत करती है। नीति (2020) में प्रस्तावित कई रास्ते बनाने और सीखने के गैर-औपचारिक तरीकों को खोलने का स्वागत किया जा सकता था, इसने प्रणाली को बच्चे की ज़रूरतों के प्रति अधिक संवेदनशील बना दिया था और एआईई केंद्र खोलने के बजाय जो हाशिए के लिए सीखने के अवसर की घटिया गुणवत्ता प्रदान करने का सबूत है। यह कक्षा के अनुभव की गुणवत्ता को सीमित करने वाले कुछ स्थानों पर प्रारंभिक *ट्रैकिंग* और बच्चों की छंटाई और वंचित बच्चों की एकाग्रता को जोड़ देगा। शिक्षार्थियों के क्रमिक आसवन की प्रक्रिया पर मौन नीतियों और प्रथाओं के साथ एक अत्यधिक चयनात्मक शैक्षिक प्रणाली; शैक्षिक संप्राप्ति के संदर्भ में समरूपता केवल व्यवस्था में असुविधाओं और असमानताओं को जोड़ेगी।

ग्रेड पुनरावृत्ति: क्या यह असमानताओं या प्राप्ति को बढ़ावा देता है?

क्या किसी कक्षा में रोकने से शिक्षार्थियों को मदद मिलती है? क्या शैक्षिक संप्राप्ति सामाजिक पृष्ठभूमि से अछूती है? विभिन्न अनुसंधानों के आधार पर कहा जा सकता है कि शैक्षिक परिणाम केवल पानी में पड़े बर्फ़ के टुकड़े के दिखाई देने वाले हिस्से के बराबर ही है। दरअसल अकादमिक के अलावा अन्य कारक और भी हैं, जिनकी पहचान करना मुश्किल है; इनमें बच्चों की भौगोलिक और स्थानीय, सामाजिक-सांस्कृतिक और आर्थिक स्थिति आदि शामिल है जो बच्चे की अभावग्रस्त स्थिति में भूमिका निभाते हैं (CBPS, 2017)। जबकि एनईपी (2020) कक्षा में पुनरावृत्ति के बारे में उल्लेख नहीं करती है; इसका बेहतर परिणामों के लिए प्रयासों को बेहतर बनाने पर ज़ोर है। सीखने के परिणामों में सुधार करना और उपलब्धि में अन्तर को समाप्त करना, सभी के बारे में औसत दर्जे का '*आउटपुट*' है – मानकीकृत परीक्षण स्कोर – और यह संसाधनों को बराबर करने के बारे में नहीं है और ना ही इसके माध्यम से अलगाव से मुकाबला करना सम्भव है और ना ही बच्चों को सीखने का अवसर प्रदान करना। समान शैक्षिक अवसर को दोयम स्तर पर करने से, जो निवेश की भूमिका पर प्रकाश डालता है, जवाबदेही की प्रतिबद्धता पर एक सूक्ष्म लेकिन शक्तिशाली प्रभाव पड़ता है। यह नीति सुधार के पूरे बोझ को नीति निर्धारकों और अन्य ज़िम्मेदारों से हटाकर शिक्षकों, बच्चों और स्कूलों पर डाल देती है।

शिक्षार्थी अपनी व्यक्तिगत कमियों (अकादमिक या अन्य) के कारण असफल होते हैं, इस विचार को विश्व स्तर पर चुनौती दी जा रही है और स्कूल की विफलता के विचार से अलग हो गए हैं। शिक्षार्थियों की विफलता का कारण स्वयं उन्हें (विद्यार्थियों को) न मानकर अब इसका कारक स्कूलों द्वारा शिक्षा की कमी या अपर्याप्त प्रावधान को माना जाने लगा है। इस तरह से स्कूल की विफलता भी समता का एक मुद्दा है

(फॉबर्ट, 2012)। इस प्रकार शैक्षिक समता का अर्थ तभी सार्थक होगा, जब प्रत्येक बच्चे को अपनी पूर्ण शैक्षणिक और सामाजिक क्षमता के विकास के लिए वें अवसर प्राप्त हों, जो उसे चाहिए।

अनुदान की रणनीतियाँ: क्या इन्हें शिक्षार्थियों की आवश्यकताओं या आर्थिक रूप से सक्षम बनाने का ज़िम्मेदार मानना चाहिए?

विभिन्न शोधों से पता चलता है कि स्कूलों को अधिक राशि प्रदान करना उनके प्रदर्शन को बेहतर बनाने के लिए पर्याप्त नहीं है, परन्तु स्कूलों को आवंटित की जाने वाली धनराशि समता के लिए महत्वपूर्ण है। भारत में बडी संख्या में ऐसे छोटे-छोटे स्कूल हैं जो दूर-दराज़ के ग्रामीण स्थानों में स्थित हैं। ये स्कूल मुख्य रूप से सामाजिक-आर्थिक रूप से पिछड़े समुदायों के बच्चों की ज़रूरतों को पूरा करने का माध्यम हैं। इन विद्यालयों में सीखने के कम अवसर होते हैं - जिसका अर्थ है कि यदि कोई बच्चा जल्दी बुनियादी कौशल नहीं सीखता है, तो बाद के स्कूल के वर्षों में उन्हें प्राप्त करने की संभावना न के बराबर है। इससे उन स्कूलों की एक अलग श्रेणी बन जाती है जिनमे मात्र एक या दो शिक्षकों ही होते हैं। जिन पर कई-कई कक्षाओं के साथ-साथ प्रशासनिक ज़िम्मेदारियों का दायित्व भी होता हैं। ये स्कूल एक समान गुणवत्ता की शिक्षा को धता बताने के लिए पर्याप्त हैं।

राष्ट्रीय शिक्षा नीति स्कूलों के समूहों और/या स्कूलों के समेकन के विचार का प्रस्ताव रखती है, जिसमें बुनियादी ढाँचे और मानव संसाधनों - दोनों के बेहतर उपयोग के उद्देश्य के साथ-साथ स्कूलों की वशेष सेवाओं, जैसे - परामर्श साझा करना, विशेष आवश्यकता वाले बच्चों को शामिल करना और स्कूलों के अलगाव को खत्म करना शामिल है। हालाँकि इन स्कूलों में चुनौती किसी विशिष्ट संसाधन की कमी से संबंधित नहीं है; यह स्कूल के कई कार्यों के प्रबंधन के साथ-साथ कई-कई कक्षाओं को एकसाथ सम्भालने वाले शिक्षक की अक्षमता के बारे में है। इसलिए स्कूल परिसरों का विचार निश्चित रूप से आकर्षक तो है परन्तु यह समता की कीमत पर नहीं आना चाहिए। ऐसे स्कूलों में बच्चों की ज़रूरतों को समायोजित करने के लिए लचीली नीति बनाई जा सकती है। एक बड़े स्कूल में प्राथमिक स्तर पर 4.97 रुपये प्रति बच्चा, प्रति दिन और उच्च प्राथमिक स्तर पर 7.45 रुपये प्रति बच्चा, प्रति दिन मिड-डे मील के लिए पर्याप्त हो सकता है और विविध खर्चों का ध्यान रख सकता है; लेकिन 10-30 बच्चों वाले एक छोटे से स्कूल के लिए यह नाकाफ़ी है। इसके अलावा, प्राथमिक या उच्च प्राथमिक विद्यालय के लिए वस्तुओं की लागत नहीं बदलती है। क्या नीतियां ऐसे अप्रायोगिक वित्तीय मानदंडों को संशोधित करने पर विचार कर सकती हैं? क्या नीतियां विभिन्न श्रेणी के स्कूलों के लिए अलग-अलग *फंडिंग पैटर्न* प्रस्तावित कर सकती हैं? क्या आर्थिक रूप से बेहतर और व्यवहार्य होना ज़्यादा महत्वपूर्ण नहीं है? उपर्युक्त तथ्यों को ध्यान में रखते हुए यह कहा जा सकता है कि विद्यालयों को दी जाने वाली आर्थिक मदद एक समान गणना सूत्र से हटकर स्कूलों के व्यक्तिगत आकलन के आधार और आवश्यकता के आधार पर होनी चाहिए।

व्यावसायिक बदलाव: माध्यमिक शिक्षा को पूरा करने के लिए *प्रो-मार्केट स्टेप*

उच्चतर माध्यमिक शिक्षा एक ऐसी धुरी है, जिससे उच्च अध्ययन और रोज़गार का मार्ग प्रशस्त हो सकता है। उच्च शिक्षा स्तर तक पहुँचते-पहुँचते सकल नामांकन अनुपात में कमी आ जाती है, जो यह दर्शाता है कि प्राथमिक स्तर के बाद विशेष रूप से कक्षा 8 के बाद शिक्षा प्राप्त करने वालों में बड़ी गिरावट आती है

(यू-डीआईएसई, 2015-16)। हालांकि स्कूल छोड़ने की प्रक्रिया एक लम्बे समय तक शिक्षार्थी के स्कूल की प्रक्रिया से अलग रहने का परिणाम है। यह ध्यातव्य है कि माध्यमिक स्तर पर शिक्षार्थियों का शैक्षिक व अन्य स्कूली गतिविधियों के प्रति आकर्षण और प्रासंगिकता उन्हें स्कूल में बने रहने के लिए प्रेरित करने के लिए आवश्यक है (ओईसीडी, 2010)। यदि किन्हीं कारणों से बच्चा स्कूल से विमुख हो गया है तो उसे पुनः प्रवेश का विकल्प दिया जाना चाहिए।

हमारे देश में व्यावसायिक शिक्षा की अच्छी छवि नहीं है, क्योंकि इसकी न तो श्रम बाज़ार में प्रासंगिकता है और न ही उच्च शिक्षा मे अच्छी तरह से परिभाषित किया गया है। व्यावसायिक शिक्षा ने केवल निम्न सामाजिक-आर्थिक पृष्ठभूमि से शिक्षार्थियों को ही आकृष्ट किया है (कौशल विकास और श्रम बल, 2015-16 पर रिपोर्ट); और इसका मतलब है कि यह बड़े पैमाने पर शिक्षार्थियों के लिए शैक्षणिक ट्रैक का अवलोकन करने में असमर्थ हैं। इस प्रकार व्यावसायिक शिक्षा में बदलाव असमानताओं और स्तरीकरण की स्वीकार्यता और स्वीकृति है। अंतर्निहित धारणा यह है कि समाज की वैश्विक मांगों को ध्यान में रखते हुए कौशलों के विकास के लिए शिक्षा व्यक्तियों को तैयार करती है। सन 1990 के दशक में शुरू हुई यह चर्चा कि अर्थव्यवस्था के लिए बच्चों को तैयार करना; अब हाशिये से हटकर बहस के केंद्र में आ रही है, जिसमें केवल शिक्षा प्राप्त करने की बजाय कौशल की ओर झुकाव की कोशिश भी की जा रही है (दीवान, 2016)।

दूसरी ओर 2026 में अनुमानित जनसांख्यिकीय लाभांश 957 मिलियन (अग्रवाल, 2009) के साथ शिक्षा और प्रशिक्षण के लिए पर्याप्त प्रावधानों के माध्यम से आर्थिक और सामाजिक समता दोनों का मार्ग प्रशस्त हो सकता है (यूनेस्को, 2018)। वर्तमान में भारत (5%) में जर्मनी (70%), चीन (50%), मिस्र (30%), दक्षिण कोरिया (96%) और डेनमार्क जैसे अन्य देशों की तुलना में व्यावसायिक शिक्षा पाठ्यक्रमों में दाखिला लेने वाले शिक्षार्थियों की संख्या बेहद कम है। व्यावसायिक और अकादमिक *ट्रैक्स* का एकीकरण और व्यावसायिक से शैक्षणिक और इसके विपरीत, सभी व्यावसायिक *ट्रेडों* के लिए प्रशिक्षित शिक्षकों की नियुक्ति और नीतिगत दृष्टि का समर्थन करने के लिए प्रावधान किए जाने चाहिए।

नीति के लिए सिफ़ारिशें : समता के लिए लक्ष्य निर्धारित करना

समता के उद्देश्य के लिए जिन नीतियों को तय किया जाये वे केवल प्रावधानों तक ही सीमित ना रहें बल्कि उनकी प्राप्ति के लिए भी आवश्यक कार्यवाही हो; और स्कूलों में इसे सही प्रकार से क्रियान्वित करना वास्तविक सफलता के लिए महत्वपूर्ण है। शिक्षक, नेता और प्रशासक के लिए अपरिहार्य है कि पूरे तंत्र के सभी स्तरों पर समता के लक्ष्य निर्धारित किए जाएं; निवेश और परिणाम - सभी के लिए। पूरे तंत्र में सतत संवाद के प्रावधान के साथ स्कूलों का समर्थन करने के लिए तंत्र को मज़बूत करने की आवश्यकता है। समतामूलक और समावेशी शिक्षा की दृष्टि से काम करना दोतरफा दृष्टिकोण की माँग करेगा। सबसे पहले, प्रणालीगत प्रथाओं में निहित दोषों से संबंधित और दूसरा वंचित स्थानों में कम प्रदर्शन करने वाले स्कूलों का समर्थन करने से संबंधित।

वैयक्तिक, योग्यता-आधारित वातावरण में व्यक्तियों को सशक्त बनाने और शिक्षकों को, शिक्षार्थियों को छांटने के परम्परागत तरीके को बाधित करने और एक प्रणाली शुरू करने की क्षमता होती है, जिसमें सभी शिक्षार्थियों को उनके जुनून और क्षमता को विकसित करने, सीखने और खोजने के अवसर और सहायता प्रदान की जाती है। जबकि राष्ट्रीय शिक्षा नीति (2020) प्रणालीगत परिवर्तनों के बारे में पर्याप्त रूप से बात

नहीं करती है; इसमें शायद ही स्कूल के समर्थन का उल्लेख है। कभी-कभी स्कूलों की अक्षमता, शिक्षार्थियों की ज़रूरतों के लिए सन्तोषजनक प्रतिक्रिया के अभाव, कर्मचारियों के लिए अपर्याप्त समर्थन या खराब प्रबंधन और गैर-पेशेवर अभ्यास से उपजी होती है। स्कूलों के लिए उपयुक्त प्रणालीगत समर्थन, कई मामलों में, अपर्याप्त है, और स्कूल खुद को अकेला पाते हैं, जो सीखने के माहौल और अपर्याप्त समर्थन प्रणालियों के बीच फंस गए हैं। इसलिए, प्रणालीगत और व्यक्तिगत समर्थन सुधार की कुंजी है। निम्नलिखित आँकड़ा वंचित स्कूलों को व्यक्तिगत सहायता प्रदान करने के लिए नीतिगत सिफ़ारिशें प्रस्तुत करता है:

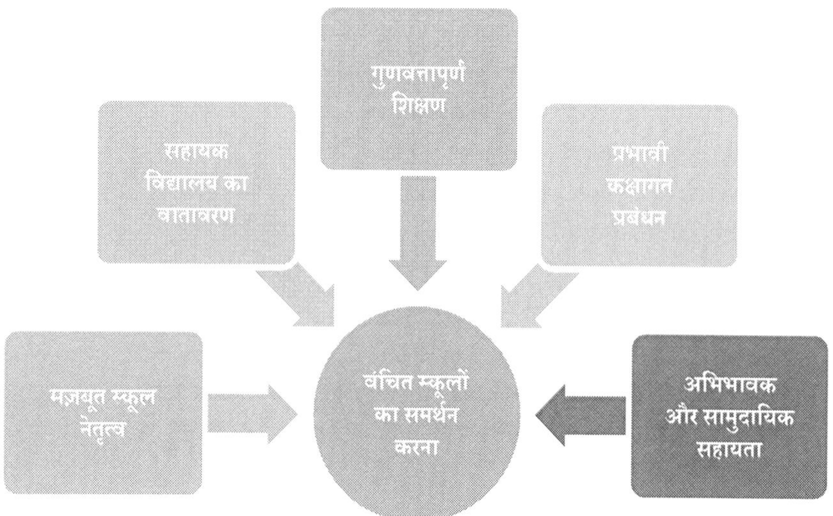

चित्र 5.0: वंचित विद्यालयों और उनके शिक्षार्थियों का समर्थन करने की नीतियां

स्रोत: शिक्षा में समता और गुणवत्ता पर ओईसीडी रिपोर्ट: वंचितों का समर्थन करना

स्कूलों का रूपान्तरण: मज़बूत नेतृत्व विकसित करना

विद्यालय सुधार के लिए नेतृत्व एक आवश्यक शर्त है। संरचित भर्ती प्रक्रियाओं, व्यापक प्रेरण कार्यक्रमों और निरंतर व्यावसायिक विकास के माध्यम से मज़बूत नेतृत्व का विकास करना स्कूल सुधार की कुंजी के रूप में मान्यता प्राप्त है; और कक्षा शिक्षण दूसरे स्थान पर है। छोटे स्कूलों में प्रिंसिपल को पढ़ाने और स्कूल के नेताओं के लिए नेटवर्क की ज़रूरतों को पूरा करने के लिए कोचिंग और सलाह देना, स्कूलों को प्रोत्साहित करने के लिए अलग से फंड की स्थापना करना और स्कूलों में सक्षम अधिकारियों के लिए अतिरिक्त ज़िम्मेदारी के साथ वंचित परिस्थितियों में सेवारत नेताओं को अपने स्कूलों का समर्थन करना, नेतृत्व विकास के लिए आवश्यक है।

सहायक स्कूल वातावरण का विकास: सीखने को बढ़ाना

सकारात्मक शिक्षक-शिक्षार्थी संबंध और सहकर्मी रिश्ते सुरक्षित शिक्षण वातावरण विकसित करते हैं और यह सीखने की कुंजी हैं। पीआईएसए, 2009 के परिणामों के आधार पर सुझाव दिया गया है कि जो स्कूल उच्च प्रदर्शन की उम्मीद से चलते हैं, तत्परता और अच्छे शिक्षक-शिक्षार्थी संबंध बेहतर परिणाम

प्राप्त करते हैं (ओईसीडी, 2010)। इस प्रकार नीति को सुरक्षित और सकारात्मक शिक्षा के वातावरण के विकास को प्राथमिकता देनी चाहिए, जो सकारात्मक प्रतिक्रिया और सुदृढ़ीकरण के माध्यम से शैक्षिक प्रदर्शन और मानसिक स्वास्थ्य और बच्चे की भलाई को बढ़ावा देता है (हैरोप और स्विन्सन, 2007)। इसे वंचित स्कूलों को निरंतर सहायता प्रदान करने पर ध्यान केंद्रित करना चाहिए। साथ ही शिक्षा के विभिन्न चरणों के माध्यम से परामर्श, सलाह और/या सुचारू रूप से आगे संचारित करने का समर्थन करते रहना चाहिए।

वंचित स्कूलों का समर्थन: शिक्षकों और शिक्षण की गुणवत्ता में सुधार

अभावग्रस्त इलाके के स्कूलों; दूर-दराज़ के ग्रामीण या शहरी झुग्गी बस्तियों के स्कूलों में कर्मचारियों की कमी का सामना करने की सबसे अधिक संभावना है (इंगवारसन और रोवे, 2007)। हालांकि प्रभावी शिक्षण विशेष रूप से सहायक होता है, तो भी इसकी सबसे कम संभावना होती है (ओईसीडी, 2005, डार्लिंग-हैमंड, 2000 में फील्ड, कुचेरा और पोंट, 2007)। प्रारंभिक शिक्षक-शिक्षा और निरंतर व्यावसायिक विकास - दोनों यह सुनिश्चित करने के लिए महत्वपूर्ण हैं कि शिक्षक कौशल और ज्ञान प्राप्त कर सकें, यह उन्हें हर कक्षा की स्थिति के लिए उत्तरदायी बनाता है और उन्हें बहु-कक्षा की विषम *सेटिंग्स* का नेतृत्व करने के लिए तैयार करता है। शिक्षक-शिक्षा में वंचित स्कूलों मे काम करने में सक्षम शिक्षकों को तैयार करने के लिए कुछ विशिष्ट संदर्भ-सामग्री शामिल होनी चाहिए (मुसेट, 2010)।

कक्षा निर्देश में सुधार: सीखने को एक आकर्षक अनुभव बनाना

शिक्षार्थी अपने पूर्व ज्ञान, व्यक्तिगत क्षमताओं और घर पर प्राप्त सहयोग के आधार पर अलग-अलग गति से सीखते हैं (कॉम्बर एट अल।, 2001); शिक्षकों को इन्हें समायोजित करने और विविध शैक्षणिक प्रथाओं को विकसित करने के लिए लगातार चुनौती दी जाती है। यह अभावग्रस्त विद्यालयों में और अधिक तीव्र हो जाता है, जहां बच्चे पहली पीढ़ी के शिक्षार्थी होते हैं, बहुत से बच्चे गरीब सामाजिक-आर्थिक और भावनात्मक परिस्थितियों वाले टूटे हुए या एकल परिवारों से आते हैं; जिसका असर उनके जीवन पर पड़ रहा है। सीखने के बिंदुओं पर अंतर्राष्ट्रीय साक्ष्यों की हालिया समीक्षा ने प्रभावी सीखने को वितरित करने के लिए सीखने-केंद्रित, संरचित और अच्छी तरह से डिजाइन, व्यक्तिगत, समावेशी और सामाजिक वातावरण तैयार करने पर ज़ोर दिया है।

स्कूलों और समुदाय के बीच एक सहयोगी प्रयास के रूप में सीखना

कई सामाजिक और आर्थिक कारकों के कारण माता-पिता और समुदाय के साथ जुड़ने में आने वाली चुनौतियों के संदर्भ में अभावग्रस्त स्थानों के स्कूलों को समुदाय के रवैये से नुकसान होता है (पश्चिम, 2007)। इसके अलावा कुछ माता-पिता स्कूल में अपनी भूमिका और अपने बच्चे की शिक्षा में भूमिका के बारे में अनिश्चित महसूस करते हैं या इसकी प्रासंगिकता से अनजान होते हैं (लीथवुड, 2010)। विशिष्ट नीतियों को इस तरह से डिजाइन किया जाना चाहिए कि अभावग्रस्त स्कूलों में माता-पिता अपने बच्चों की उपलब्धि के लिए सार्थक और सहायक तरीके से शामिल हो चुके हैं, खासकर उन लोगों के लिए जिन्हें अपने बच्चे की शिक्षा में शामिल होने के लिए अतिरिक्त सहायता की आवश्यकता हो सकती है।

निष्कर्ष

नई शिक्षा नीति का उद्देश्य ऐसी मुक्त और लचीली शिक्षा व्यवस्था बनाने से है, जो हमारे शिक्षार्थियों को उनकी क्षमता का एहसास कराने में सक्षम बनाती है। यह विषयों के बीच अंतरदृष्टिता को दूर करने का प्रयास करता है और विज्ञान, कला और मानविकी के निर्बाध का मार्ग प्रशस्त करता है। यह परम्परागत शिक्षा से व्यावसायिक और गैर-व्यावसायिक विषयों के लिए एक बदलाव है, जिसमें पाठ्यक्रम को कम करने, बहु-प्रवेश और निकास विकल्पों की अनुमति देने और सभी के लिए सफल ग्रेड पूरा करने में सुधार करने की अनुमति है। यह विकास के शुरूआती वर्षों को महत्वपूर्ण मानते हुए 3 वर्ष से 18 वर्ष तक अनिवार्य शिक्षा पर बल देती है। इसके साथ-साथ यह सतत व्यापक मूल्यांकन की एक प्रणाली के अलावा, रटन्त पद्धति से सीखने की आदत को दूर करने के लिए मूल्यांकन के नए तरीकों की परिकल्पना करती है।

राष्ट्रीय शिक्षा नीति 2020 में कई संभावनाएं विद्यमान हैं, परन्तु कुछ पहलुओं में यह अस्पष्ट है। नीति में कई अस्पष्टताएँ और कमज़ोरियाँ हैं। मुद्दा चाहे नव उदारवादी सुधारों से प्रभावित होकर समाज कल्याण पर चर्चा करना हो या फिर शिक्षा में निहितार्थों को खोजने वाले कॉर्पोरेट जगत के सिद्धांतों को स्थान देने के लिए 'नाटकीय रूपांतरण' का हो! राज्य हाशिये पर स्थित समूह के साथ आर्थिक व्यवहार्यता और अनुकूलन के सिद्धांतों का उपयोग करने में कठिनाई का अनुभव करते हैं।

नीति के प्रति भारी झुकाव और निगरानी के बेहतरीन प्रणाली के केंद्रीकरण पर ज़ोर देने का भाव प्रतीत होता है। हालांकि यह नौकरशाही में आसानी ला सकता है, इससे रचनात्मकता, स्थानीय स्वायत्तता, विविधता का दम घुट सकता है और यह सामान्यतयाः कुछ विशेषाधिकार प्राप्त वर्गों के एकाधिकार को बढ़ावा देगी। सरकार की पहल के साथ, यह शिक्षा को परोपकार के लिए छोड़ देती है और शिक्षा के बाज़ारीकरण पर 'मौन' रहती है और शिक्षक-शिक्षा के साथ-साथ शिक्षा के भ्रष्टाचार और निजीकरण की जांच करने के लिए कोई साधन नहीं देती है। नौकरशाहों की तरह, व्यावसायिक 'जोंक' नए विशेषज्ञों के रूप में सामने आते हैं जो यह दावा करते हैं कि शिक्षा की समस्या को ठीक करने के बारे में वे सब जानते हैं।

शिक्षा की नई प्रणाली को अपने पसंद के आधार पर मॉड्यूल चलाने के साथ-साथ व्यावसायिक पाठ्यक्रमों के लिए जगह बनाने के लिए स्कूलों में बेहतर और विस्तारित बुनियादी ढाँचे की आवश्यकता होगी। इसके अतिरिक्त, शिल्पकारों, शिक्षकों, प्रशिक्षकों और सभी की नियुक्ति करना एक कठिन काम होगा और इसके लिए कोई स्पष्ट *रोड मैप* नहीं है। इसके साथ ही पसंद आधारित प्रणाली के चलते माता-पिता और शिक्षार्थियों पर भी भारी तनाव होगा, जिन्हें सही विकल्प चुनने के लिए मार्गदर्शन और परामर्श की आवश्यकता होगी; ताकि शिक्षार्थी के सीखने के परिणामस्वरूप नौकरी मिल सके और बाज़ार में एक जगह मिल पाए, जो कि *आर्टिफिशियल इंटेलिजेंस, मशीन लर्निंग* और *बिग डेटा एनालिटिक्स* के विकास के कारण पहले से ही कम है।

राष्ट्रीया शिक्षा नीति (2020) शिक्षा की गुणवत्ता में सुधार के लिए शिक्षकों की क्षमता और उनकी प्रेरणा को महत्वपूर्ण मानती है। यह नीति आगे बताती है कि शिक्षक की कमी को दूर करने के लिए पहल की जा रही है, पूर्व-सेवा और सेवारत शिक्षकों के पेशेवर विकास में सुधार और पेशे के रूप में शिक्षण की स्थिति में सुधार व शिक्षकों की प्रेरणा में सुधार किया जा रहा है। हालाँकि इस प्रणाली ने अभी भी खुद को कार्यक्षेत्र की औपनिवेशिक शैली से मुक्त नहीं किया है, जिसके तहत विद्यालय के निरीक्षण, पुरस्कार और दंड के माध्यम से संचालित बाहरी निगरानी की जाती है और यह शिक्षक-जवाबदेही और स्वायत्तता के बिना शिक्षक की जवाबदेही के विचार के साथ अविश्वास से संचालित है। शिक्षक की केंद्रीयता के बिना बच्चे की केंद्रीयता व्यर्थ है।

शिक्षार्थियों के प्रदर्शन व स्तर और स्कूल प्रणालियों की संस्थागत संरचनाओं के स्तर में पर्याप्त भिन्नता है। इसका प्रमाण शिक्षार्थियों के प्रर्दशन से मिलता है; केवीएस, जेएनवी और मॉडल स्कूलों में शिक्षार्थियों के प्रदर्शन आश्रम स्कूलों, ईएमआरएस, केजीबीवी और अन्य सरकारी स्कूलों में शैक्षिक संप्राप्ति अलग-अलग है। शासकीय संरचनाओं और प्रशासनिक प्रणाली में सुधार के बिना शैक्षिक संप्राप्ति में सुधार करना बेमानी है। संस्थागत सुविधाएं और शैक्षिक परिणामों की दक्षता और समता के बीच महत्वपूर्ण संबंध हैं। अतः समता और दक्षता हासिल करना; किसी वस्तु के बजाय एक पूरक प्रत्यय है। इस प्रकार स्कूलों के स्तरीकरण या अलग-अलग क्षमता के आधार पर समूहन के बजाय अभावग्रस्त स्कूल के लिए निरंतर स्कूल और शिक्षक सहायता के प्रावधान की दिशा में एक प्रयास की आवश्यकता है।

संदर्भ

- Anderson, G. L. (2009). *Advocacy leadership: Toward a post-reform agenda.* New York, NY: Routledge.
- Ball, S. J. (2003). The teachers' soul and the terrors of performativity. *Journal of Education Policy, 18*(2), 215-228. doi:10.1080/0268093022000043065
- CBPS. (2015). *Residential Schooling Strategies: Impact on Girls' Education and Empowerment.* Centre for Budget and Policy Studies (CBPS), Bangalore, and IPE-Global, India, February 2015.
- CBPS (2017). Reviewing the status of education in tribal areas in Maharashtra – A Comprehensive Report. *Centre for Budget and Policy Studies (CBPS),* Bangalore.
- Comber, B, L., *et al.* (2001), *Socio-economically Disadvantaged Students and the Development of Literacies in School: a Longitudinal Study*, University of South Australia.
- Darling-Hammond, L. (2000), "Teacher Quality and Student Achievement", *Educational Policy Analysis Archives,* Vol. 8, No. 1.
- Dewan, H. (2016). New education policy fails to address issues of equity https://www.villagesquare.in/2016/12/05/new-education-policy-fails-addre.
- Faubert, B. (2012), *In-school policies and practices for overcoming school failure: A Literature Review for the OECD.* OECD Education Working Papers, OECD, Paris.
- GoI. (2013-2014). Working of Ashram Schools in tribal areas: Forty-Fourth report (http://164.100.47.134/lsscommittee/Social20Justice20&20Empowerment/15_Social_Justice_And_Empowerment_44.pdf; Last Access 8/July/14) Fifteenth Lok Sabha
- GoI. (2001). Annual Report by the National Commission for Scheduled Castes and Scheduled Tribes, 1999-2000 & 2000-2001, 151- 183; 177
- GoI. (2016). Annual Report by the National Commission for Scheduled Castes and Scheduled Tribes, pp 125-142.
- GoI. (2017-18). National Sample Survey, 75th Round of Household Social consumption on Education in India: Ministry of Statistics and Programme Implementation
- Hanushek, E. and L. Woessmann (2006), "Does Educational Tracking Affect Performance and Inequality? Differences-in-Differences Evidence across Countries", *Economic Journal*, Vol. 116, pp. 63–76.

- Ingvarson, L. and K. Rowe (2007), "Conceptualising and Evaluating Teacher Quality: Substantive and Methodological Issues", *Australian Journal of Education*, Vol. 52, No. 1, pp. 5-35.
- Leithwood, K. (2010), "Turning around Underperforming School Systems", a Paper Commissioned by the College of Alberta School Superintendents, College of Alberta School Superintendents.
- Levin, B. (1998). An epidemic of education policy: What can we learn from each other? *Comparative Education, 34*, 131–142.
- Levačić, R. (2008). Financing schools: Evolving patterns of autonomy and control. *Educational Management Administration & Leadership*, *36*(2), 221-234.
- MHRD (1968). National Education Policy. New Delhi: MHRD
- MHRD(1986).National Education Policy. New Delhi: Ministry of Human Resource Development.
- MHRD (2020). National Education Policy. New Delhi: Ministry of Human Resource Development
- Musset, P. (2012*),* "School Choice and Equity: Current Policies in OECD Countries and a Literature Review", *OECD Education Working Papers,* OECD, Paris.
- NIEPA, (2018). U-DISE Flash Statistics (2015-2016), New Delhi: National Institute of Educational Planning and Administration. Report on Skill development and Labour force, 2015-2016
- OECD (2004), *Equity in Education: Students with Disabilities, Learning Difficulties and Disadvantages,* OECD, Paris.
- OECD (2005), *Extending Opportunities: How Active Social Policy Can Benefit Us All*, OECD, Paris.
- OECD (2010), *Education at a Glance 2010,* OECD, Paris.
- OECD (2012), *Equity and Quality in Education: Supporting Disadvantaged Students and Schools*, OECD Publishing. *http://dx.doi.org/10.1787/9789264130852-en*
- Sahoo, H., & Acharya, S. (2019). Education among Scheduled Caste Population in India.*Indonesian Journal of Geography*, *51*(3), 393-405.
- Sullivan, A., Johnson, B., Simons, M., & Tippett, N. (2020). When performativity meets agency: How early career teachers struggle to reconcile competing agendas to become 'quality' teachers. *Teachers and Teaching*, 1-16. doi:10.1080/13540602.2020.1806050
- UNESCO. (2018). *Challenges for education from the two-tier demographic transition and education policy responses.*
- Wilkins, C., Gobby, B., & Keddie, A. (2020). The neo-performative teacher: School reform, entrepreneurialism and the pursuit of educational equity. *British Journal of Educational Studies*, 1-19. doi:10.1080/00071005.2020.1739621
- World Bank (2005), *World Development Report 2006: Equity and Development*, World Bank and Oxford University Press, Washington DC and New York.

13

व्यावसायिक शिक्षा का नवीन आकल्पन

शिरीष पाल सिंह[1] एवं शशि रंजन[2]

सामान्यत: व्यावसायिक शिक्षा से तात्पर्य किसी कार्य एवं व्यवसाय से संबंधित प्राविधिक प्रशिक्षण प्रदान करने से है। व्यापक रूप से हम कह सकते हैं कि व्यावसायिक शिक्षा के अंतर्गत हम उन सभी प्रकार की शिक्षा को शामिल कर सकते हैं जिसके द्वारा किसी भी व्यक्ति को किसी कार्य को करने में दक्षता प्रदान करने के लिए प्रशिक्षण प्रदान किया जाता हो एवं जिसके माध्यम से वह जीविकोपार्जन कर सके। व्यावसायिक शिक्षा वह शिक्षा है जो लोगों को एक तकनीशियन के रूप में काम करने या एक कुशल शिल्प या ट्रेड में ट्रेडमैन या कारीगर के रूप में रोज़गार प्राप्त करने के लिए तैयार करती है। अत: देश की समृद्धि के लिए आवश्यक है कि उसकी जनशक्ति प्राविधिक, वैज्ञानिक एवं व्यावसायिक ज्ञान एवं कार्यों में दक्ष हो। व्यावसायिक शिक्षा अक्सर अत्यधिक विशिष्ट ट्रेड स्कूलों, तकनीकी स्कूलों, सामुदायिक कॉलेजों, विश्वविद्यालयों के सा-साथ प्रौद्योगिकी संस्थानों (पॉलिटेक्निक इंस्टीटयूट्स) द्वारा प्रदान की जाती है। रॉबर्ट युलिच के अनुसार, आधुनिक शिक्षा में मुख्य रूप से तीन परिवर्तन हुए हैं - बाल केंद्रित शिक्षा, नि:शुल्क एवं सार्वभौमिक शिक्षा तथा व्यावसायिक शिक्षा। व्यावसायिक शिक्षा पर दो प्रमुख कारणों से अधिक ध्यान केन्द्रित किया गया। प्रथम, आधुनिक युग विज्ञान का युग है तथा विज्ञान के आश्चर्यजनक आविष्कारों ने संसार के स्वरूप को गतिशीलता प्रदान की और मानव जीवन की दशाओं में क्रांतिकारी परिवर्तन किए हैं। इसके अतिरिक्त विज्ञान व्यक्ति के जीवन को अधिक आसान और सुखमय बना सकता है, अत: वैज्ञानिक विकास की दृष्टि से विज्ञान संबंधित प्राविधिक एवं व्यावसायिक शिक्षा पर अधिक बल दिया गया। दूसरा कारण यह है कि समय की माँग के साथ विभिन्न क्षेत्रों में उत्पादकता बढ़ाने हेतु भिन्न-भिन्न कुशलता वाले व्यक्तियों की आवश्यकता पड़ने लगी। अत: विभिन्न क्षेत्रों में लोगों को अधिक सामर्थ्यवान व कुशल बनाया जाए, इस हेतु व्यावसायिक शिक्षा को विभिन्न हिस्सों में विभाजित किया गया। इन कारणों को ध्यान में रखते हुए व्यावसायिक शिक्षा के विकास पर ज़ोर दिया जाने लगा। व्यावसायिक शिक्षा व्यक्ति को किसी कार्य या व्यावसाय से संबंधित प्रशिक्षण प्रदान कर उसमें व्यवसाय के लिए उपयोगी विशिष्ट कौशलों का विकास करती है, ताकि वह व्यक्ति उस व्यवसाय के द्वारा अपनी जीविका का उपार्जन करने में सक्षम हो सके।

व्यावसायिक शिक्षा का आरंभ वैदिक सभ्यता के काल से ही माना जाता है, वैदिक काल में आज की व्यावसायिक शिक्षा को कर्म शिक्षा कहा जाता था। ऋग्वेद में बांधों और नहरों का उल्लेख है। वैदिक

[1] प्रोफ़ेसर, शिक्षा विभाग, महात्मा गांधी अंतरराष्ट्रीय हिंदी विश्वविद्यालय, वर्धा, महाराष्ट्र।

[2] शोधार्थी, शिक्षा विभाग, महात्मा गांधी अंतरराष्ट्रीय हिंदी विश्वविद्यालय, वर्धा, महाराष्ट्र।

साहित्य में सूती और ऊनी वस्त्रों, वस्तुओं, आभूषणों, शस्त्रों, रथों आदि के उल्लेख मिलते हैं जिससे ज्ञात होता है कि भारत में व्यावसायिक शिक्षा वैदिक काल से ही प्रारम्भ हो चुकी थी। उत्तर वैदिक काल में व्यावसायिक शिक्षा को संपूर्ण शिक्षा का अभिन्न अंग माना जाता था, जिसके अंतर्गत पुरोहितीय, सैनिक, कृषि और वाणिज्य, औषधि-शास्त्र तथा अनेक प्रकार के शिल्पों की शिक्षा दी जाती थी। बौद्ध काल में भी बौद्ध शिक्षा के धर्म प्रधान होने के बावजूद भी व्यावसायिक शिक्षा का प्रावधान था जिसके अंतर्गत कृषि, वाणिज्य, लेखन कला, पशुपालन, हिसाब-किताब, भवन-निर्माण कला, मूर्तिकला, चिकित्सा शास्त्र आदि की शिक्षा दी जाती थी। गौतम धर्म- सूत्र में 27 प्रकार की शिल्पकलाओं का वर्णन है, जिनमें स्वर्णकार, धातुकार, रत्नकार, चित्रकार और वास्तुकार को प्रमुख स्थान व्यावसायिक शिक्षा में दिया गया है। मिलिन्दपन्ह नामक साहित्यिक बौद्ध ग्रन्थ में बौद्ध काल में प्रचलित 19 प्रकार की हस्त-शिल्पों का वर्णन मिलता है जिनमें से 10 शिल्पों की शिक्षा तक्षशिला विश्वविद्यालय में दी जाती थी तथा बौद्ध भिक्षुओं के लिए मठों में विभिन्न प्रकार के हस्तशिल्पों की शिक्षा व्यावसायिक शिक्षा के रूप में प्रदान की जाती थी। मुस्लिम काल में व्यावसायिक शिक्षा के अंतर्गत सैनिक प्रशिक्षण, चिकित्सा शास्त्र, हस्तकलाओं तथा ललितकलाओं आदि की शिक्षा का प्रावधान था। इस काल में प्राविधिक एवं व्यावसायिक शिक्षा का चहुंमुखी विकास हुआ, जिसके उदाहरण मुस्लिम काल की चित्रकलाओं, स्थापत्य कला, ललित कलाओं एवं सभी प्रकार के हस्तशिल्प कलाओं में देखने को मिलते हैं।

व्यावसायिक शिक्षा का तात्पर्य व्यवसाय उन्मुख शिक्षा प्रदान करने से है जो व्यावहारिक गतिविधियों पर आधारित नौकरियों के लिए व्यक्तिगत रूप से तैयार करती है। आर्थिक और सामाजिक जीवन के विभिन्न पहलुओं से संबंधित व्यवसायों के लिए तकनीकी ज्ञान एवं विभिन्न कौशलों को व्यावहारिक रूप से सीखना ही व्यावसायिक शिक्षा है।

व्यावसायिक शिक्षा दो प्रकार से प्रदान की जाती है। पहला, जब व्यक्ति रोज़गार प्रारंभ करना चाहता है तथा वह रोज़गार संबंधित व्यावसायिक शिक्षा में प्रवेश लेकर व्यापार के आधारभूत सिद्धांतों तथा प्रक्रियाओं का प्रशिक्षण प्राप्त करता है एवं दूसरा, जब व्यक्ति पहले से रोज़गार में शामिल है, उसकी कार्यक्षमता व कौशल को बढ़ाने हेतु रोज़गार के साथ-साथ व्यावसायिक शिक्षा प्रदान करना। संघीय नीति में धारा-53 के अंतर्गत व्यावसायिक शिक्षा की नीतियों को नियंत्रित किया जाने का प्रावधान है। व्यावसायिक शिक्षा का उद्देश्य विद्यार्थियों को अकादमिक ज्ञान देना या तकनीकी प्रशिक्षण देने मात्र से नहीं होता है बल्कि व्यावसायिक शिक्षा से तात्पर्य विद्यार्थियों को अकादमिक ज्ञान के साथ-साथ प्रायोगिक अभ्यास में पूर्णतया दक्ष बनाकर उनकी कौशल क्षमता का विकास करना है जिससे वे विद्यार्थी देश व समाज के आर्थिक विकास में सहयोग प्रदान कर सकें। व्यावसायिक शिक्षा किसी भी विद्यार्थी को एक कुशल चिकित्सक, वैज्ञानिक, प्रबंधक या फिर शिक्षाविद् बनाने का आश्वासन नहीं देती है बल्कि यह शिक्षा, विज्ञान, पशु चिकित्सा एवं स्वास्थ्य, अभियांत्रिकी एवं प्रौद्योगिकी, वाणिज्य एवं व्यापार तथा कृषि आदि से संबंधित विभिन्न पाठ्यक्रमों जैसे कमर्शियल आर्ट, फल एवं सब्ज़ी परिरक्षण एवं संसाधन, बेकरी, चिकित्सा एवं एक्सरे टेक्निशियन, अस्पताल देखरेख, टंकण, भवन निर्माण एवं रख-रखाव, कार्यालय प्रबंधन, लेखांकन एवं अंकेक्षण, बीज उत्पादन तकनीकी, डेयरी उद्योग, फसल उत्पादन, कृषि रसायन आदि की शिक्षा के माध्यम से युवाओं को रोज़गार के योग्य बनाती हैं। इस प्रकार व्यावसायिक शिक्षा का मुख्य उद्देश्य राष्ट्र के सामाजिक और आर्थिक विकास के लिए कुशल जनशक्ति को तैयार करना है जिससे कम लागत में आसान रोज़गार, नौकरी से संतुष्टि व उच्च उत्पादकता को सुनिश्चित किया जा सके।

प्रो. हुमायूँ कबीर ने बेरोज़गारी से निपटने के लिए व्यावसायिक शिक्षा के महत्व को बताते हुए कहा था कि किसी देश अथवा राष्ट्र की संपन्नता का आधार विज्ञान तथा प्राविधिक शिक्षा है।

विभिन्न शिक्षा नीतियों में व्यावसायिक शिक्षा संबंधी प्रावधान

- **स्वतन्त्रता-पूर्व शिक्षा नीतियों में व्यावसायिक शिक्षा संबंधी प्रावधान**

ब्रिटिश काल में ईस्ट इंडिया कंपनी की स्थापना के बाद व्यावसायिक शिक्षा के लिए कुछ संस्थानों की स्थापना की गई। इसके अंतर्गत रुड़की का **टॉमसन इंजीनियरिंग कॉलेज (1847), पूना का इंजीनियरिंग स्कूल (1854)** एवं **कोलकाता का इंजीनियरिंग कॉलेज (1856)** प्रमुख रूप से व्यावसायिक शिक्षा के केंद्र के रूप में स्थापित किए गए थे। भारत में व्यावसायिक शिक्षा को क्रमबद्ध तरीके से प्रस्तुत करने का श्रेय **वुड डिस्पैच घोषणा-पत्र (1854)** को प्राप्त है जिसके अंतर्गत भारत में विभिन्न व्यवसायों की शिक्षा प्रदान करने के लिए व्यावसायिक विद्यालयों की स्थापना की सिफ़ारिश की गई तथा स्पष्ट रूप से कहा गया कि जनसाधारण को व्यावहारिक एवं लाभप्रद शिक्षा देने की व्यवस्था की जाए। इसी क्रम में मुंबई में विक्टोरिया जुबली टेक्निकल इंस्टिट्यूट जिसे पहले वीरमाता जीजाबाई टेक्नोलॉजीकल इंस्टिट्यूट के नाम से जाना जाता था, की स्थापना (1887) व्यावसायिक शिक्षा की उन्नति को ध्यान में रखते हुए की गई। **हंटर कमीशन (1882)** में सबसे पहले हाई स्कूल के पाठ्यक्रम में व्यावसायिक शिक्षा को स्थान देने की बात की गयी थी। हंटर कमीशन ने सुझाव दिया कि इस स्तर पर व्यावसायिक शिक्षा को दो भागों में विभाजित किया जाना चाहिए – 'अ' पाठ्यक्रम एवं 'ब' पाठ्यक्रम। पहले प्रकार के पाठ्यक्रम साहित्यिक पाठ्यक्रम होने चाहिए और ये पाठ्यक्रम उन विद्यार्थियों के लिए हों जो विश्वविद्यालय में प्रवेश लेना चाहते हैं तथा दूसरा पाठ्यक्रम असाहित्यिक एवं व्यावसायिक हों और उन विद्यार्थियों के लिए होने चाहिए, जो विश्वविद्यालय में प्रवेश लेने के बजाय किसी व्यावसायिक कार्य को अपनी जीविका उपार्जन हेतु साधन के रूप में अर्जन करना चाहते हैं। **लार्ड कर्जन की शिक्षा नीति (1904)** ने माध्यमिक शिक्षा स्तरीय पाठ्यक्रमों में व्यावसायिक विषयों का समावेश करने का सुझाव दिया। **राष्ट्रीय शिक्षा आन्दोलन (1905)** में लाला लाजपत राय ने लोक शिक्षा का प्रथम उद्देश्य भारत के नागरिकों को व्यावसायिक शिक्षा प्रदान करना बताया। **शिक्षा नीति (1913)** ने कहा कि प्राथमिक एवं माध्यमिक स्तर के पाठ्यक्रमों में व्यावसायिक विषयों का समावेश किया जाना चाहिए परन्तु 1914 में प्रथम विश्वयुद्ध होने के कारण इसके क्रियान्वयन में प्रगति नहीं के बराबर हुई। **सैडलर कमीशन (1917)** ने व्यावसायिक शिक्षा के विकास के लिए दो मुख्य सुझाव दिए- इंटरमीडिएट स्तर पर व्यावसायिक शिक्षा को आरंभ किया जाए और विश्वविद्यालयों में प्राविधिक एवं व्यावसायिक शिक्षा का कार्यक्रम आरंभ किए जाए। **मॉरिसन समिति (1917)** ने व्यावसायिक शिक्षा एवं प्राविधिक शिक्षा से संबंधित रिपोर्ट प्रस्तुत करते हुए कहा कि व्यावसायिक शिक्षा के लिए विद्यार्थियों को छात्रवृत्ति दी जाए जो कुछ विशेष उद्योगों, जैसे- वस्त्र उद्योग, खनिज विद्या, बर्तन निर्माण, चमड़ा पकाना, दियासलाई, कांच, कागज, चीनी एवं पेंसिल व्यावसाय जैसे व्यावसायिक पाठ्यक्रम हेतु दी जाए। उसके पश्चात **हर्टोग समिति (1929)** ने हाई स्कूल के पाठ्यक्रम में औद्योगिक एवं व्यापारिक विषयों को स्थान देने पर विशेष बल दिया। भारत में स्वतन्त्रतापूर्व व्यावसायिक शिक्षा के विकास के लिए समय-समय पर विभिन्न समितियों एवं

आयोगों का गठन किया जाता रहा जिसके अंतर्गत **वुड एवं एबट समिति (1936)** ने प्राविधिक एवं व्यावसायिक शिक्षा के विषय में विभिन्न प्रकार के सुझाव दिए जिसके अंतर्गत कुटीर उद्योग में संलग्न व्यक्तियों को प्रशिक्षण देने की बात की गई तथा जूनियर एवं सीनियर व्यावसायिक स्कूलों की स्थापना पर ध्यान केन्द्रित करने का सुझाव दिया गया। इसके अतिरिक्त इसमें व्यावसायिक शिक्षा के विस्तार पर विशेष बल देने की बात की भी गई। **सार्जेंट रिपोर्ट (1944)** ने व्यावसायिक शिक्षा के लिए पूर्णकालिक तथा अंशकालिक विद्यालय स्थापित करने के लिए सिफ़ारिश की।

- **स्वतंत्रता-प्राप्ति के उपरांत शिक्षा नीतियों में व्यावसायिक शिक्षा संबंधी प्रावधान**

विश्वविद्यालय शिक्षा आयोग (1948-49) ने प्राविधिक एवं व्यावसायिक शिक्षा को महत्व देते हुए प्राथमिक माध्यमिक एवं उच्च शिक्षा में कृषि की शिक्षा को महत्वपूर्ण स्थान देने पर बल दिया। साथ ही वाणिज्य की शिक्षा प्राप्त करने वाले विद्यार्थियों को तीन या चार प्रकार की विभिन्न फर्मों में व्यावहारिक/इंटर्नशिप कार्य करने हेतु अवसर प्रदान करने का सुझाव प्रस्तुत किया।

माध्यमिक शिक्षा आयोग (1952-53) ने विद्यार्थियों में व्यावसायिक क्षमता को बढ़ाने, कार्य के महत्व को समझने तथा कार्य को यथाशक्ति अच्छा तथा सुन्दर बनाने के लिए बहु-उद्देशीय स्कूलों की स्थापना की सिफ़ारिश की जिससे विद्यार्थी अपनी व्यक्तिगत योग्यताओं के अनुसार विषयों का चयन कर अपने व्यक्तित्व का विकास कर सकते हैं। माध्यमिक शिक्षा आयोग में औद्योगिक एवं व्यावसायिक विषयों को प्रमुख रूप से शामिल करने की बात कही गयी। ग्रामीण स्कूलों में कृषि शिक्षा की सुविधा होनी चाहिए साथ ही इन स्कूलों में उद्यान विज्ञान, पशुपालन एवं कुटीर उद्योग धंधों की शिक्षा भी प्रदान की जानी चाहिए। व्यावसायिक शिक्षा के विस्तार हेतु माध्यमिक शिक्षा आयोग ने सुझाव दिया कि उद्योगों पर 'शिक्षा कर' लगाया जाना चाहिए और इस कर से प्राप्त होने वाले धन को व्यावसायिक शिक्षा एवं प्राविधिक शिक्षा के विस्तार हेतु व्यय किया जाना चाहिए। उत्तरप्रदेश में **आचार्य नरेन्द्र देव समिति (1953)** ने माध्यमिक शिक्षा के पुनर्गठन की सिफारिश की और इस स्तर के पाठ्यक्रम को चार प्रमुख वर्गों में वर्गीकृत किया- साहित्यिक, वैज्ञानिक, रचनात्मक तथा कलात्मक। **शिक्षा आयोग (कोठारी आयोग, 1964-66)** ने विद्यालयी शिक्षा पूर्ण करने वाले विद्यार्थियों को व्यावसायिक एवं प्राविधिक प्रशिक्षण प्रदान करने वाले पत्राचार पाठ्यक्रम, अल्पकालीन पाठ्यक्रमों एवं संक्षिप्त सघन पाठ्यक्रमों की व्यवस्था करने पर बल दिया, साथ ही इस बात पर ज़ोर दिया कि टेक्निकल स्कूलों एवं औद्योगिक प्रशिक्षण संस्थाओं में व्यावहारिक कार्य- इंटर्नशिप को मुख्य रूप से जोड़ दिया जाए ताकि इंटर्नशिप के दौरान विद्यार्थियों को उत्पादोन्मुखी बनाया जा सके। उच्चतर माध्यमिक स्तर पर शिक्षा को अधिक से अधिक व्यावसायिक रूप दिया जाना चाहिए तथा उच्चतर स्तर पर वाणिज्यिक, वैज्ञानिक और औद्योगिक कार्य के विभिन्न पाठ्यक्रमों की व्यवस्था की जानी चाहिए। कोठारी आयोग ने प्राविधिक शिक्षा हेतु पॉलिटेक्निक कॉलेजों की स्थापना पर बल दिया तथा साथ ही पॉलिटेक्निक कॉलेजों में बालिकाओं के हित को ध्यान में रखते हुए बालिकाओं की रुचि के पाठ्यक्रमों को संचालित करने पर बल दिया गया। **भारतीय शिक्षा आयोग (कोठारी आयोगए 1964-66)** ने कहा कि पूर्व माध्यमिक स्तर पर 20% विद्यार्थियों, उच्चतर माध्यमिक स्तर पर 50% विद्यार्थियों एवं विश्वविद्यालय स्तर पर 30% विद्यार्थियों को व्यावसायिक शिक्षा में प्रवेश मिलेगा। **आदिशैया समिति (1978)** ने माध्यमिक स्तर पर व्यावसायिक शिक्षा को लागू

करने के लिए अपनी रिपोर्ट 'लर्निंग टू डू' में पाठ्यक्रमों की संस्तुति प्रस्तुत की थी जिसके अंतर्गत पाठ्यक्रम को 3 भागों में विभाजित किया जाए – 15% शिक्षा भाषा से संबंधित विषय से होगी तथा 15% सामान्य आधारित विषय की शिक्षा एवं शेष 70% पाठ्यक्रम व्यावसायिक शिक्षा से संबंधित होंगे। व्यावसायीकृत शिक्षा के अंतर्गत विद्यार्थियों को तकनीकी, संबंधित विज्ञानों, कृषि एवं अन्य कौशलों को सीखना होगा। व्यावसायिक शिक्षा स्वरोज़गार, व्यक्ति को संसाधनों का सर्वोचित ढंग से उपयोग एवं उत्पादनशीलता का गुण विकसित करने में सक्षम हैं। डॉ. बी. सी. कुंडलाई (1983), कुलपति, अन्नामलाई विश्वविद्यालय, की अध्यक्षता में व्यावसायिक शिक्षा हेतु राष्ट्रीय कार्यकारी दल गठित किया गया। इस दल ने अपने संस्तुतियों में कहा कि +2 स्तर पर व्यावसायिक शिक्षा के पाठ्यक्रम क्षेत्रीय आर्थिक जीवन के आधार पर होने चाहिए और इसके लिए सर्वप्रथम व्यावसायिक सर्वेक्षण किया जाना चाहिए।

राष्ट्रीय शिक्षा नीति (1986) में यह तय किया गया कि 1990 ई . तक 10% तथा 1995 तक 25% विद्यार्थियों को व्यावसायिक शिक्षा +2 स्तर तक प्रदान की जाएगी। राष्ट्रीय शिक्षा नीति 1986 की **योजना-के क्रियान्वयन (1992)** में कहा गया कि बालक का जीवन सुखी हो, इसके लिए उसकी रुचि के अनुसार उसे किसी कौशल में प्रशिक्षित करना चाहिए तथा बेरोज़गारी कम करने हेतु दसवीं कक्षा तक प्राय: 50% विद्यार्थियों को व्यावसायिक विषयों का चयन करने के लिए प्रोत्साहित किया जाना चाहिए। **राष्ट्रीय ज्ञान आयोग (2005)** ने आईटी, चिकित्सा, कानून, इंजीनियरिंग जैसी व्यावसायिक शिक्षा को अधिक मज़बूत और विस्तारित करने की आवश्यकता का सुझाव दिया। **राष्ट्रीय पाठ्यचर्या की रूपरेखा (एनसीएफ़ -2005)** ने व्यावसायिक शिक्षा एवं प्रशिक्षण (वेट) की रचना के बारे में स्पष्ट किया कि जो व्यक्ति अपनी स्कूली पढ़ाई छोड़ चुका है या पूरी कर चुका है तत्पश्चात अपनी जीविका के लिए कौशल प्राप्त करना चाहता है तो उसके लिए प्रशिक्षण कार्यक्रम बनाया जाएगा। व्यावसायिक शिक्षा का पाठ्यक्रम ऐसा होना चाहिए कि उसमें नामांकन लेने वाले व्यक्ति को सम्मानजनक स्थिति प्राप्त हो साथ ही साथ पाठ्यक्रम की भी स्थिति सम्माननीय हो। पाठ्यक्रम को एक अंतिम विकल्प के रूप में प्रयोग नहीं किया जाना चाहिए। व्यावसायिक शिक्षा प्रशिक्षण (वेट) संस्थानों की स्थापना समावेशी प्रकार की होनी चाहिए तथा इसके अंतर्गत न केवल आर्थिक, सामाजिक और सांस्कृतिक क्षेत्र अपितु प्रतिकूल शारीरिक तथा मानसिक स्थिति वाले विद्यार्थियों को भी समावेशित किया जाना चाहिए। **राष्ट्रीय पाठ्यचर्या की रूपरेखा 2005** के अनुसार, व्यावसायिक शिक्षा प्रशिक्षण संस्थान अलग-अलग अवधि, कम अवधि वाले डिप्लोमा तथा सर्टिफिकेट पाठ्यक्रम को संचालित करेंगे जिनमें प्रवेश एवं विकास के अनेक अवसर उपलब्ध होंगे और उसमें क्रेडिट जोड़ने की सुविधा भी अंतर्निहित हो, साथ ही हर पाठ्यक्रम में ब्रिज कोर्स की सुविधा भी हो। **राष्ट्रीय पाठ्यचर्या की रूपरेखा** -2005 में यह चिह्नित किया गया है कि व्यावसायिक शिक्षा प्रशिक्षण संस्थानों को स्थापित करने के तीन लाभ हैं – प्रथम, वेट कार्यक्रम न्यूनतम पूंजी के साथ शुरू किया जा सकता है। द्वितीय, विद्यार्थियों की पहुंच अत्याधुनिक तकनीकी तक रहेगी और तृतीय, विद्यार्थियों को कार्य के साथ-साथ प्रशिक्षण भी मिलेगा। वे उत्पादन तथा निर्माण कार्यों के साथ-साथ वितरण की वास्तविक समस्याओं को भी जान सकेंगे। इन उद्देश्यों की पूर्ति के लिए विद्यालयों को कृषि, वानिकी, निजी एवं सार्वजनिक क्षेत्र के उद्योग के उत्पादन और सेवा संबंधी सुविधाओं के प्रशिक्षण और निरीक्षण का कार्य सौंपा गया।

- **विभिन्न पंचवर्षीय योजनाओं में व्यावसायिक शिक्षा की स्थिति**

व्यावसायिक शिक्षा की प्रोन्नति के लिए इसी क्रम में भारत सरकार की पंचवर्षीय योजना में लगातार व्यावसायिक शिक्षा हेतु कई योजनाएँ बनाई गईं एवं क्रियान्वित की गईं। पहली, दूसरी एवं तीसरी पंचवर्षीय योजना में व्यावसायिक शिक्षा के विस्तार हेतु लगातार विशेष रूप से धनराशि का निर्धारण किया जाने लगा तथा साथ ही इन तीनों पंचवर्षीय योजनाओं के दौरान व्यावसायिक शिक्षा में प्रवेश करने वाले विद्यार्थियों की संख्या में लगातार वृद्धि हुई। लेकिन चौथी पंचवर्षीय योजना में विगत तीन पंचवर्षीय योजनाओं में रही कमियों को दूर करने पर विशेष बल दिया गया, जैसे- व्यावसायिक शिक्षा हेतु उपकरण, भवन, भौतिक सुविधाएँ, अध्यापक आदि की उपलब्धता पर विशेष ध्यान दिया गया तथा व्यावसायिक शिक्षा में एक नए प्रयोग के तौर पर यह कहा गया कि उद्योग क्षेत्र में काम करने वाले इंजीनियर एक निश्चित अवधि तक व्यावसायिक विद्यालयों में शिक्षण कार्य करेंगे तथा उन्हीं विद्यालयों में शिक्षण कार्य में लगे अध्यापकों को उस अवधि में उद्योगों में कार्य करने के लिए एवं औद्योगिक तकनीकी की जानकारी प्राप्त करने के लिए प्रेरित करेंगे।

पाँचवीं पंचवर्षीय योजना में व्यावसायिक शिक्षा एवं प्राविधिक शिक्षा व्यवस्था की गुणवत्ता बढ़ाने पर विशेष बल दिया गया तथा विश्वविद्यालयों में प्रबंध शिक्षा के विभागों के स्थापना की बात की गई। इसके अंतर्गत कहा गया कि व्यावसायिक शिक्षा एवं प्राविधिक शिक्षा का उद्देश्य आर्थिक विकास से संबंधित होना चाहिए और जो व्यक्ति व्यवसाय में संलग्न हैं उन्हें अनवरत शिक्षा प्राप्त करने हेतु अलग से व्यवस्था की जानी चाहिए। छठी पंचवर्षीय योजना में कहा गया कि सभी स्तरों पर तकनीकी शिक्षा के स्तर में विशेष रूप से सुधार किया जाना चाहिए और देश की सामाजिक-आर्थिक प्रगति के साधन के रूप में विज्ञान एवं शिल्प विज्ञान को विकसित करने हेतु व्यावसायिक शिक्षा को अधिक से अधिक बढ़ावा देना चाहिए। सातवीं पंचवर्षीय योजना में व्यावसायिक शिक्षा एवं प्राविधिक शिक्षा के बहुमुखी विकास तथा इसके स्तर को उन्नत बनाने पर विशेष रूप से सुझाव दिया गया। आठवीं पंचवर्षीय योजना में कहा गया कि व्यावसायिक शिक्षा संबंधित संस्थानों की अंतः संरचना की सुविधाओं को अधिक उन्नत एवं आधुनिक संसाधनों से अधिक से अधिक परिपूर्ण होना चाहिए, संसाधनों में गतिशीलता होनी चाहिए तथा नवीन औद्योगिक नीति के अनुकूल व्यावसायिक शिक्षा हेतु व्यवस्था करनी चाहिए। तकनीकी शिक्षा की प्रोन्नति के लिए विश्व बैंक की ओर से सहायता प्रदान की जाती है, यह सहायता तकनीकी शिक्षा गुणवत्ता सुधार कार्यक्रम (टी.ई. क्यू.आई. पी.) हेतु दिया जाता है। अखिल भारतीय तकनीकी शिक्षा परिषद के द्वारा व्यावसायिक शिक्षा को सुदृढ़ करने पर बल दिया जाता है। व्यावसायिक शिक्षा हेतु स्नातकोत्तर कोर्स व अनुसंधान, स्नातक कोर्स, डिप्लोमा कोर्स, एवं सर्टिफिकेट कोर्स आदि संचालित किए जाते हैं।

- **राष्ट्रीय शिक्षा नीति (2020) में व्यावसायिक शिक्षा सम्बन्धी प्रावधान**

राष्ट्रीय शिक्षा नीति (2020) में कहा गया कि 12वीं पंचवर्षीय योजना में 19 से 24 आयु वर्ग के कुल जनसंख्या के 5% से भी कम लोगों द्वारा व्यावसायिक शिक्षा औपचारिक रूप से प्राप्त की गई है जबकि यह प्रतिशत संयुक्त राज्य अमेरिका में 52%, जर्मनी में 75% और दक्षिण कोरिया में सबसे अधिक 96% तक है। अन्य देशों की व्यावसायिक शिक्षा के प्रतिशत को देखते हुए स्पष्ट

रूप से यह कहा जा सकता है कि भारत में व्यावसायिक शिक्षा के प्रसार में और अधिक तेजी लाने की आवश्यकता है, साथ ही व्यावसायिक शिक्षा के क्रियान्वयन को ज़मीनी स्तर से लागू करने की आवश्यकता है। व्यावसायिक शिक्षा में प्रवेश लेने वाले या फिर शिक्षा प्राप्त करने वाले विद्यार्थियों की संख्या लगातार कम होने के पीछे प्रमुख कारण अतीत में कक्षा 11वीं, 12वीं और कक्षा 8 से ऊपर की व्यावसायिक शिक्षा में '*ड्रॉपआउटस*' अधिक मात्रा में हुए हैं जिसके कारण विद्यार्थियों में व्यावसायिक शिक्षा की ओर रुझान कम होता जा रहा है। इसके अलावा 11वीं 12वीं पास करने वाले विद्यार्थियों को स्नातक स्तर में अपने चुने हुए व्यावसायिक विषय में आगे बढ़ने के बारे में कोई स्पष्ट क्षेत्र नहीं है। इसके अतिरिक्त सामान्य उच्चतर शिक्षा में प्रवेश लेने के लिए निर्धारित मानदंड में भी व्यावसायिक शिक्षा की योग्यता रखने वाले विद्यार्थियों के लिए अवसरों की उपलब्धता को सुनिश्चित करने की दृष्टि से प्रवेश परीक्षा को डिजाइन नहीं किया जाता था। जिसके फलस्वरूप व्यावसायिक शिक्षा प्राप्त विद्यार्थी अपने ही साथी समूह के सामान्य विषय वाले विद्यार्थियों के सापेक्ष मुख्यधारा की शिक्षा या अकादमिक शिक्षा में पीछे रह जाते थे। जिससे व्यावसायिक शिक्षा से संबंधित विद्यार्थियों के लिए उच्च शिक्षा में आगे बढ़ने के रास्ते बंद हो जाते थे। वर्ष 2013 में राष्ट्रीय कौशल योग्यता फ्रेमवर्क के माध्यम से इन सभी मुद्दों को संबोधित किया गया था। व्यावसायिक शिक्षा के प्रति रुचि कम होने का एक मुख्य कारण समाज की संकुचित अवधारणा भी है जिसमें व्यावसायिक शिक्षा को प्राप्त करने वाले विद्यार्थियों को यह कहकर हीन भावना से ग्रसित कर दिया जाता है कि यह विद्यार्थी मुख्यधारा के शिक्षा के साथ सामंजस्य नहीं बिठा पाते इसलिए व्यावसायिक शिक्षा के पाठ्यक्रम का चयन कर लेते हैं। इस उपहास के कारण विद्यार्थियों द्वारा चुने गए व्यावसायिक शिक्षा के विकल्प प्रभावित होते है। इन सभी स्थितियों के विश्लेषण करने के पश्चात यह ज्ञात होता है कि व्यावसायिक शिक्षा के कार्यक्रम को मुख्यधारा की शिक्षा के साथ स्कूल, कॉलेज और विश्वविद्यालय स्तर की शिक्षा के साथ चरणबद्ध तरीके से एकीकृत किया जाए। इसका प्रारंभ आरंभिक वर्षों में व्यावसायिक शिक्षा के अनुभव प्रदान करने से हो जिससे व्यावसायिक शिक्षा को सुचारू रूप से संचालित करने के लिए प्राथमिक, माध्यमिक कक्षाओं से होते हुए उच्चतर शिक्षा तक ले जाया जाए। इस तरह से शिक्षा को व्यावसायिक शिक्षा से एकीकृत करने से यह लाभ होगा कि प्रत्येक बच्चा कम से कम एक व्यवसाय से जुड़े कौशल को सीख पाएगा एवं अन्य कई व्यवसायों से परिचित भी हो सकेगा। **राष्ट्रीय शिक्षा नीति (2020)** में वर्ष 2025 तक स्कूल और उच्चतर शिक्षा प्रणाली के माध्यम से कम से कम 50% विद्यार्थियों को व्यावसायिक शिक्षा का अनुभव प्रदान करने का लक्ष्य निर्धारित किया गया है। इस लक्ष्य को पूरा करने हेतु स्पष्ट रूप से कार्य योजना विकसित की जाएगी। अगले 10 दशकों में चरणबद्ध तरीके से सभी माध्यमिक स्कूलों में व्यावसायिक शिक्षा को सामान्य शैक्षणिक विषयों के साथ एकीकृत किया जाएगा। इसके लिए माध्यमिक विद्यालय, आईटीआई, पॉलिटेक्निक और स्थानीय उद्योगों के साथ संपर्क करके सहयोग प्राप्त किया जाएगा, साथ में स्कूलों में *हब* और *स्पोक मॉडल* में कौशल विकास के लिए प्रयोगशाला भी स्थापित की जाएगी।

राष्ट्रीय शिक्षा नीति (2020) में इस बात को उजागर किया गया है कि - *उच्चतर शिक्षा संस्थान स्वयं या फिर उद्योग और गैर सरकारी संगठन के साथ साझेदारी करके व्यावसायिक शिक्षा प्रदान*

करने का प्रयास करेंगे एवं 4 वर्षीय बहु विषयक स्नातक कार्यक्रम को भी शामिल किया जाएगा जिसके अंतर्गत व्यावसायिक पाठ्यक्रम अन्य सभी स्नातक डिग्री कार्यक्रम में नामांकित विद्यार्थियों के लिए उपलब्ध किए जाएँगे। इसके अतिरिक्त उच्चतर शिक्षण संस्थानों को *सॉफ्ट स्किल्स* सहित अन्य कौशलों में सीमित/कम अवधि के सर्टिफिकेट कोर्स कराने की भी अनुमति प्रदान की जाएगी। भारतीय लोक विद्या अर्थात भारत में विकसित महत्वपूर्ण व्यावसायिक ज्ञान से संबंधित विषयों को व्यावसायिक शिक्षा के पाठ्यक्रमों में एकीकृत किया जाएगा एवं जहाँ भी संभव हो, दूर शिक्षा के माध्यम से भी व्यावसायिक शिक्षा के पाठ्यक्रमों को संचालित करने का प्रयास किया जाएगा। कौशल अंतर विश्लेषण (स्किल गैप एनालिसिस) के माध्यम से स्थानीय अवसरों के आधार पर व्यावसायिक शिक्षा के *फोकस एरिया* का चुनाव किया जाएगा। मानव संसाधन विकास मंत्रालय, उद्योगों के सहयोग से व्यावसायिक शिक्षा के विशेषज्ञों और व्यावसाय संबंधित मंत्रालयों के प्रतिनिधियों से मिलकर एक राष्ट्रीय समिति '*नेशनल कमिटी फॉर द इंटीग्रेशन ऑफ वोकेशनल एजुकेशन*' (एनसीआईवीई) का गठन करेगा।

राष्ट्रीय शिक्षा नीति (2020) व्यावसायिक शिक्षा के विस्तार करने हेतु नवाचार के माध्यम से ऐसे मॉडलों और प्रणालियों को खोज की सिफ़ारिश करती है जो वास्तविक रूप में सफल हों। तत्पश्चात उन्हें एनसीआईवीई (NCIVE) द्वारा स्थापित तंत्र के माध्यम से अन्य व्यावसायिक संस्थानों को भी साझा किया जाएगा जिससे व्यावसायिक शिक्षा तक सभी की पहुँच आसान हो सके। उच्चतर शिक्षा संस्थानों में उद्योगों के साथ साझेदारी करके इनक्यूबेशन केंद्र स्थापित किए जाएँगे एवं व्यावसायिक शिक्षा और अप्रेंटिसशिप प्रदान करने वाले विभिन्न मॉडलों को भी प्रयोग में लाया जाएगा। **राष्ट्रीय शिक्षा नीति (2020)** में कहा गया है कि अंतरराष्ट्रीय श्रम संगठन के द्वारा बनाए गए व्यवसायों को अंतरराष्ट्रीय मानक वर्गीकरण के साथ भारतीय मानकों को जोड़ा जाएगा। इसके माध्यम से व्यावसायिक शिक्षा से *ड्रॉप आउट* हो चुके विद्यार्थियों के व्यावहारिक अनुभव को प्रासंगिक स्तर के साथ जोड़कर उन्हें पुनः औपचारिक प्रणाली के माध्यम से व्यावसायिक शिक्षा प्रदान की जाएगी। **क्रेडिट** आधारित फ्रेमवर्क विद्यार्थियों को सामान्य से व्यावसायिक शिक्षा तक जाने हेतु सुगम मार्ग उपलब्ध कराएगा।

देश की समृद्धि के लिए सबसे अधिक आवश्यक है कि उस देश की जनशक्ति वैज्ञानिक प्रवृत्ति एवं व्यावसायिक ज्ञान में दक्ष हो तभी उस देश की जनता भौतिक संपत्ति का सर्वोत्तम उपयोग एवं उपभोग करके अपने देश को विकासशील देशों की श्रेणी में सुनिश्चित स्थान प्रदान कर सकने में सक्षम होगी। राष्ट्रीय शिक्षा नीति (2020) के अनुसार, व्यावसायिक शिक्षा के विकास हेतु अंतः विषयक चर्चा, विचार-विमर्श, अनुसंधान एवं नवाचारों को शामिल करने की नितांत आवश्यकता है। साथ ही व्यावसायिक शिक्षा एवं सामान्य शिक्षा प्रदान करने वाले संस्थानों को एकीकृत किए जाने पर विशेष ध्यान दिया जाएगा। भारत एक कृषि प्रधान देश है, इसलिए कृषि शिक्षा से संबंधित नए विषयों का सृजन किया जाएगा, साथ ही कृषि शिक्षा ऐसे व्यक्तियों को प्रदान करने का लक्ष्य निर्धारित किया जाएगा जो कृषि संबंधित क्षेत्रों में निवास करते हो। वहीं स्वास्थ्य शिक्षा को ग्रहण करने वाले विद्यार्थी अब एकीकृत स्वास्थ्य शिक्षा प्राप्त कर सकेंगे, जैसे -आयुर्वेद शिक्षा प्राप्त करने वाले विद्यार्थी अब एलोपैथिक चिकित्सा, योग, प्राकृतिक चिकित्सा, यूनानी चिकित्सा, होम्योपैथी की भी बुनियादी शिक्षा प्राप्त कर सकेंगें।

- **राष्ट्रीय शिक्षा नीति (2020) में वर्णित व्यावसायिक शिक्षा के क्रियान्वयन हेतु योजना**
  1. व्यावसायिक शिक्षा को सफल एवं उन्नत बनाने की दृष्टि से इसके प्रति विद्यार्थियों, शिक्षकों, अभिभावकों एवं सामाजिक जन समूहों की अभिवृत्ति में सकारात्मक परिवर्तन लाने की आवश्यकता है।
  2. व्यावसायिक शिक्षा को मुख्यधारा की शिक्षा के साथ समेकित किया जाना चाहिए जिससे व्यावसायिक शिक्षा की पहुँच लोगों तक आसानी से संभव हो सके।
  3. व्यावसायिक शिक्षा के पाठ्यक्रम को अधिक समृद्ध एवं लचीला बनाने की आवश्यकता है। स्थानीय आवश्यकताओं के अनुसार व्यावसायिक पाठ्यक्रम की रुपरेखा तैयार की जानी चाहिए जिससे स्थानीय आवश्यकताओं की पूर्ति की जा सके एवं स्थानीय लोगों को रोज़गार प्रदान किया जा सके।
  4. व्यावसायिक शिक्षा संस्थानों की स्थापना आधुनिक संसाधनों एवं तकनीकी के समावेशन सहित की जाए तथा प्रचलित संस्थानों में व्यावसायिक विषय की शाखा को स्थापित किया जाना चाहिए जिससे व्यावसायिक शिक्षा को सुदृढ़ किया जा सके।
  5. व्यावसायिक शिक्षा प्रदान करने वाले शिक्षकों के लिए विशेष व्यावसायिक प्रशिक्षण की व्यवस्था की जाए। इसके अतिरिक्त व्यावसायिक शिक्षा संबंधित आधुनिक ज्ञान विज्ञान एवं जानकारी हेतु समय-समय पर कार्यशालाओं का आयोजन किया जाए एवं अवकाश शिक्षण प्राप्त करने के अवसर भी प्रदान किए जाएँ।
  6. व्यासायिक शिक्षा से संबंधित शोध कार्यों को प्रोत्साहित किया जाना चाहिए तथा उद्योग कार्यों में संलग्न कर्मचारियों के शिक्षण एवं प्रशिक्षण हेतु अलग से पाठ्यक्रम का निर्माण किया जाना चाहिए।
  7. व्यावसायिक शिक्षा के पाठ्यक्रमों के चयन हेतु विद्यार्थियों एवं उद्योग कार्यों में संलग्न कर्मचारियों के लिए उचित मार्गदर्शन प्रदान करने की व्यवस्था की जानी चाहिए।
  8. व्यावसायिक शिक्षा से संबंधित उद्योगों की स्थापना की जानी चाहिए जिससे अधिक से अधिक स्थानन (placement) प्रदान किया जाए जो व्यावसायिक शिक्षा की तरफ लोगों का ध्यान अकर्षित करने तथा व्यावसायिक शिक्षा को उत्पादकतापूर्ण बनाने की दृष्टि से महत्वपूर्ण है।
  9. सभी स्तरों की व्यावसायिक शिक्षा हेतु अलग-अलग समितियों का गठन किया जाना चाहिए जिससे क्रियान्वयन सुचारू रूप से किया जा सके।

उपसंहार

राष्ट्रीय शिक्षा नीति (2020) में व्यावसायिक शिक्षा हेतु दिए गए सुझाव को यदि सफल बनाना है तो व्यावसायिक शिक्षा के क्रियान्वयन को सुचारू रूप से संपन्न करना होगा। इसकी सफलता के लिए शिक्षकों, अभिभावकों एवं विद्यार्थियों को सम्मिलित प्रयास एवं प्रतिभाग करने की आवश्यकता है। व्यावसायिक शिक्षा किस प्रकार से उनके लिए रोज़गार का अवसर सृजन करती हैं और उन्हें आर्थिक रूप से सहायता प्रदान करते हुए उसके निम्नतम जीवन स्तर को ऊपर उठाने में सहायता करती है, इन सभी बिन्दुओं से उन्हें परिचित कराना होगा, जिससे व्यावसायिक शिक्षा के उद्देश्यों का पूर्णरूपेण लाभ समाज को प्राप्त हो सकेगा। व्यावसायिक शिक्षा जीविकोपार्जन के लिए सुगम मार्ग प्रदान करती है जिससे आर्थिक संपन्नता सुदृढ़ होती

है और देश की अर्थव्यवस्था में उन्नति होती है। नीति निर्देशक को इस बात का ध्यान रखना होगा कि व्यावसायिक शिक्षा को मुख्य धारा की शिक्षा की ही भाँति सम्मान देना होगा जिससे व्यावसायिक शिक्षा प्राप्त करने वाला व्यक्ति सम्मानपूर्वक जीवनयापन कर सके। साथ ही व्यावसयिक शिक्षा प्राप्त विद्यार्थियों द्वारा बनाये गए माल (सामग्री) की बिक्री के लिए स्थानीय स्तर पर बाज़ार उपलब्ध कराना होगा ताकि वे अपनी वस्तुओं को आसानी से अच्छी कीमत पर बेच सकें तथा अपनी प्राप्त की गई शिक्षा से सुखी व संतोषजनक जीवन व्यतीत कर सकें।

संदर्भ

- अग्रवाल, जे. सी. (2007). भारत में शिक्षा व्यवस्था का इतिहास. शिप्रा पब्लिकेशन्स. दिल्ली. पृष्ठ सं. (174-197).
- कार्य आधारित शिक्षा एवं व्यावसायिक शिक्षा और प्रशिक्षण की राज्य नीति ड्राफ्ट. छत्तीसगढ़ शासन, स्कूल शिक्षा विभाग, डी. स. भवन, मंत्रालय रायपुर. पृष्ठ सं. (7-25).
- गुप्ता, स. पी. एंड गुप्ता, ए. (2012). भारतीय शिक्षा का इतिहास. शारदा पुस्तक भवन. इलाहबाद. पृष्ठ सं. (243-259).
- गौतम, एस. एल. एंड सिंह, एस. (नवीनतम संस्करण) तुलनात्मक शिक्षा. आलोक प्रकाशन. इलाहबाद. पृष्ठ सं. (218-228).
- पाठक. पी. डी. (2008). भारतीय शिक्षा और उसकी समस्याएं. अग्रवाल पब्लिकेशन्स. आगरा. पृष्ठ सं. (392-405).
- राष्ट्रीय पाठ्यचर्या की रूपरेखा. (2005). एन. सी. ई. आर. टी., नयी दिल्ली. पृष्ठ सं. (130-133).
- राष्ट्रीय शिक्षा नीति. (1968). भारत सरकार, नयी दिल्ली. पृष्ठ सं. (41).
- माड्यूल. (2019). विद्यालयों में पूर्व व्यावसायिक शिक्षा, एनण्सी. ई. आरण्टी., नयी दिल्ली. पृष्ठ सं. (82-84).
- राष्ट्रीय शिक्षा नीति. (1986). मानव संसाधन विकास मंत्रालय, भारत सरकार, नयी दिल्ली. पृष्ठ सं. (16-17).
- राष्ट्रीय शिक्षा नीति. 1986. (1992 में संशोधित). मानव संसाधन विकास मंत्रालय, भारत सरकार, नयी दिल्ली. पृष्ठ सं. (53-60).
- राष्ट्रीय शिक्षा नीति. (2020). मानव संसाधन विकास मंत्रालय, भारत सरकार, नयी दिल्ली. पृष्ठ सं. (70-82).
- लाल, आर. बी. - शर्मा, के. के. (2008). भारतीय शिक्षा का इतिहास, विकास एवं समस्याएँ. आर लाल बुक डिपो. मेरठ. पृष्ठ सं. (91-134).
- सिंह, आर. के. एवं कटियार, के. (2016-17). समकालीन भारत और शिक्षा. अग्रवाल पब्लिकेशन्स. आगरा. पृष्ठ सं. (294-314).

14

गुणवत्ता का आधार : अकादमिक शोध

ज्ञानदेव मणि त्रिपाठी

भारत की ज्ञान परंपरा में शोध दृष्टि का महत्वपूर्ण स्थान रहा है। प्राचीन साहित्य हो या मध्य कालीन साहित्य इसमें शोध दृष्टि के तत्त्व स्पष्ट रूप में दिखाई देते हैं। तुलसीदास जी के 'नानापुराण निगमागम सम्मत' इस दृष्टि का समर्थन करती है। भारत के ग्रामीण क्षेत्रों में '*सोधन*' का उपयोग कमोबेश आज भी होता है जिसका संबंध कृषि कार्य, गृह निर्माण या ज़मीन के भीतर छिपे खजाने की खोज के लिए किया जाता है। इस कार्य के विशेषज्ञ होते हैं जिनके पास जाँचने व खोजने की विधियाँ होती हैं, ये विधियाँ उन्हें अपनी इस विधा की परंपरा से प्राप्त होती है। यानी शोध की भारतीय परम्परा है। यह सही है कि वह शोधशास्त्र के आधुनिक स्वरूप में संरचित नहीं है लेकिन शोध, अपने भारतीय ज्ञान परंपरा का अविभिन्न अंग रहा है। परंतु औपनिवेशिक शिक्षा के व्यूह में फंसी वर्तमान भारतीय शिक्षा की स्थिति तो चिंतनीय है ही लेकिन इसके साथ-साथ सार्थक शोध कार्यों की भी भारी कमी है। हम ऐसा भी कह सकते हैं कि चूँकि उपयोगी अनुसंधान कार्य नहीं हो रहे इसलिए शिक्षा की दशा ठीक नहीं है। आज देश में कमतर गुणवत्ता के अनुसंधान स्वयं में एक चुनौती बन कर उभरे हैं। राष्ट्रीय शिक्षा नीति-2020 में भी शोध के गिरते स्तर पर चिंता ज़ाहिर की गई है। यहाँ हो रहे शोध में गुणवत्ता और मौलिकता का सर्वथा अभाव है। अधिकांश विषयों में पुराने कामों को ही दुहराकर शोध-ग्रंथों और और शोध-रिपोर्टों को लिख दिया जा रहा है। जबकि इक्कीसवीं सदी की नयी अपेक्षाओं के आलोक में ज्ञान-सृजन और अनुसंधान का उपागम में निर्णायक बदलाव आने चाहिए। हमारे अनुसंधान कार्यों को करने का नज़रिया, तरीका और उससे निकले निष्कर्षों को काम में लाने की युक्ति, सब पर अलग तरह से विचार-विमर्श करने की आवश्यकता है। मौलिक चिंतन और लीक से हटकर सोचने की प्रवृत्ति अनुसंधान का आधार है। कार्य-कारण श्रृंखला की खोज से ही ज्ञान-सृजन और अनुसंधान संभव है। अनुसंधान अपनी प्रकृति में एक सामाजिक कार्य है और यह केवल अनुसंधानकर्ता का निजी कार्य नहीं है। इसका जुड़ाव समाज के विभिन्न पहलुओं से है जिसमें अर्थव्यवस्था, सामाजिक नवाचार, जीवन-निर्वाह के संसाधनों की बेहतरी, वैज्ञानिक सोच का विकास आदि शामिल हैं। शोध के स्वरूप और उसकी गुणवत्ता पर स्वाधीन भारत में लगातार विमर्श चलता रहा है। भारतीय शिक्षा आयोगों और समितियों ने भी अनुसंधान के संदर्भ में अपने सम्यक विचार प्रतिवेदनों में दर्ज़ किए हैं। स्वतंत्र भारत में शिक्षा की समग्रता में जाँचकर अपनी अनुशंसाएँ देने वाले कोठारी आयोग (1964-66) के अध्याय 12 तथा 15 में अनुसंधान की गुणवत्ता की चिंता दिखाई देती है। आयोग ने स्नातकोत्तर शिक्षा के साथ अनुसंधान को जोड़ते हुए 12वें अध्याय के 12.27 से 12.31 तक अनुसंधान केन्द्रित चर्चा करते हुए कहा कि "एक बात पर हम बल देना

प्रोफ़ेसर एवं संकायाध्यक्ष, शैक्षिक प्रशिक्षण एवं शोध, आर्यभट्ट ज्ञान विश्वविद्यालय, पटना।

चाहते हैं। स्नातकोत्तर शिक्षा और अनुसंधान के विकास के लिए एवं विश्वविद्यालय के विकास के लिए केंद्र को विगत काल की अपेक्षा अब कहीं अधिक ज़िम्मेदारी ओढ़नी होगी। यह अत्यंत उच्च प्राथमिकता का क्षेत्र है और इसका अपना बीज-मूल्य है और शिक्षा के समूचे क्षेत्र की उन्नति कर सकता है। आजकल ऐसा नहीं होता। इस स्तर पर उपलब्ध सुविधाओं का विस्तार अपर्याप्त है और उसकी गुणता में काफ़ी उन्नति वांछनीय है। फलस्वरूप हमें कॉलेजों के लिए पर्याप्त संख्या में उत्तम अध्यापक नहीं मिलते। इससे पर्व-स्नातक शिक्षा का प्रभाव हल्का पड़ जाता है और माध्यमिक विद्यालयों के लिए उत्तम अध्यापक पाने में कठिनाई होती है। इसके कारण माध्यमिक शिक्षा क्षीण हो जाती है और प्रारंभिक विद्यालयों के लिए उत्तम अध्यापक मिलने में कठिनाई होती है। इस विषम चित्र को काटने का एकमात्र उपाय यही है कि स्नातकोत्तर शिक्षा और अनुसंधान में सुविधाएं बढ़ाई जाएं और इससे भी अधिक महत्वपूर्ण बात यह है कि उनकी गुणता को उन्नत किया जाए। इस उद्देश्य में हम भारत सरकार को स्नातकोत्तर शिक्षा और अनुसंधान के लिए प्रायः एकमात्र उत्तरदायी बनाने का उपक्रम करना चाहेंगे। इस संबंध में हम अमरीकी राष्ट्रपति की साइंस एड्वाइजरी कमिटी का उल्लेख करना चाहेंगे जिसने एतमिक एनर्जी कमीशन के वर्तमान अध्यक्ष प्रोफ़ेसर जी.टी. सिबोर्ग की अध्यक्षता में प्रस्तुत साइंटिफिक प्रोग्रेस, द यूनिवर्सिटीज एंड द फेडरल गवर्नमेंट (1960) संबंधी अपनी हाल की रिपोर्ट में कहा है कि "*बुनियादी अनुसंधान और स्नातक शिक्षा दोनों का सम्पूर्ण समाज के कल्याण की दृष्टि से पोषण करना चाहिए। इसी विशद अर्थ में संघीय सरकार की भूमिका अनिवार्य रूप से केंद्रीय बन जाती है। यह सत्य जितना महत्वपूर्ण है उतना ही सरल कि संयुक्त राज्य में बुनियादी अनुसंधान और स्नातक शिक्षा की मात्रा और गुणता पर्याप्त होंगे या अपर्याप्त यह प्रथमतः संयुक्त राज्य की सरकार पर निर्भर है। इस उत्तरदायित्व से संघीय सरकार किसी तरह नहीं बच सकती। अपने विश्वविद्यालयों को फलने-फूलने के लिए और उनके दायित्वों के पर्याप्त सम्पादन के लिए आवश्यक नीतियां और साधन या तो उसी को खोजने होंगे-या फिर कोई नहीं खोजेगा।*"

आगे इसी अध्याय में *'शिक्षा विषयक अनुसंधान'* उपशीर्षक के अन्तर्गत 12.60 से 12.65 तक आयोग ने शिक्षाशास्त्र को पृथक विद्या के रूप में स्वीकार करते हुए शिक्षा विषयक अनुसंधान पर जो टिप्पणियां की हैं उसे यहां यथावत उद्धृत करना इसलिए भी ज़रूरी है कि हम जान सकें कि विगत 54 वर्षों में हमने क्या नहीं किया जिसे तब से ही करने की अनुशंसा कोठारी आयोग ने की थी। कोठारी आयोग ने लिखा कि "(12.61) शिक्षा-विषयक अनुसंधान अब भी शैशवावस्था में है। उसकी मात्रा अल्प है और उनकी गुणता मध्यम या अधम। इसके अनेक कारण है। इस अनुसंधान का अधिकांश प्रशिक्षण कॉलेजों में आबद्ध है जिनके पास अनुसंधान की बहुत अपर्याप्त सुविधाएं हैं और उसका निर्देशन करने के लिए सक्षम जन अत्यल्प। अपनी तरह स्वयं अनुसंधान करने वाले विशेषीकृत संस्थानों के अभाव से अनुसंधान का अधिकांश एम.एड. और पी-एच. डी. की विश्वविद्यालयीय उपाधियों के विद्यार्थियों द्वारा होता है। एम. एड. के शोध-निबंधों में कदाचित ही अनुसंधान कहलाने की योग्यता होती हो, यद्यपि अनुसंधान विधियों में विद्यार्थियों को अभ्यास कराने में उनका उपयोगी स्थान है। पी-एच. डी. स्तर पर यह कार्यक्रम विधि-तंत्र में कमज़ोर रहा है और इस बात से भी उसे हानि पहुंची है कि उसमें केवल वे ही विद्यार्थी दाखिल हो सकते हैं जिन्होंने बी.टी. या एम.एड. कर लिया है। शिक्षा में अनुसंधान के विद्यार्थियों को बहुत कम छात्रवृत्तियाँ उपलब्ध हैं। फिर, अभी तक जो अनुसंधान हुआ है उसका काफ़ी भाग मानसिक परीक्षण के क्षेत्र में हुआ है और दूसरे क्षेत्रों पर बहुत थोड़ा ध्यान दिया जा सका है। प्रलेख-कार्य, संगठन, परामर्श आदि सहायक सेवाओं का विकास नहीं हो सका है। देश में एक भी ऐसी पत्रिका नहीं है जो शिक्षा-विषयक अनुसंधान में

संलग्न हो। कोई केंद्रीय सूचना-वितरण केंद्र नहीं बनाया गया है और बहुत से काम की द्विरावृत्ति की गई है। जो थोड़ा-बहुत अनुसंधान हुआ भी है वह अधिकांश में अल्मारियों में बंद रह गया है और प्रशासन ने नीतियों के रूपायन में उसके निष्कर्षों का उपयोग नहीं किया है। शिक्षात्मक अनुसंधान पर पाँच लाख रुपये प्रतिवर्ष से भी कम का अनुमानित कुल व्यय नगण्य ही कहलाएगा। आयोग के बिंदु 12.62 के अंतर्गत यह कहा गया कि *"यदि इस तस्वीर को बदलना है तो शिक्षा विषयक अनुसंधान का विकास करने के लिए फौरन कदम उठाने पड़ेंगे और उसे शिक्षा-नीतियों के बनाने एवं शिक्षा के सुधार के साथ प्रभावी ढंग से जोड़ना होगा।"* इस दृष्टिकोण से हम निम्नांकित सिफ़ारिशें करते हैं -

- राष्ट्रीय शिक्षा अनुसंधान तथा प्रशिक्षण परिषद (रा.शी.अ.प्र.प.) में शिक्षात्मक अनुसंधान से संबन्धित एक प्रलेख-केंद्र विकसित किया जाए। शिक्षात्मक अनुसंधान में संलग्न एक पत्रिका चालू करने के परिषद के निर्णय का हम स्वागत करते हैं। इसे केंद्र के सहयोग से समय-समय पर अनुसंधान कर्मियों के सम्मेलन आयोजित करने के लिए कदम उठाए जाने चाहिए ताकि उनका एकांतवास भंग हो और शिक्षा-विषयक अनुसंधान वृत्ति प्रतिष्ठा अर्जित कर सके।
- शिक्षा विषयक अनुसंधान को दलों में अंतरविद्या क्षेत्रों में विकसित होना है। यद्यपि सभी प्रशिक्षण कॉलेजों को कुछ-न-कुछ अनुसंसाधन करना ही चाहिए, तथापि शिक्षात्मक अनुसंधान को प्रशिक्षण कॉलेजों तक ही सीमित कर देने से उसकी वृद्धि में रुकावट आई है। हम पहले ही सिफ़ारिश कर चुके हैं कि चार या पांच विश्वविद्यालयों में शिक्षा के संस्थान स्थापित होनी चाहिए। इन संस्थानों का यह विशेष उत्तरदायित्व होगा कि अन्य विभागों के सहयोग से बड़े पैमाने पर शिक्षा-विषयक अनुसंधान का विकास करें। अन्य विश्वविद्यालय भी अपने-अपने ढंग से विभिन्न परियोजनाएं हाथ में ले सकते हैं। हमने पाया है कि साधारणतः विश्वविद्यालय शिक्षात्मक समस्याओं के अध्ययन में भी, बहुत ही कम रुचि ले पाए हैं। उदाहरण के लिए, समाजशास्त्र का विभाग अपने विद्यार्थी-वर्ग का समाज-आर्थिक अध्ययन कर सकता है, गणित और सांख्यिकी का विभाग उनके पाठ्यक्रमों में निहित व्यर्थता और अगति का अध्ययन कर सकता है। पर कुल मिलकर ऐसा किया नहीं जाता। हमारी सिफ़ारिश है कि विश्वविद्यालयों को अपने कार्य से संबंधित शिक्षात्मक समस्याओं में अनुसंधान चलाने का भार ग्रहण करना चाहिए और जहां-जहां संभव हो, आस-पड़ोस के माध्यमिक और प्रारंभिक विद्यालयों की समस्याओं में भी। उनके अलावा रा.शि.अ.प्र.प. और शिक्षा के राज्य-स्थित संस्थान जैसी विशिष्ट संस्थाओं को अनुसंधान के वृहद कार्यक्रम विकसित करने होंगे।
- यह वांछनीय है कि शिक्षात्मक चिंतन और अनुसंधान के उन्नयन के लिए राष्ट्रीय विज्ञान संस्थान के ही अनुरूप प्रख्यात शिक्षाशास्त्रियों के समावेश से एक राष्ट्रीय शिक्षा अकादेमी स्थापित की जाए। यह मूलतः एक गैर-सरकारी वृत्तिक संस्था हो। पर इसे भारत सरकार से पर्याप्त वित्तीय सहारा मिलना चाहिए।
- यद्यपि रा.शि.अ.प्र.प. को निजी तौर पर एवं राज्य-स्थित शिक्षा संस्थानों के सहयोग से अनुसंधान करना चाहिए और एक केंद्रीय सूचना-वितरण-केंद्र चलाना चाहिए, तथापि हम इसकी सलाह नहीं देते कि उसे अन्य संस्थाओं को शिक्षा विषयक अनुसंधान के लिए अनुदान वितरण करने का दायित्व सौंपा जाए, विशेष रूप से इसलिए क्योंकि हम आशा करते हैं कि विश्वविद्यालय और अन्य संस्थान इस क्षेत्र में बड़े पैमाने पर भाग लेंगे। मूलतः यह दायित्व शिक्षा मंत्रालय का है जो उसे ओढ़

लेना चाहिए। हमारी सिफ़ारिश है कि इस उद्धेश्य से शिक्षा मंत्रालय में एक सशक्त शिक्षा अनुसंधान परिषद स्थापित की जाए। इसकी अध्यक्षता किसी विख्यात वृत्तिक शिक्षा-शास्त्री को करनी चाहिए और इसमें विश्वविद्यालयों, प्रशिक्षण कॉलेजों, रा.शि.अ.प्र.प., राज्य-स्थित शिक्षा संस्थान और शिक्षा विषयक अनुसंधान में रुचि लेने वाले संस्थानों के प्रतिनिधि और कतिपय शिक्षा-शास्त्री, शिक्षा प्रशासक एवं परियोजक समाविष्ट होने चाहिए। इसका प्रमुख कार्य यह होगा कि वह शिक्षा विषयक अनुसंधान के लिए सौंपे गए धन-साधन का वितरण करे और सर्व संबद्धों की जानकारी के लिए समय-समय पर अपने विकास की समीक्षाएं प्रकाशित करे। शिक्षा मंत्रालय में इसका अपना विभाग होना चाहिए।.

- ज्यों-ज्यों समय बीतेगा, हमारी प्रत्याशा है कि शिक्षा-विषयक अनुसंधान अधिकाधिक परिष्कृत होगा जाएगा। अतएव अनुसंधान कार्य के लिए उत्तम विशेषीकृत प्रशिक्षण का और विवरण की तैयारी, सांख्यिकीय विश्लेषण और परामर्श की सेवाओं की व्यवस्था करने की तत्काल आवश्यकता है।
- राष्ट्रीय स्तर पर रा.शि.अ.प्र.प. की राज्य-स्तर पर राज्यस्थित शिक्षा संस्थानों का यह दायित्व होगा कि वे चालू विद्यालय रीतियों और शिक्षा विषयक अनुसंधान के बीच की गहरी खाई को पाटें। उच्चतर शिक्षा के क्षेत्र में ऐसी ही भूमिका वी.अ.आ. को निभानी होगी। यह उनका काम है कि वे विश्वविद्यालयों, राज्यों के शिक्षा-विभागों, विद्यालयों और अध्यापकों के संमुख शिक्षा में नए विकास और शिक्षा विषयक अनुसंधान निष्कर्ष एवं अध्यापन और विद्या-ग्रहण एवं शिक्षा के संगठन में उनके महत्व को लाकर रखें।

कोठारी आयोग (1964-66) के बिंदु 12.65 के अंतर्गत यह कहा गया कि "*यह आवश्यक है कि इस क्षेत्र में काम करने वाले शिक्षा विभागों के अधिकारियों को प्रशिक्षण कालेजों और विश्वविद्यालयों के अनुसंधान कर्मियों से मिलाया जाए। उदाहरण के लिए, हमने जिन शिक्षा विद्यालयों की सिफ़ारिश की है उनका यह काम होना चाहिए कि वे चुने हुये जिला शिक्षा अधिकारियों, सभी स्तरों के विद्यालयों के प्रधान अध्यापकों और अध्यापक-शिक्षकों के वार्षिक सम्मेलन करें। जहां तक संभव हो, ये सम्मेलन अंतर-राज्यीय स्वरूप के होने चाहिए। इन सम्मेलनों में एक दुतरफा प्रक्रिया चालू होगी। शिक्षा विभाग के क्षेत्राधिकारी, शिक्षा विभाग के कार्यकर्ताओं के सम्मुख वे व्यावहारिक समस्याएं उपस्थित कर सकते हैं जिनका वे सामना कर रहे हों और जिनका उन्हें कोई समाधान न मिलता हो। अपनी ओर से शिक्षा-संस्थानों के अध्यापक विभाग के क्षेत्र-अधिकारियों को अनुसंधान के नवीनतम निष्कर्षों से अवगत करा सकते हैं, भावी अध्ययन एवं अन्वेषणों के लिए उनकी समस्याएं हाथ में ले सकते हैं। यदि हम यह चाहते हों कि शिक्षा के विकास में जो अनगिनती समस्याएँ हमारे सामने खड़ी हुई हैं उनका तेज़ी से संतोषजनक हल मिले तो हमें अनुसंधान के साथ क्षेत्र कार्य के इस फलवान संयोग पर भविष्य में बहुत बल देना होगा।*" कोठारी आयोग की उक्त अनुशंसाएं शिक्षाशास्त्र में अनुसंधान की दिशा तय करने वाली हैं लेकिन बीते पांच दशकों में हमने इसका कितना पालन किया, यह आज की स्थिति देखकर सहज अनुमान लगाया जा सकता है।

राष्ट्रीय शिक्षा आयोग-2 (1983-85) ने भी अनुसंधान पर बल देते हुए अपने प्रतिवेदन के दूसरे अध्याय में लिखा है – "*उच्च शिक्षण संस्थाएं स्वभावतः अमूर्त एवं अनुप्रयोज्य दोनों प्रकार के नवज्ञान के सृजन की क्रिया में रत रहती हैं। उच्च गुणवत्ता सम्पन्न शिक्षा का कोई भी कार्यक्रम वे लोग नहीं चला सकते जो स्वयं सृजनशील न हों और नई परिस्थितियों में प्रवर्तन, खोज अथवा ज्ञान के प्रयोग की संवेदना*

से विहीन हों। समूचे विश्व में यह माना माना जाता है कि समाज की प्रगति में योगदान करने वाले नूतन विचारों का एकमात्र स्रोत युवा शिक्षक तथा विद्वान ही होते हैं। उच्च शिक्षा संस्थाओं के अनुसंधान संबंधी कार्यकलाप अंतर्राष्ट्रीय स्टार पर उत्तमता तथा समाज की समस्याओं के समाधान में उनकी अनुप्रयोज्यता की भावना से प्रेरित होते हैं। इन कार्यकलापों को एक बार पुनः सामाजिक, सांस्कृतिक, आर्थिक तथा प्राकृतिक वातावरण से जोड़ा जा सकता है ताकि देश में स्थानीय तथा क्षेत्रीय विकास की समस्याओं की ओर ध्यान दिया जा सके।" (2.13: अनुसंधान एवं उच्च शिक्षा)

राष्ट्रीय शिक्षा नीति-2020 अपने दस्तावेज के सतरहवें अध्याय की शुरूआत में ही अनुसंधान और सामाजिक अर्थव्यवस्था के बीच मज़बूत जुड़ाव की बात करती है। इसके अनुसार एक बड़ी और जीवंत अर्थव्यवस्था को विकसित करने और बनाए रखने में ज्ञान सृजन और अनुसंधान की महत्वपूर्ण भूमिका है। इसके बिना समाज का उत्थान अधूरा है। यदि हमें अपने देश को विकसित राष्ट्र की उंचाइयों तक ले जाना है तो अनुसंधान पर निरंतर कार्य करने की ज़रूरत होगी। आज अमेरिका, इजरायल, दक्षिण कोरिया, चीन जैसे देशों ने अपने अनुसांधान के बलबूते अपनी अर्थव्यवस्थाओं में गुणात्मक विस्तार किया है। अनुसंधान के इतना महत्वपूर्ण होने के बावजूद, भारत में वर्तमान समय में अनुसंधान और नवाचार निवेश संयुक्त राज्य अमेरिका में 2.8 प्रतिशत, इजरायल में 4.3 प्रतिशत और दक्षिण कोरिया में 4.2 प्रतिशत की तुलना में जीडीपी का केवल 0.69 प्रतिशत है। यदि भारत को भी विश्व के अग्रणी देशों में शामिल होना है और आत्मनिर्भर बनना है तो वह अच्छे अनुसंधान के बिना सम्भव नहीं है। यह तभी हो पाएगा जब देश में अनुसंधान की गहन संस्कृति विकसित हो पाएगी। देश में विज्ञान और गणित से लेकर कला, साहित्य, स्वर विज्ञान और भाषा से लेकर चिकित्सा और कृषि तक के विषयों में अनुसंधान और ज्ञान सृजन की एक लम्बी ऐतिहासिक परंपरा रही है। उस परंपरा को पुनर्जीवित कर जल्द से जल्द एक मज़बूत और प्रबुद्ध ज्ञान समाज के रूप में भारत को अपनी खोयी हुई स्थिति को प्राप्त करना होगा। लेकिन यह चिंतनीय है कि राष्ट्रीय पाठ्यचर्या की रूपरेखा-2005 के पंद्रह साल बाद भी, वर्तमान शिक्षा पद्धति में खोजी और जिज्ञासु प्रवृत्ति को विकसित करने पर विशेष ज़ोर नहीं है बल्कि अधिकतर शिक्षा रटंत पद्धति पर ही अटकी हुई है।

आज के युग में खासकर बहु-विषयक अनुसन्धानों को प्रोत्साहित करने की आवश्यकता है। दुनिया के सर्वश्रेष्ठ विश्वविद्यालयों को देखें तो पता चलता है कि उच्चतर शिक्षा के स्तर पर सर्वोतम शिक्षण और सीखने की प्रक्रियाएं उस वातावरण में होती हैं जहां अनुसंधान और ज्ञान सृजन की एक मज़बूत संस्कृति रही है। इसके साथ ही, दुनिया के श्रेष्ठ अनुसंधान बहुविषयी विश्वविद्यालयों में हुए हैं। इसलिए, अपने देश में सामाजिक चुनौतियों का समाधान करने के लिए बहु विषयक अनुसंधान की महता पर नीति विशेष ज़ोर देती है। उदाहरण के तौर पर, अपने सभी साफ़ जल, स्वच्छ वायु, प्रदुषणमुक्त वातावरण, गुणवतापूर्ण शिक्षा और स्वास्थ्य सेवा, बेहतर परिवहन गुणवता वायु, बिजली और बुनियादि चीजों तक पहुंच आदि। इन सब के लिए व्यापक दृष्टिकोण के साथ बहु-विषयक अनुसंधान करने की राह में बढ़ना होगा। नीति का मानना है कि नए अनुसंधानों में न केवल शीर्ष-विज्ञान और प्रौद्योगिकी बल्कि सामाजिक विज्ञान, मानविकी और पर्यावरणीय आयामों आदि का समन्वय होना चाहिए। ताकि अनुसंधान के प्रतिफल का प्रभावी उपयोग किया जा सके। वर्तमान चुनौतियों का सामना करने और इनके समाधान खोजने के लिए विभिन्न क्षेत्रों में उच्चतर स्तरीय अंतर-विषयक अनुसंधान की क्षमता को भी बढ़ाए जाने पर काम करना होगा।

बहुविषय और अंतरविषयक अनुसंधानों के साथ-साथ शिक्षा के अनेक संबंधित क्षेत्र एवं विषयों पर भी नए उपागम में अनुसंधान किए जाने चाहिए ताकि उनसे अध्यापक शिक्षा की ज्ञानसंपदा में इजाफ़ा

हो सके। विद्यालयी शिक्षा, शिक्षा का इतिहास, शिक्षा का साहित्य, भाषा और शिक्षा, शिक्षण-विधियाँ, शिक्षा-तकनीकी, आकलन व मूल्यांकन, अकादमिक नेतृत्व आदि कई पहलू हैं जिन पर निरंतर अनुसंधान होना चाहिए। इन सभी क्षेत्रों में बदलते हुए परिवेश एवं परिवर्तित परिस्थितियों के अनुकूल वर्तमान ज्ञान के सत्यापन एवं वैधता-परीक्षण की निरंतर आवश्यकता बनी रहती है। यह कार्य सार्थक अनुसंधान के द्वारा ही सम्पन्न होता है जिसमें नए संभावनाओं को तलाशने की दृष्टि हो। अनुशासन परक अनुसंधान के साथ-साथ अपने देश की पहचान, उसकी प्रगति, आध्यात्मिक और बौद्धिक संतुष्टि और रचनात्मकता को प्रस्तुत करनेवाले गम्भीर अनुसंधान की चर्चा भी नीति करती है जिसमें इतिहास, भाषा, कला और संस्कृति के पर शृंखलाबद्ध अनुसंधान किए जाएँ। इसीलिए, राष्ट्रीय शिक्षा नीति-2020, विज्ञान और सामाजिक विज्ञान के क्षेत्र में नवाचारों के साथ-साथ कला और मानविकी के क्षेत्रों में अनुसंधान को हमारे देश की प्रगति और प्रबुद्धता हेतु अति महत्वपूर्ण मानती है। यह स्वागत योग्य है, क्योंकि आज भी विज्ञान की तुलना में समाजिक विज्ञान संबंधी क्षेत्रों के अनुसंधान को खासा महत्व प्राप्त नहीं है जिसके कई कारण हो सकते हैं। हमें उन कारणों पर भी विचार करने होंगे और उनकी अनदेखी नहीं करनी होगी। इससे अनुसंधान, समाज की प्रगति में सीधे तौर पर भूमिका निभा पाएगा। लेकिन, यह भी सत्य है कि गुणवत्तापूर्ण अनुसंधान के लिए संसाधनों की विशेष आवश्यकता होती है जिसके प्रति हम अभी भी बहुत उदासीन हैं।

नई शिक्षा नीति की बात करें तो यह एक अच्छी पहल है कि पर्याप्त और अबाध संसाधन उपलब्ध कराने के लिए राष्ट्रीय शिक्षा नीति-2020 में एक राष्ट्रीय अनुसंधान फाउंडेशन (एन.आर.एफ.) को स्थापित करने का प्रस्ताव है जो अनुसंधान की नयी फंडिंग एजेंसी होगी। यह फाउंडेशन राष्ट्रीय स्तर पर गुणवत्तापूर्ण अनुसंधान को विकसित और उत्प्रेरित करेगा। ऐसे संस्थान जो वर्तमान में किसी स्तर पर अनुसंधान को निधि प्रदान करते हैं, जैसे विज्ञान और प्रोद्योगिकी विभाग, परमाणु उर्जा विभाग, जैव-प्रौद्यागिकी विभाग, भारतीय कृषि अनुसंधान परिषद, भारतीय आयुर्विज्ञान अनुसंधान परिषद, भारतीय इतिहास अनुसंधान परिषद और विश्वविद्यालय अनुदान आयोग के साथ-साथ विभिन्न निजी और परोपकारी संगठनों से वे अपनी प्राथमिकताओं और आवश्यकताओं के अनुसार स्वतंत्र रूप से निधिगत अनुसंधान जारी रखेंगे। हालांकि, एन.आर.एफ. सघन रूप से अन्य फंडिंग एजेंसियों के साथ समन्वय स्थापित करेगा और विज्ञान, इंजीनियरिंग, और अन्य सक्षम अकादेमियों के साथ काम करेगा। इसके साथ ही इससे जुड़े अपेक्षित उद्देश्यों और प्रयासों मे तालमेल और दोहराव की कमी को सुनिश्चित करने का प्रयास करेगा। एन.आर.एफ. स्वतंत्र रूप से सरकार के एक *रोटेटिंग बोर्ड आफ गवर्नर्स* द्वारा शासित होगा, जिसमें विभिन्न क्षेत्रों के बहुत ही बेहतरीन शोधकर्ता और आविष्कर्ता शामिल होंगे।

इस फाउंडेशन का संचालन बेहतरीन शोधकर्ताओं और आविष्कर्ताओं के रोटेटिंग 'बोर्ड ऑफ़ गवर्नर्स' द्वारा किया जायेगा। श्रेष्ठतम प्रतिभाओं को शोध की ओर आकर्षित करके, उनके लिए पर्याप्त निधि की निरंतर उपलब्धता और उत्प्रेरक और स्वतंत्र कार्य-वातावरण सुनिश्चित करने के लिए इस एजेंसी द्वारा केन्द्रित कार्य किए जाएँगे। एन.आर.एफ. की कई प्राथमिक गतिविधियां रहेंगी। जैसेकि विभिन्न प्रकार विषयों में, प्रतिस्पर्धी और *पियर रिव्यु* किए गए शोध प्रस्तावों को पर्याप्त फंड देना। विश्वविद्यालयों, महाविद्यालयों और अन्य संस्थानों, जहाँ अभी अनुसंधान बहुत आरम्भिक अवस्था में हैं, उनको परामर्श प्रदान करके अनुसंधान शुरू करना, उसे विकसित करना और इसके लिए सुविधा देना। शोधार्थियों और सरकार की संबंधित शाखाओं तथा उद्योगों के बीच समन्वय स्थापित करना। यह बहुत आवश्यक है ताकि शोधार्थियों को लगातार अति तात्कालिक राष्ट्रीय अनुसंधान मुद्दों के बारे में बताया जा सके। इस तरह, यह

नीति देश में अनुसंधान की गुणवत्ता और उनकी मात्रा को बदलने के लिए एक व्यापक दृष्टिकोण एवं तंत्र दोनो की बात करती है।

अंत में यह अवश्य ध्यान में रखना होगा कि अनुसंधान की व्यापक नीति को पूरी सावधानी के साथ चरणबद्ध तरीके से लागू करना होगा। आरंभ में स्तरीय अनुसंधान कम संख्या में ही हैं। लेकिन स्तरहीन अनुसंधानों की संख्या को लगातार कमतर करने पर विशेष ध्यान होना चाहिए। देश के विश्वविद्यालयों में अनुसंधान को लेकर शोधार्थियों की जो तैयारी की जाती है, उसकी समीक्षा सबसे पहले होनी चाहिए और सबके लिए एक मानक तय होना चाहिए। साथ ही एक अच्छे अनुसंधान की उपयोगिता को कैसे सुनिश्चित किया जाए, यह भी देखना होगा। यह चिंतनीय है कि आज शिक्षा की जो नीतियां बन रही हैं उनमें विश्वविद्यालयों में किए गए अनुसंधानों को कितना संदर्भित किया जा रहा है। यदि आप विश्लेषण करें तो बहुत कम अनुसंधान हीं ऐसे मिलेंगे। इसलिए, न केवल राष्ट्रीय अनुसंधान फाउंडेशन बल्कि देश में समूचे अनुसंधान की दिशा को एक बड़े दृष्टिकोण के साथ निर्मित करनी होगी।

संदर्भ

- भारत सरकार (2020). राष्ट्रीय शिक्षा नीति-2020. मानव संसाधन मंत्रालय।

15

उच्च शिक्षा और उसका नियामक तंत्र

गोपाल कृष्ण ठाकुर

राष्ट्रीय शिक्षा नीति 2020 द्वारा उच्च शिक्षा की नियामक प्रणाली में समग्र संरचनात्मक परिवर्तन के प्रस्ताव के माध्यम से उच्चतर शिक्षा के विनियमन, प्रत्यायन, वित्त पोषण एवं शैक्षणिक मानकों के निर्धारण हेतु प्रस्तावित सांस्थानिक प्रावधानों द्वारा यह अपेक्षा की गई है कि उच्च शिक्षा की दशा-दिशा में सकारात्मक आमूल-चूल परिवर्तन संभव हो सके तथा सतत विकास के लक्ष्य (एसडीजी4) की प्राप्ति यथानिर्धारित अवधि में संभव हो सके। इस अध्याय में पूर्व की विभिन्न शिक्षा नीतियों में उच्च शिक्षा की नियामक प्रणाली संबंधी प्रावधानों को संदर्भित करते हुए वर्तमान प्रावधानों पर विमर्श एवं इसके लक्षित परिणाम की प्राप्ति हेतु संभावित कार्ययोजना संबंधित अभिमत प्रस्तुत है।

प्रस्तावना

भारतीय उच्च शिक्षा तंत्र विश्व के विशालतम शिक्षा तंत्रों में से एक है। ऐतिहासिक रूप से भी भारतीय उच्च शिक्षा व्यवस्था सम्पूर्ण विश्व में अग्रणी रही है एवं यहाँ के सुप्रसिद्ध नालंदा विश्वविद्यालय, तक्षशिला विश्वविद्यालय, विक्रमशिला विश्वविद्यालय आदि उच्च शिक्षा के प्रतिष्ठित संस्थानों ने अपने समय में विश्व भर के अध्येताओं एवं शोधवेत्ताओं का ध्यान आकृष्ट किया है। उन दिनों सुदूर देशों से विद्यार्थी इन विश्वविद्यालयों में ज्ञानार्जन के लिए भारत आते थे। प्राचीन काल से लेकर 18वीं शताब्दी तक की भारतीय शिक्षा व्यवस्था विभिन्न कालखंडों में मुख्यतः गुरुकुल, बौद्ध विहार एवं मदरसा जैसी सांस्थानिक संरचना के माध्यम से संचालित होती रही थी। इन संस्थानों के संचालन, प्रबंधन, प्रशासन एवं विनियमन का स्वरूप वर्तमान काल के शिक्षा-संस्थानों की तरह नहीं था। आधुनिक काल में विश्वविद्यालयों अथवा अन्य शिक्षा संस्थानों की स्थापना के साथ-साथ उनके प्रबंधन एवं प्रशासन तथा तत्संबंधी विनियमन ने व्यवस्थित रूप ग्रहण करना प्रारंभ किया। भारत में स्वतंत्रता से पूर्व (वर्ष 1947 से पूर्व) ब्रिटिश शासकों द्वारा वर्ष 1857 ई. में तीन विश्वविद्यालयों – कलकत्ता विश्वविद्यालय, बंबई विश्वविद्यालय (अब मुंबई विश्वविद्यालय) एवं मद्रास विश्वविद्यालय – की स्थापना की गई। इन विश्वविद्यालयों की स्थापना के अन्तर्निहित उद्देश्यों में से एक प्रमुख उद्देश्य अंग्रेजी माध्यम से शिक्षित मानव संसाधन तैयार करना था जो तत्कालीन ब्रिटिश प्रशासन की सेवा कर सके और इसलिए उन विश्वविद्यालयों का विनियमन भी इस प्रकार निर्धारित होता था जिससे ब्रिटिश शासकों के उद्देश्यों की प्राप्ति हेतु तत्कालीन उच्च शिक्षा तंत्र प्रभावी ढंग से कार्य कर सके। कालांतर में

प्रोफ़ेसर, अध्यक्ष, शिक्षा विभाग, महात्मा गांधी अंतरराष्ट्रीय हिंदी विश्वविद्यालय, वर्धा, महाराष्ट्र।

स्वतंत्रता के पश्चात देश में भारतीय उच्चतर शिक्षा के विनियमन का दायित्व निर्वहन भारतीय नीति नियंताओं द्वारा किया जाने लगा और देश की उच्चतर शिक्षा व्यवस्था हेतु समय समय पर आवश्यक संशोधन एवं परिमार्जन के साथ भारतीय नियामक प्रणाली ने आकार ग्रहण किया। स्वतंत्रता पूर्व भारतीय उच्च शिक्षा की नियामक प्रणाली का व्यवस्थित विकास वर्ष 1921 से प्रारंभ हुआ माना जा सकता है जब तत्कालीन सरकार द्वारा शिक्षा के संबंध में नीतिगत निर्णय मुद्दों पर प्रांतीय सरकारों से समन्वय एवं सहमति हेतु केन्द्रीय शिक्षा सलाहकार बोर्ड (Central Advisory Board of Education / CABE) की स्थापना की गई। तत्पश्चात उच्च शिक्षा के क्षेत्र में प्रथम नियामक निकाय के रूप में वर्ष 1934 में भारतीय चिकित्सा परिषद (Medical Council of India / MCI) की स्थापना की गई। इस परिषद को भारत में चिकित्सा शिक्षा के संचालन, अनुमोदन, अनुमोदन-निरस्तीकरण एवं संस्थानों की स्थापना हेतु मानक निर्धारण एवं विनियमन का अधिकार प्राप्त था। कालांतर में उच्च शिक्षा के क्षेत्र में अन्य नियामक निकायों का गठन हुआ।

स्वातंत्र्योत्तर भारत में उच्च शिक्षा की नियामक प्रणाली का विकास

वर्ष 1947 में स्वतंत्रता प्राप्ति के समय भारत में लगभग 20 विश्वविद्यालय एवं 500 महाविद्यालय थे जिनमें से आनुपातिक रूप से देश की प्रति एक हज़ार की जनसंख्या में से लगभग एक व्यक्ति उच्च शिक्षा प्राप्त करने हेतु नामांकित होता था। स्वतंत्रता प्राप्ति के उपरान्त देश के बहुभाषिक, बहु-सांस्कृतिक एवं क्षेत्रीय तथा भौगोलिक असंतुलन से युक्त भारतीय समाज के नागरिकों की शिक्षा का दायित्व सरकार के समक्ष था। विभिन्न सरकारों ने इस दिशा में यथासंभव कार्य किया और तीव्र गति से उच्च शिक्षा सहित शिक्षा के समस्त स्तरों पर ढांचागत एवं अन्य मौलिक सुविधाओं का विकास हुआ। इस हेतु समय समय पर शिक्षा के क्षेत्र में नीति नियंताओं, विभिन्न शिक्षा आयोगों, समितियों एवं अन्य अभिकरणों के प्रयत्न से, यथोचित विनियमन से, उच्च शिक्षा की नियामक प्रणाली अपने वर्तमान स्वरूप में विकसित हुई।

उच्च शिक्षा की नियामक प्रणाली के सन्दर्भ में विभिन्न शिक्षा नीतियों की संस्तुतियाँ

इस खंड में विमर्श की दृष्टि से स्वातंत्र्योत्तर भारत में शिक्षा आयोगों एवं शिक्षा नीतियों पर उनके कालक्रम के अनुसार चर्चा की जा सकती है।

विभिन्न शिक्षा आयोग एवं राष्ट्रीय शिक्षा नीति-1968

स्वतंत्रता के उपरान्त भारत की प्रगति एवं सुरक्षा सहित अन्य विकास कार्यों में शिक्षा की महत्वपूर्ण भूमिका पर विचार करते हुए इसकी पुनर्संरचना के लिए सर्वप्रथम डॉ. एस. राधाकृष्णन की अध्यक्षता में विश्वविद्यालय शिक्षा आयोग (1948-49) एवं एल. एस. मुदालियर की अध्यक्षता में माध्यमिक शिक्षा आयोग (1952-53) का गठन हुआ। माध्यमिक शिक्षा आयोग ने माध्यमिक शिक्षा के संबंध में महत्वपूर्ण संस्तुतियां प्रदान करने के साथ-साथ शिक्षक प्रशिक्षण के लिए भी महत्वपूर्ण संतुतियाँ कीं जो उच्च शिक्षा के लिए प्रासंगिक हैं। विश्वविद्यालयी शिक्षा की स्थिति पर समग्रता से विचार करते हुए राधाकृष्णन आयोग (1948-49) ने संस्तुति की कि विश्वविद्यालयों की नीतियों एवं शैक्षिक कार्यक्रमों द्वारा परिवर्तित सन्दर्भ में राष्ट्रीय आवश्यकताओं को पूर्ण करने के लिए उच्च शिक्षा की पुनर्संरचना सुनिश्चित की जानी चाहिए। इस आयोग की संस्तुतियों के आधार

पर उच्चतर शिक्षा की शीर्ष नियामक संस्था के रूप में संसद के अधिनियम द्वारा वर्ष 1953 में विश्वविद्यालय अनुदान आयोग (University Grants Commission / UGC) की स्थापना हुई जिसे 1956 में संसद के एक अधिनियम द्वारा सांविधिक निकाय का स्वरूप प्रदान किया गया।

तत्पश्चात, भारतीय शिक्षा पर समग्रता से विचार कर राष्ट्र के नव-निर्माण को लक्षित करते हुए शिक्षा के समस्त स्तरों एवं पक्षों के लिए उपयुक्त नीतियों का निर्माण एवं शैक्षिक विकास हेतु सुझाव देने के लिए वर्ष 1964 में प्रोफ़ेसर डी. एस. कोठारी की अध्यक्षता में शिक्षा आयोग (1964-66) का गठन किया गया जिसकी संस्तुतियों का भारतीय शिक्षा, विशेषतः उच्चतर शिक्षा, के क्षेत्र में दूरगामी प्रभाव पड़ा। इस आयोग ने शिक्षा और राष्ट्रीय उद्देश्य, शिक्षा तंत्र की संरचना और इसके मानक, अध्यापकों की स्थिति, अध्यापक शिक्षा, नामांकन एवं जन-शक्ति तथा शैक्षिक अवसरों की समानता जैसे विषयों पर महत्वपूर्ण संस्तुतियां प्रदान कीं। इस आयोग की अनेक संस्तुतियों में से एक चर्चित संस्तुति यह थी की सरकार द्वारा सकल राष्ट्रीय उत्पाद (Gross National Product / GNP) का 6 प्रतिशत व्यय का प्रावधान शिक्षा के संवर्धन हेतु बजट में किया जाना चाहिए। यद्यपि इस लक्ष्य को अभी तक प्राप्त नहीं किया जा सका है। वर्ष 1968 की राष्ट्रीय शिक्षा नीति का सृजन 1964-66 के शिक्षा आयोग की संस्तुतियों के बाद ही हुआ जिसके माध्यम से 10+2+3 शिक्षा प्रणाली की संस्तुति के साथ-साथ उच्च शिक्षा एवं अनुसंधान के समुचित संवर्धन एवं इस आशय से अपेक्षित विनियमन एवं नियामक प्रणाली विकसित करने हेतु महत्वपूर्ण संस्तुतियां की गईं। इस अवधि में जहाँ विश्वविद्यालय अनुदान आयोग (यूजीसी) ने विश्वविद्यालयों के लिए अनुदान उपलब्ध कराने के माध्यम से उच्च शिक्षा के विस्तार में महत्वपूर्ण भूमिका निभाई, वहीं साठ से सत्तर के दशक में प्रो. डी. एस. कोठारी की अध्यक्षता में अनुदान प्रदान करने वाली संस्था से ऊपर उठकर यूजीसी का संवर्धन नीति निर्माण-कर्ता निकाय के रूप में हुआ और इसने उच्च शिक्षा के विस्तार करने, विविधतापूर्ण बनाने, व्यवस्थित करने एवं उच्च शिक्षा के विभिन्न हितधारकों के मध्य समन्वय करने का कार्य संतोषजनक रूप से किया।

नई शिक्षा नीति-1986/92

बदलते वैश्विक परिदृश्य एवं ज्ञान के क्षेत्र में हो रहे निरंतर विस्तार के साथ सुसंगत रूप से सामंजस्य विकसित करने, परिमार्जित राष्ट्रीय शिक्षा तंत्र विकसित करने, शिक्षा तथा समाज में समानता लाने, महिला शिक्षा एवं पिछड़े तथा वंचित वर्गों की शिक्षा एवं वयस्क शिक्षा आदि के क्षेत्र में सुधार लाने के उद्देश्य से नई शिक्षा नीति – 1986 का सूत्रपात हुआ। 1992 ई. में इस शिक्षा नीति की समीक्षा के लिए गठित आचार्य राममूर्ति समिति की अनुशंसाओं को सम्मिलित करते हुए नई शिक्षा नीति की कार्ययोजना बनी एवं इसका क्रियान्वयन प्रारंभ हुआ। इसके परिणामस्वरूप भारतीय उच्च शिक्षा के क्षेत्र में महत्वपूर्ण परिवर्तन हुआ। कई राष्ट्रीय स्तर के संस्थान एवं विश्वविद्यालय स्थापित हुए। मुक्त एवं दूरस्थ शिक्षा व्यवस्था सुव्यवस्थित रूप से प्रारंभ हुई। प्रबंधन शिक्षा, तकनीकी शिक्षा, अध्यापक शिक्षा, दूरस्थ शिक्षा, शिक्षा एवं अनुसंधान के क्षेत्र में नवाचार, महिला शिक्षा एवं मूल्यांकन प्रणाली से संबंधित महत्वपूर्ण परिवर्तन उच्च शिक्षा के क्षेत्र में हुए। और इन व्यवस्थाओं को विनियमित करने एवं इनके सुचारू रूप से संचालन हेतु विभिन्न नियामक निकाय भी विकसित हुए। 1986 की शिक्षा नीति की संस्तुतियों के आधार पर उच्च शिक्षा संस्थानों के आकलन एवं प्रत्यायन हेतु यूजीसी द्वारा एक स्वायत्त निकाय के रूप में 'राष्ट्रीय आकलन एवं प्रत्यायन परिषद' (National Assessment and Accreditation Council) की स्थापना वर्ष 1994 में की गई।

केन्द्रीय शिक्षा सलाहकार बोर्ड की संस्तुतियों के आधार पर वर्ष 2012 में राष्ट्रीय उच्चतर शिक्षा अभियान (RUSA) प्रारंभ किया गया जिसके माध्यम से राज्य सरकारों को उच्चतर शिक्षा के समुचित विकास हेतु सहयोग का लक्ष्य निर्धारित किया गया। इन समस्त प्रक्रियाओं में उच्च शिक्षा की नियामक प्रणाली को सशक्त बनाने पर निरंतर विमर्श होता रहा एवं इस हेतु समुचित प्रयत्न किया गया। 1986 की शिक्षा नीति की अनुशंसाओं को दृष्टिगत करते हुए वर्ष 2009 में प्रो. यशपाल की अध्यक्षता में उच्चतर शिक्षा के नवीनीकरण एवं कायाकल्प के लिए सुझाव देने हेतु एक समिति का गठन किया गया। इस समिति ने कई महत्वपूर्ण संस्तुतियों के साथ-साथ एक महत्वपूर्ण सुझाव यह दिया कि वर्तमान उच्च शिक्षा व्यवस्था में सुधार एवं इसकी नियामक प्रणाली में संरचनात्मक परिवर्तन लाने हेतु यूजीसी, एआईसीटीई, एनसीटीई, डीईसी एवं अन्य वर्तमान नियामक निकायों के स्थान पर एक सर्वव्यापी सांविधिक निकाय के रूप में राष्ट्रीय उच्चतर शिक्षा एवं अनुसंधान आयोग (National Commission for Higher Education and Research / NCHER) का सृजन किया जाए। इसके साथ ही इस समिति ने एक राष्ट्रीय अनुसंधान फाउंडेशन के गठन की भी अनुशंसा की थी।

भारत में उच्च शिक्षा की वर्तमान स्थिति

स्वतंत्रता प्राप्ति के पश्चात से देश में निरंतर किये जा रहे प्रयत्नों के परिणामस्वरूप उच्चतर शिक्षा का अत्यंत व्यापक विस्तार हुआ है। विश्वविद्यालय अनुदान आयोग के वेबसाइट से प्राप्त अद्यतन सूचनानुसार (दिनांक 01.10.2020 की स्थिति) देश में उच्च शिक्षा के क्षेत्र में राष्ट्रीय महत्व के कुल 40 संस्थान हैं एवं विश्वविद्यालयों की संख्या कुल 958 है जिसमें 54 केन्द्रीय विश्वविद्यालय, 416 राज्य विश्वविद्यालय, 124 मानित विश्वविद्यालय एवं 364 निजी विश्वविद्यालय हैं। इसके अतिरिक्त अखिल भारतीय उच्चतर शिक्षा सर्वेक्षण (AISHE) 2018-19 की रिपोर्ट के अनुसार देश में 39931 महाविद्यालय एवं 10725 एकल महाविद्यालय हैं। इनमें से 1 केन्द्रीय मुक्त विश्वविद्यालय एवं 14 राज्य मुक्त विश्वविद्यालय एवं 1 राज्य निजी मुक्त विश्वविद्यालय है। 110 ऐसे विश्वविद्यालय हैं जिनमें कक्षा शिक्षण एवं मुक्त व दूरस्थ शिक्षा – दोनों का प्रावधान है। 394 विश्वविद्यालय ग्रामीण क्षेत्र में स्थित हैं। इन विश्वविद्यालयों में से 548 सामान्य, 142 तकनीकी, 63 कृषि एवं अन्य, 58 मेडिकल, 23 विधि (Law), 13 संस्कृत, 9 भाषा एवं शेष अन्य श्रेणी के विश्वविद्यालय हैं। (AISHE, 2018-19)

उच्चतर शिक्षा के इन संस्थानों में नामांकित विद्यार्थियों की अनुमानित संख्या लगभग 374 लाख हैं, जिसमें लगभग 192 लाख छात्र हैं एवं लगभग 182 लाख छात्राएं हैं। उच्चतर शिक्षा में सकल नामांकन अनुपात 18 से 23 वर्ष के उम्र-वर्ग के विद्यार्थियों की अनुमानित संख्या का कुल 26.3 प्रतिशत है। आंकड़ों की दृष्टि से भारत की उच्च शिक्षा व्यवस्था विश्व की विशालतम शिक्षा व्यवस्थाओं में से एक है। और इस विशाल उच्चतर शिक्षा व्यवस्था के कुशल संचालन, विनियमन एवं निरीक्षण के लिए देश में विभिन्न स्तरों पर बहुस्तरीय नियामक प्रणाली की स्थापना की गई है।

भारतीय उच्चतर शिक्षा की वर्तमान नियामक प्रणाली

नियामक प्रणाली के सन्दर्भ में वर्तमान भारतीय उच्चतर शैक्षिक पारिस्थितिकी तंत्र एक जटिल चित्र प्रस्तुत करता है। समग्र रूप से उच्चतर शिक्षा के विनियमन में मुख्यतः भारत सरकार के शिक्षा मंत्रालय (पूर्ववर्ती मानव संसाधन विकास मंत्रालय) के अंतर्गत शिक्षा विभाग एवं विश्वविद्यालय अनुदान आयोग

(U.G.C.) की केन्द्रीय भूमिका है। उच्च शिक्षा की नियामक प्रणाली का मुख्य कार्य उच्च शिक्षा संस्थानों के संचालन हेतु विनियमन करना है। उच्च शिक्षा के विभिन्न स्तरों पर अध्ययन पूर्ण करने के उपरान्त विद्यार्थियों को उपाधि प्रदान करने की दृष्टि से भारत में उच्च शिक्षा के मुख्यतः दो प्रकार के संस्थान पाए जाते हैं। (1) उपाधि प्रदान करने वाले संस्थान (degree granting institutions), एवं (2) उपाधि प्रदान नहीं करने वाले संस्थान (non-degree granting institutions)। ऐसे संस्थान जो विद्यार्थियों को उच्च शिक्षा के विभिन्न स्तर को पूर्ण करने एवं अपेक्षित परीक्षा को सफलतापूर्वक उत्तीर्ण करने के उपरांत उपाधि प्रदान करने के लिए अधिकृत हैं, वे विश्वविद्यालय, या राष्ट्रीय महत्व के संस्थान हैं। इसके अतिरिक्त स्नातक या स्नातकोत्तर स्तर के महाविद्यालय दूसरी श्रेणी के संस्थान के अंतर्गत आते हैं जहाँ शिक्षण की सुविधा तो उपलब्ध होती है परन्तु वे उपाधि प्रदान करने के लिए अधिकृत नहीं होते हैं। ऐसे संस्थान या महाविद्यालय अपने परिक्षेत्र के किसी न किसी विश्वविद्यालय से संबंद्ध होते हैं एवं शिक्षण के अतिरिक्त शेष समस्त अकादमिक क्रियाकलापों यथा प्रवेश, पाठ्यक्रम निर्माण एवं संचालन, शिक्षकों की नियुक्ति संबंधी दिशा-निर्देश, सत्रांत या वार्षिक परीक्षा, मूल्यांकन एवं उपाधि आदि से संबंधित नियमों, विनियमों एवं व्यवस्था के लिए संबंधित विश्वविद्यालयों पर निर्भर होते हैं। और इस हेतु ऐसे संस्थान संबंधित विश्वविद्यालयों के दिशा निर्देशों को मानने के लिए बाध्य होते हैं। विश्वविद्यालयों की प्रकृति के अनुसार उनके शिक्षण विभागों, संकायों एवं सम्बद्ध महाविद्यालयों (जिन विश्वविद्यालयों के साथ महाविद्यालय सम्बद्ध होते हैं) के लिए आतंरिक नियामक प्रणाली के रूप में विश्वविद्यालयों में अध्ययन मंडल (Board of Studies), स्कूल बोर्ड, विद्या परिषद (Academic Council), कार्य परिषद (Executive Council) या सिंडिकेट, प्रबंधन मंडल (Board of Management) आदि होते हैं जिनके माध्यम से अकादमिक एवं प्रशासनिक नीतियाँ बनाई जाती हैं एवं एवं उनका क्रियान्वयन सुनिश्चित किया जाता है। इसके अतिरिक्त भारत में व्यावसायिक शिक्षा प्रदान करने एवं इस के लिए उपयुक्त विनियमन करने हेतु संसद के संबंधित अधिनियमों द्वारा ऐसे कुछ सांविधिक निकाय भी स्थापित किये गए हैं जिनके द्वारा संचालित पाठ्यक्रम किसी विश्वविद्यालय आदि से संबंधित नहीं होते हैं। ऐसे निकाय अपना व्यावसायिक पाठ्यक्रम स्वयं संचालित करते हैं एवं उन पाठ्यक्रमों के लिए नियम आदि बनाने के साथ साथ विनियामक निकाय का कार्य भी स्वयं करने के लिए अधिकृत होते हैं। चार्टर्ड एकाउंटेंसी संस्थान, कॉस्ट एकाउंटेंसी संस्थान, कंपनी सेक्रेटरी संस्थान, आदि इस श्रेणी की संस्थाएं हैं। मुख्यतः भारत में उच्चतर शिक्षा की वर्तमान नियामक प्रणाली के अंतर्गत निम्नलिखित अभिकरणों की केन्द्रीय भूमिका है -

1. उच्च शिक्षा विभाग, शिक्षा मंत्रालय, भारत सरकार
2. केन्द्रीय शिक्षा सलाहकार बोर्ड
3. विभिन्न राज्यों के उच्च शिक्षा विभाग
4. विश्वविद्यालय अनुदान आयोग (University Grants Commission)
5. विभिन्न राज्यों द्वारा स्थापित निजी विश्वविद्यालय विनियामक आयोग (मध्य प्रदेश निजी विश्वविद्यालय विनियामक आयोग, छत्तीसगढ़ निजी विश्वविद्यालय विनियामक आयोग, हिमाचल प्रदेश निजी शिक्षण संस्थान नियामक आयोग, आदि)
6. दूरस्थ शिक्षा ब्यूरो (Distance Education Bureau – UGC; पूर्ववर्ती दूरस्थ शिक्षा परिषद का स्थानापन्न)
7. अखिल भारतीय तकनीकी शिक्षा परिषद (All India Council for Technical Education))

8. राष्ट्रीय अध्यापक शिक्षा परिषद (National Council for Teacher Education)
9. भारतीय पुनर्वास परिषद् (Rehabilitation Council of India)
10. भारतीय कृषि अनुसंधान परिषद (Indian Council of Agricultural Research)
11. भारतीय विधिज्ञ परिषद (Bar Council of India)
12. राष्ट्रीय चिकित्सा आयोग (National Medical Commission, पूर्ववर्ती भारतीय चिकित्सा परिषद् का स्थानापन्न)
13. भारतीय भेषज परिषद् (Pharmacy Council of India)
14. भारतीय नर्सिंग परिषद (Nursing Council of India)
15. भारतीय दन्त परिषद (Dental Council of India)
16. केन्द्रीय होमियोपैथी परिषद् (Central Council of Homeopathy)
17. भारतीय चिकित्सा केन्द्रीय परिषद (Central Council of Indian Medicine)
18. वास्तुकला परिषद (Council of Architecture)
19. वैज्ञानिक तथा औद्योगिक अनुसंधान परिषद (Council of Scientific & Industrial Research)
20. भारतीय सनदी लेखाकार संस्थान (Institute of Chartered Accountants of India)
21. भारतीय लागत लेखाकार संस्थान (Institute of Cost Accountants of India)
22. भारतीय कंपनी सचिव संस्थान (Institute of Company Secretaries of India)
23. भारतीय पशु चिकित्सा परिषद (Veterinary Council of India)
24. राष्ट्रीय व्यावसायिक शिक्षा और प्रशिक्षण परिषद (एनसीवीईटी/ NCVET - National Council for Vocational Education and Training)
25. विभिन्न राज्यों के व्यावसायिक प्रशिक्षण परिषद / शिक्षा एवं प्रशिक्षण परिषद (State Council for Vocational Training / Vocational Education and Training)

इन समस्त विनियामक निकायों के अतिरिक्त देश में अन्य कई ऐसी संस्थाएं या निकाय हैं जिनकी स्थापना विशेष अधिनियम या अधिसूचना के द्वारा हुई है। उदाहरण के रूप में इंस्टिट्यूशन ऑफ इंजीनियर्स (इंडिया) एवं इसी प्रकार के अन्य निकाय हैं जो तकनीकी या अन्य संबंधित क्षेत्र में सेवारत अध्येताओं के लिए इंजीनियरिंग शिक्षा उपलब्ध कराते हैं। उक्त शिक्षा के लिए विनियमन करना, पाठ्यक्रम निर्माण, परीक्षाओं का संचालन एवं प्रमाणन करना इस संस्थाओं का कार्य है। विश्वविद्यालयों की तरह ये निकाय स्नातक या स्नातकोत्तर की उपाधि तो नहीं प्रदान करते हैं, परन्तु इनकी सदस्यता के लिए आयोजित परीक्षा को उत्तीर्ण करने के बाद अध्येता किसी भी विश्वविद्यालय के इंजीनियरिंग स्नातक के समतुल्य प्रमाण-पत्र प्राप्त करते हैं जो कि भारत सरकार द्वारा उच्चतर शिक्षा, अनुसंधान एवं नौकरी के लिए मान्यता प्राप्त है। इन निकायों के अतिरिक्त केंद्र व राज्य सरकारों द्वारा राष्ट्रीय शैक्षिक अनुसंधान एवं प्रशिक्षण परिषद (NCERT) तथा राज्य शैक्षिक अनुसंधान एवं प्रशिक्षण परिषद (SCERTs) जैसे संस्थान भी स्थापित किये गए हैं जो कदाचित प्रत्यक्ष नियामक की भूमिका में नहीं होते हैं परन्तु उच्च शिक्षा के क्षेत्र में (विशेषतः अध्यापक शिक्षा के लिए) शिक्षण-प्रशिक्षण के अतिरिक्त पाठ्यक्रम निर्माण आदि का दायित्व निर्वहन करते हैं।

इतनी वृहद् एवं बहुपक्षीय विनियामक प्रणाली की उपलब्धता के बाद भी यदि हम वर्तमान नियामक प्रणाली एवं इनके कार्यों के परिणाम का विश्लेषण करें तो स्पष्ट होता है कि देश के उच्च शिक्षा के क्षेत्र में

अब तक चली आ रही विनियामक संरचना कतिपय सन्दर्भों में जटिल, एक-दूसरे के अधिकार क्षेत्र या कार्यक्षेत्र को अतिक्रमित करने वाली, अव्यावहारिक, यंत्रवत एवं विसंगतिपूर्ण है। यद्यपि विश्वविद्यालयी एवं महाविद्यालयी शिक्षा संरचना से इतर शुद्ध रूप से व्यावसायिक शिक्षा प्रदान करने हेतु स्थापित सांविधिक निकायों की स्थिति अच्छी है, परन्तु उनकी संख्या एवं उन निकायों के द्वारा शिक्षा प्राप्त करने वाले विद्यार्थियों की संख्या विश्वविद्यालयी उच्च शिक्षा व्यवस्था में अध्ययन करने वाले विद्यार्थियों की संख्या की तुलना में कम है। विश्वविद्यालयी एवं महाविद्यालयी शिक्षा व्यवस्था को विनियमित करने वाली विनियामक प्रणाली की संरचना सैद्धांतिक रूप से इस प्रकार निर्मित हुई प्रतीत होती है जिससे कि धरातल पर स्थित उच्च शिक्षा व्यवस्था के विकास को इससे सकारात्मक प्रोत्साहन मिलने के स्थान पर नकारात्मकता या उदासीनता ही मिलती है। कुछ निकायों में शक्ति का केन्द्रीकरण, तो कहीं विभिन्न निकायों के कार्यक्षेत्र एवं सीमाओं की स्पष्टता ना होने के कारण हितों का टकराव होता रहा है। परिणामस्वरूप उत्तरदायित्व की कमी एवं कार्य-निष्पादन में शिथिलता व्याप्त रहती है।

उच्च शिक्षा की नियामक प्रणाली हेतु राष्ट्रीय शिक्षा नीति 2020 में दिए गए सुझाव

उच्चतर शिक्षा के विनियमन के प्रति नई राष्ट्रीय शिक्षा नीति 2020 के सुझाव अत्यंत गहन विमर्श का परिणाम प्रतीत होते हैं। इस नीति द्वारा प्रस्तावित विनियामक प्रणाली के द्वारा इस प्रकार की शैक्षिक पारिस्थितिकी को विकसित करने की संकल्पना की गयी है जिससे कि गुणवत्तापूर्ण शिक्षा के सतत विकास के लक्ष्य (एसडीजी4) को निर्धारित अवधि में प्राप्त किया जा सके।

दिनांक 25 सितंबर से 27 सितंबर 2015 की अवधि में Transforming OurWorld: The 2030 Agenda for Sustainable Development (हमारी दुनिया को बदलना: सतत विकास के लिए 2030 एजेंडा) विषय पर न्यूयार्क में आयोजित संयुक्त राष्ट्र शिखर सम्मलेन में 17 सतत विकास लक्ष्यों (Sustainable Development Goals) को चिह्नित कर उन्हें वर्ष 2016 से 2030 की अवधि में प्राप्त करने का लक्ष्य उक्त सम्मलेन में प्रतिभागिता कर रहे भारत सहित 193 देशों ने निर्धारित किया था। उन 17 लक्ष्यों में से सतत विकास लक्ष्य – 4 (एसडीजी4) के अंतर्गत गुणवत्तापूर्ण शिक्षा के लक्ष्य की प्राप्ति हेतु संकल्पित राष्ट्रीय शिक्षा नीति 2020 द्वारा वर्ष 2030 तक प्रत्येक जिले या उसके समीप कम से कम एक बहु-विषयक उच्चतर शिक्षा संस्थान स्थापित या विकसित करने का लक्ष्य निर्धारित किया गया है। इसके अतिरिक्त, समग्र रूप से उच्चतर शिक्षा में सकल नामांकन अनुपात को वर्तमान 26.3 प्रतिशत (वर्ष 2018 के आंकड़े के अनुसार) से वर्ष 2035 तक 50 प्रतिशत करने एवं वर्ष 2040 तक सभी उच्चतर शिक्षा संस्थानों को बहु-विषयक संस्थानों के रूप में स्थापित करने का लक्ष्य निर्धारित किया गया है। उच्चतर शिक्षा संस्थानों के उत्कृष्ट सार्वजनिक संस्थानों के विकास के साथ ही निजी संस्थानों के विकास का लक्ष्य भी इस नीति द्वारा अपेक्षित है। सार्वजनिक उच्चतर शिक्षा संस्थानों के लिए सार्वजनिक वित्त पोषण के उपयुक्त स्तर को सुनिश्चित करने के उद्देश्य से एक निष्पक्ष और पारदर्शी प्रणाली विकसित करने का लक्ष्य भी इस नीति द्वारा निर्धारित किया गया है। इस नीति में यह भी लक्षित किया गया है कि एसडीजी4 की प्राप्ति हेतु विभिन्न शैक्षिक कार्यक्रमों में सीट बढ़ाने, पहुँच और सकल नामांकन अनुपात बढाने तथा जीवनपर्यंत सीखने के अवसरों को उपलब्ध कराने हेतु इन बहुविषयक उच्चतर शिक्षा संस्थानों को मुक्त व दूरस्थ शिक्षा एवं ऑनलाइन पाठ्यक्रमों को संचालित करने की अनुमति तथा मान्यता दी जा सकती है। साथ ही उपयुक्त

प्रत्यायन (Accreditation) उपलब्धि के माध्यम से सभी उच्चतर शिक्षा संस्थानों को पूर्ण अकादमिक एवं प्रशासनिक स्वायत्तता प्रदान करने का लक्ष्य भी इस नीति में निहित है।

उच्चतर शिक्षा संस्थानों द्वारा गुणवत्तापूर्ण शिक्षा उपलब्ध कराने, इन्हें श्रेणीबद्ध स्वायत्तता प्रदान करने, सशक्तिकरण एवं नवाचार को प्रोत्साहित करने के समस्त अभीष्ट लक्ष्यों की प्राप्ति हेतु राष्ट्रीय शिक्षा नीति 2020 द्वारा एक नई सुव्यवस्थित एवं पारदर्शी विनियामक प्रणाली की संकल्पना की गयी है। इस प्रणाली के अंतर्गत उच्चतर शिक्षा संस्थानों के विनियमन (Regulation), प्रत्यायन (Accreditation), वित्त-पोषण (Funding) एवं शैक्षणिक मानकों (Academic Standards) के निर्धारण को सुनिश्चित करने हेतु चार विशिष्ट, स्वतंत्र और सशक्त संस्थाओं / व्यवस्थाओं की स्थापना लक्षित की गयी है। इसका प्रयोजन विभिन्न नियामक निकायों के आपसी हितों में टकराव को कम करना, शक्तियों के अत्यधिक केन्द्रीकरण को समाप्त करना एवं उच्चतर शिक्षा के साझा उद्देश्यों की प्राप्ति के लिए विभिन्न नियामक निकायों द्वारा परस्पर तारतम्यता के साथ समन्वित प्रयत्न सुनिश्चित करना है।

भारतीय उच्चतर शिक्षा आयोग
(Higher Education Commission of India)

भारतीय उच्चतर शिक्षा आयोग (Higher Education Commission of India या संक्षिप्त रूप में HECI / एचईसीआई) का सृजन, नई राष्ट्रीय शिक्षा नीति 2020 द्वारा संकल्पित उच्चतर शिक्षा संस्थानों के विनियमन (Regulation), प्रत्यायन (Accreditation), वित्त-पोषण (Funding) एवं शैक्षणिक मानकों (Academic Standards) के निर्धारण को सुनिश्चित करने हेतु चारों विशिष्ट व स्वतंत्र निकायों के सुचारू रूप से कार्य करने एवं इनके मध्य अपेक्षित समन्वय सुनिश्चित करने हेतु, एक प्रमुख संस्था के रूप में प्रस्तावित है। एच.ई.सी.आई. एवं इसके अंतर्गत चार विशिष्ट एवं स्वतंत्र नियामक निकायों के गठन एवं उनके कार्यों की संकल्पना इस प्रकार की गयी है:

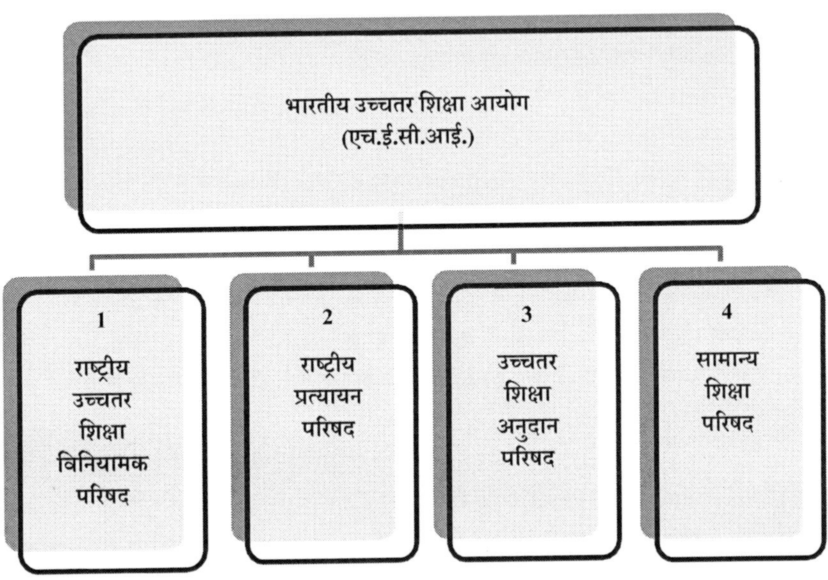

राष्ट्रीय उच्चतर शिक्षा विनियामक परिषद (National Higher Education Regulatory Council या NHERC)

भारतीय उच्चतर शिक्षा आयोग के प्रथम अंग के रूप में राष्ट्रीय उच्चतर शिक्षा विनियामक परिषद (एनएचईआरसी) के सृजन का उद्देश्य अध्यापक शिक्षा एवं तकनीकी शिक्षा सहित उच्चतर शिक्षा के विभिन्न अंगों के लिए एक साझा एवं एकल बिंदु नियामक का गठन करना है जिसके माध्यम से उच्चतर शिक्षा संस्थानों का विनियमन लचीलेपन परन्तु दृढ़ता के साथ किया जा सके। इसके अंतर्गत यह अपेक्षित होगा कि समस्त उच्च शिक्षा संस्थान अपने वित्तीय विवरण, लेखा संपरीक्षण प्रतिवेदन (Audit Report), संस्थागत प्रक्रियाएं, आधारिक संरचना (Infrastructure), सांस्थानिक प्रबंधन निकाय, संकाय, विद्यार्थी, शिक्षकेतर कर्मचारी, पाठ्यक्रम और शैक्षिक प्रतिफलों से संबंधित विवरण अपने वेबसाइट पर उपलब्ध कराएंगे। साथ ही, समय-समय पर इन सूचनाओं / विवरणों को अद्यतन भी करते रहेंगे। सार्वजनिक की गई सूचनाओं से संबंधित हितधारकों और अन्य लोगों द्वारा इस संबंध में किसी भी आपत्ति, शिकायत या किसी अन्य संज्ञेय सूचना पर एनएचईआरसी द्वारा आवश्यक एवं यथोचित कार्रवाई की जाएगी। उच्च शिक्षा संस्थानों के वेबसाइट पर दिव्यांग विद्यार्थी सहित इस आशय से चयनित कुछ विद्यार्थियों द्वारा संस्थान के संबंध में प्रस्तुत प्रतिपुष्टि (Feedback) को भी ऑनलाइन सार्वजनिक किया जाएगा। इस शिक्षा नीति द्वारा यह आशा की गई है कि इस प्रकार के स्व-प्रकटीकरण से उच्च शिक्षा संस्थानों की कार्यप्रणाली को पारदर्शी व गुणवत्ता पूर्ण बनाने में सहायता मिलेगी। इस निकाय में चिकित्सा शिक्षा एवं विधिक शिक्षा सम्मिलित नहीं होंगे। इन दोनों ज्ञानानुशासनों के लिए स्वतंत्र विनियामक निकायों की संकल्पना की गई है।

राष्ट्रीय प्रत्यायन परिषद (National Accreditation Council)

राष्ट्रीय उच्चतर शिक्षा आयोग के दूसरे महत्वपूर्ण निकाय के रूप में राष्ट्रीय प्रत्यायन परिषद / एनएसी (National Accreditation Council / NAC) के गठन की संकल्पना राष्ट्रीय शिक्षा नीति 2020 में की गई है। इस निकाय की प्रकृति अधि-प्रत्यायनकर्ता निकाय (Meta-accrediting body) की होगी जिसका मुख्य कार्य उन उच्च शिक्षा संस्थानों का प्रत्यायन करना होगा जो निर्धारित नियम / विनियम / सार्वजनिक स्व-प्रकटीकरण / उत्तम संस्थागत प्रबंधन / अधिगम परिणामों के अपेक्षित मानकों पर स्वयं कोसिद्ध कर पाएंगे। प्रत्यायन की प्रक्रिया मान्यता देने वाले संस्थानों के एक स्वतंत्र समूह द्वारा पूरी की जाएगी और एनएसी द्वारा इन सबका परिवीक्षण (Monitoring) एवं संचालन किया जाएगा। इस परिषद की स्थापना का दूरगामी लक्ष्य चरणबद्ध मान्यता प्रदान करने के लिए एक ऐसी मजबूत प्रणाली का निर्माण करना है जिसके द्वारा सभी उच्चतर शिक्षा संस्थानों द्वारा गुणवत्ता, स्व-प्रशासन एवं स्वायत्तता के अपेक्षित मानकों को पूर्ण करने के लिए न्यूनतम मानदंड (Benchmark) का निर्धारण किया जाएगा। अंततः ऐसे संस्थान अपनी विकास-योजना बनाएंगे और जो संस्थान निर्धारित समयावधि में मान्यता के उच्चतम स्तर को प्राप्त कर लेंगे उन्हें स्व-संचालित उपाधि प्रदान करने वाले संस्थान के रूप में मान्यता मिल सकेगी।

उच्चतर शिक्षा अनुदान परिषद (Higher Education Grants Council)

एचईसीआई के तीसरे अंग के रूप में उच्चतर शिक्षा अनुदान परिषद (एचईजीसी) के सृजन का निर्णय राष्ट्रीय शिक्षा नीति 2020 द्वारा लिया गया है। इस निकाय के माध्यम से पारदर्शी मानदंडों के आधार पर उच्चतर शिक्षा के लिए वित्तपोषण / फंडिंग का कार्य किया जाएगा। एचईजीसी द्वारा उच्चतर शिक्षा

संस्थानों द्वारा तैयार की गई संस्थान विकास योजना के क्रियान्वयन एवं उसमें हुई प्रगति के आधार पर संबंधित संस्थानों के गुणवत्तापूर्ण कार्यक्रमों एवं विकासात्मक निधियों के लिए वित्तपोषण सुनिश्चित करने का दायित्व होगा।

सामान्य शिक्षा परिषद / जीईसी (General Education Council / GEC)

प्रस्तावित नवीन नियामक प्रणाली के अंतर्गत भारतीय उच्चतर शिक्षा आयोग के चौथे निकाय के रूप में सामान्य शिक्षा परिषद (जीईसी) का गठन निर्धारित किया गया है। इस निकाय का मुख्य कार्य विभिन्न शिक्षा कार्यक्रमों के लिए अपेक्षित अधिगम परिणाम (Learning Outcomes) का निर्धारण करना प्रस्तावित है जिन्हें स्नातक परिणाम (Graduate Attributes) कहा जा सकता है। इस हेतु सामान्य शिक्षा परिषद द्वारा एक राष्ट्रीय उच्चतर शिक्षा योग्यता फ्रेमवर्क / एनएचईक्यूएफ (National Higher Education Qualification Framework / NHEQF) विकसित किया जाना लक्षित है जो कि राष्ट्रीय कौशल योग्यता फ्रेमवर्क / एनएसक्यूएफ (National Skills Qualifications Framework / NSQF) के अनुरूप होगा जिससे कि व्यावसायिक शिक्षा एवं उच्चतर शिक्षा को परस्पर आसानी से समन्वित किया जा सके। एनएचईक्यूएफ का प्रमुख कार्य विभिन्न शैक्षणिक योग्यता (सर्टिफिकेट/डिप्लोमा/डिग्री आदि) को अधिगम परिणाम के अर्थ में परिभाषित एवं व्याख्यायित करना होगा तथा अकादमिक क्रेडिट स्थानान्तरण के प्रभावी प्रावधान की व्यवस्था करना होगा। अर्थात यदि किसी विद्यार्थी के पास किसी विषय में सर्टिफिकेट या डिप्लोमा या स्नातक की उपाधि है तो उस शैक्षणिक योग्यता को अर्जित करने के उपरान्त उस विद्यार्थी में किन क्षमताओं, किन कौशलों एवं किन अधिगम परिणामों का विकास हुआ है – इसका स्पष्ट वर्णन करने एवं व्याख्यायित करने का दायित्व एनएचईक्यूएफ का होगा। इस क्रम में जीईसी द्वारा उन विशिष्ट कौशलों की पहचान करना अपेक्षित है जिन्हें विद्यार्थियों द्वारा अपने अध्ययन काल में 21वीं शताब्दी के कौशल के रूप में प्राप्त करना आवश्यक है।

पूर्ववर्ती विनियामक निकायों की संरचना में महत्वपूर्ण परिवर्तन प्रस्तावित करते हुए राष्ट्रीय शिक्षा नीति 2020 के अंतर्गत राष्ट्रीय अध्यापक शिक्षा परिषद (NCTE), भारतीय कृषि अनुसंधान परिषद (ICAR), भारतीय पशु चिकित्सा परिषद (VCI), भारतीय भेषज (फार्मेसी) परिषद (PCI), वास्तुकला परिषद (COA), राष्ट्रीय व्यावसायिक शिक्षा एवं प्रशिक्षण प्रशिक्षण परिषद (NCVET) आदि का पुनर्गठन व्यावसायिक मानक सेटिंग निकायों / पीएसएसबी (Professional Standards Setting Bodies / PSSB) के रूप में किया जाना प्रस्तावित है। ये सभी निकाय (PSSB) सामान्य शिक्षा परिषद (जीईसी) के सदस्य निकाय होंगे एवं इनका प्रमुख कार्य पाठ्यक्रम संरचना, शैक्षणिक मानकों का निर्धारण करना तथा संबंधित विषय के शिक्षण, अनुसंधान और विस्तार (Teaching, Research and Extension) के मध्य समन्वय करना होगा। इनकी भूमिका नियामक निकाय (Regulatory Body) की नहीं होगी। अपितु, इनका कार्य अधिगम (सीखना) और वृत्तिक कार्यों के विशेष क्षेत्रों के लिए मानकों या अपेक्षाओं का निर्धारण करना होगा।

उच्चतर शिक्षा संस्थानों को सशक्त बनाने के उद्देश्य को दृष्टिगत करते हुए भारतीय उच्चतर शिक्षा आयोग के इन चार अवयवों (निकायों) की संरचना इस प्रकार संकल्पित की गई है कि इनकी भूमिकाओं के बीच आपसी हितों का टकराव समाप्त हो सके और ये स्वतंत्र रूप से अपनी एकल भूमिका का निर्वहन करते हुए कार्य करें और उच्चतर शिक्षा को अधिकाधिक सशक्त बना सके। इसके साथ ही यह भी संकल्पित

है कि सार्वजनिक और निजी उच्चतर शिक्षण संस्थानों के बीच मानकों के अनुपालन अथवा अन्य सभी अपेक्षाओं के सन्दर्भ में किसी प्रकार का भेद नहीं किया जाएगा।

इस प्रकार नई शिक्षा नीति 2020 द्वारा प्रस्तुत संरचना से यह स्पष्ट प्रतीत होता है कि नियामक प्रणाली का गठन इस प्रकार लक्षित है कि एक स्वतंत्र निकाय के रूप में गठित भारतीय उच्चतर शिक्षा आयोग के अंतर्गत इसके चारों अंग – राष्ट्रीय उच्चतर शिक्षा विनियामक परिषद, राष्ट्रीय प्रत्यायन परिषद, उच्चतर शिक्षा अनुदान परिषद एवं सामान्य शिक्षा परिषद – स्वतंत्र रूप से, अन्य निकाय के अधिकार क्षेत्र का अतिक्रमण किये बिना, उच्चतर शिक्षा संस्थानों के नियमन, निधियन, मान्यता एवं अकादमिक मान्यता के दायित्वों का निर्वहन करें जो कि सार्वजनिक प्रकटीकरण की नीति पर आधारित होगा। और प्रौद्योगिकी के समुचित उपयोग से पहचान-मुक्त तथा पारदर्शी नियामक हस्तक्षेप की प्रणाली पर आधारित इस व्यवस्था में सभी उच्चतर शिक्षा संस्थानों से अपेक्षा रहेगी कि सभी अपेक्षित विवरण अपने वेबसाइट पर उपलब्ध कराएं एवं एचईसीआई इन संस्थानों से न्यूनतम मानदंडों का अनुपालन सुनिश्चित कराएंगे। मानदंडों का अनुपालन नहीं करने एवं गलत प्रकटीकरण की स्थिति में कठोर दंड का प्रावधान होगा। एचईसीआई के सदस्यों का चयन अत्यंत गंभीरता से किया जाएगा जिसके माध्यम से प्रासंगिक क्षेत्रों में काम कर रहे उच्च कोटि के सत्यनिष्ठ, सामाजिक सरोकारों वाले एवं अनुभवी विशेषज्ञों को एचईसीआई के सदस्य के रूप में चुना जाएगा और इन्हीं सदस्यों के निर्देशन में एचईसीआई का कुशलतापूर्वक संचालन किया जाना प्रस्तावित है। अपेक्षा यह की गई है कि इस नीति द्वारा लक्षित उच्चतर शिक्षा व्यवस्था में गुणवत्तापूर्ण उच्चतर शिक्षा संस्थानों को स्थापित करना आसान हो जाएगा और यह भी सुनिश्चित किया जाएगा कि ये संस्थान सही अर्थों में जन सेवा के उद्देश्य से सुदीर्घ अवधि के लिए वित्तीय सहायता के साथ स्थापित हों। अच्छा प्रदर्शन करने वाले संस्थानों को केंद्र तथा राज्य सरकारों द्वारा विकास एवं विस्तार करने हेतु सहायता प्रदान की जाएगी जिससे कि व्यापक रूप से छात्रों एवं संकायों के साथ-साथ विषयों और शैक्षिक कार्यक्रमों का गुणवत्तापूर्ण विस्तार हो सके, निर्धारित अवधि में उच्चतर शिक्षा में सकल नामांकन अनुपात के लक्ष्य को प्राप्त किया जा सके और इस प्रकार सतत विकास के लक्ष्य (एसडीजी4) को यथासमय प्राप्त करने में अपेक्षित सफलता प्राप्त हो सके।

नई शिक्षा नीति में प्रस्तावित नियामक प्रणाली के लिए कार्ययोजना

नई राष्ट्रीय शिक्षा नीति 2020 के क्रियान्वयन का महत्वपूर्ण उत्तरदायित्व इसके सभी हितधारकों पर है। तथापि, क्रियान्वयन की स्पष्ट रूपरेखा सरकारी तंत्र द्वारा विकसित की जानी है। जिस लोकतांत्रिक पद्धति से इस शिक्षा नीति को अंतिम रूप दिया गया है, उसी भावना के साथ इसके क्रियान्वयन हेतु कार्ययोजना का निर्धारित होना आवश्यक है। वर्तमान परिप्रेक्ष्य में भारत सम्पूर्ण वैश्विक पटल पर एक महत्वपूर्ण ज्ञान आधारित अर्थव्यवस्था के रूप में अपनी पहचान स्थापित करने की प्रक्रिया में है। ऐसे में यह आवश्यक है कि हमारी शिक्षा व्यवस्था की गुणवत्ता एवं इसके नियामक तंत्र की विश्वसनीयता उच्च स्तर की हो। नई शिक्षा नीति के आलोक में उच्च शिक्षा की नियामक प्रणाली इस नीति के लक्ष्यों की प्राप्ति को सुगम और प्रभावी बना सके इस दिशा में चिंतन की आवश्यकता है।

नई शिक्षा नीति में उच्च शिक्षा की नियामक प्रणाली को भारतीय उच्चतर शिक्षा आयोग एवं इसके चार स्वतंत्र सांविधिक निकायों – राष्ट्रीय उच्चतर शिक्षा विनियामक परिषद, राष्ट्रीय प्रत्यायन परिषद, उच्चतर शिक्षा अनुदान परिषद एवं सामान्य शिक्षा परिषद के गठन का प्रस्ताव है। एचसीआई सहित इन

चारों सांविधिक निकायों का गठन विधायी प्रक्रिया के माध्यम से संभव हो सकेगा। यह एक सुदीर्घ प्रक्रिया होती है जिसमें संसद में इस प्रस्ताव को विधेयक के रूप में प्रस्तुत किये जाने से पहले बहुस्तरीय जांच की प्रक्रिया से गुजरना होगा। इस हेतु सर्वप्रथम विधिक पत्रावली के रूप में उसे तैयार किया जाना अपेक्षित होगा। अतः शिक्षा मंत्रालय द्वारा इसे सर्वोच्च प्राथमिकता दी जा सकती है।

इस क्रम में अकादमिक रूप से जो अति महत्वपूर्ण कार्य है वह है सामान्य शिक्षा परिषद द्वारा राष्ट्रीय उच्चतर शिक्षा योग्यता फ्रेमवर्क (NHEQF) एवं राष्ट्रीय कौशल योग्यता फ्रेमवर्क (NSQF) का गठन करना। इस कार्य में बहुत अधिक समय लगने की संभावना रहती है। इसके लिए सम्पूर्ण देश के विश्वविद्यालयों में संचालित असंख्य पाठ्यक्रम एवं उन पाठ्यक्रमों के अंतर्गत संचालित विषयों के लिए सुपरिभाषित अधिगम परिणामों का सर्टिफिकेट, डिप्लोमा एवं डिग्री स्तर के लिए वर्गीकरण, क्रेडिट ट्रांसफर, समानक, विभिन्न कौशलों से संबंधित मानकों का निर्धारण, संस्थान विकास कार्यक्रम की योजना बनाना, आदि के लिए सुविचारित और सुव्यवस्थित रूपरेखा विकसित करने हेतु अत्यंत गंभीरता एवं दक्षता से प्रयत्न किये जाने की आवश्यकता है। इस कार्य हेतु संबंधित विषयों के अनुभवी एवं निष्ठावान विशेषज्ञों के समूह की आवश्यकता होगी जो निर्धारित अवधि में कुशलता के साथ प्रदत्त कार्य को संपन्न कर सके। इस श्रेणी में कुछ ऐसे भी कार्य हैं जिन्हें सांस्थानिक स्तर पर संपन्न किया जा सकता है जैसे कि बहु-विषयक एवं परा-विषयक अध्ययन की व्यवस्था करना, प्रवेश एवं परीक्षा प्रणाली में सुधार, पाठ्यक्रमों में बदलाव, आदि। इन कार्यों को विश्वविद्यालयों एवं राष्ट्रीय महत्त्व के संस्थानों को सौंपा जा सकता है जिससे कि स्थानिक आवश्यकता को ध्यान में रखते हुए ये संस्थान समयबद्ध प्रक्रिया के माध्यम से प्रदत्त कार्यों को पूर्ण कर सकें।

नई राष्ट्रीय शिक्षा नीति – 2020 भारतीय सामाजिक-सांस्कृतिक विरासत के मूल तत्वों के आत्मसातीकरण की महत्ता को रेखांकित करते हुए एवं भारत केन्द्रित विद्या परंपरा के विकास को लक्षित करते हुए ज्ञान की उन समस्त विधाओं के गुणवत्तापूर्ण संवर्धन की रूपरेखा को चित्रित करती है जिससे देश के युवा स्थानिक स्तर के साथ-साथ वैश्विक नागरिक की अपनी भूमिका को समझें और तदनुसार अपने उत्तरदायित्वों का निर्वहन कर सकें। इस राष्ट्रीय शिक्षा नीति का विजन भारतीय मूल्यों से विकसित शिक्षा प्रणाली है जो सभी को उच्चतर गुणवत्तापूर्ण शिक्षा उपलब्ध करा के और भारत को वैश्विक ज्ञान महाशक्ति बनाकर भारत को एक जीवंत और न्यायसंगत ज्ञान समाज में बदलने के लिए प्रत्यक्ष रूप से योगदान करेगी। नीति में परिकल्पित है कि हमारे संस्थानों की पाठ्यचर्या और शिक्षा विधि छात्रों में अपने मौलिक दायित्वों और संवैधानिक मूल्यों, देश के साथ जुड़ाव और बदलते विश्व में नागरिक की भूमिका और उत्तरदायित्वों की जागरूकता उत्पन्न करने योग्य हो। नीति की दृष्टि में छात्रों में भारतीय होने का गर्व ना केवल विचार में बल्कि व्यवहार, बुद्धि और कार्यों में भी और साथ ही ज्ञान, कौशल, मूल्यों और सोच में भी होना चाहिए जो मानवाधिकारों, स्थायी विकास और जीवनयापन तथा वैश्विक कल्याण के लिए प्रतिबद्ध हो, ताकि वे सही मायने में वैश्विक नागरिक बन सकें। अतः इस नीति के इन उद्देश्यों के अनुरूप उपयुक्त शैक्षिक वातावरण के सृजन करने के लिए उच्च शिक्षा के अध्यापकों का प्रशिक्षण एवं अभिमुखीकरण भी आवश्यक है। अतः विश्वविद्यालयों के शिक्षा संकाय, मानव संसाधन विकास प्रकोष्ठ तथा संकाय विकास केन्द्रों के माध्यम से इस हेतु प्रशिक्षण की व्यवस्था सुनिश्चित करना आवश्यक है। इस हेतु प्रशिक्षण पाठ्यक्रम में भी अपेक्षित परिवर्तन की आवश्यकता होगी जिसे अनुभवी विशेषज्ञों की समिति बनाकर संपन्न किया जा सकता है।

उच्च शिक्षा के संस्थानों एवं विश्वविद्यालयों के प्रत्यायन संबंधी प्रावधानों के लिए पूर्व स्थित संरचनात्मक तंत्र उपलब्ध है, परन्तु उसे नई शिक्षा नीति के अनुसार विस्तारित करने एवं व्यापक बनाने हेतु विशेषज्ञों का समूह गठित करना होगा। परंतु सर्वप्रथम इसे सांविधिक रूप देने के लिए अपेक्षित विधायी प्रक्रिया का पूर्ण होना आवश्यक है।

नई शिक्षा नीति द्वारा प्रस्तावित उच्चतर शिक्षा व्यवस्था के सफल संचालन हेतु पर्याप्त वित्तीय प्रावधान की आवश्यकता होगी। भौतिक संसाधनों के साथ साथ अध्यापकों की कमी को भी शीघ्रातिशीघ्र पूरी करना आवश्यक होगा। इसके लिए समयबद्ध नीतिनिर्माण एवं उसके क्रियान्वयन की आवश्यकता होगी। प्रस्तावित सकल राष्ट्रीय उत्पाद की 6 प्रतिशत धनराशि को शिक्षा के लिए आवंटित किये जाने हेतु स्थिर और अपरिवर्तनीय कानून की व्यवस्था करना उचित होगा जिसे संसद की विधिक प्रक्रिया के माध्यम से निर्धारित किया जा सकता है। वित्तपोषण एवं निधियन के लिए केन्द्रीय शिक्षा मंत्रालय एवं राज्य सरकारों के शिक्षा विभागों को पारस्परिक विमर्श और सहमति के माध्यम से सर्वसम्मत निर्णय लेने की आवश्यकता होगी। इस कार्य को भी यथाशीघ्र संपन्न किया जाना उचित होगा। सांस्थानिक स्तर पर भविष्योन्मुखी अकादमिक स्वायत्तता के लक्ष्य को दृष्टिगत करते हुए नवाचारी पाठ्यक्रमों को प्रारंभ करने की अनुमति के साथ-साथ मुक्त एवं ऑनलाइन शिक्षण पद्धति से पाठ्यक्रमों को संचालित करने की व्यवस्था सुनिश्चित कराने की दिशा में सकारात्मक विचार करने की आवश्यकता है। निश्चित रूप से अनुमोदन प्रक्रिया की सरलता और उसका लचीलापन व्यवस्थागत शिथिलता या कदाचार का शिकार ना हो जाए – इसे सुनिश्चित किये जाने की आवश्यकता है। परन्तु ऑनलाइन पाठ्यक्रमों की उपलब्धता, अकादमिक बैंक ऑफ़ क्रेडिट्स आदि जैसे प्रावधानों के माध्यम से गुणवत्तापूर्ण शिक्षा उपलब्ध कराकर संस्थागत स्तर पर वित्त का प्रबंध किया जा सकता है। साथ ही, नामांकन में वृद्धि के माध्यम से एसडीजी4 के लक्ष्य को भी निर्धारित अवधि में पूर्ण किया जा सकता है।

विभिन्न व्यावसायिक पाठ्यक्रमों के लिए स्थापित पूर्ववर्ती नियामक निकायों, जैसे एनसीटीई, एआईसीटीई आदि को संबंधित ज्ञानानुशासनों के क्षेत्र में अकादमिक संवर्धन, पाठ्यक्रम निर्माण, शोध आधारित ज्ञान के सृजन आदि हेतु सार्थक प्रयत्न करने हेतु प्रवृत्त किया जा सकता है। इसके लिए इन नियामक निकायों के शीघ्र पुनर्गठन की आवश्यकता होगी। साथ ही, इन निकायों का नेतृत्व संबंधित ज्ञानानुशासन के विशेषज्ञों द्वारा किये जाने का प्रावधान भी विधिक रूप से किये जाना उपयुक्त होगा। यह निश्चित है कि इस महत्वाकांक्षी एवं भविष्योन्मुखी शिक्षा नीति का क्रियान्वयन यदि पूर्ण निष्ठा एवं पारदर्शिता के साथ किया जाए तो संकल्पित लक्ष्यों की प्राप्ति सहज हो सकती है।

सम्पूर्ति मंतव्य

किसी भी नीति के क्रियान्वयन की सफलता या असफलता के कई कारण हो सकते हैं जिनमें से कुछ प्रमुख कारण ये है कि वह नीति वास्तविक समस्याओं एवं चुनौतियों का कितनी प्रभाविता के साथ समाधान करने में सक्षम है? नीतिगत क्षेत्र के हितधारकों के साथ संवाद की स्थिति क्या है? हितधारकों द्वारा नीति को कितना आत्मसात किया गया है? नीति के विभिन्न अवयवों के मध्य पारस्परिक सामंजस्य की स्थिति है या टकराव एवं भ्रम की स्थिति? पूर्व की नीतियों द्वारा लक्षित उद्देश्यों के साथ निरंतरता की स्थिति है या नहीं? क्रियान्वयन की प्राथमिकता का निर्धारण किस रूप में हुआ है? क्रियान्वयन हेतु संबंधित प्रशासनिक इच्छाशक्ति है या नहीं? आदि।

वर्तमान भारतीय उच्चतर शिक्षा का क्षेत्र कई समस्याओं से जूझ रहा है। जैसे कि अपर्याप्त नामांकन की स्थिति, ढांचागत संरचना एवं भौतिक संसाधनों का अभाव, गुणवत्तापूर्ण शिक्षकों की कमी, पाठ्यचर्या, परीक्षा प्रणाली सहित संपूर्ण अकादमिक सुधार की धीमी गति, अपर्याप्त वित्तीय संसाधन / निधियन, श्रेष्ठ प्रतिभाओं की उच्च शिक्षा के क्षेत्र में कमी, एवं भ्रष्टाचार आदि उच्चतर शिक्षा के क्षेत्र में सर्वाधिक अहितकारी कारक हैं।

नई राष्ट्रीय शिक्षा नीति 2020 का विश्लेषण करने पर हम देख सकते हैं कि इस नीति के द्वारा उपर्युक्त समस्त चुनौतियों का सामना करने एवं समस्याओं का समाधान करने का लक्ष्य इस नीति में निर्धारित किया गया है। यदि प्रशासनिक इच्छाशक्ति दृढ हो एवं क्रियान्वयनकर्ता समर्पित भाव से क्रियान्वयन की प्रक्रिया में संलग्न हो जाएं तो नीति की सफलता निश्चित होगी। हितधारकों के साथ नीति निर्माण की प्रक्रिया में निरंतर संवाद हुआ है। व्यापक स्तर पर लगभग ढाई लाख से अधिक हितधारकों ने सरकार द्वारा मांगे जाने पर ड्राफ्ट नीति पर अपना सुझाव दिया था जिसे समाहित करते हुए नई शिक्षा नीति का अंतिम स्वरूप तैयार हुआ है। इस प्रकार कहा जा सकता है कि लोकतांत्रिक तरीके से हितधारकों के साथ संवाद करते हुए यह नीति वर्तमान स्वरूप में विकसित हो सकी है। हितधारकों द्वारा नीति को आत्मसात किया जाना तभी संभव हो सकता है जब इसकी आवश्यकता एवं इसके महत्व का बोध हितधारकों में विकसित हो सके, विभिन्न स्तरों पर हितधारकों को इसके क्रियान्वयन से संबंधित आत्मस्फूर्त कर्तव्यबोध हो एवं इसका क्रियान्वयन पूर्ण पारदर्शिता के साथ हो। वर्तमान शिक्षा नीति की योजना में सुचिंतित-सुविचारित रूप से उच्च शिक्षा के हितधारकों की चिंता एवं उनके सुझावों को इस नीति में स्थान दिया गया है एवं हितधारकों के माध्यम से ही अपेक्षित सुधारों की संकल्पना की गई है। पूर्ववर्ती नियामक प्रणाली की कमियों को दूर करते हुए उनके लक्ष्यों की निरंतरता, जैसे उच्च शिक्षा में सकल नामांकन अनुपात, समानता, गुणवत्तापूर्ण शिक्षा, एवं इस हेतु अपेक्षित संसाधनों को उपलब्ध कराने का लक्ष्य इस नीति में सुनिश्चित किया गया है। इस नीति के क्रियान्वयन के क्रम में नियामक प्रणाली के विभिन्न अवयवों में टकराव की स्थिति ना उत्पन्न हो, इसके लिए भारतीय उच्चतर शिक्षा आयोग के अंतर्गत चार स्वतंत्र निकायों के गठन में इस बात का ध्यान रखा गया है कि उनके कार्यक्षेत्र सुव्यवस्थित हों, अलग अलग हों, एवं उनमें पारस्परिक टकराव की स्थिति उत्पन्न ना हो। और अंत में, इस नीति के क्रियान्वयन हेतु सकारात्मक प्रशासनिक इच्छाशक्ति की उपलब्धता रहने से यह विश्वास करने योग्य प्रतीत होता है कि नई राष्ट्रीय शिक्षा नीति 2020 निश्चित रूप से अपने उद्देश्यों की प्राप्ति में सफल होगी।

संदर्भ

- मानव संसाधन विकास मंत्रालय. (2020). *राष्ट्रीय शिक्षा नीति 2020.* मानव संसाधन विकास मंत्रालय, भारत सरकार
- Department of Higher Education. (2019). *All India Survey on Higher Education 2018-19*. MHRD, Govt. of India
- Government of India (GOI)(2016): Report of the Committee for Evolution of the New Education Policy. MHRD
- Higher Education in India: Twelth Five Year Plan (2012-17) and Beyond. FICCI Higher Education Summit 2012.
- Hossain, A. & Mondal, G. C. (2019). *History and Milestones of Higher Education in India,* IJRAR, 6(1)

- Malik, G. (2017). *Governance and Management of Higher Education,* CPRHE, NUEPA
- Sharma, Kavita (2013): *Sixty Years of the University Grants Commission.* UGC.
- Varghese, N.V. (2015): "Challenges of Massification of Higher Education in India", *CPRHE Research Papers 1.* New Delhi: Centre for Policy Research in Higher Education, NationalUniversity of Educational Planning and Administration.
- https://www.mhrd.gov.in/higher_education
- https://www.mhrd.gov.in/cabe
- https://www.ugc.ac.in/
- https://www.ugc.ac.in/deb/
- https://www.aicte-india.org/
- https://ncte.gov.in/Website/Index.aspx
- http://rehabcouncil.nic.in/
- https://www.icar.org.in/content/about-us
- http://www.barcouncilofindia.org/about/about-the-bar-council-of-india/
- https://www.indialegallive.com/column-news/national-medical-commission-indian-medical-council-act/
- http://www.pci.nic.in/GenInfo_About_Introduction.html
- http://www.indiannursingcouncil.org/index.asp
- https://dciindia.gov.in/Introduction.aspx
- https://cchindia.com/aboutus
- https://www.ccimindia.org/introduction.php
- https://www.coa.gov.in/
- https://www.csir.res.in/about-us/about-csir
- https://www.icai.org/Overview.html?mod=1
- https://icmai.in/icmai/aboutus/history.php
- https://www.icsi.edu/about-icsi/
- http://dahd.nic.in/about-us/about-department
- http://www.msde.gov.in/hi/organisations/ncvet
- http://www.scvtup.in/hi
- http://www.msde.gov.in/organisations/ncvet

16

उच्च शिक्षा : प्रशासन और नेतृत्व

सरोज शर्मा[1] एवं सुषमा कुमारी[2]

शिक्षा एक रथ है जो राष्ट्र को समग्र विकास की यात्रा पर ले जाता है। शिक्षा को समाज और विश्व की भलाई के लिए वांछनीय परिवर्तन लाने का एक शक्तिशाली साधन माना जाता है इसलिए यह व्यक्ति और समाज के लिए अपरिहार्य है।

नवीन राष्ट्रीय शिक्षा नीति 2020 स्कूल से लेकर उच्च शिक्षा तक सभी स्तरों पर सुधारों के लिए अंतर्दृष्टि प्रदान करने के साथ-साथ निम्नलिखित प्रमुख पहलुओं पर ध्यान देने के लिए संकेत देती है -

1. भारत केंद्रित शिक्षा
2. स्थिरता (Sustainability)
3. पहुँच
4. निष्पक्षता
5. उच्च गुणवत्ता

नीति-पारदर्शिता, जवाबदेही, सामुदायिक भागीदारी, सामाजिक एकीकरण, अनुसंधान और नवाचार, आलोचनात्मक सोच और विश्लेषणात्मक क्षमता, सार्वजनिक वित्तीय प्रबंधन सुधार और विकास की ओर भी इशारा करती है। समग्र दृष्टि स्कूल शिक्षा, शिक्षक की तैयारी और उच्च शिक्षा के बीच तालमेल विकसित करने की कोशिश करती है, जिसमें शासन और विनियमन में पूर्ण सुधार शामिल होते हैं।

यह नीति बेहतर शिक्षण-शिक्षा के माहौल बनाने और नए विचारों के माध्यम से नवाचार लाने पर ध्यान केंद्रित करने की कोशिश करती है। यूनेस्को के 21 वीं सदी के मिलेनियम 2030 लक्ष्य भारतीय लोकाचार और ज़मीनी हक़ीकत वाली इस नीति के केंद्र में हैं। इसका उद्देश्य शैक्षिक सुधारों में स्थानीय और वैश्विक दृष्टि के साथ नीति का पूर्ण कार्यान्वयन करना है।

संपूर्ण नीति दस्तावेज को वर्तमान में चार आधार स्तंभों के साथ-साथ हमारे प्राचीन भारतीय ज्ञान और परंपराओं के साथ शिक्षा के सार्वभौमिकरण के प्रकाश में देखा जाना चाहिए। इन्हें इस प्रकार वर्गीकृत किया जा सकता है-

1. शिक्षा - वेदों से समकालीन युग तक
2. कौशल - बुनियादी शिक्षा या गांधीजी की नई तालीम से लेकर शिक्षा के शुरुआती चरण में आधुनिक मध्यम और व्यावसायिक कौशल

---

[1] अध्यक्ष, राष्ट्रीय मुक्त विद्यालयी शिक्षा संस्थान, नोएडा, उत्तर प्रदेश।

[2] शोधार्थी, शिक्षा संकाय गुरु गोबिद सिंह इंद्रप्रस्थ विश्वविद्यालय, द्वारका, नई दिल्ली।

3. आत्मनिर्भरता - स्थानीय संसाधनों (स्वदेशी) और रोज़गार के माध्यम से आर्थिक सुधार जो गांधी जी ने अपनी पुस्तक 'हिन्द स्वराज' में प्रस्तावित किया था।
4. मूल्य आधारित शिक्षा - उपनिषदों से यूनेस्को के मिलेनियम 2030 लक्ष्य तक।

समकालीन उच्च शिक्षा और प्रतिमान बदलाव की आवश्यकता

भारत में उच्च शिक्षा व्यक्ति को एक आलोचनात्मक विचारक बनने के लिए बढ़ावा देने और विकसित करने की प्रक्रिया में एक महत्वपूर्ण भूमिका निभाती है ताकि वह घटना के पीछे के तर्क को खोज सके और उसे व्यवस्थित, वैज्ञानिक और सार्थक तरीके से समझ सके। नए ज्ञान और ज्ञानमीमांसा का निर्माण, नई क्षमताओं और दक्षताओं को प्राप्त करना, नवीन, महत्वपूर्ण और विश्लेषणात्मक विचारकों का उत्पादन करना अंततः बुद्धिमान मानव संसाधनों का एक संकुल बनाने में मदद करेगा। इसके अलावा, वैश्विक चुनौतियों के समाधान के लिए उच्च शिक्षा प्रणाली को सिद्धांत, अनुसंधान और उद्योग के बीच एक पुल बनाने की ज़रूरत है।

उच्च शिक्षा को आज यह अधिक सिखाना चाहिए कि कैसे सीखना है, बजाय इसके कि क्या सीखना है। बेहतर होगा कि शिक्षार्थी को शिक्षा इस तरह से दी जाए कि वह बिना किसी डर के और स्वतंत्र मन से सीखे, यह शिक्षार्थी को उसकी आत्म-क्षमताओं और आत्म-संभावनाओं के बारे में जानने में मदद करेगा।

34 साल की लंबी अवधि के बाद, 29 जुलाई 2020 को, केंद्रीय मंत्रिमंडल ने **राष्ट्रीय शिक्षा नीति 2020** को मंजूरी दी। नीति का उद्देश्य देश में उच्च शिक्षा प्रणालियों के साथ-साथ स्कूल में उन्नत रूपांतरण के तरीके को तैयार करना है। साथ ही कैबिनेट ने मानव संसाधन विकास मंत्रालय का नाम बदलकर **शिक्षा मंत्रालय** करने की मंजूरी दी है। यह भारतीय उच्च शिक्षा प्रणाली में कुछ प्रमुख मुद्दों पर कार्य करता है, जिसमें एक खंडित क्षेत्र भी शामिल है; अनुसंधान, उद्योग और शिक्षा के बीच बड़ा अंतर; रोज़गार कौशल में कमी वाले स्नातक; हाशिए के समूहों से कम शिक्षार्थी नामांकन; नौकरशाही का संस्थागत शासन और नेतृत्व से लदा होना।

पिछले दो दशकों से नए विश्वविद्यालयों का प्रसार हुआ है लेकिन गुणवत्ता प्रबंधन में मुद्दों के कारण कई ख़राब गुणवत्ता वाले होते हैं। इनके लिए नामों का एक भ्रामक संकुल है, जैसे - '*डीम्ड टू बी यूनिवर्सिटीज़*' या '*एफ़िलिएटिंग टेक्निकल यूनिवर्सिटीज़*'।

राष्ट्रीय शिक्षा नीति 2020 में प्रस्तावित द टैक्सोनोमी फॉर एक्शन

राष्ट्रीय शिक्षा नीति 2020 विश्वविद्यालय को उच्च शिक्षा के एक बहु-विषयक संस्थान के रूप में परिभाषित करता है जो उच्च गुणवत्ता वाले शिक्षण, अनुसंधान और सामुदायिक जुड़ाव के साथ कार्यक्रम प्रदान करता है। इसके बाद विश्वविद्यालयों के तीन कार्यक्षेत्र प्रस्तावित होते हैं -अनुसंधान-गहन विश्वविद्यालय जो शिक्षण और अनुसंधान में सहयोग करते हैं; शिक्षण-गहन विश्वविद्यालय जो शिक्षण पर ज़ोर देते हैं लेकिन कुछ शोध भी करते हैं; और स्वायत्त डिग्री देने वाले कॉलेज मुख्य रूप से स्नातक शिक्षण पर ध्यान केंद्रित करते हैं।

राष्ट्रीय शिक्षा नीति 2020 ने 'बड़े बहुविषयक विश्वविद्यालयों' की आवश्यकता पर बल दिया है। खंडित अति-विशिष्ट पेशेवर संस्थानों / विश्वविद्यालयों के विपरीत बहु-विषयक शिक्षा पर ध्यान केंद्रित करके विश्व स्तर पर प्रतिस्पर्धी शिक्षा को बढ़ावा देने के लिए देखा जा सकता है जो उद्योग और नवाचार की समकालीन माँगों को पूरा करता है।

राष्ट्रीय शिक्षा नीति 2020 ने उत्कृष्ट अनुसंधान और नवाचार का समर्थन करने, कुशल पेशेवर उत्पन्न करने और योग्यता की संस्कृति को बढ़ावा देने के लिए मज़बूत प्रणालियों के निर्माण के उपाय सुझाए हैं। इस प्रकार नीति यह मानती है कि यद्यपि उच्च शिक्षा संस्थानों से उच्च गुणवत्ता वाले शिक्षण और अनुसंधान दोनों प्रदान करने की उम्मीद नहीं की जा सकती, लेकिन यह सभी के लिए एक अंतर्निहित उद्देश्य है कि वे शिक्षार्थियों की शैक्षिक आवश्यकताओं और संकाय नियोक्ताओं की व्यावसायिक ज़रूरतों को पूरा करें, और यही वह वर्गीकरण है जिसकी भारत को ज़रूरत है।

सक्रिय रूप से बीज अनुसंधान के लिए एक राष्ट्रीय अनुसंधान प्रतिष्ठान का निर्माण और उत्कृष्ट समकक्ष समीक्षित अनुसंधान को अनुदान देना। इस प्रकार राष्ट्रीय शिक्षा नीति सार्थक अनुसंधान और नवाचार को बढ़ावा देने का सुझाव देता है।

शिक्षकों के बीच उद्यमी नेतृत्व

सभी प्रगतिशील दिखने वाली शब्दावली, उन्नत प्रौद्योगिकियाँ, *आर्टिफिशियल इंटेलिजेंस, इंटरनेट ऑफ थिंग्स (आईओटी), मशीन लर्निंग, रोबोटिक्स, सस्टेनेबल टेक्नोलॉजीज़* 21 वीं सदी, *इनोवेशन एंटरप्रेन्योरशिप*, परिवर्तन, विकास आदि हमारा ध्यान आकर्षित करते हैं और हमें इन्हें अनुकूलित करने की सख्त ज़रूरत है। हमारे उद्योग, कारोबारी घराने और समाज इनकी ओर देख रहे हैं और इन सबका सीधा असर हमारी शिक्षा प्रणाली पर पड़ रहा है। भारत जैसे देश में संस्कृति, धर्म, जातीयता, प्रथाओं, विश्वास, भूगोल, जलवायु, पर्यावरण, मिट्टी, संसाधनों के वितरण, वित्त और जीवन शैली में विविधता की विशिष्टता है, शिक्षा प्रणाली को प्रभावशीलता के कई कारकों पर ध्यान देने की आवश्यकता है जो विभिन्न स्तरों पर काम करते हैं और शिक्षार्थी की आत्मनिर्भरता और आत्म और समाज के साथ तालमेल पर प्रत्यक्ष और अप्रत्यक्ष दोनों प्रभाव डालते हैं। लगभग 1000 विश्वविद्यालयों, 45000 कॉलेजों, 16 लाख स्कूलों, 1 करोड़ शिक्षकों और 33 करोड़ शिक्षार्थियों के साथ एक राष्ट्र को एक गत्यात्मक शिक्षा प्रणाली की आवश्यकता है, जो संतों, शासकों, अंग्रेजों, पुजारियों, गुरुओं, सामाजिक नेताओं, औद्योगिक नेताओं, व्यापारिक नेताओं तथा और बहुतों द्वारा विकसित राष्ट्र की प्रगतिशील सदी और अनूठी विशेषताओं को संचित कर सके।

भारत ने विभिन्न प्रकार के नेताओं को देखा है जैसे आध्यात्मिक नेता, तकनीकी नेता, सामाजिक नेता, राजनीतिक नेता, शैक्षणिक नेता, व्यावसायिक नेता, प्रेरक नेता, परिवर्तनकारी नेता, प्रेरक नेता। एक पेशा जो एक व्यक्ति में इन सभी के मौजूद होने की आशा करता है, वह है शिक्षण। मैं ऐसे शिक्षक को उद्यमी नेता कहती हूँ। भारत में शिक्षकों और शिक्षार्थियों की संख्या के आँकड़ों को देखते हुए हम कह सकते हैं कि भारत में 33 शिक्षार्थियों के लिए एक शिक्षक है। यदि प्रत्येक शिक्षक को नेतृत्व करने के लिए शिक्षित किया जाता है तो एक करोड़ शिक्षक धैर्य, साहस और मूल्यों के साथ शिक्षार्थियों का नेतृत्व करने में सक्षम होंगे जो विश्व का नेतृत्व करने के लिए आवश्यक है और जिससे पृथ्वी पर 'वसुधैव कुटुम्बकम' नामक परिवार जैसा पारिस्थितिकी तंत्र बनाया जा सकता है। शिक्षकों को भविष्य का नेतृत्व करने के लिए स्वायत्तता और उद्यमशीलता के गुणों की आवश्यकता होती है। मेरा मानना है कि शिक्षक को प्रगतिशील और अग्रगामी कार्मिक होने की ज़रूरत है जो पहले से बेहतर परिवर्तन की कल्पना कर सके और युवाओं को भविष्य के जीवन के लिए तैयार कर सके।

सामान्य विश्वास है कि उच्च शिक्षा में शिक्षकों को अधिक विश्वसनीय होना चाहिए और पेशेवर, व्यावसायिक और सामाजिक जीवन की तैयारी के संबंध में तार्किक तथा स्कूली शिक्षा में शिक्षकों को

अधिक अकादमिक और मूल्य उन्मुख होने की आवश्यकता है। मैं दोनों में काम करने के बाद, कई बार सामान्यता के उत्सव और उत्कृष्टता के लिए नेतृत्व की कमी को देखकर निराश महसूस करती हूँ। शिक्षक के बीच एक उद्यमी नेता के पास भविष्य के लिए वैश्विक मानवीय मानव के निर्माण के लिए शैक्षणिक, प्रशासनिक, बौद्धिक और वित्तीय क्षमताएँ होती हैं। स्कूल में शिक्षक को अधिक दूरदर्शी और दीर्घकालिक योजना बनाने में सक्षम होना चाहिए।

न केवल अनुसंधान बल्कि शिक्षक शिक्षा संस्थान एकांगी रूप में कार्य कर रहे हैं जिसने एक खास तरह के चरित्र और त्याग के आधार पर एक पारंपरिक आदर्शवादी नेतृत्व का विकास किया है। जबकि 21 वीं सदी में शिक्षक को *एंटरप्रेन्योरियल लीडरशिप* की आवश्यकता है जो कि पारस्परिक लाभ वाले मूल्यों पर आधारित हो। साइलो में काम करने वाले संगठनों ने सामाजिक, तकनीकी और अंतरराष्ट्रीय नेतृत्व से विषयांतर और अवसाद विकसित किया और केवल अकादमिक नेतृत्व की ओर ध्यान केंद्रित किया गया। शिक्षक शिक्षा में आने वाली समस्याओं को अधिकांश समय अंतर्राष्ट्रीय दार्शनिकों और पश्चिमी चमक के रंगीन चश्मे से देखा जाता है। जबकि व्यावहारिक वर्गों में सामने आने वाले मुद्दे स्वदेशी हैं। इसलिए जो पढ़ाया जाता है और जो अभ्यास किया जाता है उसमें एक अंतर होता है। नई शिक्षा नीति ने स्वदेशी सामग्री के साथ वैश्विक नेताओं के अंतरराष्ट्रीय मानकों को शामिल करने के लिए एक स्पष्ट रोडमैप लिया है। राष्ट्रीय शिक्षा नीति 2020 में, शिक्षक शिक्षा में एक स्वागत योग्य बदलाव की कल्पना की गई है, शिक्षक शिक्षा में शिक्षकों की शिक्षा और अकादमिक उत्कृष्टता से पेशेवर विकास के लिए एक सहज संक्रमण निश्चित रूप से शिक्षण में कार्यरत लोगों के बीच उद्यमशीलता के गुणों का प्रसार करेगा। जवाबदेह स्वायत्तता की अवधारणा फिर से एक सराहनीय पहल है जिससे देश भर के शिक्षकों का समग्र विकास होगा। शिक्षकों का उद्देश्य प्रदर्शन मूल्यांकन संकाय के बीच पेशेवर विकास के लिए अंतर्दृष्टि प्रदान करेगा जो वैश्विक स्तर पर प्रतिस्पर्धा कर सकता है।

आम व्यक्ति तथ्यों पर शोध किए बिना सुनी और पढ़ी गई बातों पर विश्वास करते हैं। एक उद्यमी नेता में कही गई बात को स्वीकार करने से पहले अनुसंधान करने का साहस और धैर्य होता है। शिक्षकों को अप्रचलित और पुरानी प्रथाओं पर सवाल उठाने और प्रबंधन और प्रशासन पर परस्पर प्रभाव डालने के लिए ज़रूरी बदलाव लाने की आवश्यकता है।

नेतृत्व हर किसी के बस की बात नहीं है। इसके लिए मांसपेशियों में जान, समर्थन करने की क्षमता और नेतृत्व करने के लिए धैर्य की आवश्यकता होती है। एक उद्यमी नेता के पास अधीनस्थों को नेतृत्व करने और सशक्त बनाने की शक्ति होती है। लीडर ने प्रत्येक विफलता की ज़िम्मेदारी लेने और सफलता और प्रशंसा के साथ अधीनस्थों को प्रोत्साहित करने के लिए धैर्य होता है। एक उद्यमी नेता को अशिष्टता से मुक्त होना होगा और सच्चे नेतृत्व को पहचानना होगा और उन्हें कार्यभार संभालने के लिए सशक्त बनाना होगा।

शिक्षक शिक्षा किसी भी शिक्षा प्रणाली का आधार है जहाँ शिक्षक राष्ट्र के शैक्षिक ढाँचे के आधार स्तंभ और नींव होते हैं। शिक्षक शिक्षा में व्यवस्थित और स्थायी परिवर्तन और संशोधन पूरी शिक्षा प्रणाली में परिलक्षित होता है। नई शिक्षा नीति 2020 ने रचनात्मकता, नवाचार, महत्वपूर्ण सोच, उद्यमिता कौशल, अंतःविषय विषयों, बहु-विषयक संस्थानों व्यावसायिक शिक्षा और उदार कला शिक्षा के कच्चे माल के साथ मज़बूत शिक्षक शिक्षा और शोधकर्ता दिमाग के साथ पूरी प्रणाली का निर्माण किया है।

21 वीं सदी में एक शिक्षक को केवल अकादमिक नेता होने की आवश्यकता नहीं, बल्कि वह ऐसा एक उद्यमी नेता हो जिसमें अनेक कुशलताएँ/ विशिष्टताएँ शामिल हों। साथ ही जो शिक्षार्थियों के लिए

स्थायी सीखने की सुविधा प्रदान कर सके। जिज्ञासा, रचनात्मकता, नवोन्मेष, उद्यमिता ज्ञान पीढ़ी, धन सृजन और अनुसंधान अभिक्षमता अब अलग-अलग नहीं है। ये सभी किसी भी पेशे में कौशल और मूल्यों के उप-समुच्चय '*सबसेट*' हैं और शिक्षण पेशे के लिए आवश्यक हैं।

उच्च शिक्षा संस्थानों का पुनर्गठन: शासन और नेतृत्व

उच्च शिक्षा के सार्वजनिक और निजी दोनों क्षेत्रों में सुशासन की आवश्यकता है। राष्ट्रीय शिक्षा नीति ने प्रशासन और संस्थान-निर्माण के प्रयासों में शासन और नेतृत्व के महत्व को विशेष रूप से रेखांकित किया है। यह उत्पादकता और गुणवत्ता में सुधार को सीधे प्रभावित करता है। राष्ट्रीय शिक्षा नीति 2020 उच्च शिक्षा के क्षेत्र में न केवल चुनौतियों की पहचान करती है, बल्कि इसमें अवसरों के प्रति एक दृष्टिकोण भी है।

भारत में उच्च शिक्षा संस्थान का उद्देश्य नवप्रवर्तन और उत्कृष्टता का अनुकरण करने वाले स्वतंत्र स्वशासी संस्थान बनना होगा। प्रत्येक कॉलेज या तो एक स्वायत्त कॉलेज या मूल विश्वविद्यालय का हिस्सा होगा। इससे यह सुनिश्चित हो सकेगा कि प्रत्येक उच्च शिक्षा संस्थान के भीतर पाठ्यक्रम-संरचना, निर्देश और मूल्यांकन के बीच सामंजस्य हो। लेकिन इसके विपरीत, वर्तमान प्रणाली में समस्त तीनों क्षेत्र एक-दूसरे से अलग हो गए हैं, और इससे शिक्षण की गुणवत्ता और सीखने के अनुभव पर प्रतिकूल प्रभाव पड़ता है।

इस तरह के कदम के लिए तैयार संस्थान को उचित रूप से वर्गीकृत मान्यता प्राप्त करने पर, *बोर्ड ऑफ गवर्नर्स* (BoG) स्थापित किया जाएगा। सदस्यों का चयन करते समय निष्पक्षता का भी ध्यान रखा जाएगा। किसी संस्था का *बोर्ड ऑफ गवर्नर्स* (BoG) संस्था को संचालित करने के लिए किसी भी बाहरी हस्तक्षेप से मुक्त व सशक्त होगा। यह परिकल्पना की गई है कि इस प्रक्रिया के दौरान सभी उच्च शिक्षा संस्थानों को प्रोत्साहन, समर्थन और सलाह प्रदान की जाएगी। इसका उद्देश्य होगा- स्वायत्त बनना और 2035 तक ऐसे सशक्त *बोर्ड ऑफ गवर्नर्स* (BoG) बनाना।

बोर्ड ऑफ गवर्नर्स (BoG) सभी प्रासंगिक रिकॉर्ड के पारदर्शी आत्म प्रकटीकरण के माध्यम से हितधारकों के लिए ज़िम्मेदार और जवाबदेह होगा। यह राष्ट्रीय उच्चतर शिक्षा विनियामक परिषद (NHERC) के माध्यम से भारत के उच्चतर शिक्षा आयोग (HECI) द्वारा अनिवार्य सभी नियामक दिशा-निर्देशों को पूरा करने के लिए ज़िम्मेदार होगा।

प्रत्येक उच्च शिक्षा संस्थान (HEI) का बोर्ड ऑफ गवर्नर्स (BoG) युक्तियुक्त कार्य-योजना की तैयारी और क्रियान्वयन का कार्य करेगा, जैसे - संस्थागत विकास योजना (IDP)। संस्थान विकास योजना वह आधार होगा जिस पर संस्थाएँ पहल करेंगी, अपनी प्रगति का आकलन करेंगी और उसमें निर्धारित लक्ष्यों तक पहुँचेगी, जो आगे के सार्वजनिक वित्त पोषण का आधार बन सकते हैं। संस्थागत विकास योजना (IDP) को बोर्ड के सदस्यों, संस्थागत नेताओं, शिक्षकों, शिक्षार्थियों और कर्मचारियों की संयुक्त भागीदारी के साथ तैयार किया जाएगा।

राष्ट्रीय शिक्षा नीति 2020 का उद्देश्य लंबे समय तक अकादमिक सेवाएँ प्रदान करना है। संस्थानों में सभी नेतृत्व के पदों को उच्च शैक्षणिक योग्यता वाले व्यक्तियों को और महत्वपूर्ण और जटिल परिस्थितियों को संभालने की क्षमताओं के साथ प्रशासनिक और नेतृत्व क्षमताओं का प्रदर्शन करने वाले व्यक्तियों को प्रदान किया जाएगा। एक उच्च शिक्षा संस्थान के नेता संवैधानिक मूल्यों और

संस्था की समग्र दृष्टि, मज़बूत सामाजिक प्रतिबद्धता, टीम वर्क में विश्वास, बहुलवाद, विविध लोगों के साथ काम करने की क्षमता और एक सकारात्मक दृष्टिकोण जैसी विशेषताओं के साथ मज़बूत मार्ग प्रकट करेंगे। चयन *बोर्ड ऑफ गवर्नर्स* (BoG) द्वारा गठित एक दृढ़, निष्पक्ष, योग्यता आधारित और प्रतियोगिता आधारित प्रक्रिया के माध्यम से कुशल विशेषज्ञ समिति (EEC) के नेतृत्व में *बोर्ड ऑफ गवर्नर्स* (BoG) द्वारा किया जाएगा।

क्रियान्वयन

राष्ट्रीय शिक्षा नीति 2020 ने भारत में प्रस्तावों के कार्यान्वयन की चुनौतियों को स्वीकार किया है। कोविड-19 नें सतही मुद्दों को और गहरा किया है। नई शिक्षा नीति सकल घरेलू उत्पाद (GDP) के लगभग 4.6% से लेकर 6% तक शिक्षा पर अल्प सार्वजनिक व्यय में वृद्धि की बात करती है। यह मज़बूत स्वशासन और संस्थागत नेताओं की योग्यता आधारित नियुक्तियों के बारे में चर्चा करती है जो कि इस लक्ष्य को प्राप्त करने के लिए मज़बूत उपकरण हैं। इसका उद्देश्य एक श्रेणीबद्ध मान्यता और श्रेणीबद्ध स्वायत्तता की एक उपयुक्त प्रणाली की दिशा की ओर जाना है, भारत में सभी उच्च शिक्षा संस्थान (HEI) स्वतंत्र स्व-शासी संस्थान हैं जो 15 वर्षों की अवधि में नवाचार और उत्कृष्टता का अनुसरण करते हैं।

उपर्युक्त की कल्पना तथा लक्ष्य करते समय हमें इस क्षेत्र में समकालीन अभ्यास पर एक नज़र डालनी चाहिए –

1. शिक्षा क्षेत्र में उद्यमिता
2. सहयोगात्मक और सामुदायिक भागीदारी
3. पारदर्शिता
4. *पब्लिक प्राइवेट पार्टनरशिप* (PPP) और *कॉर्पोरेट सोशल रिस्पॉन्सिबिलिटी* (CSR)
5. संस्थागत स्वायत्तता और जवाबदेही।
6. विनियमन, निगरानी और अनुपालन
7. शिक्षा में *टोटल क़्वालिटी मैनेजमेंट* (TQM)।

राष्ट्रीय शिक्षा नीति 2020 द्वारा सुझाई गई नई भूमिकाओं के साथ वर्तमान शैक्षिक नेतृत्व और शासन प्रथाओं के तालमेल की प्रक्रिया में हमें निम्नलिखित क्षेत्रों में इसकी स्थापना पर ध्यान देना चाहिए-

1. नई नेतृत्व भूमिकाएँ, चुनौतियाँ, और संभावनाएँ।
2. व्यक्तिगत और संस्थागत स्तरों पर नेतृत्व शैलियों के मॉडल को फिर से परिभाषित करना।
3. शैक्षिक नेतृत्व में मूल्यों, दृष्टि और नैतिक उद्देश्यों के लिए नेतृत्व कौशल और अंतर्दृष्टि विकसित करना

उपर्युक्त को जारी रखते हुए सुशासन के साथ शिक्षण-अधिगम-प्रक्रिया में गुणवत्ता लाने के लिए नीति और अभ्यास दोनों स्तरों पर बहु-विषयक निर्देश की अवधारणा पर ध्यान देने की आवश्यकता है। एक स्पष्ट दिशा-निर्देश की आवश्यकता है कि अनुशासनात्मक संस्थानों को बहु-अनुशासनात्मक संस्थानों में कैसे परिवर्तित किया जाए और इस प्रक्रिया में मुख्य हितधारकों की भूमिका क्या होनी चाहिए।

विश्वविद्यालयी विभागों को व्यावसायिक विकास कार्यक्रमों की योजना और क्रियान्वयन में सक्रिय रूप से संलग्न होना चाहिए। कुशल कार्य बल का गठन एक बहुस्तरीय संरचना के रूप में किया जाना चाहिए, जिसमें विभिन्न आयाम शामिल हैं।

शिक्षण के ऑनलाइन मोड के क्षेत्र में, नए उपकरणों और तकनीकों को सीखने के लिए बाहर निकलने की ज़रूरत है जहाँ विभिन्न हितधारकों की भागीदारी भी शामिल हो ताकि शासन अधिक कुशल, स्वीकार्य और जन-अनुकूल बने। यह प्रक्रिया चरणवार होनी चाहिए तथा लागत - प्रभावी ढंग से बेहतर समन्वय के साथ योजना बनाना और रणनीति बनाना अंतर्निहित सिद्धांत होना चाहिए।

स्थानीय प्रशासन ज़मीनी वास्तविकताओं पर आधारित होना चाहिए और महत्वपूर्ण क्षेत्रों में नीति को लागू करते समय स्थानीय आवश्यकताओं को ध्यान में रखा जाना चाहिए। यह नीति शिक्षा में सीईआरटी (CERT) को ऊर्जावान बनाने की बात करती है, इसलिए अनुसंधान और नवाचार के नए क्षेत्रों के साथ इसे और आगे ले जाने के लिए अधिक से अधिक ट्रस्टियों की आवश्यकता है।

रोज़गार की आवश्यकता को पूरा करने के लिए कौशल उन्मुख और व्यावसायिक पाठ्यक्रमों के साथ स्थापित नए संस्थान इस समय की मांग है। स्थानीय आवश्यकताओं के अनुसार रोज़गार और रोज़गार के विभिन्न क्षेत्रों की पहचान की जानी चाहिए और प्रशिक्षण और विकास के साथ संबंधित पाठ्यक्रम अनिवार्य पाठ्यक्रम घटक के रूप में आरम्भ किए जाने चाहिए। *क्रेडिट ट्रांसफर* प्रावधान अंतःविषय और उद्योग अकादमी पाठ्यक्रम अंतरण की प्रक्रिया में अंतरसंबंध का हिस्सा होना चाहिए।

शिक्षार्थियों के बीच उद्यमिता कौशल के विकास को प्रोत्साहित किया जाना चाहिए और शैक्षणिक नेताओं के एक कैडर के साथ-साथ टेक्नोक्रेट विकसित किए जाने चाहिए। व्यावसायिक प्रशिक्षण के संबंधित कौशल के विशेषज्ञों को प्रशिक्षण, निगरानी, मूल्यांकन और प्रतिक्रिया तंत्र में शिक्षा-उद्योग के आपसी संबंध का हिस्सा बनाया जाना चाहिए। संसाधनों के इष्टतम उपयोग पर ध्यान देने के लिए अनुभवजन्य क्रियान्वयन तंत्र के माध्यम से रोज़गार और रोज़गार क्षमता की पहचान को विकसित किया जाना चाहिए। इसे और अधिक कार्यात्मक धार देने और प्रभावकारिता लाने के लिए विभिन्न हितधारकों की भागीदारी सुनिश्चित की जानी चाहिए।

जब हम सुशासन और संबंधित कुशल नेतृत्व मॉडल के बारे में बात कर रहे हैं, तो हमें ग्रामीण क्षेत्रों, पहाड़ियों, आदिवासी क्षेत्रों और अन्य दूर-दराज़ के क्षेत्रों में विशेष ज़ोन और जनसांख्यिकीय मानचित्रण की योजनाओं को भी तैयार करना होगा और इन क्षेत्रों को उनके स्थानीय मुद्दों और चुनौतियों का समाधान करने के लिए प्राथमिकता के स्तर पर उचित ध्यान देना होगा। भौतिक, वित्तीय और मानव संसाधन पर्याप्त होना चाहिए और समय पर इन संसाधनों की निकटता बेहतर क्रियान्वयन और शासन के माध्यम से सुनिश्चित की जानी चाहिए। पूर्वानुमान और विश्लेषण के साथ एक विशेष स्तर पर इसे लेने के लिए एक मजबूत निगरानी प्रक्रिया विकसित की जानी चाहिए, जहां राष्ट्रीय और वैश्विक स्तर पर कुशल स्थानीय शैक्षिक शासन लाने के लिए अनुभव, अभ्यास और कार्यान्वयन अंतराल पर ध्यान दिया जाता हो।

उपसंहार

शिक्षा नीति '2020' की शुरुआत के साथ ही शिक्षा क्षेत्र के हितधारकों को पिछले अनुभवों और भविष्य की संभावनाओं के बारे में तर्कसंगत और गंभीर रूप से सोचना होगा। वांछित परिवर्तनों के लिए शिक्षा के

क्षेत्र में एक पूर्ण प्रतिमान परिवर्तन की आवश्यकता है, जो शिक्षा के सभी आयामों और स्तरों में शिक्षार्थियों के लिए गुणवत्ता, पहुंच, अवधारण और रोज़गार योग्यता के संदर्भ में आवश्यक है।

भारत एक ऐसा देश है जो विश्व स्तर पर युवा शक्ति में अग्रणी है। इसलिए, शिक्षार्थियों और शिक्षकों को राष्ट्र निर्माण के लक्ष्य के लिए कुशल, मूल्य उन्मुख और समर्पित होना चाहिए। जब तक हम आत्मनिर्भर और प्रगतिशील नहीं होंगे, हम ज्ञान-समाज का नेतृत्व नहीं कर सकते। आज शिक्षा के सभी क्षेत्रों में गुणवत्ता विस्तार की मांग की जाती है जो समाज की आवश्यकताओं को पूरा कर सकती है। मूल्य आधारित शिक्षा समाज को मानवीय गरिमा और सामाजिक सह-अस्तित्व की ओर ले जा सकती है। स्वायत्तता और जवाबदेही इस नीति में ज़ोर देने वाले क्षेत्र रहे हैं और इस नीति के माध्यम से भारत में इस पहल के साथ, गुणवत्ता लाने और जिम्मेदारी लेने की चिंताओं को सुनिश्चित किया जाएगा।

एक अच्छा शिक्षण-अधिगम वातावरण बनाना और नए विचारों के माध्यम से नवीनता लाना आज के शैक्षिक परिदृश्य का सबसे बड़ा लक्ष्य होना चाहिए। पेशेवर नैतिकता के साथ आईसीटी (ICT) का उपयोग निश्चित रूप से शिक्षा की पारंपरिक प्रणाली को वैश्विक शिक्षा के अनुरूप एक अधिक अद्यतन और उन्नत शिक्षा प्रणाली में बदल देगा।

राष्ट्रीय शिक्षा नीति 2020 भारतीय शिक्षा का कायाकल्प करने के लिए एक बहुत ही सकारात्मक कदम है। हमारा दृढ़ मत है कि नीतिगत पहलों को लागू करने से पहले पिछली नीतियों के अंतराल और चुनौतियों की पहचान करने की सख्त ज़रूरत है। यह इस अकादमिक प्रयास को एक स्पष्ट दूरदर्शिता और सुगम रास्ता देगा। शैक्षिक सुधारों में पूरी तरह से स्थानीय और वैश्विक दृष्टि के साथ नीति का उचित कार्यान्वयन होगा तो वांछित परिवर्तन निश्चित रूप से सफलता की दिशा में बढ़ सकते हैं।

17

आत्मनिर्भर भारत और पेशेवर शिक्षा

ऋषभ कुमार मिश्र

पेशेवर शिक्षा अर्थव्यवस्था के लिए कुशल श्रम की ज़रूरत को पूरा करती है। इस ज़रूरत की पूर्ति व्यक्ति और उद्योग दोनों के लिए फायदेमंद होती है। व्यक्ति की दृष्टि से देखा जाए तो पेशेवर शिक्षा के कारण अर्जित ज्ञान और कुशलता उसे ऐसा उत्पादक बनाती है जिसकी रोज़गार बाज़ार में एक विशेषज्ञ के रूप में पहचान और माँग होती है। उद्योगों की दृष्टि से देखा जाए तो उसमें ज्ञान आधारित नवाचार करने और इसके आधार पर संसाधनों के अधिकतम उपयोग की संभावना बढ़ जाती है। इन्हीं कारणों से राज्य अलग-अलग व्यवसायों के लिए अपेक्षित ज्ञान, कुशलता और कार्यानुभव को विकसित करने के लक्ष्य से पेशेवर शिक्षा का विकास करना चाहता है। यह भी ध्यान देने योग्य है कि इन्हीं लाभों के कारण निजी क्षेत्र के लिए पेशेवर शिक्षा एक आकर्षक बाज़ार है। इंजीनियरिंग, मेडिकल, कानून आदि इसके लोकप्रिय उदाहरण हैं। कई बार हम इन प्रचलित उदाहरणों को ही पेशेवर शिक्षा का पर्याय मान लेते हैं। वास्तविकता यह है कि पेशेवर शिक्षा की अनेक धाराएँ हैं, जिनके बारे में आम जन को बहुत कम जानकारी है। शिक्षा मंत्रालय द्वारा प्रकाशित जानकारी के आधार पर कहूँ तो इसके अंतर्गत कृषि, जैव प्रौद्योगिकी, फैशन डिजायनिंग, शिल्प, कला आदि से संबंधित क्षेत्र भी आते हैं। संरचनागत स्तर पर पेशेवर शिक्षा का तात्पर्य उच्चतर माध्यमिक कक्षा के बाद व्यवसाय विशेष में विशेषज्ञता के लिए दी जाने वाली शिक्षा से है। इसके अंतर्गत स्नातक, परास्नातक और शोध पाठ्यक्रम के साथ महाविद्यालय स्तर के डिप्लोमा कोर्स आते हैं जो विश्वविद्यालय, राष्ट्रीय महत्व के संस्थान और महाविद्यालयों में संचालित होते हैं। विश्वविद्यालय अनुदान आयोग, *ऑल इंडिया काउंसिल फॉर टेक्निकल एजुकेशन, मेडिकल काउंसिल ऑफ इंडिया, फार्मेसी काउंसिल ऑफ इंडिया, इंडिया नर्सिंग काउंसिल, डेंटल काउंसिल ऑफ इंडिया, बार काउंसिल ऑफ इंडिया, इंडियन काउंसिल ऑफ एग्रीकल्चरल रिसर्च* इसकी नियामक संस्थाएं हैं। वर्ष 2018-19 के लिए पेशेवर शिक्षा में विद्यार्थियों के नामांकन को तालिका-1 में प्रस्तुत किया गया है।

तालिका 1: अकादमिक और पेशेवर पाठ्यक्रमों में पंजीयन

		अकादमिक			*व्यावसायिक*		
स्तर	*प्रबंधन*	*पुरुष*	*स्त्री*	*कुल*	*पुरुष*	*स्त्री*	*कुल*
स्नातक स्तर	सरकारी	5037807	5052191	10089998	91826	622714	1542540
	सरकारी सहायता प्राप्त	2060256	2457462	4517718	256994	311328	568322
	निजी	3053963	3270098	6323061	3289051	2266061	5555112

असिस्टेंट प्रोफ़ेसर, शिक्षा पीठ, महात्मा गांधी अंतरराष्ट्रीय हिंदी विश्वविद्यालय, वर्धा, महाराष्ट्र।

स्तर	प्रबंधन	अकादमिक			व्यावसायिक		
		पुरुष	स्त्री	कुल	पुरुष	स्त्री	कुल
परास्नातक	सरकारी	707275	1052210	1759485	235279	182373	417652
	सरकारी सहायता प्राप्त	150219	307244	457463	33972	35442	69414
	निजी	191451	330483	521934	415506	333832	749338

स्रोतः अखिल भारतीय उच्च शिक्षा सर्वेक्षण 2019

तालिका 2: स्नातक स्तर पर विभिन्न वर्गों में नामांकन

वर्ग	*विद्यार्थियों की संख्या (लाख में)*
कला वर्ग	93.49 लाख
विज्ञान वर्ग	47.13 लाख
वाणिज्य वर्ग	40.3 लाख
इंजीनियरिंग एवं अन्य तकनीकी पाठ्यक्रम	38.52 लाख
मेडिकल	11.96 लाख
प्रबंधन	6.5 लाख
कानून	3.98 लाख

स्रोतः अखिल भारतीय उच्च शिक्षा सर्वेक्षण 2019

शिक्षा नीति 2020 और पेशेवर की छवि

शिक्षा नीति 2020 में पेशेवर शिक्षा को 21 वीं सदी के भारत की ज़रूरत के अनुसार परिकल्पित किया गया है। इसमें पेशेवर शिक्षा के लक्ष्यों, संरचना, शिक्षण और उद्योग जगत से संबंध को एक नए कलेवर में प्रस्तुत किया गया है। वर्तमान नव उदारवादी व्यवस्था में पेशेवर होना 'अभिजन' का अर्थ देता है जो अपने ज्ञान और कुशलता के कारण विशेष हैसियत रखते हैं। वर्तमान नीति इस बाज़ारवादी व्याख्या को खारिज करती है। नीति के अनुसार पेशेवर व्यक्ति में ऐसी विचार दृष्टि होती है जिसके द्वारा वह संबंधित क्षेत्र की समस्याओं का सृजनशील समाधान करता है। उसमें सामाजिक अपेक्षाओं और दायित्वों का बोध होता है। व्यक्ति की यही विशेषता उसे मशीनों से अलग बनाती है। यह नीति पेशेवर शिक्षा के लक्ष्यों को उत्पादन करने की क्षमता के सीमित अर्थ में नहीं देखती है। इस नीति में स्पष्ट उल्लेख है कि हमें ऐसे पेशवरों की आवश्यकता है जो उत्पादन के लिए विज्ञान और प्रौद्योगिकी के ज्ञान के साथ-साथ सामाजिक मुद्दों और मूल्यों की समझ रखते हों। जिनकी वास्तविक चिंता लाभ कमाना या उत्पादन करना मात्र नहीं है बल्कि वे नयी उभरती पर्यावरणीय समस्याओं, प्रवसन और उत्पादन के स्थानीयकरण से जुड़ी चिंताओं, प्राकृतिक संसाधनों की खपत और संरक्षण जैसे विषयों के प्रति सचेत हैं और उसका समाधान करने के लिए तत्पर हैं। नीति अपनी प्रस्तावना में ही सावधान करती है कि हमें व्यक्ति को मशीन बनाने वाली शिक्षा नहीं देनी है। नीति के अनुसार व्यक्ति के लिए पेशेवर होने का तात्पर्य केवल लाभ से नहीं है बल्कि देश और समाज के वृहद्तर हित को सुनिश्चित करने से है। व्यक्तियों के पेशेवर शिक्षा का तात्पर्य शाश्वत विकास में योगदान करने वाली क्षमता से है जो उद्योग, प्रकृति और समुदाय के भविष्य को सुनिश्चित करे। नीति का एक प्रमुख प्रस्थान बिंदु है कि इसमें पेशेवर की परिकल्पना में भारतीय परंपरा में स्वीकृत विभिन्न व्यवसायों को स्थान दिया गया

है। इस तरह से पेशेवर की जो परिभाषा औद्योगिकी क्रांति से आरंभ होती है और वैश्वीकृत नवउदारवादी व्यवस्था में स्वीकृत होती है, उससे भिन्न अस्मिता बोध और इतिहास बोध के लक्षण इस नीति में उपस्थित है। इनके कारण इस नीति में संभावना है कि वह पेशेवर शिक्षा की पारिस्थितिकी का भारतीयकरण कर सके। इस भारतीयकरण के दो आयाम होंगे- विषयवस्तु की दृष्टि और शिक्षणशास्त्र की दृष्टि से। पेशेवर शिक्षा के लिए 'विशेषज्ञ ज्ञान' में अब तक विकसित और पश्चिमी देशों में पढ़ाई जाने वाली विषयवस्तु को स्वीकृति दी जाती रही है। यह नीति भारतीय देशज ज्ञान परंपराओं को स्थान देने की पैरवी करती है। नीति में भारत के परंपरागत पेशेवर ज्ञान राशि की शोध और उसे मुख्यधारा की पेशेवर-शिक्षा में स्थान देने का उल्लेख है। वर्तमान में वैश्विक स्तर पर भी चिकित्सा, आभियांत्रिकी और कृषि जैसे क्षेत्रों में भारतीय देशज ज्ञान को शाश्वत विकास के लक्ष्यों के अनुकूल पाया गया है। यदि शिक्षा नीति 2020 के सुझावों को ध्यान में रखते हुए इसे हम पेशेवर शिक्षा में शाामिल करते हैं तो हमारे भावी व्यवसायी अर्थ और उद्योग जगत को अधिक संदर्भानुकूल और उपयोगी बना सकेंगे। यहाँ विशेष रूप से इस ऐतिहासिक तथ्य का उल्लेख ज़रूरी है कि औपनिवेशिक शासन के पूर्व हमारे पेशेवरों की दक्षता वैश्विक स्तर पर सराहनीय थी। वर्तमान संदर्भों में जिन्हें पेशेवरों का समुदाय कहते हैं ऐसे शिल्पियों के समूह अपने प्रशिक्षण संस्थान भी चलाया करते थे। शिक्षणशास्त्र की दृष्टि से देखा जाए तो हमें उच्च शिक्षा के औपनिवेशिक मॉडल से मुक्त होना है। इसके लिए भारतीय भाषाओं में, स्थानीय संदर्भों को ध्यान में रखते हुए, शाश्वत विकास की ओर उन्मुख पेशेवर शिक्षा का विकास करना होगा। हमें पेशेवर शिक्षा के लिए भारतीय समाज और अर्थव्यवस्था को ध्यान में रखते हुए पाठ्यक्रमों का विकास करना होगा।

पेशेवर शिक्षा की वर्तमान स्थिति

यद्यपि भारत में स्वतंत्रता के बाद से ही पेशेवर शिक्षा के महत्व को समझा गया और इस दिशा में ठोस कदम उठाए गए लेकिन 1990 के बाद से आर्थिक उदारीकरण के कारण पेशेवर शिक्षा की ओर झुकाव बढ़ा है (देखें- बॉक्स-1)। फलस्वरूप बाज़ार की ताकतों के प्रभाव में बाज़ार आधारित कौशलों का प्रशिक्षण पेशेवर शिक्षा बन गया। इसमें उद्योग जगत की केवल उत्पादन संबंधी आवश्यकताओं को प्राथमिकता दी गई। पिछले दो दशकों में भारत में पेशेवर शिक्षा का विकास भूमंडलीकरण और सूचना क्रान्ति के प्रभाव में हुआ है। इसी कारण इसका अर्थ और विस्तार सीमित है।

बॉक्स 1: श्रम बाज़ार और पेशेवर शिक्षा

श्रम बाज़ार और पेशेवर शिक्षा

विकासशील अर्थव्यवस्था में उच्च शिक्षा सामाजिक गतिशीलता का माध्यम होती है। राज्य अपनी नीतियों के माध्यम से युवा आबादी को उच्च शिक्षा की ओर अग्रसर करना चाहता है। इसके लिए विद्यालयी शिक्षा को लोकवस्तु के रूप में सभी के लिए सुलभ बनाया जाता है। जैसे-जैसे विद्यालयी शिक्षा का प्रसार होता है वैसे-वैसे उच्च शिक्षा की माँग बढ़ती जाती है।

उच्च शिक्षा की बढ़ती माँग की खपत श्रम बाज़ार में होती है। श्रम बाज़ार लाभ के ध्येय से विशेषीकृत श्रम की माँग करता है। प्रायः विकासशील अर्थव्यवस्थाओं में उच्च शिक्षा की संरचना में परंपरागत उदारवादी पाठ्यक्रम जैसे- विज्ञान एवं मानविकी में स्नातक की अधिकता होती है। इन उपाधियों के धारक संख्या में अधिक होते हैं लेकिन बाज़ार में उनकी माँग नहीं है। इस कारण प्रच्छन्न बेरोज़गारी और अकुशल श्रम की स्थिति पैदा होती है।

ऐसी स्थिति में उच्च शिक्षा में पेशेवर पाठ्यक्रमों की माँग बढ़ती है। चूँकि पेशेवर शिक्षा अर्द्ध-लोक वस्तु (क्वासी पब्लिक गुड) है अतः वह निःशुल्क और अनिवार्य रूप से सभी के लिए उपलब्ध नहीं है। इसे सरकारी और निजी दोनों तरह के संस्थानों द्वारा उपलब्ध कराया जाता है। इस कारण इसकी कीमत, माँग को देखते हुए अधिक हो जाती है। यद्यपि राज्य हस्तक्षेप द्वारा कीमत और गुणवत्ता दोनों को नियंत्रित करने का प्रयत्न करता है लेकिन पेशेवर शिक्षा में बाज़ार और शिक्षण प्रक्रिया के 'अदृश्य कारणों' के कारण गुणवत्ता की समस्या बनी रहती है। बाज़ार पक्ष में राजनीति और अर्थव्यवस्था के गठजोड़ से नियमों का सख़्ती से पालन न होना, शिक्षकों एवं अन्य कर्मचारियों को वेतन आदि कम देना, संसाधनों का अभाव, अन्य सुविधाओं के नाम पर फीस लेना शामिल है। शिक्षण प्रक्रिया के संदर्भ में सीखने के बजाय उपाधि के लिए पढ़ना, प्रायोगिक एवं आनुभाविक अधिगम शैली का अभाव, अध्यापकों का अभाव, पाठ्यचर्या का अद्यतन न होना जैसे कारण प्रभावी रहते हैं।

रोज़गार के अवसर और क्षेत्र बढ़ते हैं। रोज़गार करने वालों की संख्या बढ़ती है लेकिन वे रोज़गार के अपेक्षित कसौटी को पूरा नहीं करते हैं।

विद्यार्थियों की व्यक्तिगत, सामाजिक-सांस्कृतिक विविधता बढ़ती जाती है। इस दृष्टि से पेशेवर शिक्षा खुद को अनुकूलित नहीं कर पाती है। वह उच्च मध्यम वर्गीय विद्यार्थियों की पृष्ठभूमि के अनुकूल बनी रहती है।

पेशेवर शिक्षा संस्थानों की अधिगम संस्कृति विज्ञान और सामाजिक विज्ञान के कॉलेजों जैसी होती है जो व्यावसायिक आवश्यकताओं और दक्षताओं के लिए तैयार नहीं कर पाती है।

पेशेवर शिक्षा की पाठ्यचर्या, अध्यापन शैली, संसाधनों की उपलब्धता आदि अपेक्षाकृत दीर्घकाल में बदलते है जबकि बाज़ार की ज़रूरतें तीव्र गति से बदलती हैं।

जनता सरकारी क्षेत्र में सस्ती पेशेवर शिक्षा की माँग करती है जबकि सरकार इसके लिए आवश्यक निवेश करने की असमर्थता के कारण पब्लिक-प्राइवेट पार्टनरशिप मॉडल पर चलना चाहती है।

(स्रोतः गिरीश्वर मिश्र और ऋषभ कुमार मिश्र (2018)

अखिल भारतीय उच्च शिक्षा सर्वेक्षण के आँकड़ों के अनुसार वर्तमान में पेशेवर शिक्षा में विद्यार्थियों का नामांकन अपेक्षाकृत कम है। सर्वाधिक नामांकन बी.ए., बी.एससी. जैसे परंपरागत पाठ्यक्रमों में है। पेशेवर शिक्षा में सर्वाधिक नामांकन लोकप्रिय पाठ्यक्रमों जैसे- इंजीनियरिंग और मेडिकल सेवाओं में है। पेशेवर शिक्षा की पहुंच सामाजिक-आर्थिक वंचित समूहों तक कम है। पेशेवर शिक्षा के गुणवत्तापूर्ण संस्थानों के क्षेत्रीय वितरण में असमानता है। ये संस्थान महानगरीय केन्द्रों में स्थित हैं। इस कारण पेशेवर शिक्षा वर्तमान में किशारों और युवाओं के प्रवसन का कारण बन रही है। यह प्रवसन उच्च शिक्षा की लागत को बढ़ा रहे हैं। उच्च शिक्षा की लागत के संदर्भ में यह भी उल्लेखनीय पेशेवर शिक्षा के ज्यादातर संस्थान निजी क्षेत्रों में संचालित होते हैं। इन संस्थानों का नियमन और गुणवत्ता हमेशा से संदेह के दायरे में रही है। तुर्रा यह है कि इन संस्थानों से निकलने वाले स्नातक उद्योगों की वास्तविक ज़रूरतों को पूरा नहीं कर पा रहे हैं।

पेशेवर शिक्षा की एक मुख्य समस्या मुख्यधारा की विश्वविद्यालयी शिक्षा से इसका अलगाव है। पेशेवर शिक्षा के अधिकतर संस्थान जैसे *आईआईटी, आई आई एम, नेशनल इंस्टीट्यूट आफ फैशन टेक्नोलॉजी* परंपरागत विश्वविद्यालय संरचना के बाहर हैं। उनका यह स्वरूप उन्हें विशिष्ट बनाता है लेकिन उन्हें ज्ञानाशासन की दृष्टि से अलग भी कर देता है। वे अन्य विषयों के सान्निध्य का लाभ नहीं ले पाते हैं। यदि इस तरह के पेशेवर संस्थानों में सामाजिक विज्ञान और मानविकी के विषयों की पढ़ाई होती है तो वह भी अधिक महत्व रखती है। ये संस्थान स्वंय में श्रेष्ठता के मॉडल हैं लेकिन विश्वविद्यालयों से अलग-थलग द्वीप के रूप में होना इनके अधिगम अवसरों को सीमित करता है। इन परिस्थितियों में

तालिका 1: पेशेवर शिक्षा की चुनौतियाँ

आवश्यकतानुरूप संस्थानों का अभाव	यद्यपि पिछले कुछ वर्षों में पेशेवर शिक्षा के संस्थान खुले हैं। ये संस्थान इंजीनियरिंग और मेडिकल क्षेत्रों से जुड़े हुए हैं। कृषि, कानून, *हॉस्पीटैलिटी*, अन्य शिल्पों से संबंधित संस्थानों का अभाव है।
ग्रामीण अर्थव्यवस्था की उपेक्षा	पेशेवर शिक्षा के प्रचलित मॉडल में महानगर में स्थिति बहुराष्ट्रीय कंपनियों में रोज़गार की अपेक्षा को पूर्ण करना है। इस कारण ग्रामीण अर्थव्यवस्था और रोज़गा के क्षेत्र सीमित क्षमता वाले वोकेशनल एजुकेशन से पोषित है। यह वर्तमान की बड़ी आवश्यकता है कि हमारी पेशेवर शिक्षा इस सीमा से पार जा सके।
गुणवत्ता सुनिश्चयन की समस्या	पेशेवर शिक्षा की अधिकांश संस्थाएँ निजी क्षेत्र में है। इनकी गुणवत्ता पर प्रश्न-चिह्न है। यद्यपि पेशेवर शिक्षा की नियामक संस्थाओं द्वारा इस दिशा में प्रयास किया जाता है लेकिन इसमें अपेक्षानुरूप सफलता नहीं मिली है।
अध्यापकों का अभाव	पेशेवर शिक्षा के पाठ्यक्रमों के लिए अध्यापकों का अभाव है। योग्य पेशेवर अध्यापन का चुनाव करने के स्थान पर अपने व्यावसायिक क्षेत्र में सक्रिय रहते हैं। जो पेशेवर अध्यापन कार्य करते हैं वे क्षेत्रानुभव और नयी उभरती समस्यायों के संदर्भ में वास्तविक और प्रायोगिक ज्ञान में कमजोर होते हैं।
उद्योग जगत की भागीदारी का अभाव	पेशेवर शिक्षा के संस्थान और उद्योग जगत मिलकर पेशेवरों को तैयार नहीं करते हैं। वर्तमान में संस्थान अकादमिक ज्ञान देने का कार्य करते हैं। इस अकादमिक ज्ञान का अर्जित कर लेने के बाद विद्यार्थी आनुभाविक और प्रायोगिक ज्ञान लेते हैं।

स्रोतः कपूर और मेहता (2017) और वर्गीज (2015)

वर्तमान शिक्षा नीति पेशेवर शिक्षा को विकसित हो रही अर्थव्यवस्था की अपेक्षाओं के अनुरूप कार्य करने के लिए तैयार करने की अपेक्षा रखती है।

पेशेवर शिक्षा में सांस्थानिक बदलाव

आनेवाला समय पेशेवर शिक्षा के संरचनागत बदलावों के लिए उथनपुथल भरा रहेगा। वर्तमान में पेशेवर शिक्षा के अधिकांश संस्थान एकल हैं। उन्हें बहुअनुशासनात्मकता की ओर बढ़ना होगा। उच्च शिक्षा की नई व्यवस्था में विद्यार्थियों को स्नातक के अध्ययन कार्यक्रम के दौरान विभिन्न स्तरों पर बाहर जाने और पुनः प्रवेश लेने का सुझाव है। यह सुझाव पेशेवर शिक्षा के लिए संभावना और चुनौती दोनों रूपों में है। इस व्यवस्था में विद्यार्थी वास्तविक कार्यजगत के अनुभव द्वारा अपनी सैद्धान्तिक समझ को मज़बूत करेगा। वह अनुभव के आधार पर विषय चयन, परियोजना और व्यावहारिक समस्याओं के समाधान में समर्थ होगा। इस तरह से यह व्यवस्था संभावना युक्त है। वहीं यह सीमा है कि कहीं बाहर जाने के बाद विद्यार्थी वापस न आए! इस स्थिति में कमज़ोर अकादमिक पृष्ठभूमि के कारण उसके पेशेवर ज्ञान और दक्षता का स्तर भी न्यूनतम होगा जो भविष्य में उसकी उत्पादकता को प्रभावित करेगा। इसी संदर्भ में यह भी सवाल उठाता है कि बाहर जाने वाले विद्यार्थियों की सामाजिक-आर्थिक पृष्ठभूमि क्या होगी? जैसा कि पहले भी बताया गया कि वर्तमान समाज के वंचित वर्ग पेशेवर शिक्षा की दृष्टि से पिछड़े हुए हैं। कहीं इस व्यवस्था में उन्हें दोहरा नुकसान न हो जाए! कहीं वे उदासीन न हो जाए। इस स्थिति में पेशेवर शिक्षा की अवधि विभाजन को इस तरह से नियोजित करना होगा कि अध्ययन कार्यक्रम से बाहर जाने के प्रत्येक समय बिंदु पर विद्यार्थी के पास के दक्षता का परिभाषित समुच्चय हो। उसकी दक्षता का स्तर अगले स्तर से स्पष्टतः जुड़ा हो। उसे

पेशेवर शिक्षा के क्षेत्र में पुनः आकर्षित करने की संभावना हो। इस नीति में पेशेवर शिक्षा से संबंधित वर्तमान नियामक संस्थाओं जैसे- *ए.आई.सी.टी.ई., आई.सी.ए.आर.* आदि को अपने-अपने व्यवसाय जगत के लिए 'प्रोफेशनल मानक' तय करने की ज़िम्मेदारी सौंपी गई है। इन मानकों का निर्धारण बाज़ार, सेवा और नैतिक आचार को ध्यान में रखते हुए किया जाना श्रेयस्कर होगा। इससे व्यवसायों की समाज संबद्धता बढ़ेगी। इसके साथ ही ये संस्थाएँ अपनी भूमिका को एक प्रतिरोधक संस्थान के बजाय सकारात्मक हस्तक्षेप के रूप में विकसित कर पाएगीं।

पाठ्यचर्या में नवाचार

पेशेवर शिक्षा की पाठ्यचर्या सैद्धांतिक के साथ-साथ प्रयोजनमूलक भी होती है। इसमें अकादमिक ज्ञान और व्यावहारिक कार्य दक्षता का समन्वय होता है। इस समन्वय में विद्यार्थी के रूझान और उसकी अभिरुचि को भी प्राथमिकता दी जाती है। हमें शिक्षा नीति 2020 के लक्ष्यों के अनुसार पेशेवर शिक्षा के पाठ्यक्रमों को अद्यतन करना होगा। उसे केवल इस दृष्टि से तैयार नहीं करना होगा कि विद्यार्थी लाभ कमा सकें या उच्च वेतन अर्जित कर सके बल्कि इस दृष्टि से तैयार करना होगा कि विद्यार्थी नैतिक मूल्यों को ध्यान में रखते हुए शाश्वत विकास की ओर अग्रसर हों। इसके लिए स्वावलंबन और आत्मनिर्भरता मूल मंत्र होंगे। हमें बहु अनुशासनिक प्रारूप में विज्ञान प्रौद्योगिकी और सामाजिक विज्ञान के साथ पाठ्यचर्या को नए कलेवर में प्रस्तुत करना होगा। हमें सबके लिए एक पाठ्यक्रम के मॉडल को छोड़ना पड़ेगा। स्थानीय आवश्यकताओं समस्याओं और संदर्भों को पाठ्यक्रम में स्थान देना होगा। पेशेवर शिक्षा के अंतर्गत संबंधित पाठ्यक्रमों में आधारभूत दक्षताओं को पहचानना होगा। तद्रूरूप प्रत्यक्ष भागीदारी और अनुभव द्वारा समस्या समाधान के उपागम को स्वीकारना होगा। हमें ध्यान रखना होगा कि पाठ्यक्रम 'क्या सोचना है?' के स्थान पर 'कैसे सोचना है?' के लक्ष्य को साकार करे। इसके लिए परियोजना आधारित अधिगम जैसे उपायों को पाठ्यचर्या में स्थान देना होगा। इसमें समकालीन परिस्थितियों अनुसार किसी भी प्रौद्योगिकी के प्रयोग इस सामाजिक आर्थिक परिणामों पर भी विचार करने वाले घटक को सम्मिलित करना होगा। यह आवश्यक है कि पाठ्यचर्या के अंतर्गत विद्यार्थियों को क्षेत्र विशेषज्ञों का मार्गदर्शन मिले। उद्योग जगत के प्रतिनिधियों के साथ विद्यार्थियों का सीखना प्रतीकात्मक ना हो बल्कि विद्यार्थियों को उनके अनुभव और सूझ से परिचित कराए। हमने आपदा काल में देखा की स्थानीय संसाधनों के उपयोग द्वारा जीवन जीने की कुशलता का विकास शाश्वत विकास के लिए आवश्यक है। इसे हमें अपने पेशेवर शिक्षा का हिस्सा बनाना होगा। उद्यमिता विकास को भी पाठ्यचर्या का हिस्सा बनाना होगा। पाठ्यचर्या में सूचना प्रौद्योगिकी के पक्ष का समावेश करते हुए इसे इस दृष्टि से लचीला बनाना होगा कि विद्यार्थी बहु अनुशासनिक प्रारूप में अंतर संस्थानिक विषयों का अध्ययन भी कर सके। पेशेवर शिक्षा को भारतीय भाषाओं में उपलब्ध कराया जाना भी हमारी प्राथमिकता सूची में होना चाहिए।

शिक्षण शास्त्र में नवाचार

पेशेवर शिक्षा की वर्तमान स्थिति में यह सर्वमान्य तथ्य है कि विद्यार्थी के पास सैद्धांतिक ज्ञान होता है। वे जिस संस्थान में सेवा प्रदान करने जाते हैं वहां उन्हें पुनः प्रशिक्षित किया जाता है। तदुपरांत वे सक्रिय उत्पादक की भूमिका निभाते हैं। इसका मुख्य कारण पेशेवर शिक्षा का शिक्षण शास्त्र है जो उन्हें सैद्धांतिक ज्ञान से तो दक्ष बनाता है लेकिन ज्ञान के अनुप्रयोग का पक्ष पुष्ट नहीं हो पाता है। किसी भी पेशेवर शिक्षा में

वास्तविक समस्याओं के लिए वास्तविक समस्याओं के समाधान के लिए आवश्यक कुशलताएँ महत्वपूर्ण होती हैं। जबकि हमारे संस्थानों में अभी भी पाठ्यपुस्तक आधारित शिक्षण ही होता है। अब समय आ गया है कि हम इस विधि का परित्याग कर दें। नई शिक्षा नीति के अनुसार हमें प्रयास करना होगा कि हमारा शिक्षण-शास्त्र विभिन्न अधिगम शैलियों को पोषित करें। विद्यार्थियों की अधिगम आवश्यकताओं को संबोधित करें। विषय वस्तु की दृष्टि से हम विद्यार्थियों को अद्यतन जानकारी दें। उन्हें समर्थ बना सके कि वे स्वयं से सीखने के लिए प्रेरित हो। विद्यार्थियों को लिखने, पढ़ने, बोलने की कुशलता विकसित करनी होगी। उनमें शोध परक दृष्टि का विकास करना होगा। नई तकनीकी के साथ वृहत्तर सामाजिक संदर्भ को ध्यान में रखते हुए सीखने की ओर अग्रसर करना होगा। इन सुझावों को क्रियान्वित करने के लिए आकलन के तरीकों में भी बदलाव करना पड़ेगा। सेमेस्टर परीक्षा के स्थान पर उनके लिए फीडबैक आधारित योगात्मक मूल्यांकन आवश्यक है जहाँ विद्यार्थी द्वारा किए गए प्रदर्शन के आधार पर उसे उसकी वास्तविक शक्तियों और सीमाओं से परिचित कराया जाए।

पेशेवर शिक्षा में कुशलता का व्यवहारवादी नज़रिया उपयोगी नहीं है। हमारे संस्थानों में आज भी कुशलताओं के अभ्यास और अनुबंधन द्वारा सिखाया जाता है। उन्हें विदेशी उद्योगों और उद्यमियों के रोल मॉडल और *केस स्टडी* द्वारा पेशेवर बनाया जाता है। हमें विचार करना होगा कि कैसे नवाचार करने वाले सृजनात्मक चिंतन द्वारा वास्तविक समस्याओं का समाधान करने वाले युवा मस्तिष्क का विकास किया जाए। इसके लिए उन्हें वैचारिक स्वतंत्रता और आर्थिक स्वतंत्रता दोनों की दृष्टि देनी आवश्यक है। एक के बिना दूसरे का कोई उपयोग नहीं है। पेशेवर शिक्षा द्वारा सुनिश्चित किया जाना चाहिए कि भावी पेशेवरों में सहजीवन और सहअस्तित्व वाली विश्वदृष्टि जो मानव और मानवेतर प्रकृति के साथ रहने में विश्वास करे, का विकास हो।

पेशेवर शिक्षा में शोध

पेशेवर शिक्षा को अध्यापन और शोध के आधार पर विभाजित करके नहीं देखा जा सकता है। शोध के बिना हम ऐसे पेशेवर नहीं तैयार कर सकते हैं जो उद्योग, प्रौद्योगिकी, समुदाय की आवश्यकताओं और पर्यावरणजन्य समस्याओं के औचित्यपूर्ण समाधान खोज सकें। पेशेवर शिक्षा में सैद्धान्तिक और आनुप्रायोगिक दोनों तरह के शोध कार्यों की आवश्यकता होगी। पेशेवर शिक्षा में शोध का मुद्दा वैसा नहीं होगा जैसा कि किसी भी अन्य पारंपरिक विश्वविद्यालय के सामाजिक विज्ञान और विज्ञान ज्ञानानुशासनों में होता है। इस विषय में नीति की प्रस्तावना ही महत्वपूर्ण संकेत देती है। इसके अनुसार पेशेवर शिक्षा के लिए भावी विकास को सुनिश्चित करने के लक्ष्य से शोध कार्य करना होगा। इसके लिए *नेशनल रिसर्च फाउंडेशन* की भूमिका महत्वपूर्ण होगी जो विज्ञान, प्रौद्योगिकी और सामाजिक विज्ञान के अंतर-अनुशासनिक क्षेत्रों में गुणवत्तापूर्ण कार्यों को करने का माहौल तैयार करेगा। वर्तमान में पेशेवर शिक्षा में शोध के अध्येताओं की दृष्टि से अभाव है। अधिकांश विद्यार्थी मूल ज्ञानानुशासनों जैसे- विज्ञान की विभिन्न शाखाओं में शोध करना पसंद करते हैं। पेशेवर शिक्षा को केवल रोज़गार तक केन्द्रित रखा जाता है। नवाचार आधारित शाश्वत विकास के लिए इस दृष्टि को बदलना होगा। अकादमिक जगत और उद्योग क्षेत्र को मिलकर महत्वपूर्ण विषयों पर अंतर-अनुशासनात्मक शोध करने होंगे। इन शोधों से प्राप्त परिणामों से राज्य की नीतियों को दिशा प्राप्त करनी होगी।

शिक्षा नीति में उच्च शिक्षा से संबंधी पहुँच, गुणवत्ता और समावेशन के लक्ष्यों की समय सीमा 2030 है। पेशेवर शिक्षा के क्षेत्र में निजी संस्थानों का नियमन और उनकी लाभ कमाने की प्रवृत्ति पर नियंत्रण

अति आवश्यक है। इसके बिना गुणवत्ता की परिभाषा पर बाज़ार की ताकतों का नियंत्रण रहेगा जो अंततः पेशेवर शिक्षा के लक्ष्यों को धुंधला करेंगी। इसके साथ-साथ हमें यह विचार करना होगा कि पेशेवर शिक्षा को सामाजिक आर्थिक दृष्टि से वंचित वर्गों तक पहुँचाने का तरीका क्या होगा? यद्यपि इसके लिए नीति छात्रवृत्तियों, दूर-दराज़ के संस्थानों के स्तरों में सुधार जैसे उपाय की बात करती है, फिर भी इसके परिणामों की प्रतीक्षा करनी होगी। कृषि शिक्षा जैसे अति आवश्यक क्षेत्रों में पेशेवर शिक्षा का विस्तार अत्यन्त आवश्यक है। यद्यपि इसके लिए आजादी के बाद से ही हर आयोगों और नीतियों में सुझाव दिए गए हैं लेकिन यह क्षेत्र आज तक उपेक्षित है। विद्यालय स्तर पर *वोकेशनल एजुकेशन* के साथ संबंध को मज़बूत करना एक प्रमुख क्रियान्वयन सूत्र है। इसके बिना वोकेशनल और प्रोफेशनल एजुकेशन के बीच का अंतराल बना रहेगा। इस अवधि में पेशेवर शिक्षा को लेकर हमें ऐसा प्रयास करना होगा कि इसके द्वारा विद्यार्थियों में आत्मनिर्भरता और स्वावलंबन के भाव का पोषण किया जा सके। हमें स्वरोज़गार के स्थानीय अवसरों को तैयार कर अर्थव्यवस्था के लाभ का विकेन्द्रीकरण करना होगा। अन्यथा केन्द्रीकृत अर्थव्यवस्था के दुष्परिणामों को हम वर्तमान में झेल ही रहे हैं। सूचना प्रौद्योगिकी के विस्तार का लाभ उठाते हुए दूर शिक्षा और ऑनलाइन माध्यमों के प्रयोगों से पेशेवर शिक्षा को व्यापक बनाना होगा। पेशेवर शिक्षा ने रोज़गार बाज़ार में सफल होने की संभावना को बढ़ा दिया है लेकिन 'नौकरी' पर निर्भरता बनी हुई है। अभी पेशेवर शिक्षा की अभिप्रेरणा के मूल में लाभ कमाना या अधिक तनख़्वाह का भाव है। हमें स्थापित करना होगा कि नैतिक आचार और सेवाभाव किसी भी पेशेवर के लिए अति आवश्यक है।

संदर्भ

- मानव संसाधन विकास मंत्रालय (2019). ऑल इंडिया सर्वे ऑफ हायर एजुकेशन, नई दिल्लीः मानव संसाधन विकास मंत्रालय
- मिश्रा, गिरीश्वर और मिश्रा ऋषभ कुमार (2018). न्यू इंडिया-यूनिवर्सिटीज इन द मिडल ऑफ इकनॉमिक डेवलेपमेंट। जॉन वल्जानइर (सं.). सस्टेनेबल फ्यूचर ऑफ हायर एजुकेशन पृष्ठ-151-174
- वर्गीज, एन.वी. (2015). चैलेन्ज ऑफमैशीफिकेशन ऑफ हायर एजुकेशन इन इंडिया. नीपाः सीपीआरएचई रिसर्च पेपर.
- कपूर, डी. और मेहता, पी.बी. (सं.) (2017). नेविगेटिंग द लेबरनीथ: पर्सपेक्टिव ऑन हायर एजुकेशन इन इंडिया. दिल्लीः ओरियंट ब्लैकस्वान

18

जीवन के लिए जीवनपर्यंत सीखना

पंकज अरोड़ा[1] एवं विश्वास[2]

शिक्षा और सभी मानव क्षमताओं का केंद्र साक्षरता है। गरीबी उन्मलून, बाल मृत्यु दर को कम करने, जनसंख्या वृद्धि रोकने, महिला-पुरुष समानता प्राप्त करने तथा सतत विकास शांति और लोकतंत्र सुनिश्चित करने के लिए बुनियादी साक्षरता अति आवश्यक है। सार्वभौमिक साक्षरता का उनके लिए भी विशेष महत्व है, जो किन्हीं कारणों से शिक्षा प्राप्त करने से वंचित रह गए हैं। शिक्षा के विभिन्न प्रकारों के माध्यम से युवाओं और वयस्कों को सशक्त बनाने के अलावा, सार्वभौमिक वयस्क साक्षरता के लक्ष्य को प्राप्त करना, प्रौढ़ शिक्षा का एक मौलिक लक्ष्य है। वास्तव में बुनियादी साक्षरता कार्यक्रमों की शुरूआत को इस क्षेत्र की गतिविधियों के साथ शिक्षा को जीवनपर्यंत सीखने से एक परिपेक्ष्य के रूप में देखा जाता है।

प्रौढ़ शिक्षा में शैक्षणिक प्रक्रिया के अंतर्गत आने वाले सभी घटक शामिल है। इसके अंतर्गत पाठ्य सामग्री को विभिन्न विधि-प्रविधि के माध्यम से औपचारिक, अनौपचारिक अथवा निरौपचारिक रूप से वयस्कों तक पहुँचाया जाता है। जिससे उनकी क्षमताओं का विकास होता है। उनके ज्ञान को समृद्ध करने तथा उनकी तकनीकी में सुधार करने अथवा पेशेवर योग्यताएँ विकसित करने में सहायता मिलती है। प्रौढ़ शिक्षा समाज के वयस्कों को एक नई दिशा प्रदान करती है। जिससे समाज के विकास में उनकी भागीदारी बढ़ती है। उनके व्यवहार व दृष्टिकोण में संतुलन स्थापित होता है। सामाजिक, आर्थिक और सांस्कृतिक विकास में सहयोग मिलता है।

प्रौढ़ शिक्षा की अवधारणा समय-समय पर बदलती रही है। प्रौढ़ शिक्षा से आशय शिक्षा की उस व्यवस्था से है, जो ऐसे प्रौढ़ों अथवा वयस्कों के लिए की जाती है जो विद्यालय जाने की उम्र में किसी न किसी कारणवश विद्यालय नहीं जा पाए। ब्रायसन (1937) के अनुसार प्रौढ़ शिक्षा तात्कालिक और दीर्घकालिक समस्याओं के निराकरण हेतु बौद्धिक उपकरण अर्जित करने के लिए साधारणतः जीवन का थोड़ा-सा समय निकालकर शैक्षिक उद्देश्य के लिए की जाने वाली समस्त गतिविधियाँ है। अमेरिकन विश्वकोष (भाग-1) के अनुसार प्रौढ़ शिक्षा में उन समस्त अनुभवों को शामिल किया जाता है जो परिपक्व पुरुषों एवं महिलाओं को नवीन ज्ञान, समझ, कौशल, दृष्टिकोण, रुचियों एवं मूल्यों के विकास में सहायक हैं।

प्रौढ़ शिक्षा केवल साक्षरता तक सीमित नहीं है, बल्कि इसमें आस-पास के वातावरण, समस्याओं, अधिकार एवं कर्तव्यों के प्रति जागरूकता को भी शामिल किया जाता है। यह निरौपचारिक है तथा 15 वर्ष या उससे अधिक आयु वाले समूह की शिक्षा के लिए योजित की गई है। प्रौढ़ शिक्षा सतत रूप से चलने वाली जीवनपर्यंत शिक्षा है एवं जीवनोन्मुख है। इसका उद्देश्य लागों के ज्ञान कौशल एवं व्यवहार में सकारात्मक

[1] प्रोफ़ेसर (शिक्षा), शिक्षा विभाग (सीआईई), दिल्ली विश्वविद्यालय, दिल्ली।

[2] असिस्टेंट प्रोफ़ेसर, क्षेत्रीय शिक्षा संस्थान, आरआईई, भोपाल।

और निश्चित बदलाव लाना है। यह आवश्यकता पर आधारित है। इसकी प्रकृति गतिशील तो है ही, साथ ही बहु-अनुशासनात्मक (Multi-disciplinary) भी है। यह आनुभाविक अधिगम पर अधिक बल देती है। प्रौढ़ शिक्षा का अभिप्राय केवल साक्षरता तक ही सीमित न होकर इससे कही आगे है। यह मानव-निर्माण की ऐसी प्रक्रिया है जिसमें न केवल बौद्धिक, सामाजिक, आर्थिक अथवा सौन्दर्य संबंधी पक्षों, बल्कि नैतिक और आध्यात्मिक पक्षों पर भी बल दिया जाता है ताकि व्यक्ति को सच्चे अर्थों में शिक्षित एवं सुसंस्कृत किया जा सके।

इस प्रकार प्रौढ़ शिक्षा में शिक्षा के उन रूपों को शामिल किया जाता है, जिसके अंतर्गत विद्यार्थी प्रतिभागियों के रूप में उन वयस्कों को शिक्षित करते हैं जो सक्षम, अनुभवी, ज़िम्मेदार, परिपक्व और संतुलित हैं।

भारत में प्रौढ़ शिक्षा का इतिहास

प्रौढ़ शिक्षा अपनी प्राचीन सांस्कृतिक विरासत के लिए प्रसिद्ध है। जिसमें विचारकों, संतों, ऋषियों और दार्शनिकों ने योगदान दिया है। प्राचीन भारत में प्रौढ़ शिक्षा के प्रारम्भ के विषय में ठीक-ठीक अनुमान लगा पाना कठिन है, परंतु ऐसा माना जाता है कि भारतीय शिक्षा 2000 इ.पू. से 1200 ई. तक विस्तारित है। सामाजिक और दार्शनिक प्रासंगिकता के संदर्भ में विभिन्न शैक्षिक प्रणालियों का विकास किया गया। शिक्षा का उद्देश्य लोगों को नैतिक और सामाजिक दायित्वों के प्रति जागरूक करना था।

साक्षरता के संबंध में निश्चित आँकड़े विलियम एडम की रिपोर्ट में मिलते हैं। उनके अनुसार सन् 1836-37 में भारत की साक्षरता मात्र 6 प्रतिशत ही थी। ब्रिटिश काल में शासकों को प्रौढ़ शिक्षा की बहुत कम चिन्ता थी। हालांकि ब्रिटेन में औद्यागिक क्रान्ति के चलते रात्रि विद्यालयों (Night Schools) का उदय हुआ और इसका कुछ प्रभाव भारत पर भी पड़ा। प्रत्येक भारतीय ब्रिटिश प्रान्त में कुछ वित्तीय अनुदान देने का प्रावधान किया गया। भारतीय शिक्षा आयोग (1882-83) ने माना कि वयस्कों को आर्थिक बेहतरी के लिए शिक्षा की आवश्यकता है और आयोग ने आगे भी उनके रात्रि विद्यालयों (Night Schools) के विस्तार की दृढ़ता से अनुशंसा की। इन प्रयासों के चलते सामूहिक शिक्षा की संकल्पना में रुचि विकसित हुई। सन 1882-83 तक बाम्बे एवं मद्रास में क्रमशः 134 व 312 रात्रि विद्यालय खुल चुके थे। इनमें उस समय क्रमशः 4000 व 7000 वयस्कों का नामांकन था। दादाभाई नौरोजी, गोपाल कृष्ण गोखले, रानाडे, केशुबचन्द्र सेन, विद्यासागर, रविन्द्रनाथ टैगोर, वीरासालिंगम, सय्यैद अहमद खान आदि ने शिक्षा प्राप्त करने के लिए अंग्रेजों द्वारा लगाए गए प्रतिबन्धों का न केवल विरोध ही किया, बल्कि बडे जनसमूह को मातृभाषा में शिक्षा दिए जाने की वकातल भी की। केशुबचन्द्र सेन ने दबे-कुचले करोड़ो भारतीयों की शिक्षा व्यवस्था में सुधार के लिए लार्ड नार्थब्रुक को कई पत्रों की पूरी शृंखला लिखी थी। विद्यासागर ने शिक्षा के विस्तारीकरण पर प्रबल ज़ोर दिया था। केशुबचन्द्र सेन ने सन् 1859 में देबेन्द्रनाथ टैगोर के साथ मिलकर एक सोसायटी "संगत सभा" की स्थापना की। जिसके प्रयासों से संध्याकालीन चलने वाले विद्यालय खोले गए। जिसमें मज़दूर व किसान वर्ग के वयस्कों को शिक्षा दी जाती थी। उन्होंने "बामा हितैषिनी सभा" की भी स्थापना की, जहाँ महिलाएँ अखबार पढ़कर सामूहिक बौद्धिक परिचर्चा किया करती थीं ताकि उन्हें सामाजिक और शैक्षिक सुधारों के विषय में पता चल सके। 19वीं शताब्दी में ब्रह्म समाज की नेता शशिपद बनर्जी ने बंगाल में अनेक महिलाओं को शिक्षित किया।

सहकारी आन्दोलन (1918-36) को बल मिलने से प्रौढ़ साक्षरता हेतु कक्षाएँ संचालित किए जाने को भी बल मिला। इसके अलावा प्रथम विश्वयुद्ध से लौटे जवानों (जो एक अलग प्रकार के आत्मज्ञान

और चेतना से युक्त थे) का प्रभाव भी तात्कालिक समाज पर पड़ा। अब वयस्क यह जानने के लिए उत्सुक थे कि उनके चारों और क्या हो रहा है। आशय यह है कि तब उनके मन में भी पढ़ने-लिखने की अच्छा बलवती होने लगी थी। नतीजतन प्रौढ़ शिक्षा में उछाल आया। अब लोग देश-दुनिया को समझने के लिए पढ़ना चाहते थे। केन्द्रीय शिक्षा सलाहकार बोर्ड ने सन् 1938 में अपनी चौथी बैठक में डॉ. सय्यैद महमूद की अध्यक्षता में एक प्रौढ़ शिक्षा समिति का गठन किया। इस समिति का ज़ोर प्रौढ़ शिक्षा पर था; इसके चलते समिति ने शिक्षकों के प्रशिक्षण, वयस्कों को अभिप्रेरित करने, शिक्षण में श्रव्य-दृश्य माध्यमों के प्रयोग, साक्षरता को बनाये रखने और सतत् शिक्षा की आवश्यकता पर ध्यान केन्द्रित किया। महात्मा गांधी ने बेसिक शिक्षा के साथ-साथ प्रौढ़ शिक्षा के महत्व पर भी बल दिया। जिसके अंतर्गत उन्होंने सही और सत्य राजनीतिक शिक्षा की बात कही। राजनीतिक स्वतंत्रता उनकी प्राथमिकता थी। इसलिए उन्होंने प्रौढ़ों के लिए राजनीतिक शिक्षा पर ज़ोर दिया। हालांकि उनका ज़ोर प्रौढ़ों के 3 R's (पढ़ना, लिखना और संख्यात्मक गणना) में दक्ष होने पर भी था।

उपरोक्त प्रयासों के चलते साक्षरता दर 1901 में 6.7 प्रतिशत के मुकाबले सन् 1951 में 16.6 तक पहुँच गई।

स्वतंत्र भारत में प्रौढ़ शिक्षा

एक लोकतांत्रिक सरकार की महत्वपूर्ण ज़िम्मेदारी नागरिकों को शिक्षित करना है, ताकि वे बेहतर जीवन यापन कर सके। उन्हें दी जाने वाली शिक्षा उनके दैनिक जीवन से जुड़ी होनी चाहिए। इसका आर्थिक विकास के साथ सीधे तौर पर संबंध होना चाहिए। इसे लोगों को प्रशिक्षित करके, उनमें कौशलों का विकास करके, उन्हें उत्पादन बढ़ाने वाली जनशक्ति के रूप में परिणत किया जाना चाहिए।

सन् 1948 में केन्द्रीय शिक्षा सलाहकार बोर्ड ने एक सात सदस्यीय समिति का गठन किया। जिसने "प्रौढ़ शिक्षा एवं साक्षरता के लिए योजना" प्रस्तुत की। इस समिति में हुमायूँ कबीर, माता प्रसाद, के.जी. सय्यदैन, वी.एस. झा, एम. अन्नथस्यानम अय्यंगर एवं एम.के. सिद्धान्त थे। समिति ने आगामी पाँच वर्षों में 50 प्रतिशत 12 से 45 वर्ष के आयु समूह को साक्षर करने का लक्ष्य निर्धारित किया। सन् 1950 के आखिर में चलाई गई "ग्राम शिक्षा मुहिम" स्वतंत्र भारत का सबसे पहला सफल अभियान था। यह मुहिम महाराष्ट्र में शुरू की गई और सन् 1960 तक पूरे महाराष्ट्र में इसे चलाया गया। जिसका परिणाम यह निकला कि वर्ष 1961-71 में महाराष्ट्र की साक्षरता दर में लगभग 10 प्रतिशत का उछाल आया। महाराष्ट्र की साक्षरता दर 29.82 से 39.18 प्रतिशत हो गई। जबकि राष्ट्रीय साक्षरता दर में मात्र पाँच प्रतिशत का सुधार (24.02 से 29.45 प्रतिशत) ही दर्ज किया गया था। इस मुहिम को अन्तर्राष्ट्रीय पहचान मिली और योजना आयोग द्वारा अन्य राज्यों में भी इसे चलाया गया।

सन् 1960 में कनाडा में प्रौढ़ शिक्षा पर विश्व सम्मेलन आयोजित किया गया। जिसके पश्चात् कार्यात्मक साक्षरता की संकल्पना का उदय हुआ। सन् 1965 में तेहरान में आयेजित विश्व सम्मेलन में कार्यात्मक साक्षरता की अवधारणा को और अधिक स्पष्टता से व्याख्यायित किया गया। वहाँ साक्षरता के सामाजिक और आर्थिक प्रगति के साथ संबंध पर विस्तृत चर्चा की गई।

प्रौढ़ शिक्षा के संबंध में अन्तर्राष्ट्रीय विचारधारा का गहरा प्रभाव पड़ा। सन् 1965 में भारतीय योजना आयोग के सदस्य डॉ. वी.के.आर.वी. राव ने कार्यात्मक साक्षरता की पुरज़ोर पैरवी की। सन् 1965 में योजना आयोग द्वारा आयेजित किये गए राज्य शिक्षा मंत्रियों के सम्मेलन में विशेष तौर पर इस तथ्य की

ओर ध्यान आकृष्ट किया गया कि कृषि उत्पादन, परिवार नियोजन, पंचायतराज संस्थान सहित अन्य राष्ट्रीय अभियानों के असफल होने का एक बड़ा कारण देश की ग्रामीण आबादी का बडी संख्या में कार्यात्मक रूप से निरक्षर होना है।

प्रौढ़ शिक्षा के प्रति इस नए आयाम के कारण शिक्षा आयोग (1964-1966) ने प्रौढ़ शिक्षा को काफ़ी महत्व दिया। शिक्षा आयोग (1964-66) ने कहा, *"साक्षरता केवल पढ़ने-लिखने मात्र तक सीमित नहीं है। साक्षरता का महत्व बढ़ाना है तो उसे कार्यात्मक ता होना ही चाहिए। साक्षर को न केवल पढ़ने-लिखने में निपुणता हासिल करने के लिए, बल्कि प्रासंगिक ज्ञान प्राप्त करने में सक्षम होना चाहिए, जो उसे और उसकी रुचियों को आगे बढाने में सक्षम हो।"*

साक्षरता को "सीखने वाले के व्यवसाय के साथ जुड़ी और विकास से सीधे संबंधित होने" के रूप में परिभाषित किया गया है। व्यावहारिक साक्षरता की अवधारणा को ध्यान में रखते हुए यूनेस्को ने *एक्सपैरिमेंटल वर्ल्ड लिटरेसी प्रोग्राम* (EWLP) तैयार किया था। जिससे भारत के किसानों को प्रशिक्षण और व्यावहारिक साक्षरता परियोजना (FTFLP) को विकसित करने का अवसर मिला। यह परियोजना सन् 1968 से 1977 के बीच चलाई गई, जिसका उद्देश्य किसानों की दक्षता में संवर्धन करना था।

प्रौढ़ शिक्षा को ध्यान में रखते हुए सन् 1969 में राष्ट्रीय प्रौढ़ शिक्षा बोर्ड और सन् 1971 में प्रौढ़ शिक्षा निदेशालय बनाया गया। साथ ही कई प्रकार के शैक्षिक कार्यक्रम बनाये गए, जो निरौपचारिक शिक्षा के माध्यम से फलीभूत किये गए। सन् 1978 में भारत सरकार ने प्रौढ़ शिक्षा को प्राथमिकता दी और राष्ट्रीय प्रौढ़ शिक्षा कार्यक्रम की शुरूआत की। इस कार्यक्रम का ध्येय साक्षरता के साथ-साथ सामाजिक जागरूकता लाना था। जिससे गरीब तबके (जो कि निरक्षर होने के साथ-साथ शिथिल भी था) को क्रियाशील करके सामाजिक और आर्थिक विकास किया जा सके। प्रारम्भ (1978-80) में इसे 10 माह (300-500 घंटे) के लिए शुरू किया गया था। परंतु 1980 में समीक्षा के पश्चात् इसकी अवधि तीन वर्षों के लिए बढ़ा दी गई। अब इस कार्यक्रम का नाम बदलकर प्रौढ़ शिक्षा कार्यक्रम कर दिया गया। अब इसे तीन चरणों में चलाया गया। प्रथम चरण में बुनियादी साक्षरता पर ध्यान दिया गया, जिसकी की अवधि 300-350 घंटों की थी। द्वितीय व तृतीय चरण क्रमश: 150 व 100 घंटों की अवधि का था। पहले वर्ष के कार्यक्रम की विषयवस्तु में बुनियादी साक्षरता, संख्यात्मकता, स्वास्थ्य ज्ञान, पारिवारिक जीवन, शिक्षार्थियों की पृष्ठभूमि से संबंधित व्यवसाय और पारिवारिक जीवन के लिए प्रासंगिक कानून शामिल थे। चूँकि दूसरे और तीसरे वर्ष के कार्यक्रम का ध्यान साक्षरता के सुदृढ़ीकरण और व्यावसायिक अध्ययन के सुधार पर था। इसलिए कोई विशिष्ट विषयवस्तु नहीं रखी गई थी और स्थानीय रूप से प्रासंगिक पठन सामग्री का प्रयोग करने की स्वतंत्रता दी गई थी। इसके बाद कार्यक्रम की अवधि दो साल कर दी गई। सन् 1980 के दशक में प्रौढ़ शिक्षा का दायित्व विश्वविद्यालयों को सौंपा गया और विश्वविद्यालय अनुदान आयोग ने इसके लिए विश्वविद्यालयों को शत-प्रतिशत अनुदान दिया।

स्वतत्रंता के पश्चात् सरकार ने देश की साक्षरता दर का बढ़ाने के लिए अनके कार्यक्रम चलाए। जिनमें प्रौढ़ शिक्षा से जुड़े भी कई कार्यक्रम संचालित किए गए। भारत सरकार ने महसूस किया कि केवल औपचारिक शिक्षा के माध्यम से निरक्षरता की समस्याओं से प्रभावी रूप से निपटना संभव नहीं था, क्योंकि देश की आबादी का बहुत बड़ा हिस्सा औपचारिक शिक्षा की परिधि के बाहर था। निरक्षर आबादी का यह बहुत बड़ा हिस्सा ऐसा था, जो आर्थिक रूप से कमज़ोर था। जिन तक सरकार द्वारा चलाई जाने वाली निरौपचारिक शिक्षा के माध्यम से ही पहुँचना सम्भव था।

राष्ट्रीय शिक्षा नीति (1986)

राष्ट्रीय शिक्षा नीति (1986) में भी साक्षरता के महत्व को दोहराया गया। जिसमें परिकल्पना की गई थी कि प्रौढ़ शिक्षा आर्थिक, सामाजिक और लैंगिक असमानताओं को कम करने के लिए एक साधन होगी, और राष्ट्र संसाधन के रूप में सहायता प्रदान करने की ज़िम्मेदारी ग्रहण करेगी। राष्ट्रीय शिक्षा नीति के *प्रोग्राम ऑफ ऐक्शन* ने सिफ़ारिश की, "प्रौढ़ शिक्षा का ज़ोर कौशल विकास और लक्षित समूह की जागरूकता पर होना चाहिए, साथ ही उत्पीडितों के विकास के लिए होना चाहिए। इसके बाद, जब साक्षरता को बढ़ावा देना एक महत्वपूर्ण राष्ट्रीय मिशन बन गया, तो राष्ट्रीय साक्षरता मिशन पर जारी दस्तावेज़ ने निर्दिष्ट किया कि राष्ट्रीय साक्षरता मिशन का उद्देश्य विभिन्न प्रकारों के माध्यम से 1995 तक 15-35 आयु वर्ग में 8 करोड़ निरक्षरों को व्यावहारिक / कार्यात्मक साक्षरता प्रदान करना होगा और यह लक्ष्य समाज के सभी वर्गों की सक्रिय भागीदारी के साथ सम्भव होगा। राष्ट्रीय साक्षरता मिशन के तहत परिकल्पित साक्षरता की अवधारणा पहले की अवधारणा से बहुत व्यापक थी और इसमें निम्नलिखित चार पहलू शामिल थे-

1. बुनियादी संख्यात्मक ज्ञान में आत्मनिर्भरता प्राप्त करना,
2. किसी के वंचित होने के कारण से अवगत होना और संगठन के माध्यम से परिस्थितियों के संशोधन की ओर बढ़ना और विकास की प्रक्रिया में भागीदारी बढ़ाना,
3. आर्थिक स्थिति और सामान्य खुशहाली में सुधार करने के लिए कौशल प्राप्त करना, एवं
4. राष्ट्रीय एकीकरण, पर्यावरण के संरक्षण, महिलाओं की समानता, छोटे परिवार के आदर्श का पालन, आदि के मूल्यों को आत्मसात करना।

कार्यात्मक साक्षरता की इस विस्तारित अवधारणा को मानव जीवन के सभी पहलुओं की अपनी कवरेज और राष्ट्रीय मुद्दों पर ध्यान देने के मद्देनजर विकासात्मक साक्षरता कहा जा सकता है। इस प्रकार, विकासपरक साक्षरता को मानव और राष्ट्रों के सर्वांगीण विकास के लिए साक्षरता के रूप में परिभाषित किया जा सकता है। व्यक्तियों को एक प्रबुद्ध, उत्पादक और सामाजिक रूप से जागरूक जीवन जीने के लिए सक्षम करके, विकासपरक साक्षरता का लक्ष्य समग्र रूप से राष्ट्र के विकास में निहीत है।

भारत में प्रौढ़ शिक्षा के लिए किये गए प्रयास

स्वतंत्रता प्राप्ति के समय भारत की लगभग 86 प्रतिशत जनसंख्या निरक्षर थी। उस समय प्रौढ़ शिक्षा का उद्देश्य सबसे निचले पायदान पर था। राष्ट्रीय साक्षरता मिशन प्राधिकरण (NLMA) प्रौढ़ साक्षरता और कौशल विकास में परिकल्पित सभी कार्यकलापों के लिए राष्ट्रीय स्तर पर संचालन और कार्यान्वयन संगठन है। बारहवीं पंचवर्षीय योजना के दौरान भारत की साक्षरता दर को बढ़ाकर 80 प्रतिशत तक करने का लक्ष्य रखा गया। साथ ही पुरुष-महिला के अन्तर को 10 प्रतिशत से कम करने का भी संकल्प लिया गया। इसके लिए साक्षर भारत अभियान के अंतर्गत वयस्कों एवं विद्यालय से बाहर हुए किशोरों पर विशेष ध्यान आकृष्ट करने की योजना बनाई गई। जिससे वे केवल बुनियादी शिक्षा से जीवन पर्यंत शिक्षा की ओर बढ़ सके।

शिक्षा मंत्रालय (तत्कालीन मानव संसाधन विकास मंत्रालय) द्वारा राज्य संसाधन केन्द्रों (State Resource Center - SRC) को शिक्षण अध्ययन सामग्री के विकास, कार्यकर्ताओं के शिक्षण, पर्यावरण निर्माण कार्यकलापों, कार्य अनुसंधान, निगरानी तथा मूल्यांकन आदि के क्षेत्रों में प्रौढ़ तथा सतत शिक्षा

के लिए अकादमिक एवं तकनीकी संसाधन सहायता प्रदान करने का आदेश दिया गया। सन् 2015-16 में देश में 32 राज्य संसाधन केन्द्र (SRC) थे। साथ ही जन शिक्षा संस्थान (JSS) निरक्षर, नव-साक्षर प्रौढ़ों और साथ ही बीच में पढ़ाई छोड़ने वालों को लगातार ऐसे कौशलों का पता लगवा कर, जिनका उनके प्रतिष्ठान के क्षेत्र में एक बाज़ार हो सकता है, व्यावसायिक प्रशिक्षण प्रदान कर रहे हैं। जन शिक्षा संस्थान की कार्यप्रणाली में कार्यदक्षता, पारदर्शिता, जवाबदेही तथा सार्वजनिक सुरक्षा अंतर-निविष्ट करने के उद्देश्य से एक प्रबंधन सूचना प्रणाली (MIS) विकसित की गई है।

प्रौढ़ शिक्षा निदेशालय जो कि स्कूल शिक्षा एवं साक्षरता विभाग का अधीनस्थ कार्यालय है; इस कार्यक्रम में राष्ट्रीय साक्षरता मिशन प्राधिकरण (NLMA) को सहायता प्रदान करता है। अन्तर्राष्ट्रीय साक्षरता दिवस (08 सितम्बर) पर साक्षर भारत पुरस्कार वितरित किये जाते हैं।

भारत में प्रौढ़ शिक्षा के लिए चलाये गए मुख्य कार्यक्रम

भारत सरकार ने बड़ी संख्या में निरक्षर वयस्कों को शिक्षित करने की आवश्यकता को महसूस करते हुए प्रौढ़ शिक्षा के क्षेत्र में विशेष कार्यक्रम चलाये। कुछ मुख्य कार्यक्रमों/अभियानों को नीचे सूचीबद्ध किया गया है-

- सामाजिक शिक्षा (1950)
- ग्राम शिक्षा मुहीम (1959)
- राष्ट्रीय प्रौढ़ शिक्षा कार्यक्रम (1978)
- सतत शिक्षा कार्यक्रम (1978)
- ग्रामीण कार्यात्मक साक्षरता कार्यक्रम (1985)
- भारत सरकार का नया 20 सूत्री कार्यक्रम (1986)
- कार्यात्मक साक्षरता के लिए सामूहिक कार्यक्रम (MPFL-1986)
- जनशिक्षा निलयम (1988)
- राष्ट्रीय साक्षरता मिशन (1988)
- *टोटल लिटरेसी कैम्पेन* (1988)

जीवनपर्यंत सीखना

जीवनपर्यंत सीखना एक व्यापक संकल्पना है; जिसे किसी एक दायरे में नहीं समेटा जा सकता। जीवनपर्यंत सीखना की अवधारणा को जीवनपर्यंत, स्थायी, सतत् आवर्तक, या प्रौढ़ शिक्षा की अवधारणाओं के साथ अथवा पर्यायवाची अथवा पूरक अवधारणाओं के रूप में देखा जाता रहा है। कुछेक के लिए इसमें बचपन का अधिगम और शुरूआती विद्यालयी अधिगम भी शामिल है; जबकि अन्य इसे केवल प्रौढ़ों के सीखने की प्रक्रिया के संदर्भ मे देखते हैं। अब जीवनपर्यंत सीखना एक वैश्विक संकल्पना के रूप में परिणत हो चुका है, जिसके चलते यह राष्ट्रीय राजनीतिक और आर्थिक प्राथमिकताओं, सांस्कृतिक और सामाजिक मूल्यों की परिपाटियों के साथ बदलती है।

जीवनपर्यंत अधिगम को समावेशी अर्थ में भी प्रयुक्त किया जाता है; जो विषमता को समायोजित करता है। *यूरोपियन लाइफलोंग इनिशिएटिव एवं अमेरिकन काउन्सिल आन एजूकेशन* ने इस संकल्पना को

व्यापक स्वीकृति प्रदान करते हुए व्यावहारिक अभिव्यक्ति दी है, "जीवनपर्यंत अधिगम एक ऐसी सहायक सतत् प्रक्रिया है, जिसके माध्यम से उन मानव क्षमताओं का विकास किया जा सकता है, जिनसे ज्ञान, मूल्यों एवं कौशलों को अर्जित करने की प्रेरणा मिलती है तथा जीवनभर उपयोगी सिद्ध होने वाली समझ विकसित होती है। जिसके माध्यम से विभिन्न प्रकार की परिस्थितियों से निपटा जा सके, जीवन का आनंद उठाया जा सके और परिस्थिति के अनुसार विभिन्न भूमिकाओं का निवर्हन किया जा सके।"

उपर्युक्त परिभाषा में जीवनपर्यंत सीखना के आदर्श के कई बुनियादी तत्व शामिल हैं, जैसे -

- आजीवन मानव की क्षमता और इसके प्राप्ति की संभावना के विचार में एक विश्वास;
- एक सफल जीवन के लिए आवश्यक कौशल, ज्ञान और योग्यता की उपलब्धि के अवसर के लिए प्रयास;
- अधिगम हेतु विभिन्न औपचारिक, अनौपचारिक एवं निरौपचारिक अधिगम के अभिकरणों को मान्यता;
- एकीकृत सहायक प्रणाली प्रदान करने की आवश्यकता को व्यक्तिगत अंतर के अनुकूल बनाया गया है, जो लोगों को महारत और स्व-निदेशन प्राप्त करने के लिए प्रोत्साहित और सुविधाजनक बनाता है। समाज को इन प्रणालियों को लचीलेपन और विविधता के साथ शिक्षार्थियों को उपलब्ध कराना चाहिए।

जीवनपर्यंत शिक्षा आन्दोलन का विकास

सन् 1970 के दशक में तीन अंतर्राष्ट्रीय निकायों की पहल के परिणामस्वरूप जीवनपर्यंत अधिगम को एक अवधारणा के रूप में परिष्कृत किया गया। यूरोप की परिषद ने स्थायी शिक्षा की वकालत की, जो पूरे जीवन काल के लिए यूरोपीय शिक्षा को नया रूप देने की योजना है। आर्थिक सहयोग और विकास संगठन (OECD) ने ऐसी शिक्षा के लिए कहा, जिसमें पूर्णकालिक काम के साथ पूर्णकालिक अध्ययन का एक विकल्प हो। यूनेस्को की रिपोर्ट, *लर्निंग टू बी* (1972) ने सबसे अधिक ध्यान आकर्षित किया और इसका व्यापक प्रभाव पड़ा। आम तौर पर इसे *फ्योर* रिपोर्ट के नाम से जाना जाता है, यह एक आदर्श दस्तावेज़ था, जिसमें ***जीवनपर्यंत सीखने*** के बजाय ***जीवनपर्यंत शिक्षा*** शब्द का इस्तेमाल किया गया था, और यह न केवल स्कूलों में, बल्कि बड़े पैमाने पर समाज में एक परिवर्तनकारी और मुक्ति बल के रूप में जीवनपर्यंत शिक्षा का निर्माण किया। एक टिप्पणीकार, चार्ल्स हम्मेल, ने यूनेस्को की अवधारणा को शिक्षा में एक *कोपर्निकन* क्रांति कहा है।

अमेरिकी शैक्षिक और राजनीतिक नेताओं ने इन विचारों पर ध्यान दिया। आमतौर पर, उन्होंने *जीवनपर्यंत अधिगम* (जीवनपर्यंत शिक्षा के बजाय) शब्द को अपनाया और इसे प्रौढ़ शिक्षा के लिए लागू किया। 1980 के दशक की शुरुआत के बाद यूरोपीय और अमेरिकी नीतियों में जीवनपर्यंत अधिगम के प्रति दिलचस्पी कम हो गई, हालांकि शैक्षिक संस्थानों और गैर-सरकारी संगठनों के बीच रुचि बनी रही। 1990 के दशक के शुरुआत में, यूरोप और संयुक्त राज्य अमेरिका में जीवनपर्यंत अधिगम में पुनः रुचि बढ़ी। इस नए दौर के अध्ययन और रिपोर्टों ने जीवनपर्यंत अधिगम के विचार को लोकप्रिय बनाया, और यह राष्ट्रीय नीति चर्चा का हिस्सा बन गया, विशेष रूप से वैश्विक प्रतिस्पर्धा और ज्ञान-आधारित उद्योगों के प्रति आर्थिक पुनर्गठन अधिक प्रचलित हो गया।

भारत में जीवनपर्यंत अधिगम/सीखना की संकल्पना

जीवनपर्यंत सीखना भारतीय संस्कृति का अभिन्न अंग रहा है। प्राचीन भारतीय धार्मिक परंपरा और संस्कृति ने ज्ञान के अधिग्रहण को प्रमुख महत्व दिया है और सीखने के गुणों को बरकरार रखा है। समाज के क्रमिक आधुनिकीकरण और सीखने के कई चैनलों के उद्भव के बावजूद, ने जीवनपर्यंत सीखने की पहली औपचारिक मान्यता 1966 में आई, जब भारतीय शिक्षा आयोग (1964-66) ने निम्नलिखित अवलोकन किए-

"शिक्षा, स्कूली शिक्षा के साथ समाप्त नहीं होती है, बल्कि यह जीवनपर्यंत चलने वाली प्रक्रिया है। प्रौढ़ों को तेजी से बदलती दुनिया और समाज की बढ़ती जटिलताओं की समझ की आवश्यकता है। यहां तक कि जिनके पास सबसे परिष्कृत शिक्षा थी, उन्हें भी सीखना जारी रखना चाहिए; ... इस प्रकार लोकतंत्र में प्रौढ़ शिक्षा का कार्य प्रत्येक वयस्क नागरिक को उस प्रकार की शिक्षा के लिए अवसर प्रदान करना है, जो वह अपनी व्यक्तिगत समृद्धि, व्यावसायिक उन्नति और सामाजिक और राजनीतिक जीवन में प्रभावी भागीदारी के लिए करना चाहता है।" (भारतीय शिक्षा आयोग की रिपोर्ट, 1966)

राष्ट्रीय नीति (1986) जीवनपर्यंत शिक्षा को शैक्षिक प्रक्रिया का पोषित लक्ष्य जो सार्वभौमिक साक्षरता, युवाओं, गृहिणियों, कृषि और औद्योगिक श्रमिकों और पेशेवरों के लिए अवसरों के प्रावधान के रूप में मानती है। (भारत सरकार, 1986)। यह देखा गया कि महत्वपूर्ण विकास के लिए कौशल का निरंतर उन्नयन आवश्यक है। ताकि समाज के लिए आवश्यक जनशक्ति संसाधनों का उत्पादन किया जा सके। यह सुझाव दिया कि भविष्य का ज़ोर मुक्त और दूरस्थ शिक्षा की दिशा में होगा। सरकारी और गैर-सरकारी संगठनों और विश्वविद्यालयों (भारत सरकार, 1992) द्वारा बड़े पैमाने पर साक्षरता अभियान, परियोजनाएँ और प्रौढ़ शिक्षा कार्यक्रम लागू किए जाने पर इस नीति को व्यवहार में लाया गया था।

भारत में जीवनपर्यंत अधिगम के विभिन्न कार्यक्रम विकसित किए जा रहे थे, तब यूनेस्को और यूरोपीय कमीशन के प्रभाव ने भारत में जीवनपर्यंत अधिगम की नीति के विकास को और गति दी। जीवनपर्यंत अधिगम के संदर्भ में यूनेस्को द्वारा शुरू किए गए वैश्विक डिस्कोर्स विशेष रूप से *लर्निंग: द ट्रेजर विदइन* (1996) और *मेमोरेंडम ऑफ लाइफलॉन्ग लर्निंग ऑफ द यूरोपियन कमीशन* (2000) ने भारत की जीवनपर्यंत अधिगम की नीति को आकार देने में महत्वपूर्ण भूमिका निभाई।

राष्ट्रीय कौशल विकास मिशन ने किसी भी देश के लिए आर्थिक विकास और सामाजिक विकास की प्रेरक शक्ति के रूप में कौशल और ज्ञान के महत्व को माना है और उभरती हुई ज्ञान अर्थव्यवस्था की बदलती आवश्यकता के अनुसार जीवनपर्यंत अधिगम को बढ़ावा देने, गुणवत्ता और प्रासंगिकता बनाए रखने की आवश्यकता पर बल दिया है (राष्ट्रीय कौशल विकास पर नीति, 2009)।

प्रौढ़ शिक्षा एवं जीवन पर्यंत शिक्षा: नई शिक्षा नीति - 2020

राष्ट्रीय शिक्षा नीति - 2020 (NEP) ऐसे समय में आई, जब महामारी के चलते विश्व के अनेक देशों को अपनी जीडीपी के कम होने का अंदेशा हो रहा था। राष्ट्रीय शिक्षा नीति - 2020 का उद्देश्य भारत को एक वैश्विक ज्ञान महाशक्ति बनाना है। कैबिनेट ने मानव संसाधन विकास मंत्रालय का नाम बदलकर शिक्षा मंत्रालय करने की भी मंज़ूरी दे दी है। स्वतंत्रता के बाद से राष्ट्रीय शिक्षा नीति - 2020 के रूप में यह भारत में शिक्षा के ढांचे का केवल तीसरा प्रमुख सुधार है। पहले की दो शिक्षा नीतियां 1968 और 1986 में लाई गई थीं। राष्ट्रीय शिक्षा नीति - 2020 शिक्षा के क्षेत्र में संभावित सोच और व्यापक सुधार प्रस्तुत करता है।

पिछले तीन दशकों में राष्ट्रीय साक्षरता मिशन (1988-2009), साक्षर भारत (2009-2017) और सबसे हाल ही में पढ़ना-लिखना अभियान (2018) सहित प्रौढ़ शिक्षा और शिक्षा की पहुंच में सुधार की दिशा में कई कदम उठाए गए हैं। यह नई नीति – 2020 जो 34 वर्षों के अंतराल के बाद आई है, को समग्रता के साथ रखा गया है। शिक्षाविदों ने इस नीति में शिक्षा के प्रत्येक पहलू को न केवल शामिल किया है, बल्कि शिक्षा से जुड़े एक लक्ष्य की दूसरे लक्ष्य के साथ अन्योन्याश्रितता को भी प्रमुखता से रखा है। नीति में वर्ष 2030 तक 100 प्रतिशत साक्षरता के महत्वाकांक्षी लक्ष्य को निर्धारित किया गया है। यह लक्ष्य काफ़ी हद तक प्रौढ़ शिक्षा कार्यक्रमों की सफलता पर निर्भर करता है। प्रौढ़ शिक्षा को उन वयस्कों के लिए शैक्षिक विकल्प के रूप में समझा जा सकता है, जिन्होंने अवसर खो दिया है और औपचारिक शिक्षा की उम्र पार कर ली है। स्वामी विवेकानंद ने कहा था, *"एक राष्ट्र शिक्षा और बुद्धि के अनुपात में जनता के बीच उन्नत है।"* देश के विकास के लिए प्रौढ़ शिक्षा को एक आवश्यक शर्त के रूप में देखा जाना चाहिए।

देश व दुनिया भर में किये गए अनुसंधानो के आधार पर कहा जा सकता है कि समाज का एक गैर-साक्षर सदस्य होने के कई नुकसान है, जिसमें बुनियादी वित्तीय लेनदेन करने में असमर्थता, कीमत के अनुसार खरीदे गए सामानों की गुणवत्ता और मात्रा की तुलना करना, नौकरियों के लिए आवेदन करना, ऋण आदि, सार्वजनिक परिपत्रों और समाचारों को समझना, बच्चों की मदद करना आदि शामिल है। राष्ट्रीय शिक्षा नीति - 2020 में उपर्युक्त के संदर्भ में प्रौढ़ शिक्षा के महत्त्व को समझा गया है। भारत में गैर-साक्षर महिलाएं हैं और सामाजिक और आर्थिक रूप से वंचित समूहों की एक बड़ी जनसंख्या हैं। जनसंख्या का यह बड़ा हिस्सा जो गैर-साक्षर है, संपूर्ण विश्व की गैर साक्षर जनसंख्या का लगभग एक तिहाई है। शिक्षा के क्षेत्र की यह स्थिति राष्ट्रीय विकास के मार्ग में एक बाधा की तरह है।

प्रौढ़ शिक्षा पर ध्यानाकर्षित किया जाना बेहद आवश्यक था। राष्ट्रीय शिक्षा नीति - 2020 में इस ओर गंभीरता से ध्यान आकृष्ट किया गया है। इस ओर किया गया सफल प्रयास अनेक क्षेत्रों में नए क्षितिज को नया रूप देने, अनुकूलित करने और निरीक्षण करने में काफी मदद करेगा, साथ ही व्यक्तिगत और व्यावसायिक प्रगति के लिए भी एक प्रेरणा साबित होगा। साक्षरता और बुनियादी शिक्षा किसी व्यक्ति के वैयक्तिक, नागरिक, आर्थिक और जीवनपर्यंत शिक्षा के अवसरों की एक नवीन दुनिया को खोल देती है जो व्यक्ति को निजी और पेशेवराना, दोनों ही स्तरों पर आगे बढने में मदद करती है। समाज और देश के स्तर पर साक्षरता और बुनियादी शिक्षा एक ऐसी शक्ति के रूप में काम करती है जो विकास हेतु किए जा रहे अन्य सभी प्रयासों की सफलता को कई गुना बढ़ा देती है।

पूरी तरह से साक्षर और शिक्षित कार्यबल स्वाभाविक रूप से उत्पादकता, और अधिक प्रबुद्ध राष्ट्र के निमार्ण में योगदान देता है। राष्ट्रीय शिक्षा नीति - 2020 इन आवश्यकताओं को प्रभावी ढंग से संबोधित करती है। इसमें शिक्षा की मौजूदा खामियों को दूर करने के लिए एक उत्कृष्ट पाठ्यक्रम की रूपरेखा की आवश्यकता पर बल दिया गया है। इसके अंतर्गत बुनियादी साक्षरता और संख्याज्ञान शामिल है। महत्वपूर्ण जीवन कौशल व व्यावसायिक कौशल विकास के साथ-साथ जीवनपर्यंत चलने वाली सतत शिक्षा पर बल दिया गया है।

NEP-2020 ने प्रौढ़ शिक्षा को भारत में एक महत्वाकांक्षी अवधारणा माना है, इसलिए इसे जनता द्वारा अच्छी तरह से प्राप्त करना और अपनी भागीदारी सुनिश्चित करने की अनिवार्यता पर बल दिया गया है। वांछित लक्ष्य को प्राप्त करने के लिए समुदाय का जुटना प्राथमिक आवश्यकता है। देश में 100 प्रतिशत साक्षरता के उद्देश्य को पाने में वास्तव में गति लायी जा सके, इसके लिए स्वैछिक और सामुदायिक जुड़ाव को इस अभियान में शीघ्रातिशीघ्र पुनर्जीवित किया जाना चाहिए।

राष्ट्रीय शिक्षा नीति - 2020 का घोषित उद्देश्य 2030 तक 100 प्रतिशत युवा और वयस्क साक्षरता दर प्राप्त करना है। इसके लिए प्रौढ़ और सतत् शिक्षा कार्यक्रमों के विस्तारीकरण की आवश्यकता है। बुनियादी साक्षरता में भाग लेना और आजीविका प्राप्त करने की क्षमता का विकास करना सभी प्रौढ़ों का मौलिक अधिकार है।

नीति के समग्र विश्लेषण से पता चलता है कि प्रौढ़ शिक्षा एवं जीवनपर्यंत अधिगम को बेहद गम्भीरता से लिया गया है, तथा विवेकपूर्णढंग से इस मुद्दे को नीति में रखा गया है। यह सही समय है जबकि आर्थिक विकास और शिक्षा के उच्च सह-संबंध को समझ लिया गया है; प्रौढ़ शिक्षा की ओर ठोस कदम उठाये जाने की आवश्यकता है। नीति के तीसरे अध्याय में बुनियादी साक्षरता और संख्यात्मकता की बाबत बात की गई, जिसमें इस लक्ष्य की प्राप्ति के लिए एक प्रौढ़ को कम से कम एक बालक की बुनियादी साक्षरता एवं उसकी संख्यात्मकता की ज़िम्मेदारी दी गई है। ऐसे में प्रौढ़ों का ठीक प्रकार से शिक्षित होना आवश्यक है।

प्रौढ़ शिक्षा को व्यापकता देने एवं प्रभावी बनाने के लिए NEP-2020 द्वारा दिए गए सुझाव

प्रौढ़ शिक्षा एवं जीवनपर्यंत अधिगम की सफलता के लिए NEP-2020 ने अनेक अनुशंसाएँ की हैं। इसकी सफलता के लिए तैयार की गई कार्य-योजना में, एक ओर जहां प्रौढ़ शिक्षा के लिए राष्ट्रीय पाठ्यचर्या की रूपरेखा तैयार करने की मंशा ज़ाहिर की गई है; वहीं तैयार की जाने वाली रूपरेखा को क्रियान्वित करने के लिए शिक्षकों/प्रशिक्षकों/प्रेरकों को प्रशिक्षित किए जाने की भी अनुशंसा की गई है। इस उद्देश्य की शत-प्रतिशत सफलता के लिए जहां विद्यालयी शिक्षा, प्रौढ़ शिक्षा एवं व्यावसायिक शिक्षा में इस्तेमाल भौतिक और मानव संसाधन के समुचित उपयोग एवं आधारभूत संरचना को मज़बूत किए जाने पर बल दिया गया है; वहीं समुदाय के जुड़ाव को इस उद्देश्य की सफलता में महत्त्वपूर्ण माना गया है। इस नीति में समुदाय के सदस्यों की पढ़ने की आदत को बढ़ाने के लिए अनेक रास्ते सुझाये गए हैं, तो प्रौद्यागिकी के बेहतर इस्तेमाल से उपर्युक्त सभी तरीको से बेहतर प्रतिफल प्राप्त करने की अनुशंसा नीति में की गई है।

प्रौढ़ शिक्षा की सफलता के लिए शामिल किये गये मुख्य चरण को नीचे दिए गए चित्र के माध्यम से समझा जा सकता है।

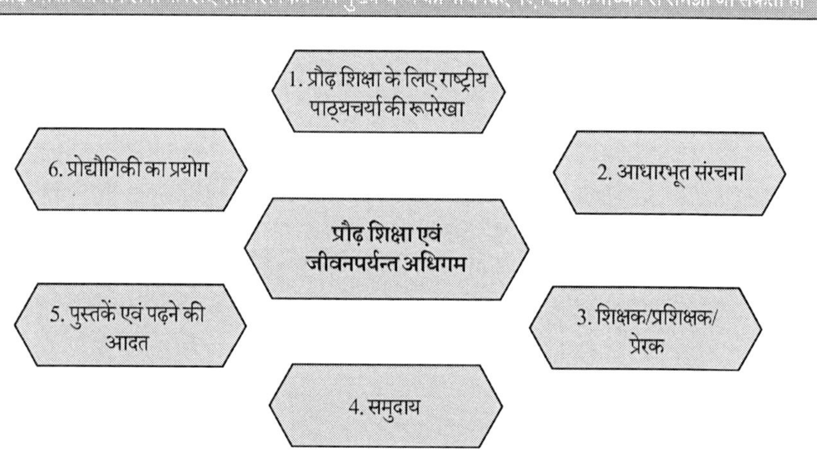

प्रथम चरण में प्रौढ़ों की शिक्षा के लिए राष्ट्रीय पाठ्यचर्या की रूपरेखा के निर्माण की अनुशंसा की गई है। इसकी ज़िम्मेदारी राष्ट्रीय शैक्षिक अनुसंधान एवं प्रशिक्षण परिषद को दी गई है। पाठ्यचर्या की रूपरेखा के निर्माण में परिषद अपने विद्वानों के साथ-साथ गैर-सरकारी क्षेत्र के विशेषज्ञों को भी शामिल कर सकती है। नीति में प्रौढ़ शिक्षा के लिए तैयार की जाने वाली पाठ्यचर्या की रूपरेखा में शिक्षा से जुड़े पाँच महत्त्वपूर्ण बिन्दुओं को शामिल करने की सिफारिश की गई है। ये बिन्दु निम्नलिखित हैं-

1. बुनियादी साक्षरता एवं संख्याज्ञान,
2. महत्वपूर्ण जीवन कौशल (जैसे वित्तीय साक्षरता, डिजिटल साक्षरता, व्यावसायिक कौशल, स्वास्थ्य संबंधी जागरूकता, शिशु पालन एवं शिक्षा और परिवार कल्याण),
3. व्यावसायिक कौशल विकास (स्थानीय आवश्यकता के आधार पर),
4. बुनियादी शिक्षा (प्रारम्भिक, माध्यमिक एवं उच्चतर माध्यमिक स्तर के समकक्ष),
5. सतत शिक्षा (जैसे कला, विज्ञान, तकनीकी, संस्कृति, खेल, मनोरंजन आदि के अलावा स्थानीय शिक्षार्थियों की रुचि के अनुसार अथवा लाभ की दृष्टि से अन्य विषय)।

नीति ने पाठ्यचर्या निर्माण का जो खाका प्रस्तुत किया है, वह उपरोक्त पाँच बिन्दुओं तक ही सीमित नहीं है। इनके अलावा आवश्यकता के अनुरूप शिक्षा से जुड़े और भी बिन्दुओं को पाठ्यचर्या में शामिल किया जा सकता है। साथ ही यह सुझाव भी दिया गया है कि शिक्षण सामग्री, शिक्षण विधि एवं विषयवस्तु आदि का चुनाव वयस्कों को ध्यान में रखकर किया जाए, क्योंकि कई मामलों में वयस्क और बच्चे एक नहीं हो सकते।

नीति में ***दूसरा महत्त्वपूर्ण कदम*** शिक्षा के बुनियादी ढाँचे को मज़बूत करने तथा उपलब्ध संसाधनों के बेहतर एवं सुनियोजित प्रयोग से जुड़ा है। नीति का मानना है कि प्रौढ़ शिक्षा एवं जीवनपर्यंत सीखने का मार्ग शिक्षा के बुनियादी ढाँचे से होकर गुज़रता है। यह अनुशंसा की गई है कि विद्यालयों को बच्चों की छुट्टी के बाद अथवा सप्ताह के आखिर में अथवा साप्ताहिक व अन्य अवकाशो के समय प्रौढ़ शिक्षा केन्द्र के रूप में प्रयुक्त किया जा सकता है। सार्वजनिक पुस्तकालयों को संसाधन के रूप में तो प्रयोग में लाया ही जा सकता है। साथ ही विभिन्न शैक्षिक संस्थानों के भौतिक एवं मानव संसाधनों का उपयोग भी इस उद्देश्य के लिए किया जा सकता है। जन शिक्षा केंद्रों को मज़बूत किए जाने और जहाँ आवश्यकता हो वहाँ नए जन शिक्षा एवं प्रौढ़ शिक्षा केन्द्रों को खोले जाने की अनुशंसा राष्ट्रीय शिक्षा नीति - 2020 में की गई है।

नीति में ***तीसरा महत्त्वपूर्ण कदम*** शिक्षकों/प्रशिक्षकों/प्रेरकों के प्रशिक्षण से संबंधित है। प्रौढ़ शिक्षा के लिए जो मुख्य बिन्दु राष्ट्रीय पाठ्यचर्या की रूपरेखा में सुझाए गए है; उन्हें लाभार्थी तक ठीक ढंग से पहुंचाया जाना भी आवश्यक है। इसलिए नीति ने शिक्षकों/प्रशिक्षकों/प्रेरकों को प्रशिक्षण दिए जाने को महत्त्वपूर्ण माना है। राष्ट्रीय, राज्य एवं जनपदीय संसाधनों एवं विभिन्न संस्थाओं द्वारा शिक्षकों/प्रशिक्षकों/प्रेरकों को प्रशिक्षण किये जाने का प्रस्ताव नीति में रखा गया है। ताकि वे प्रौढ़ शिक्षा केन्द्रों का कुशलतापूर्वक संचालन एवं नेतृत्व कर सकें। साथ ही स्वेच्छा से प्रौढ़ शिक्षा से जुड़ने वाले स्वयंसेवी प्रशिक्षकों और ट्यूटर के साथ समन्वय बैठाया जा सके। इस योजना में यह भी सुझाया गया है कि उच्चतर शिक्षा संस्थान अल्पावधि के ऐसे पाठ्यक्रम तैयार करे जिनके माध्यम से समुदाय के योग्य सदस्यों को प्रशिक्षित किया जा सके। जो आगे चलकर प्रौढ़ शिक्षा के तय लक्ष्य शत-प्रतिशित साक्षरता को शीघ्र प्राप्त किया जा सके। समुदाय के जो सदस्य प्रौढ़ शिक्षा में शिक्षक/ट्यूटर के तौर पर कार्य कर

रहे हैं; उन्हें राष्ट्र के लिए की गई महत्त्वपूर्ण सेवा के लिए सम्मानित किया जाना चाहिए। इससे समुदाय के अन्य योग्य सदस्यों को अभिप्रेरणा मिलेगी।

चौथा कदम समुदाय को सीधे-साधे प्रौढ़ शिक्षा कार्यक्रम से जोड़ने से संबंधित है। सामाजिक कार्यकर्ताओं की भूमिका सुनिश्चित करने की बात नीति में कही गई है। सामाजिक कार्यकर्ताओं से समुदाय में जाकर ऐसे वयस्कों का पता लगाने का अनुरोध किया जाएगा जो विद्यालय में गैर-नामांकित हैं अथवा किसी करणवश विद्यालय छोड़ चुके हैं। साथ ही इस प्रकार के वयस्कों की सहभागिता सुनिश्चित करने के प्रयास भी किये जायेंगे। समुदाय के सदस्यों के माध्यम से शिक्षा से अछूते रहे ऐसे वयस्कों के आँकड़े एकत्रित कराए जाएँगे जो पढ़ने के इच्छुक हैं। साथ ही ऐसे सदस्यों को भी सूचीबद्ध किया जाएगा जो शिक्षक अथवा ट्यूटर के रूप में अपनी सेवाऐं देना चाहते हैं। उपरोक्त सभी सूचनाएँ स्थानीय प्रौढ़ शिक्षा केन्द्र पर दी जायेगी और समुदाय के इन सदस्यों को केन्द्र से जोड़ा जायेगा। साथ ही विज्ञापनों, घोषणाओं, गैर-सरकारी एवं अन्य संगठनों के माध्यम से प्रौढ़ शिक्षा के अवसरों को ज़रूरतमंद जन-जन तक पहुंचाया जायेगा।

पाँचवां कदम समुदाय एवं संस्थानों में पढ़ने की आदत के विकास से जुड़ा है। नीति ने इस ओर ध्यान इंगित करते हुए पुस्तकों तक पहुंच आसान करने और उपलब्धता बेहतर करने पर बल दिया है। यह नीति अनुशंसा करती है कि शिक्षण संस्थानों (विद्यालय, महाविद्यालय एवं विश्वविद्यालय) के साथ-साथ समुदाय न केवल पुस्तकों की आपूर्ति सुनिश्चित करे, बल्कि पुस्तकालय का पुस्तक संग्रह इस प्रकार का हो कि उसमें सभी प्रकार शिक्षार्थियों (चाहे वह निःशक्तजन एवं विशेष शैक्षिक आवश्यकता वाले शिक्षार्थीगण हो अथवा वंचित वर्ग के शिक्षार्थी) के लिए पुस्तकें उपलब्ध हों। ये पुस्तकें उनकी आवश्यकता एवं रुचियों के आधार पर उपलब्ध कराई जाएँ।। नीति में केन्द्र व राज्य सरकार को यह ज़िम्मेदारी दी गई है कि सभी तक पुस्तकों की पहुंच सुनिश्चित हो। चाहे वह शिक्षार्थी ग्रामीण क्षेत्र का हो या फिर किसी दूर-दराज़ के दुर्गम क्षेत्र का हो। इतना ही नहीं नीति में शिक्षार्थी के पुस्तक खरीद पाने की सामर्थ्य का जिक्र किया गया है; नीति में स्पष्टता से कहा गया है कि पुस्तकों का मूल्य इतना हो कि सभी के खरीद सकने की सामर्थ्य में हो। इसके अलावा पुस्तकों की गुणवत्ता पर चर्चा करते हुए कहा गया है कि निजी एवं सार्वजनिक दोनों प्रकार के अभिक्रम (Agencies/Institutions) पुस्तकों की गुणवत्ता एवं साज-सज्जा पर कार्य करेंगे। पुस्तकों की पहुंच लाभार्थी तक बढ़ाने के लिए डिजिटल पुस्तकालयों के लिए व्यापक कदम उठायें जायेंगे। इसके अलावा पुस्तकालयों को जीवंत बनाने और कुशल संचालन के लिए पुस्तकालयों में स्टाफ की कमी को दूर करने एवं पुस्तकालयों में काम कर रहे *स्टाफ* के व्यावसायिक विकास की योजना बनाने की बात भी नीति में कही गई है। शिक्षण संस्थानों के पुस्तकालयों को समृद्ध करने के साथ-साथ वंचित ग्रामीण व दुर्गम क्षेत्रों में पुस्तकालय एवं वाचनालय खोले जायेंगे। इसके अतिरिक्त चल पुस्तकालय एवं बाल पुस्तकालय की संकल्पना भी नीति में की गई है। नीति में भारतीय भाषाओं में पुस्तकें एवं अन्य पाठ्य सामग्री उपलब्ध कराने एवं सामाजिक पुस्तक क्लबों की स्थापना का प्रस्ताव रखा गया है।

राष्ट्रीय शिक्षा नीति - 2020 में प्रौढ़ शिक्षा एवं जीवनपर्यंत शिक्षा को विस्तार देने एवं प्रभावी बनाने के लिए सुझाये गए उपर्यक्त पाँच महत्त्वपूर्ण चरणों को सफल बनाने के लिए प्रोद्यौगिकी के बेहतर प्रयोग का ***छठा एवं अंतिम कदम*** अपनाने की अनुशंसा नीति में की गई है। नीति में कई जीवन्त योजनाओं के माध्यम से प्रोद्यौगिकी को प्रयोग में लाने की बात कही गई है। उदाहरणार्थ प्रतियोगिता आयोजित करके प्रौढ़ शिक्षा में लाभकारी मोबाइल एप का विकास कराया जाए। जिससे प्रोद्यौगिकी के क्षेत्र के *प्रोफेशिनल्स* के लिए तो शिक्षा एक नया आयाम खुलेगा ही साथ ही प्रौढ़ शिक्षा को भी इसका

भरपूर लाभ मिलेगा। इसके अतिरिक्त *ऑनलाइन* पाठ्यक्रम के निर्माण, उपग्रह-आधारित टीवी चैनल, आनलाइन पुस्तकें तथा सूचना एवं सम्प्रेषण तकनीक से सुसज्जित पुस्तकालय व प्रौढ़ शिक्षा केन्द्रों को विकसित किये जाने की बात राष्ट्रीय शिक्षा नीति में कही गई है। इसे और बेहतर ढंग से समझने के लिए नीचे दी गई तालिका पर ध्यान दें -

मुख्य चरण	*घटक*	*कार्य / विशेष टिप्पणी*
1. प्रौढ़ शिक्षा के लिए राष्ट्रीय पाठ्यचर्या की रूपरेखा	• रा.शै.अनु.प्र. परिषद के विशेषज्ञ	• वयस्कों और बच्चों के शिक्षणशास्त्र के बीच के अन्तर को ध्यान में रखकर प्रौढ़ शिक्षा का ढांचा तैयार करना तथा पाठ्यचर्या की रूपरेखा तैयार करते समय
2. आधारभूत संरचना का निर्माण	• विद्यालय शिक्षा, प्रौढ़ शिक्षा एवं व्यावसायिक शिक्षा,	• विद्यालय समय के बाद या सप्ताहान्त में इनके भौतिक एवं मानव संसाधनों का प्रयोग किया जा सकता है।
	• जनशिक्षा संस्थान,	• आधारभूत संरचना को मज़बूत किया जाये। इन्हें विद्यालय के घटक के रूप में विकसित किया जाये।
	• प्रौढ़ शिक्षा एवं कौशल विकास केन्द्र	• शिक्षा के अन्य संस्थानों की तरह प्रयोग किए जाए तथा इन्हें विद्यालय के घटक के रूप में विकसित किया जाए।
	• सार्वजनिक पुस्तकालय एवं व्यवसायिक प्रशिक्षण केन्द्र	• जहां संभव हो इनकी स्थापना की जानी चाहिए।
3. शिक्षक/प्रशिक्षक/ प्रेरक प्रशिक्षण एवं प्रौत्साहन	• शिक्षक/प्रशिक्षक/प्रेरक	• राष्ट्रीय, राज्य एवं जनपदीय स्तर के संसाधनों के माध्यम से प्रशिक्षण दिया जाए" ये।
	• समुदाय के योग्य सदस्य	• कार्यक्रम को सफल बनाने के लिए प्रोत्साहित किया जाये।
	• स्वैच्छिक कार्यकर्ता	• अल्पावधि के प्रशिक्षण पाठ्क्रम चलाए जाए।
4. समुदाय की सहभागिता	• सामाजिक कार्यकर्ता	• ऐसे वयस्कों के आँकड़े एकत्रित करें जो कभी विद्यालय नहीं गए। साथ ही उन्हें जागरूक भी करें। स्थानीय प्रौढ़ शिक्षा केन्द्र के सम्पर्क में रहे।
	• लाभार्थी	• जो वयस्क किसी भी प्रकार से शिक्षा से वंचित रहा हो उसे बुनियादी शिक्षा के लिए प्रेरित करने के प्रयास किये जाने चाहिए। इसमें समुदाय की महत्त्वपूर्ण भमिका है।
5. पुस्तकें एवं पढ़ने की आदत	• पुस्तकों की उपलब्धता	• पुस्तकों लागत/कम मूल्य पर उपलब्ध कराया जाए। उपयोगी पुस्तकों का निर्माण किया जाए।
	• शिक्षण संस्थानों के पुस्तकालय	• शिक्षण संस्थानों के पुस्तकालयों को बेहतर बनाया जाये। दूरदराज के क्षेत्रों में पुस्तकालयों की तथा पठन कक्षों की स्थापना की जाए।
	• डिजिटल पुस्तकालय	• पुस्तकों की आम जनमानस तक पहुंच को आसान बनाने के लिए पुस्तकालयों का डिलिटलाइजेशन किया जाए।
	• पुस्तकालय स्टाफ	• सभी पुस्तकालयों में स्टाफ की कमी को दूर किया जाये। पुस्तकालय स्टाफ के व्यावसायिक विकास की बेहतर रूपरेखा तैयार की जाये। उनके करियर की बेहतर प्रबंधन योजना बनाई जाए।

मुख्य चरण	*घटक*	*कार्य / विशेष टिप्पणी*
6. प्रोद्यौगिकी का प्रयोग	• आनलाइन कोर्स	• ऐसे आनलाइन कोर्स बनाए जाएँ, जिससे वयस्क आसानी से कर सकने में सक्षम हो तथा उसकी दक्षता का संवर्धन हो।
	• डिजिटल प्लेटफार्म	• प्रौढ़ शिक्षा को बढ़ावा देने के लिए टीवी, मोबाइल ऐप, इंटरनेट, आनलाइन पुस्तकों आदि का बेहतर प्रयोग किया जाए।

निष्कर्ष

भारत में प्रौढ़ शिक्षा का इतिहास तो पुराना है, परंतु प्रौढ़ शिक्षा की आधुनिक संकल्पना तक आते-आते थोड़ा समय लगा। एक समय था, जब हम प्रौढ़ों को केवल साक्षर किये जाने पर ही अधिक बल दिया करते थे और विकसित राष्ट्रों में प्रौढ़ों की व्यवहारिक/क्रियात्मक साक्षरता एवं जीवन के विभिन्न कौशलों की बात करने लगे थे। परंतु राष्ट्रीय शिक्षा नीति - 2020 में प्रौढ़ शिक्षा एवं जीवनपर्यंत सीखने के संबंध में दी गई अनुशंसाओं के आधार पर कहा जा सकता है कि अब भारत इस क्षेत्र में दुनिया के साथ कदम से कदम मिलाकर चलने के लिए तैयार है। यह इससे पुष्ट होता है कि प्रौढ़ शिक्षा की पाठ्यचर्या की रूपरेखा तैयार करने के लिए जो दिशा-निर्देश नीति में दिए गए हैं उनमें केवल साक्षरता की बात न करके बुनियादी साक्षरता एवं संख्यात्मकता, जीवन कौशल एवं व्यावसायिक कौशल, बुनियादी शिक्षा आदि की बात की गई है। नीति में पाठयक्रम को लाभार्थी तक ठीक प्रकार से पहुंचाने के लिए शिक्षक/प्रशिक्षकों/प्रेरकों के प्रशिक्षण की बात कही गई हैं। प्रौढ़ शिक्षा के लिए बुनियादी ढाँचे को विकसित करने के लिए विस्तृत कार्य-योजना में शिक्षा के प्रत्येक अभिक्रम को जोड़ने का प्रयास भी नीति में किया गया है। वहीं समुदाय की भूमिका को महत्त्वपूर्ण माना गया है। इसमें शिक्षा से वंचित रहे वयस्क और प्रौढ़ शिक्षा में स्वैच्छिक रूप से योगदान देने वाले समुदाय के मूल्यवान योग्य सदस्य भी शामिल हैं। यह नीति पहले की नीतियों से थोड़ी अलग है, क्योंकि इसमें समाज की पठनशीलता पर ज़ोर देते हुए, इस पक्ष को मज़बूत करने के लिए अनेक प्रस्ताव दिए गए हैं। चाहे वह पुस्तकों के मूल्यों को कम रखने की बात हो या फिर पुस्तकों की गुणवत्ता और आकर्षण की; इनसे समाज में पढ़ने की आदत की बढ़ने की सम्भावनाएँ विद्यमान हैं। प्रौढ़ शिक्षा एवं जीवनपर्यंत अधिगम को प्रभावी बनाने के लिए जितने भी रास्ते सुझाए गए हैं; उन सब में सूचना एवं सम्प्रेषण तकनीक को प्रमुखता से रखा गया है। कुल मिलाकर यह एक ऐसी नीति प्रतीत होती है जिसमें सम्पूर्ण कार्य-योजना शामिल है।

19

संचार की दुनिया और शिक्षा

सीमा धवन[1] एवं ममता असवाल[2]

"तकनीक कभी भी श्रेष्ठ शिक्षकों का स्थान नहीं ले सकती, लेकिन श्रेष्ठ शिक्षकों के हाथ में तकनीक परिवर्तनकारी होती है!"

जॉर्ज कोरस

विकास एक सतत प्रक्रिया है। शिक्षा भी एक सतत प्रक्रिया है। शिक्षा प्रदान करना और प्राप्त करना एक ऐसी विशेषता है जो मनुष्य को अन्य जीवों से अलग करती है और बेहतर शिक्षा के लिए मानव अपने शिक्षण उपकरणों एवं प्रविधियों में निरंतर सुधार करता रहा है। संचार की दुनिया ने जिस तरह से शिक्षा की दुनिया में कदम रखा है, वह स्वयं संचार की दुनिया के विस्तार के लिए महत्वपूर्ण है! हाँ, यह अलग बात है कि स्वयं शिक्षा ने भी विस्तार पाया है। संचार की दुनिया में आजकल 'डिजिटल एजुकेशन' की चर्चा ज़ोरों पर है और संचार की दुनिया ही अपने को शिक्षा की दुनिया में विविध स्वरूपी पाती है! काम एक ही, लेकिन नाम अनेक! काम यह कि 'दूर' को 'समीप' ला दे! डिजिटल शिक्षा के विकास ने मनोवैज्ञानिक, समाजशास्त्रीय और साथ ही साथ शिक्षा के क्षेत्र में तकनीकी परिवर्तन किए तथा शिक्षा पर अपना विशेष प्रभाव डाला। डिजिटल शिक्षा का यह प्रभाव औपचारिक, अनौपचारिक, पारंपरिक एवं व्यावसायिक शिक्षा के साथ-साथ शिक्षा के सभी स्तरों पर ध्यान देने योग्य है।

वर्तमान समय डिजिटल शिक्षा का युग है। डिजिटल शिक्षा ने आज संपूर्ण विश्व को एक वैश्विक गाँव में परिवर्तित कर दिया है। आज यह हमारी आवश्यकता बन गई है। डिजिटल शिक्षा ने शिक्षा के क्षेत्र में पुरानी अवधारणाओं में आधुनिक संदर्भ के साथ अभूतपूर्व क्रांतिकारी परिवर्तन कर उन्हें नवीन स्वरूप प्रदान किया है। हमारे जीवन का प्रत्येक पक्ष इससे प्रभावित हो रहा है। यह शिक्षा के क्षेत्र में रीढ़ की हड्डी साबित हो रही है। दिन-प्रतिदिन इसकी आवश्यकता महसूस की जा रही है। आधुनिक युग में कक्षा-शिक्षण अत्यंत महत्वपूर्ण है परंतु डिजिटल शिक्षा में किसी भी प्रकार के नए ज्ञान एवं कौशल को सीखने के लिए स्थान या समय की बाध्यता नहीं है। शिक्षार्थी अपनी रुचि, क्षमता एवं गति के आधार पर नवीन ज्ञान को अर्जित करने के लिए स्वतंत्र है। इसी स्वतंत्रता के आधार पर दुनिया में ऑनलाइन एवं डिजिटल शिक्षा का प्रचलन द्रुत गति से हो रहा है। सभी शिक्षण संस्थाएँ ऑनलाइन शिक्षा को एक विकल्प के रूप में प्रयोग कर रही हैं। यदि देश में सभी को आवश्यक संसाधन उपलब्ध करवाए जाएँ तो भविष्य में डिजिटल शिक्षा को शिक्षा के एक मज़बूत स्तंभ के रूप में देखा जा सकता है जो भूमंडलीकरण की धारणा को साकार करने में एक महत्वपूर्ण साधन सिद्ध हो सकता है।

[1] प्रोफ़ेसर, शिक्षा विभाग, हेमवती नंदन बहुगुणा गढ़वाल केंद्रीय विश्वविद्यालय, उत्तराखंड।

[2] असिस्टेंट प्रोफ़ेसर, राजकीय स्नातकोत्तर महाविद्यालय, गोपेश्वर उत्तराखंड।

राष्ट्रीय शिक्षा नीति 1986 ने आधुनिकीकरण के संदर्भ में तकनीकी शिक्षा के लिए अपनी सिफ़ारिश दी थी जो कि आज नई शिक्षा नीति में भी परिलक्षित हो रही है। राष्ट्रीय शिक्षा नीति 2020 के अनुसार नई परिस्थितियों एवं वास्तविकताओं के लिए नई पहल की आवश्यकता है। जहाँ भी शिक्षा के पारंपरिक एवं व्यक्तिगत तरीके संभव नहीं हैं, वहाँ शिक्षा के वैकल्पिक तरीके ढूँढें जाएँ। राष्ट्रीय शिक्षा नीति ने मौजूदा ई-लर्निंग संसाधनों को विस्तार देने पर ज़ोर दिया है। इन संसाधनों की सहायता से शिक्षकों एवं शिक्षार्थियों को डिजिटल शिक्षा के लिए और अधिक समृद्ध किया जा सकता है। ऐसा नहीं है कि केवल राष्ट्रीय शिक्षा नीति में ही डिजिटल शिक्षा पर ज़ोर दिया गया हो। इससे पहले भी देश में लागू सभी शिक्षा नीतियों में डिजिटल शिक्षा के प्रयोग पर ज़ोर दिया गया। राष्ट्रीय शिक्षा नीति 1986 ने अधिगमकर्ताओं के लिए अधिक अवसर उपलब्ध कराए जाने पर ज़ोर दिया, साथ ही साथ उच्च एवं तकनीकी शिक्षा की वर्तमान प्रणाली को मज़बूत बनाने का सुझाव दिया। आचार्य राममूर्ति की अध्यक्षता में गठित समिति द्वारा 1986 की शिक्षा नीति में आवश्यक संशोधन किए गए एवं 1992 में जारी रिपोर्ट में सभी संस्थानों में तकनीकी संसाधनों की उपलब्धता पर ध्यान केन्द्रित करने का सुझाव दिया गया।

ऑनलाइन शिक्षा परंपरागत शिक्षा के समान है या उससे बेहतर है - आज यह प्रश्न प्रत्येक शिक्षक, अभिभावक एवं शिक्षार्थी के मस्तिष्क में है। कुछ समय से ऑनलाइन शिक्षा ने एक रफ़्तार पकड़ ली है, लेकिन इसे कामयाब बनाने के लिए एक मज़बूत ढाँचे की आवश्यकता है। उच्च शिक्षा तक पहुँच और गुणवत्ता बढ़ाने की दिशा में समान अवसर व गुणवत्ता एक बड़ा मुद्दा है। आज आवश्यकता इस बात की है कि डिजिटल शिक्षा के ज़रिए इस दिशा में काम किया जाए और डिजिटल यानी संचार कि दुनिया को शिक्षा की दुनिया से जोड़ा जाए। नवीन ज्ञान, कौशल एवं योग्यता प्राप्त करने की सतत आवश्यकता है जो कि आज के डिजिटल युग के लिए प्रासांगिक है।

भारत में डिजिटल शिक्षा कोई नया विचार नहीं है, दूरस्थ शिक्षा बहुत समय पहले से देश में चल रही है। विभिन्न तकनीकी संस्थाओं में ये प्रणाली काफ़ी समय से प्रचलित है, लेकिन उच्च शिक्षण संस्थानों में इसका प्रचलन ना के बराबर है। यह पहली ही बार है, जब देश में उच्च शिक्षण संस्थानों में डिजिटल शिक्षा पर इतना ज़ोर दिया जा रहा है। महामारी ने देश को एक अवसर प्रदान किया है जिससे भारत भी अन्य देशों की भाँति डिजिटल युग में उतनी ही गुणवत्ता से कदम रख सके। डिजिटल शिक्षा देश की प्राथमिकता बन चुकी है। अब हमारे शिक्षण संस्थान इस परिवर्तन के लिए कितना तैयार हैं - यह तो समय ही बताएगा! वर्तमान में जहाँ सभी शिक्षण संस्थान पिछले कुछ समय से पूर्णतः बंद पड़े हैं एवं अभी भी अनिश्चतता बनी हुई है, उस स्थिति में डिजिटल शिक्षा ही ऐसा माध्यम है जो कि इस रुकी हुई व्यवस्था को पुनः प्रारंभ करने में सहायक हो सकती है।

डिजिटल शिक्षा का वर्तमान परिप्रेक्ष्य

भारत जैसे विकासशील देशों में ऑनलाइन शिक्षा की अत्यंत आवश्यकता है, क्योंकि बढ़ती जनसंख्या और जनता की अपेक्षाओं के अनुरूप हमारे पास पर्याप्त स्कूल, कॉलेज एवं उपयुक्त संसाधन उपलब्ध नहीं हैं। ऑनलाइन शिक्षा का विकल्प स्कूलों पर दबाव कम करेगा और अभिभावकों एवं बच्चों के लिए अपने-अपने ढंग से पढ़ने-पढ़ाने की स्वतंत्रता यानी स्कूल में दाखिले की अनिवार्यता खत्म हो जाएगी। ऐसे लचीली व्यवस्था में बच्चों को पढ़ने की स्वतंत्रता के साथ-साथ उनमे रचनात्मकता एवं मौलिकता का विकास भी होगा। दुनिया भर में डिजिटल शिक्षा के अच्छे परिणाम सामने आए हैं, भविष्य में सतत विकास

की दृष्टि से भी इसके नतीजे सामने आएँगे, क्योंकि ऑनलाइन पर निर्भरता से कॉपी, किताब की ज़रूरतें कम होंगी और लोग अनावश्यक सड़कों पर आने-जाने की भीड़ से बचेंगे। शैक्षिक क्षेत्र में डिजिटल शिक्षा के विकास में सबसे सकारात्मक तथ्यों में से एक तथ्य यह भी है कि इसने इस बात को उजागर किया कि *कंप्यूटर स्क्रीन* केवल एक सूचनात्मक प्रदर्शन नहीं है बल्कि यह निर्माण, रचनात्मकता एवं सहयोग के लिए एक बहुमुखी उपकरण साबित हो सकता है। आज कंप्यूटर, मोबाइल, शिक्षार्थियों के लिए केवल उपकरण मात्र न होकर सीखने-सिखाने के अभिन्न साधन बन चुके हैं तथा यह आने वाले भविष्य में सीखने-सिखाने का एक प्रबल माध्यम साबित हो सकते हैं। इसका सबसे सकारात्मक पहलू है - इसकी लचीली संरचना जो कि अधिगमकर्ता को कक्षा-कक्ष में आने के लिए विवश नहीं करती है। अधिगमकर्ता अपनी सहजता के आधार पर किसी भी व्यक्ति से, किसी भी समय शिक्षा ग्रहण कर सकता है। इसकी एक विशेषता यह भी है कि यह भूमंडलीकरण जैसी संकल्पना को साकार करने में भी सहायक है। वर्तमान समय में जब भूमंडलीकरण एक आवश्यकता बनता जा रहा है वहाँ डिजिटल शिक्षा के बढ़ते कदम भूमंडलीकरण में अपना सहयोग देने में सहायक हैं। आज अधिगमकर्ता को कुछ सीखने के लिए किसी स्थान विशेष या व्यक्ति विशेष की आवश्यकता नहीं! वह अपने अनुसार अपनी शिक्षा, समय एवं शिक्षक का चयन कर सकता है। शिक्षक का चयन करने की स्वतंत्रता विद्यार्थी को डिजिटल शिक्षा के माध्यम से ही प्राप्त हुई है।

डिजिटल शिक्षा के माध्यमों का प्रयोग कक्षागत परिस्थितियों में शिक्षण-अधिगम की अधिकतम प्रभावशाली परिस्थितियाँ उत्पन्न करने के लिए एक उत्तम साधन है। शिक्षा में डिजिटल शिक्षा के अनुप्रयोग द्वारा अधिगम प्रक्रिया को अधिक प्रभावी बनाने के साथ-साथ शिक्षकों के विषयगत दायित्वों को पूर्ण करने में भी सहायता प्राप्त हो रही है। इन माध्यमों की सहायता से शिक्षक किसी भी समय नवीन ज्ञान को प्राप्त करने में सक्षम हैं। नवीन एवं उभरती हुई तकनीकों के प्रयोग ने शिक्षण-अधिगम-प्रक्रिया में क्रांतिकारी परिवर्तन किए हैं। इसके प्रयोग से शिक्षा का सार्वभौमीकरण हुआ है और शिक्षा का प्रसार जनसामान्य तक सुचारू रूप से होने लगा है। वर्तमान समय में शिक्षार्थी एवं शिक्षक विश्व के किसी भी भाग से, किसी भी विषय का ज्ञान प्राप्त कर सकते हैं। यह केवल नवीन तकनीकों के प्रयोग से ही संभव हो सका है। इंटरनेट, मोबाइल फोन, लैपटॉप एवं अन्य आधुनिक उपकरणों के विकास से आज दुनिया की अधिक से अधिक चीज़ें डिजिटल हो रही हैं। भारत के महानगरों और अन्य शहरों की शिक्षा प्रणाली भी काफ़ी हद तक आधुनिकीकृत हो गई हैं, जिससे डिजिटलीकरण के लिए मार्ग बन गया है। जिन विशेषज्ञों को सुनना अधिगमकर्ता के लिए मुश्किल था, आज वह विशेषज्ञ हमारे घर पर ही हमें शिक्षा प्रदान कर रहे हैं। यूट्यूब एक ऐसा माध्यम बन चुका है जहाँपर हम घर बैठे-बैठे दुनिया भर के विशेषज्ञों से ज्ञान प्राप्त कर सकते हैं एवं साथ ही साथ स्वयं अपनी विशेषज्ञता से औरों को भी प्रभावित कर सकते हैं।

डिजिटल शिक्षा एवं हमारी पारंपरिक शिक्षा प्रणाली

समय में परिवर्तन के साथ-साथ शिक्षा प्रणाली भी अपना रूप परिवर्तित करती जा रही है। पारंपरिक शिक्षा प्रणाली आधुनिक समय की आवश्यकताओं को पूर्ण करने में सक्षम नहीं है। जहाँ विकास बहुत तीव्र गति से हो रहा है एवं परिवर्तन की अत्यंत आवश्यकता है वहाँ पारंपरिक शिक्षा अकेले ही इस कार्य को करने के लिए पूर्ण नहीं है। पारंपरिक शिक्षा प्रणाली की कमियों को दूर करने के लिए दुनिया डिजिटल शिक्षा की ओर बढ़ रही है जो कि पारंपरिक शिक्षा की सीमाओं को दूर करने में सहायक है। हमारी पारंपरिक शिक्षा प्रणाली चॉक एवं ब्लैक बोर्ड में सीमित होकर रह गई है जोकि वर्तमान समय की जटिलताओं से विद्यार्थियों को

परिचित कराने में सक्षम नहीं है। परंपरागत शिक्षा में शिक्षार्थी अपनी रुचि के विषय को एक समय सीमा में ही पढ़ पाता है वहीं दूसरी ओर डिजिटल शिक्षा शिक्षार्थी को यह स्वतंत्रता प्रदान करती है कि वह अपनी रुचि के विषय को किसी भी समय एवं किसी भी स्थान पर प्राप्त कर सकता है। जब हम वर्तमान समय में यह बात करते हैं कि शिक्षार्थी अपनी रुचि के व्यवसाय को अपनाए तब हमारी पारंपरिक शिक्षा प्रणाली अकेले इस कार्य को करने में सक्षम नहीं है, क्योंकि यह एक समय सीमा में बँधी हुई है। पारंपरिक शिक्षा के इन्हीं बंधनों से डिजिटल शिक्षा शिक्षार्थी को मुक्त करती है। डिजिटल शिक्षा शिक्षार्थी को वह सभी अवसर प्रदान करती है जिससे वह स्वयं की क्षमताओं को समझ कर अपने अनुरूप पाठ्यवस्तु, शिक्षक एवं कक्षा का चयन कर अपने पसंद के व्यवसाय के लिए उपयुक्त कौशलों का विकास करता है। इसका एक सकारात्मक पक्ष यह भी है कि शिक्षार्थी जब चाहे अपने शिक्षक के साथ संवाद स्थापित कर सकता है एवं प्रत्येक शिक्षार्थी विश्व स्तरीय शिक्षा के संपर्क में आता है। डिजिटल शिक्षा पारंपरिक शिक्षा की तुलना में शिक्षार्थी को अधिक आकर्षित करती है। इसमें किसी एक कोर्स को मल्टीमीडिया की सहायता से ऐसे विकसित किया जाता है कि वह अधिगम को और अधिक संवादात्मक एवं रोचक बना सके। वर्तमान परिस्थितियों में परंपरागत शिक्षण एवं कक्षा-कक्ष परिस्थितियों को लागू करना संभव नहीं है। इन्हीं सभी बिंदुओं को देखते हुए नई शिक्षा नीति में डिजिटल शिक्षा पर ज़ोर दिया जा रहा है। इसके लिए परंपरागत स्कूली ढाँचे और शिक्षा मॉडलों में भी बदलाव की उतनी ही तेज़ी से आवश्यकता है।

डिजिटल शिक्षा एवं शिक्षार्थी

अब वह समय बदल रहा है जब कक्षा में शिक्षक अपनी बातों को समझाने के लिए चॉक एवं ब्लैक बोर्ड का प्रयोग करते थे और शिक्षार्थी उन शब्दों को अपनी उत्तर पुस्तिकाओं पर उतारकर केवल उन्हीं पर ही सीमित रहते थे। सीखने के लिए शिक्षार्थी अध्यापन और शिक्षकों द्वारा अपनाए गए परंपरागत तरीकों पर ही निर्भर रहते थे और तथ्यों को लिखने एवं याद करने पर अधिक ध्यान केंद्रित करते थे। आजकल डिजिटल शिक्षण प्रणालियों और अन्य डिजिटल पद्धतियों के उपयोग से कक्षा में शिक्षण अधिक रोचक और संवादात्मक बन गया है। वे न केवल इसे सुन रहे हैं, बल्कि इसे देख भी रहे हैं जिससे उनके सीखने की क्षमता अधिक विकसित हो रही है। बहुधा एक शिक्षार्थी अपने शिक्षक से कक्षा में शिक्षण के दौरान, प्रश्न पूछने से झिझकता है लेकिन डिजिटल शिक्षा के माध्यम से भले ही वह एक बार में कुछ भी न समझ पाए, किंतु वह अपनी समस्या को दूर करने के लिए उस व्याख्यान को किसी भी समय एक बार नहीं बल्कि कई बार सुन सकता है और अपनी योग्यता के अनुसार सीख सकता है। डिजिटल शिक्षा की सबसे अच्छी बात यह है कि यह अधिगमकर्ता के अनुकूल है। अधिगमकर्ता कहीं भी हों, वे अपने पाठ्यक्रम को बहुत आसानी से पढ़ सकते हैं। वह यात्रा के दौरान भी सीख सकते हैं। यहाँ तक कि किसी कारणवश अगर वे कुछ दिन कक्षा में उपस्थित नहीं हो पाएँ हैं, तो भी वह स्कूल की वेबसाइट से कक्षा की साम्रगी और विषयवस्तु का उपयोग कर सकते हैं। आजकल ऑनलाइन अध्ययन सामग्री आसानी से उपलब्ध है। यहाँ तक कि अगर पूरी शिक्षा प्रणाली डिजिटल रूप में नहीं है, फिर भी शिक्षार्थी अपनी क्षमताओं के आधार पर डिजिटल सामग्री का लाभ उठा सकते हैं।

डिजिटल शिक्षा के माध्यम से शिक्षार्थी अपने आस-पास की दुनिया से जुड़ने के लिए टेक्नोलॉजी का जिम्मेदारी से इस्तेमाल करना सीख सकते हैं। साथ ही उससे उन्हें उनके लिए आवश्यक ज्ञान के नए क्षेत्रों की जानकारी भी प्राप्त हो सकती है। इसके अलावा ऐसी कई ऑनलाइन प्रतियोगिताएँ होती हैं, जो बच्चों

के लिए ज्ञान प्राप्ति के लिए बेहतरीन मंच होती हैं जिनमें वे सहभागी हो सकते हैं और बौद्धिक रूप से काफ़ी सीख भी सकते हैं। बच्चे के जीवन में अहम बदलाव लाने में डिजिटल शिक्षा कई रूपों से महत्वपूर्ण है, जैसे निर्णय लेने की क्षमता, सांस्कृतिक जागरूकता, बेहतर शैक्षिक गुणवत्ता और नई चीज़ों की खोज। इंटरनेट प्रोग्रामों से सीखते समय शिक्षार्थी डिजिटल विश्व को अच्छी तरह समझकर नया कुछ कर पाते हैं। आजकल के बच्चे टेक्नोलॉजी आधारित समाज में जन्मे हैं और बहुत कम उम्र में ही इंटरनेट के आदी हो चुके हैं। एक शिक्षक होने के नाते, ये हमारी ज़िम्मेदारी है कि हम उन्हें इंटरनेट के फायदे-नुकसान के बारे में बताएँ एवं उनमें इंटरनेट पर सुरक्षित तरीके से काम करने की आदतें विकसित करें।

डिजिटल शिक्षा एवं शिक्षक

राष्ट्रीय शिक्षा नीति में शिक्षकों के प्रशिक्षण पर ज़ोर दिया गया है जो कि एक अत्यंत आवश्यक कार्य है। यदि डिजिटल शिक्षा को प्रभावी बनाना है तो उसके लिए सबसे आवश्यक है कि प्रशिक्षित अध्यापक तैयार किए जाएँ जो कि डिजिटल कौशलों से युक्त हो एवं ऑनलाइन शिक्षा को सफल बना सकें। यह नहीं माना जा सकता है कि पारंपरिक कक्षा में एक अच्छा शिक्षक ऑनलाइन कक्षा में भी एक अच्छा शिक्षक साबित हो। शिक्षा-शास्त्र में आवश्यक परिवर्तन के अतिरिक्त ऑनलाइन आकलन के लिए भी एक अलग दृष्टिकोण की आवश्यकता होती है इसीलिए ऑनलाइन शिक्षण को प्रभावी बनाने के लिए शिक्षकों को उपयुक्त प्रशिक्षण की आवश्यकता है। वर्तमान में शिक्षकों के प्रशिक्षण के लिए भी ऑनलाइन शिक्षा ने अपना स्थान बनाया है। शिक्षक अपनी क्षमता एवं समय के अनुसार प्रशिक्षण कार्यक्रमों में प्रतिभाग कर सकते हैं और अपने ज्ञान में वृद्धि कर सकते हैं। आज डिजिटल माध्यम इतने सशक्त हो चुके हैं कि शिक्षक घर बैठे-बैठे ही देश-विदेश के विशेषज्ञों द्वारा प्रशिक्षण प्राप्त कर रहा हैं। इस क्षेत्र में विभिन्न तरह के ऑनलाइन कार्यक्रमों द्वारा शिक्षकों को प्रशिक्षित किया जा रहा है। स्वयं (SWAYAM), दीक्षा(DIKSHA), स्वयंप्रभा जैसे आधिकारिक पोर्टल ऐसे माध्यमों के रूप में सामने आए हैं जो दिन प्रतिदिन हज़ारों की संख्या में शिक्षक एवं शिक्षार्थियों को नवीन ज्ञान से लाभान्वित कर रहे हैं। ऑनलाइन शिक्षा आकलन की पद्धतियाँ को मज़बूती प्रदान करने में अत्यंत सहायक सिद्ध हो सकती हैं। शीघ्र पृष्ठ पोषण एवं मूल्यांकन अधिगमकर्ता को प्रोत्साहित करती है एवं नवीन ज्ञान को ग्रहण करने में सहायक होती हैं। हमारी परंपरागत मूल्यांकन प्रक्रिया अधिगमकर्ता को उसके परिणाम से लंबे समय तक दूर रहती है परंतु डिजिटल माध्यमों से अधिगमकर्ता शीघ्र ही अपने परिणामों की जाँच कर सकता है जो कि उन्हें अभिप्रेरित करने में अत्यंत सहायक है।

डिजिटल शिक्षा एवं कौशल विकास

अक्सर देखने में आता है कि किताबों को पढ़ते समय बच्चे उन पर इतना ध्यान केंद्रित नहीं कर पाते हैं, जिससे उनकी शब्दावली अधूरी और कमज़ोर रह जाती है। दरअसल हमारी किताबें भरपूर ज्ञान तो देती हैं, परंतु बच्चों को पूर्ण रूप से अपनी ओर आकर्षित नहीं कर पाती है। जिसका एक कारण किताबों में विषय-वस्तु का मनोरंजक तरीके से प्रस्तुतीकरण ना होना है। वहीं दूसरी ओर ऑनलाइन स्क्रीन की सहायता से शिक्षार्थी अपनी भाषा कौशल में सुधार कर लेते हैं। जिसमे उन्हें कठिन शब्दों के अर्थ तुरंत मिल जाते हैं एवं वे नए शब्द सीखकर अपनी शब्दावली का विस्तार भी कर लेते हैं। हमारे मूल पाठ्यक्रम एवं शिक्षण विधियों के द्वारा शिक्षार्थियों में विभिन्न कौशलों का विकास करना एक लंबी प्रक्रिया का रूप

ले लेता है, क्योंकि एक निश्चित समय में शिक्षक के लिए कौशलों का विकास करना एक मुश्किल कार्य है। वर्तमान समय में ऐसे व्यक्तियों की आवश्यकता है जो विभिन्न कौशलों से युक्त हों। लेकिन हमारी परंपरागत शिक्षा प्रणाली अकेले इस कार्य को करने में सक्षम नहीं है इसलिए इसका एक विकल्प ऑनलाइन शिक्षा हो सकती है जो कि शिक्षार्थियों को विभिन्न कौशल सिखाने में अत्यंत सहायक है और सबसे महत्वपूर्ण बात यह है कि यह सभी कौशल सीखने के लिए उसे विद्यालय में बैठने की आवश्यकता नहीं है।

डिजिटल शिक्षा का भविष्य

ऑडिट एवं मार्केटिंग की शीर्ष एजेंसी *केपीएमजी* और गूगल ने 'भारत में ऑनलाइन शिक्षाः 2021' शीर्षक से एक रिपोर्ट जारी की जिसमें 2016 से 2021 की अवधि के दौरान भारत में ऑनलाइन शिक्षा के व्यवसाय में आठ गुना की अभूतपूर्व वृद्धि आँकी गई है। केपीएमजी के अनुसार भारत में इंटरनेट की पहुँच 31 प्रतिशत है। जिसका अर्थ है - देश में लगभग 40 करोड़ लोग इंटरनेट का इस्तेमाल करते हैं। 2021 तक ये संख्या 73 करोड़ से अधिक हो जाएगी। दूरस्थ शिक्षा के लिए भी ऑनलाइन माध्यम सबसे कारगर सिद्ध हो रहा है। सरकार ने *स्वयं, ई-शिक्षा* और *डिजिटल इंडिया* जैसे अभियान शुरू किए हैं जिसे देखते हुए अंदाज़ा लगाया जा सकता है कि भारत में शिक्षा पलक झपकते ही 'ऑफलाइन' से 'ऑनलाइन' मोड में परिवर्तित हो जाएगी। परंतु अभी यह सारी प्रक्रिया बिखरी हुई है, जिसमे कोई तारतम्य एवं योजना नहीं है। कुछ भी विधिवत नहीं है। ऑनलाइन कक्षाएँ चलाने के लिए स्कूल और यूनिवर्सिटी प्रशासन कितने तत्पर हैं –यह कहना कठिन है, लेकिन उससे जुड़ी व्यावहारिक कठिनाइयाँ जल्दी ही दिखने भी लगीं हैं। ग्रामीण क्षेत्रों में बिजली का ना होना भी एक बड़ा मुद्दा है तो ऐसे में *इंटरनेट कनेक्शन* होने, न होने का कोई अर्थ नहीं है।

डिजिटल शिक्षा की चुनौतियाँ

आज विश्व का प्रत्येक देश कोरोना महामारी से लड़ रहा है। सभी जगह स्कूल और कॉलेज बंद हैं, इसलिए डिजिटल शिक्षा प्रत्येक देश की प्रमुख आवश्यकता बन चुकी है। शोध बताते हैं कि ऑनलाइन शिक्षण में पारंपरिक शिक्षण की जगह किसी भी विषय को समझाने में कम समय लगता है और शिक्षार्थी आसानी से सीख सकता है। कोरोना के प्रकोप के चलते विश्वविद्यालय प्रणाली आभासी विकल्प में तब्दील हो गई है। शिक्षकों को शिक्षा सुचारू रूप से चलाए रखने के लिए और पाठ्यक्रम को पूर्ण करने के लिए ऑनलाइन कक्षाएँ संचालित करने के आदेश समय समय पर प्राप्त हो रहे हैं जिसके फलस्वरूप शिक्षण में रोज़ नए आयाम जुड़ रहे हैं। परंतु कुछ जगहों पर यह शिक्षकों के लिए जटिल कार्य बनता जा रहा है, जिसका कारण है- शिक्षकों में ऑनलाइन सॉफ्टवेयर की जानकारी की कमी और कई जगहों पर शैक्षणिक संसाधनों का उपलब्ध ना होना। शिक्षार्थियों के घरों में अभी भी कंप्यूटर, *स्मार्टफोन लैपटॉप* इत्यादि ऑनलाइन संसाधनों की कमी है।

जब ऑनलाइन शिक्षा के पहलुओं की बारीकी से जांच की गई तो इसमें पाया गया कि ऑनलाइन कक्षाओं में मुश्किल से 30 से 40% शिक्षार्थी उपस्थित रहते हैं। इसके पीछे का कारण जानने की कोशिश की गई तो यह परिणाम सामने आये कि कई स्थानों पर इंटरनेट की स्पीड बहुत कम है और कई क्षेत्रों में तो इंटरनेट की सुविधा ही उपलब्ध नहीं है, अधिकांश जगह विद्युत कटौती इतनी ज़्यादा होती है कि शिक्षार्थी सही समय पर ऑनलाइन कक्षाओं में उपस्थित नहीं हो पाते हैं जिससे ऑनलाइन कक्षाओं में शिक्षार्थी संख्या सीमित हो जाती है। यह हमारे देश की सामाजिक-आर्थिक स्थिति को दर्शाता है जहाँ पर कुछ लोग

ऑनलाइन शिक्षा ग्रहण करने में सक्षम है वहीं कुछ लोग अभी भी इसकी परिधि से बाहर है। डिजिटल शिक्षा की एक और चुनौती यह भी है कि शिक्षार्थी, शिक्षक से अलग-थलग महसूस करते हैं एवं शिक्षक-शिक्षार्थियों में संवाद की कमी से उपलब्ध विषय-वस्तु का गलत मतलब निकालना संभव है।

राष्ट्रीय शिक्षा नीति 2020 एवं डिजिटल शिक्षा

राष्ट्रीय शिक्षा नीति 2020 में प्रौद्योगिकी के प्रयोग एवं प्रसार पर अत्यधिक बल दिया गया है। इसमें कहा गया है कि गुणवत्तापूर्ण शिक्षा के साथ-साथ प्रौद्योगिकी भी शैक्षिक प्रक्रिया एवं परिणामों के सुधार में महत्वपूर्ण भूमिका निभाएगी। नवीन प्रौद्योगिकी क्षेत्र जैसे कि *आर्टिफिशियल इंटेलिजेंस, मशीन लर्निंग, ब्लॉकचेन, स्मार्ट क्लासेस*, हस्त चालित कंप्यूटर उपकरण, शिक्षार्थियों के विकास के लिए एडेप्टेड कंप्यूटर टेस्टिंग और अन्य प्रकार के सॉफ्टवेयर के द्वारा यह निश्चित होगा कि शिक्षार्थी क्या सीखता है और कैसे सीखता है। इस प्रकार भविष्य में इस तरह के विषयों पर नए शोध किए जाएँगे। विद्यालय एवं उच्चतर शिक्षा दोनों में शिक्षण, मूल्यांकन, प्रशासन आदि में प्रौद्योगिकी के प्रयोग के लिए एक मंच तैयार किया जाएगा जिसका नाम राष्ट्रीय शिक्षक प्रौद्योगिकी मंच होगा। इसके निम्नलिखित कार्य होंगे -

1. शैक्षिक प्रौद्योगिकी में बौद्धिक एवं संस्थागत क्षमता का निर्माण।
2. इस क्षेत्र में रणनीतिक रूप से अत्यंत प्रभावी कार्यों की परिकल्पना करना।
3. अनुसंधान एवं नवाचार के लिए नई दिशाओं का निर्धारण करना।

राष्ट्रीय शिक्षा नीति 2020 ने वर्तमान समय में फैली हुई महामारी को ध्यान में रखते हुए ऑनलाइन एवं डिजिटल शिक्षा के नए आयामों के प्रयोग पर बल दिया है। जिस प्रकार वर्तमान समय में कोरोना वायरस के कारण विश्व भर में स्कूल बंद हैं और शिक्षा पर संकट गहराता जा रहा है। इस काल में हमारे सामने एकमात्र विकल्प ऑनलाइन एवं डिजिटल शिक्षा का बचता है। नई शिक्षा नीति में इस मुद्दे को प्रमुखता से रखा गया है। नई शिक्षा नीति 2020 के अनुसार एक प्रभावशाली ऑनलाइन शिक्षक बनने के लिए शिक्षकों को प्रशिक्षण की आवश्यकता है। यह नहीं कहा जा सकता कि कि कोई शिक्षक अगर पारंपरिक कक्षा में बहुत अच्छा शिक्षण कार्य करता है तो वह ऑनलाइन कक्षाओं में भी उसी तरह का शिक्षण कार्य कर सकता है इसलिए सर्वप्रथम आवश्यकता है कि शिक्षकों को प्रशिक्षित किया जाए उन्हें नए-नए सॉफ्टवेयर की जानकारी दी जाए और विभिन्न स्तरों पर प्रशिक्षण कार्यक्रम चलाया जाए।

राष्ट्रीय शिक्षा नीति 2020 के अनुसार ऑनलाइन शिक्षा के लिए एक पायलट अध्ययन कराया जाए जिसमें ऑनलाइन शिक्षा की कमियों को कम करते हुए उसे मुख्य शिक्षा के साथ जोड़ा जाए और शिक्षार्थियों को उपकरणों का प्रयोग करने की आदत डाली जाए। इस पायलट अध्ययन के लिए एजेंसियों का चुनाव हो, जैसे- *इग्नू, आईआईटी, एनआईटी* इत्यादि। इन पायलट अध्ययनों के सुझावों को सार्वजनिक किया जाए और निरंतर सुधार के लिए इनका प्रयोग किया जाए। भारत में क्षेत्रीय विभिन्नता को देखते हुए *डिजिटल इंफ्रास्ट्रक्चर* का निर्माण किया जाए जिससे शिक्षक एवं शिक्षार्थियों को ऑनलाइन शिक्षण के लिए विभिन्न प्लेटफार्म उपलब्ध हो सके। शिक्षक और शिक्षार्थियों को विभिन्न ऑनलाइन मंच एवं उपकरण उपलब्ध कराए जाएँ जिससे कि ऑनलाइन शिक्षा में प्रयोग होने वाले मूलभूत उपकरणों की कमी ना हो सके। शिक्षकों को पाठ्य सामग्री-निर्माण के लिए प्रशिक्षित किया जाना अत्यधिक आवश्यक है जिससे उपयुक्त पाठ्य-सामग्री का निर्माण किया जा सके। डिजिटल फ़ासला (गैप) को समाप्त करना भी

अपने आप में एक चुनौतीपूर्ण कार्य है कई शिक्षार्थी जो गरीब तबके से आते हैं उनके पास कंप्यूटर, लैपटॉप, स्मार्टफोन आदि उपकरण नहीं होते जिससे कि उन्हें ऑनलाइन शिक्षा ग्रहण करने में कठिनाइयों का सामना करना पड़ता है। राष्ट्रीय शिक्षा नीति 2020 में यह भी सुझाव दिया गया है कि सर्वप्रथम इस डिजिटल फ़ासला (गैप) को समाप्त करना पड़ेगा ताकि सभी शिक्षार्थी समान रूप से शिक्षा ग्रहण कर सकें। वर्चुअल लैब, ऑनलाइन परीक्षाएँ एवं मूल्यांकन, शिक्षकों को प्रशिक्षण एवं प्रोत्साहन आदि पर भी राष्ट्रीय शिक्षा नीति 2020 अपने विचार रखती है।

उपसंहार

दुनिया आज प्रौद्योगिकी की मदद से स्वयं एक कक्षा बन गई है जहाँ सीखने के विभिन्न मंच या '*प्लेटफार्म*' उपलब्ध हैं। वे दिन अब लद गए जब अधिगम को केवल बंद कक्षाओं तक परिभाषित किया जाता था। आज प्रौद्योगिकी की मदद से कोई भी अपनी इच्छा के अनुसार कहीं पर भी बैठकर एक बटन दबाकर अपनी गति से अपनी सुविधानुसार कुछ भी सीख सकता है। पश्चिमी देशों में सीखने की यह विधा काफ़ी समय पहले से प्रचलित है, भारत में इस तरह की शिक्षा का आगमन कुछ देर से हुआ। परंतु आज के दौर में यह भारत में काफ़ी ज़्यादा प्रचलित हो रही है। आज हमारे पास ऐसी डिजिटल सुविधाएँ हैं जो शिक्षार्थियों को सीखने और शिक्षकों को सिखाने में विभिन्न प्रकार से सहायता करती हैं। डिजिटल शिक्षा अब हमारे जीवन का एक अंग बन चुकी है। अगर हम *डिजिटल लर्निंग* चाहते हैं, तो हमें अपने स्कूलों और शिक्षकों को उचित रूप से इंटरनेट संसाधनों के साथ तैयार करना ज़रूरी है।

शिक्षकों के एक बड़े वर्ग को भी डिजिटल माध्यमों के नवाचारी उपयोग में खुद को दक्ष बनाना होगा। हमारी सरकार एवं शिक्षण संस्थाओं को भी उच्च शोध के लिए नवाचारी परियोजनाएँ विकसित करनी होंगी। उत्तर कोरोना के समय में उच्च शिक्षा में कई चुनौतियाँ हैं जिसमे, उच्च शिक्षा के सेमेस्टर, शिक्षण, परीक्षा के कार्य, मूल्यांकन पद्धतियों में रूपांतरण लाकर उच्च शिक्षा को इस समय में अवस्थित कराना है। दूसरी, हमें दुनिया के बड़े उच्च शिक्षण संस्थाओं के समानांतर अपने को मज़बूत एवं आकर्षक बनाना है जिससे आने वाले समय में देश में डिजिटल शिक्षा का भविष्य उज्ज्वल हो सके।

संदर्भ

- अरोड़ा आर. (2015) शिक्षा में कंप्यूटर एवं संचार कौशलों का प्रयोग एवं विकास, आगरा, अग्रवाल पब्लिकेशन।
- ऑनलाइन एजुकेशन इन इंडियाः 2021, ए स्टडी बाए केपीएमजी इन इंडिया एंड गूगल, रिट्रीव्द फ्रॉम https://assets.kpmg/content/dam/kpmg/in/pdf/2017/05/Online-Education-in-India-2021
- एम.एच.आर.डी (1986). राष्ट्रीय शिक्षा नीति 1986, भारत सरकार. नई दिल्ली।
- एम.एच.आर.डी. (2020). राष्ट्रीय शिक्षा नीति 2020, भारत सरकार।
- तलेसरा एच. (2006) वेब बेस्ड लर्निंग, दिल्ली, ऑथरप्रेस ग्लोबल नेटवर्क।
- फ्यूचर ट्रेंड्स ऑफ डिजिटल एजुकेशन इन इंडिया, रिट्रीव्द फ्रॉम http://www.educationinsider.net/detail_news.php?id=1326
- मंगल एस.के., मंगल यू. (2003) टेक्नोलॉजी ऑफ टीचिंग, नई दिल्ली, आर्य बुक डिप्पो।
- विक्रमनायके, जी. एन. (2005) इम्पेक्ट ऑफ डिजिटल टेक्नोलॉजी ऑन एजुकेशन. 24 नेशनल इनफार्मेशन टेक्नोलॉजी कांफ्रेंस।
- सक्सेना एस.एस., (2017) आई.सी.टी. एक समीक्षात्मक अध्ययन, आगरा, राखी प्रकाशन।

शब्द-सूची

अंतर-विषयात्मकता – Interdisciplinary
अन्तर्विषयक शोध – Inter-disciplinary Research
अधिगमनात्मक प्रतिमानों – Models of Learning
अनुशासनात्मक सीमाओं – Disciplinary Boundaries
अभिवृत्ति – Attitude
अमूर्त ज्ञान – Abstract knowledge
आध्यात्मिक – Spiritual
आकांक्षी जिलों – Aspirational District
आलोचनात्मक-शिक्षाशास्त्र – Critical Pedagogy
उद्यमशीलता – Entrepreneurship
एतदतिरिक्त – Apart of this
एनटीए – National Testing Agency
उद्यमशीलता – Entrepreneurship
उपसंस्कृति – Sub Culture
गणराज्य – Republic
गणितीयकरण – Mathematisation
गतिरोध – barrier
गत्यात्मक शक्ति – Dynamic Power
चतुष्तरीय – Four Level
दिव्यांगता – disability
'दीक्षा' (DIKSHA) पोर्टल – The Digital Infrastructure for Knowledge sharing
नवउदारवादी सुधार – Neoliberal reforms
निबद्ध – Associated
न्यूनतम अधिगम स्तर (एमएलएल) – Minimum Levels of Learning
पदानुक्रमता – Hierarchy
परिप्रेक्ष्य-धारणाओं – Perspective & beliefs
पृच्छा-आधारित – Inquisitive based
पार-विषयात्मकता – crossdisciplinarity
पुनर्वास – Rehabilitation
प्रोन्नति – Promotion
प्रत्यक्ष-ज्ञान – Perception building
प्रत्ययात्मक-ज्ञान – Conceptual knowledge
प्रभुत्वसंपन्न – Sovereign

प्रबुद्ध – Enlightened
प्राविधिक – Technical
बलात् श्रम प्रतिषिद्ध – Forced Labour Prohibition
बहु-विषयक अनुसन्धान – Multi-disciplinary research
बहु-विषयात्मकता – Multidisciplinary
बहुलतावादी समाज – Pluralistic Society
बुनियादी संक्रियाएँ – Foundational Operations
बुनियादी साक्षरता – Foundational Literacy
भावनात्मक-लब्धि आधारित – Emotional Quotient based
यू डी एल – Universal design of Learning
राजपत्र – Gazette
राष्ट्रीय व्यावसायिक मानक – National Professional Standards
लोकतंत्रात्मक – Democratic
विहंगावलोकन – Overview
विनियामक प्रणाली – Regularity System
व्यवसाय उन्मुख शिक्षा – Job oriented education
व्यावसायिक शिक्षा – Vocational Education
व्यावहारिक कौशल – soft skills
शिक्षक पात्रता परीक्षा – Teachers Eligibility Test
संगणना – Calculation
संग्रहणवादी – Collectivist
संज्ञानात्मक पक्ष – Cognitive Aspect
संचलन – Manipulations
संधारण-दर – Retention rate
संरक्षण – Conservation
संविधान की उद्देशिका – Preamble of the Constitution
सतत व्यावसायिक विकास – Continuous Professional Development
समग्र एवं बहु-विषयक शिक्षा – Holistic and multidisciplinary Education
समतामूलक और समावेशी शिक्षा – Equitable and inclusive society
समान विद्यालय प्रणाली – Common School System
सामासिक संस्कृति – Composite Culture
सार्थक्य – Significance
सार्वभौमिक – Universal
सार्वभौमिकीकरण – Universalization
स्थानिक कौशल – Spatial Skills
स्वायतता – Autonomy

लेखक-परिचय

संपादक/लेखक

प्रोफ़ेसर पंकज अरोड़ा *केंद्रीय शिक्षा संस्थान*, दिल्ली विश्वविद्यालय में पिछले 24 वर्षों से अध्यापन एवं शोध कार्य कर रहे हैं। वर्तमान में आप *जीवनपर्यन्त शिक्षण संस्थान*, दिल्ली विश्वविद्यालय के *निदेशक* का कार्यभार भी संभाल रहे हैं। प्रोफ़ेसर अरोड़ा ने लगभग 20 शोध लेख भारतीय एवं अंतर्राष्ट्रीय शोध-पत्रिकाओं में लिखे हैं। यह उनकी लिखी या संपादित की गई पुस्तकों की श्रेणी में आठवीं पुस्तक है। प्रोफ़ेसर अरोड़ा राष्ट्रीय शिक्षा-नीति के उन गिने-चुने विशेषज्ञों में हैं, जिन्होंने देश भर में अनेक विश्वविद्यालयों एवं सामाजिक/शैक्षिक मंचों के माध्यम से राष्ट्रीय शिक्षा-नीति 2020 पर अपने रचनात्मक विचार प्रस्तुत किए हैं। वे इस समय विश्वविद्यालय अनुदान आयोग, दिल्ली विश्वविद्यालय के साथ-साथ अनेक शैक्षिक संस्थानों की शिक्षा-नीति लागू करने वाली समितियों के सदस्य हैं। आप अनेक देशी-विदेशी शोध-पत्रिकाओं के संपादकमंडल के भी सदस्य हैं।

प्रोफ़ेसर पंकज अरोड़ा *समाज विज्ञानशिक्षा, किशोरावस्था शिक्षा, लोकतांत्रिक शिक्षा* के साथ साथ *युवा, लोकतंत्र व शिक्षा* के क्षेत्र में निरंतर अपना योगदान दे रहे हैं। इनकी ईमेल pankajcie@yahoo.com है।

प्रोफ़ेसर उषा शर्मा, एनसीईआरटी, नई दिल्ली में पिछले 14 वर्षों से शोध, सामग्री-निर्माण और प्रशिक्षण का कार्य कर रही हैं। कक्षा एक को पढ़ाते हुए अपने अध्यापकीय जीवन की शुरुआत करने और लगभग 5 वर्षों का शिक्षण-अनुभव रखने वाली प्रोफ़ेसर शर्मा ने एससीईआरटी, नई दिल्ली में लगभग 10 वर्षों तक अध्यापकत्व का निर्वहन किया। वर्तमान में आप राष्ट्रीय साक्षरता केंद्र-प्रकोष्ठ, एनसीईआरटी की प्रभारी का कार्यभार संभाल रही हैं। प्रोफ़ेसर शर्मा विभिन्न राष्ट्रीय एवं अंतर्राष्ट्रीय मंचों पर राष्ट्रीय शिक्षा-नीति 2020, स्कूली शिक्षा, अध्यापक-शिक्षा संबंधी विमर्श का हिस्सा रही हैं। लगभग 25 शोध एवं विमर्शपरक लेख राष्ट्रीय पत्रिकाओं में प्रकाशित हो चुके हैं और पुस्तक-लेखन, संपादन के क्रम में यह उनके द्वारा संपादित दसवीं पुस्तक है। आप एनसीईआरटी द्वारा प्रकाशित बाल पत्रिका 'फिरकी बच्चों की' और शोध-पत्रिका 'प्राथमिक शिक्षक' की शैक्षणिक संपादक होने के साथ-साथ अनेक राष्ट्रीय एवं अंतर्राष्ट्रीय शोध पत्रिकाओं के संपादक मंडल की सदस्या भी हैं। आप '*निपुण भारत*' मिशन, भारत सरकार की सदस्या हैं। साथ ही शिक्षा मंत्रालय, भारत सरकार, राष्ट्रीय अध्यापक शिक्षा परिषद सहित अनेक शैक्षिक, सामाजिक संस्थानों की समितियों की सदस्या हैं।

प्रोफ़ेसर उषा शर्मा *भाषा शिक्षण, बुनियादी साक्षरता, प्रौढ़ शिक्षा एवं जीवनपर्यंत सीखना* के साथ-साथ *प्रारंभिक बाल्यावस्था देखभाल एवं शिक्षा, अध्यापक शिक्षा, मूल्य शिक्षा* के क्षेत्र में निरंतर अपना योगदान दे रही हैं। इनकी ईमेल ushasharma1730@yahoo.com है।

लेखक

डॉ. अतुल कुमार शुक्ला राजनीति विज्ञान, इतिहास तथा शिक्षाशास्त्र में परास्नातक सहित शिक्षाशास्त्र में डॉक्टरेट। करीब दो दशकों से बुंदेलखंड उ.प्र. में स्थित महाविद्यालय में एसोसिएट प्रोफ़ेसर के रूप में कार्यरत। शिक्षा का इतिहास तथा शिक्षा का मौलिक अधिकार अध्ययन अभिरुचि के प्रमुख क्षेत्र। मुद्राशास्त्र (Numismatics) के अध्ययन तथा मुद्रा संकलन में विशेष रुचि। बीस से अधिक सेमिनार तथा कॉन्फ्रेंस में शोध पत्रों का प्रस्तुतीकरण। पंद्रह से अधिक शोध पत्रों का प्रकाशन।

प्रोफ़ेसर आर.सी. पटेल, महाराजा सैयाजी राव यूनिवर्सिटी बड़ौदा में शिक्षा विभाग के डीन एवं अध्यक्ष के रूप में काम कर रहे हैं। वे इंटर यूनिवर्सिटी सेंटर फॉर टीचर एजुकेशन के संयोजक भी हैं। प्रोफ़ेसर पटेल को अध्यापन एवं शोध के क्षेत्र में कार्य करने का लगभग 38 वर्ष का अनुभव है। उन्होंने 18 पुस्तकें एवं लगभग 60 शोधलेख लिखे हैं। उन्हें राष्ट्रीय एवं अंतर्राष्ट्रीय स्तर पर विभिन्न समितियों एवं संस्थानों से जुड़ने का मौका मिला है। वे यूनिसेफ के एक महत्वपूर्ण प्रोजेक्ट में निदेशक के रूप में कार्य कर चुके हैं। इसके अतिरिक्त NCTE, NCERT, NIEPA आदि में भी वे समय-समय पर विशेष भूमिकाओं में जुड़े हैं।

डॉ. ऋषभ कुमार मिश्र, शिक्षा विभाग महात्मा गांधी अंतरराष्ट्रीय हिंदी विश्वविद्यालय में सहायक प्रोफ़ेसर हैं। उन्होंने केंद्रीय शिक्षा संस्थान, शिक्षा संकाय दिल्ली से शोधकार्य किया है। शिक्षा से जुड़े समसामयिक विषयों पर विभिन्न पत्र-पत्रिकाओं में लिखते रहते हैं। शिक्षा के वैकिल्पक प्रयोगों पर शोध कार्य कर रहे हैं।

डॉ. कश्यपी अवस्थी, सहायक प्रोफ़ेसर, राष्ट्रीय शैक्षिक योजना एवं प्रशिक्षण संस्थान में चौदह वर्षों के अनुभव के साथ। डॉ. अवस्थी के शैक्षणिक रुचि एवं लेखन के क्षेत्र हैं - विद्यालय शिक्षा, सामुदायिक भागीदारी, विद्यालयों में समानता के मुद्दे, शिक्षक शिक्षा, व्यावसायिक विकास और विद्यालय नेतृत्व। वे विभिन्न राज्य सरकारों के सलाहकार निकायों की सदस्य रही हैं। वे विद्यालय नेतृत्व विकास के राष्ट्रीय समन्वयक के रूप में विभिन्न राज्यों के साथ काम कर रही हैं। दस से भी अधिक लेख प्रकाशित हैं।

प्रोफ़ेसर गोपाल कृष्ण ठाकुर, सम्प्रति महात्मा गांधी अंतरराष्ट्रीय हिंदी विश्वविद्यालय (केंद्रीय विश्वविद्यालय), वर्धा, महाराष्ट्र में प्रोफ़ेसर एवं शिक्षा विभाग तथा मनोविज्ञान विभाग के अध्यक्ष हैं। केंद्रीय शिक्षा संस्थान, दिल्ली विश्वविद्यालय एवं शिक्षा संकाय, जामिया मिल्लिया इस्लामिया, नई दिल्ली के पूर्व छात्र प्रोफ़ेसर ठाकुर की रुचि विज्ञान का दर्शन, शिक्षा दर्शन एवं गुणात्मक अनुसंधान के क्षेत्र में शिक्षण, शोध एवं लेखन में है।

प्रोफ़ेसर चाँद किरण सलूजा ने दिल्ली विश्वविद्यालय के शिक्षा विभाग में लगभग 27 वर्ष तक अध्यापन एवं शोध के कार्य करने के पश्चात वर्ष 2013 में ऐच्छिक सेवानिवृत्ति ली। तब से वे संस्कृत प्रमोशन फाउंडेशन नामक संस्थान में *शैक्षिक निदेशक* के रूप में कार्यरत हैं। प्रो. सलूजा ने चार विभिन्न विषयों में स्नातकोत्तर की उपाधि ग्रहण की है, इसके साथ-साथ आपने बी. एड, एम.एड, एम. फिल, डॉक्टरेट और डी. लिट. की डिग्री भी अर्जित की है। देश भर में आप भाषा शिक्षण के एक महारथी के रूप में जाने जाते हैं। शिक्षा नीति के विभिन्न आयामों पर आपकी समझ अतुलनीय है। देश की विभिन्न शैक्षिक संस्थाओं में आप सलाहकार के रूप में जुड़े हुए हैं।

प्रोफ़ेसर ज्ञानदेव मणि त्रिपाठी एक ख्यातिलब्ध शिक्षाविद हैं जिन्होंने दिल्ली विश्वविद्यालय के केंद्रीय शिक्षा संस्थान से पीएच.डी. की शिक्षा प्राप्त की है। भाषा शिक्षण, बुनियादी शिक्षा एवं शिक्षा के इतिहास पर इन्होंने गहन शोध किया है। अध्यापक शिक्षा के पाठ्यक्रम में 'शिक्षा के साहित्य' को मुख्य विषय के तौर पर स्थापित करने में भी इनकी अग्रणी भूमिका रही है। राष्ट्रीय एवं क्षेत्रीय समितियों में महत्वपूर्ण योगदान। ये बिहार और झारखंड राज्यों के लिए विद्यालयी पाठ्यचर्या-पाठ्यक्रम तथा पाठ्यपुस्तक निर्माण समिति के अकादमिक समन्वयक भी रहे हैं। प्रोफ़ेसर त्रिपाठी, आर्यभट्ट ज्ञान विश्वविद्यालय, पटना के शैक्षिक प्रशिक्षण एवं शोध पीठ के अधिष्ठाता भी रह चुके हैं तथा वर्तमान में मैत्रेय कॉलेज ऑफ एजुकेशन एंड मैनेजमेंट (वैशाली) में प्राचार्य के पद पर कार्यरत हैं।

डॉ. पवन सिन्हा एक आध्यामिक गुरु तथा मोतीलाल नेहरू कॉलेज, दिल्ली विश्वविद्यालय में राजीनीति शास्त्र विभाग में एसोसिएट प्रोफ़ेसर हैं। हाशिये पर रहने वाले बच्चों की शिक्षा के लिए 'ऋषिकुलशाला' नाम से अनौपचारिक शिक्षा केंद्र स्थापित किए हैं और देशभर में 18 केंद्रों पर 1100 से अभी अधिक बच्चे शिक्षा प्राप्त कर रहे हैं। डॉ. सिन्हा देश के युवाओं के लिए युवा अभ्युदय मिशन के संस्थापक हैं। विभिन्न राष्ट्रीय एवं अंतर्राष्ट्रीय मंचों पर शिक्षा, धर्म, लोकतंत्र, पेरेंटिंग, भारतीय ज्ञान, अध्यापक शिक्षा आदि से जुड़े विषयों पर वक्तव्य एवं चर्चा में सक्रिय भागीदारीता। अंतर्राष्ट्रीय संबंधों और विदेश नीति, राष्ट्रीय सुरक्षा संबंधी विषयों के विशेषज्ञ हैं। अनेक राष्ट्रीय एवं अंतर्राष्ट्रीय पत्र-पत्रिकाओं में 30 से भी अधिक लेखों का प्रकाशन एवं 10 से भी अधिक पुस्तकों के लेखक एवं संपादक रहे हैं। डॉ. सिन्हा को शिक्षा के क्षेत्र में 'राष्ट्रीय वेद व्यास सम्मान' (द्वारा म.प्र.सरकार) तथा आपकी पुस्तक 'शिक्षा के द्वन्द' को डी.सी. कोठारी पुरस्कार (द्वारा उ.प्र.सरकार) प्राप्त हुआ है।

डॉ. भारती, केंद्रीय शैक्षिक प्रौद्योगिकी संस्थान (CIET), एनसीईआरटी, नई दिल्ली में एसोसिएट प्रोफ़ेसरके पद पर कार्यरत। समावेशी शिक्षा के क्षेत्र में 18 वर्ष से भी अधिक कार्य-अनुभव। लेखन-क्षेत्र एवं परियोजनाएँ हैं- समावेशीसेवा-पूर्व शिक्षक शिक्षा (PSTE) के लिए दिशा-निर्देश, विज्ञान की कक्षाएँ समावेशी बनाना, आरम्भिक स्कूल स्तर पर *ऑटिज्म* वाले बच्चों के समावेशन हेतु शिक्षक संदर्शिका का विकास। उन्होंने आर पीडब्ल्यूडी अधिनियम, 2016 द्वारा मान्यता प्राप्त 21 विकलांगता स्थितियों के लिए स्क्रीनिंग चेकलिस्ट का प्रारूप तैयार किया है। राष्ट्रीय-अंतर्राष्ट्रीय पत्रिकाओं में 15 से अधिक शोध पत्र एवं 4 पुस्तकें प्रकाशित।

श्री मनोज कुमार को शिक्षण, अनुसंधान और पाठ्य सामग्री विकास का 15 वर्षों से अधिक का अनुभव है। उन्होंने एससीईआरटी, दिल्ली के शिक्षक शिक्षा कार्यक्रम के अंतर्गत 12 वर्षों तक स्नातक और स्नातकोत्तर छात्रों का अध्यापन किया है। वर्तमान में, वे शिक्षा निदेशालय, दिल्ली में कार्यरत हैं। रुचि-क्षेत्र हैं - समावेशी शिक्षा, बाल मनोविज्ञान, शिक्षा के दार्शनिक और समाजशास्त्रीय आयाम, शिक्षा में लिंग संबंधी मुद्दे और मूल्य शिक्षा। इन्हें एनसीईआरटी तथा एससीईआरटी, दिल्ली के साथ काम करने का समृद्ध अनुभव है। राष्ट्रीय और अंतर्राष्ट्रीय पत्रिकाओं में समावेशी शिक्षा पर कई लेख प्रकाशित।

डॉ. रामानन्द पाण्डेय सेंटर ऑफ़ पालिसी रिसर्च एंड गवर्नेंस के निदेशक हैं। उन्होंने शिक्षा मंत्रालय के साथ सलाहकार (2015-2019) के रूप राष्ट्रीय शिक्षा नीति 2020 पर कार्य किया है। वे शिक्षा संकाय, दिल्ली विश्वविद्यालय से शिक्षाशास्त्र में पीएचडी उपाधि प्राप्त हैं। टाटा सामाजिक विज्ञान संसथान, मुंबई से

दलित, आदिवासी अध्यन में परास्नातक। वे शिक्षा, दलित-आदिवासी विषयों और विकास से संबंधित नीतिगत विषयों पर विभिन्न समाचार-पत्रों में लेखन का कार्य करते हैं।

प्रोफ़ेसर शिरीष पाल सिंह, शिक्षा विभाग महात्मा गाँधी अंतरराष्ट्रीय हिंदी विश्वविद्यालय (केन्द्रीय विश्वविद्यालय) वर्धा, महाराष्ट्र में प्रोफ़ेसर पद पर कार्यरत हैं। शिक्षण, प्रशिक्षण एवं शोध के क्षेत्र में लगभग 16 वर्षों का अनुभव। विभिन्न राष्ट्रीय एवं अंतर्राष्ट्रीय शोध-पत्रिकाओं में 40 से अभी अधिक शोध-पत्र प्रकाशित हैं तथा 12 संपादित एवं संदर्भ पुस्तकें प्रकाशित हैं। प्रो. सिंह ने 130 से अधिक सेमिनार, कार्यशालाओ एवं अन्य कार्यक्रमों में व्याखान दिए हैं तथा लगभग 32 कार्यशालाओं एवं संगोष्ठियों का आयोजन भी किया है। शिक्षा मनोविज्ञान एवं शिक्षा में शोध इनके रुचि के विषय हैं।

डॉ. विश्वास वर्तमान में राष्ट्रीय शैक्षिक अनुसंधान एवं प्रशिक्षण परिषद के भोपाल स्थित क्षेत्रीय शिक्षा संस्थान के शिक्षा विभाग में असिस्टेंट प्रोफ़ेसर के पद पर कार्यरत हैं। दिल्ली विश्वविद्यालय के शिक्षा विभाग से विद्या-वाचस्पति की उपाधि प्राप्त की है। उन्होंने राष्ट्रीय शैक्षिक अनुसंधान एवं प्रशिक्षण परिषद के अजमेर स्थित क्षेत्रीय शिक्षा संस्थान से एम.एड. किया और स्वर्ण पदक प्राप्त किया है एवं इसके लिए डॉ. ज़ाकिर हुसैन पुरस्कार प्रदान किया गया। कार्य क्षेत्र हैं - समावेशी शिक्षा, अध्यापक शिक्षा, मूल्य शिक्षा। पाँच शोध-पत्र एवं दो पुस्तकों में अध्याय भी प्रकाशित हुए हैं। डॉ. विश्वास एक लंबे समय तक हिन्दी पत्रकारिता से जुड़े रहे हैं।

प्रोफ़ेसर सीमा धवन पी.एचडी (वानिकी एवं शिक्षा) वर्तमान में एचएनबी गढ़वाल केंद्रीय विश्वविद्यालय में कार्यरत हैं। विषय-विशेषज्ञता - सतत विकास के लिए शिक्षा, शैक्षिक तकनीकी एवं अनुसन्धान। शिक्षण एवं प्रशासनिक कार्यों में 25 वर्षों काअनुभव है। पाँच पुस्तकें, सात संसाधन पुस्तकें, सोलह अध्याय तथा 127 शोधपत्र प्रकाशित हैं। लगभग 140 आमंत्रित व्याख्यान दिए हैं और उत्कृष्टकार्य हेतु 9 पुरस्कार से अलंकृत हैं।

डॉ. सुनीता सिंह दिल्ली विश्वविद्यालय के शिक्षा विभाग में 2018 से असिस्टेंट प्रोफ़ेसर के पद पर कार्यरत हैं। इसके पूर्व वे काशी हिंदू विश्वविद्यालय के शिक्षा संकाय मे कार्यरत थीं। काशी हिंदू विश्वविद्यालय से पीएचडी उपाधि प्राप्त। लगभग 12 वर्ष के अध्ययन-अध्यापन के दौरान 4 पुस्तकों सहित 20 शोध-पत्रों का प्रकाशन। शोध-क्षेत्र हैं- शिक्षा के दार्शनिक संप्रत्य, मापन एवं मूल्यांकन, विद्यालय शिक्षा से जुड़े मुद्दे। विद्यालय शिक्षा की गुणवत्ता के संवर्धन के लिए काशी हिंदू विश्वविद्यालय के दक्षिणी परिसर में मालवीय जी के सिद्धांत को आदर्श मानकर कर मिर्ज़ापुर जिले के ग्रामीण माध्यमिक विद्यालय के विद्यार्थियों को शिक्षा को उन्नत करने का प्रयास किया गया। वर्तमान मे ICSSR के इंप्रेस स्कीम के तहत मेजर प्रोजेक्ट पर कार्य कर रही हैं।

प्रोफ़ेसर हनीत गाँधी दिल्ली विश्वविद्यालय के शिक्षा विभाग में गणित शिक्षा, शिक्षा में शोध की संख्यात्मक विधियों की विशेषज्ञ हैं। प्रो. गांधी वर्ष 2019 में दिल्ली विश्वविद्यालय में अंडर ग्रेज़ुएट करिकुलम रिवीजन कमेटी की सह समन्वयक रही हैं और इसके साथ-साथ वे पिछले 2 वर्ष से दिल्ली विश्वविद्यालय में दाखिला शाखा की डिप्टी डीन के तौर पर कार्य कर रही हैं। प्रो. गांधी ने लगभग 50 शोध पत्र लिखे हैं तथा अनेक शोध प्रोजेक्ट्स में शिक्षण शास्त्र एवं गणित सीखने की विधियों पर कार्य कर चुकी हैं।